高等学校航海与海事类系列教材

船舶导航雷达

Shipborne Navigation Radar

肖进丽　刘克中　刘成勇　主编

武汉理工大学出版社
·武　汉·

图书在版编目(CIP)数据

船舶导航雷达 / 肖进丽，刘克中，刘成勇主编.-- 武汉 ：武汉理工大学出版社，2024. 11.-- ISBN 978-7-5629-7313-3

Ⅰ. U666.15

中国国家版本馆 CIP 数据核字第 2024CQ6477 号

项目负责:陈军东　　**责任编辑**:黄　鑫

责任校对:王　威　　**版式设计**:冯　睿

出版发行:武汉理工大学出版社

武汉市洪山区珞狮路 122 号　邮编:430070

http://www.wutp.com.cn　理工图书网

E-mail:chenjd @whut. edu. cn

经　销　者:各地新华书店

印　刷　者:武汉市洪林印务有限公司

开　　本:787mm×1092mm　1/16

印　　张:21.5

字　　数:460 千字

版　　次:2024 年 11 月第 1 版

印　　次:2024 年 11 月第 1 次印刷

定　　价:52.00 元

凡购本书,如有缺页、倒页、脱页等印装质量问题,请向出版社发行部调换。

本社购书热线电话:027－87384729　027－87391631　027－87165708(传真)

序

船舶导航雷达作为现代航海保障的核心设备，在船舶定位导航、避碰决策和航行效率提升等方面发挥着不可替代的作用。根据IMO近年来发布的相关统计数据，配备先进雷达系统的船舶，其海上碰撞事故发生率较传统船舶有显著降低，复杂气象条件下的航次准点率也有明显提升。这一技术成果的取得，源于雷达技术从基础目标探测向智能感知体系持续演进。

当前，航运业正历经"安全、智能、绿色"三重变革：IMO推出的海上自主水面船舶(MASS)规则框架，将船舶自主等级划分为L_1-L_4四个阶段；《降低国际航运碳强度技术导则》要求2030年前全球船队能效指数(EEXI)提升40%；而E航海战略2.0版更将雷达多源融合列为强制装备要求。在此背景下，导航雷达已突破传统探测功能，进化为集成态势感知、风险预测、能效管理的智能终端。

基于以上环境背景，《船舶导航雷达》应运而生，该书具有三个显著特色：一是体系具有全面性，全书完整覆盖IMO MSC.192(79)决议要求，不仅系统解析了雷达工作原理、系统组成、性能指标以及定位导航、自动跟踪、避碰决策等原理和《STCW公约》最新修正案对雷达实操的要求，而且也对AIS、ECDIS、GNSS等雷达辅助装置做了介绍；二是知识点新且技术具有前瞻性，全书紧跟技术迭代节奏，不仅系统阐述了现代数字信号处理技术以及LCD数字终端彩显新技术在船舶导航雷达系统中的应用情况，而且前瞻性探讨了智能雷达、量子雷达等新技术的发展趋势；三是深入浅出、通俗易懂，全书图文并茂，在知识编排上考虑学生学习的认知规律逐层进阶，并注意理论和实操结合，极大帮助读者理解雷达在复杂航行环境下如何发挥航海保障优势。

该书编写团队成员均长期从事船舶导航雷达相关教学和科研工作，我有幸在多次学术会议上遇到他们，听取其学术报告并与之交流，发现他们不仅学术水平高，而且教学经验丰富，获得多项省部级及以上教学成果；不但有实船工作经验，也从事高水平的科学研究活动，在现代船舶导航雷达应用技术方面积累了大量宝贵的资料和丰富的实践经验。可以说，该书是团队多年来兢兢业业从事航海教育的体系化研究成果和智慧结晶。

作为我国现代航海事业发展的亲历者，我深知该教材的厚重价值，相信该书的出版，必将为我国航海和海事人才培养提供权威可靠的技术指南，为智能航运发展筑牢技术基础。特此隆重推荐！

2024 年 11 月

前　言

船舶导航雷达的出现是航海技术发展的重大里程碑，船舶导航雷达早已成为船舶安全航行不可或缺的重要保障设备。近几十年来，随着航运业的蓬勃发展，船舶导航雷达的市场需求日益旺盛，随之也涌现了很多优秀教材和专业丛书。这些书籍旨在提高航海类人才的质量和水平，为航海事业高质量发展做出了重要贡献。不过，这些教材大多围绕磁控管非相参脉冲体制雷达进行编排，但近年来，随着新技术、新器件不断出现，船舶导航雷达也有了很多改变，如信号、数据、图形和图像处理技术以及 LCD 数字终端彩显新技术等现代电子技术陆续在船舶导航雷达系统中得以应用。因此，顺应船舶导航雷达发展趋势，编写一本融合了船舶导航雷达新技术的全新教材，推动航海类人才培养因时而进、因势而新十分必要。

本书在充分考虑船舶导航雷达传统技术和新技术的协调性基础上，继承现有相关教材和专业丛书优质内容，紧密围绕船舶导航雷达发展现状及趋势，面向新时代航海类人才培养需求，从工作原理、系统组成及航海应用等方面，考虑学生学习的认知规律，逐层进阶对船舶导航雷达知识进行全面、系统介绍。本书共 11 章，第 1 章为引言，介绍雷达技术发展历程及 SOLAS 公约 2000 修正案第Ⅴ章关于船舶配备雷达设备的要求；第 2 章详细介绍了船用雷达的基本工作原理和组成；第 3 章对雷达目标探测性能及影响因素进行了深入阐述；第 4 章介绍雷达定位和导航；第 5 章深入介绍雷达目标跟踪原理及局限性；第 6 章则在介绍雷达人工标绘原理的同时，对雷达目标参数自动标绘计算以及雷达危险判断和报警方式做了深入介绍；第 7 章全面介绍了 AIS 系统的工作原理、发射信息类型、发射体制、与雷达特点的差别以及与雷达跟踪目标的关联等；第 8 章在介绍与雷达有关的避碰规则、避让要领的同时，对试操船进行了阐述；第 9 章介绍了雷达的操作、维护保养和安装；第 10 章则重点介绍了 GNSS 系统、ECDIS 系统、VDR 系统等几种雷达辅助设备；第 11 章对船舶导航雷达技术发展趋势进行了展望。

本书为武汉理工大学“十三五”和“十四五”规划教材，第 1、2 章由肖进丽编写，第 3、4 章由刘克中、肖进丽编写，第 5、6 章由肖进丽、刘成勇编写，第 7～10 章由肖进丽编写，第 11 章由肖进丽、刘克中编写。本书在编写中参阅、引用了大量的国内外相关书籍和资料，在此向原作者深表谢意！

由于时间仓促，编者水平有限，本教材中难免存在错误和疏漏，敬请广大读者批评指正！

编者

2024 年 9 月

目　　录

第1章

引　　言

1.1 雷达技术发展历程

雷达是英文"Radar"的音译，为"Radio Detection and Ranging"的缩写，意为"无线电检测和测距"，即利用无线电波探测目标并测定其空间位置、速度等状态参数。雷达的显著优点是白天黑夜均能检测到远距离的较小目标，不受云、雨、雪等所阻挡，是现代战争必不可少的电子装备。雷达不仅应用于军事领域，如预警、搜索与警戒、制导等，而且自第二次世界大战(以下简称二战)后，在民用领域也得到了广泛应用，如交通运输、气象预报和资源探测等领域，发展十分迅速，其应用如图1.1-1至图1.1-4所示。

图1.1-1　预警雷达

图1.1-2　火控雷达

图 1.1-3 气象雷达

图 1.1-4 船舶导航雷达

早在 19 世纪中后期，受蝙蝠回声定位的启发，欧美的一些科学家就已经发现了电磁波被物体反射的特性，但是直到 20 世纪二战爆发，由于战争的需要，雷达技术才得到迅速发展。就雷达使用的频段而言，二战前只能达到几十兆赫，二战后期则提高到10 GHz，而且实现了雷达小型化并提高了测量精度。在目标显示方面，20 世纪 40 年代后期就出现了动目标显示技术，有利于雷达在地杂波和云雨等杂波背景中发现目标。要实现高性能的动目标显示，雷达必须发射相干信号，于是人们研制了功率行波管、速调管、前向波管等器件。在新体制、新技术方面，20 世纪 50 年代，雷达已较广泛地采用了单脉冲测角和跟踪以及脉冲压缩等技术；20 世纪 60 年代，出现了相控阵雷达；20 世纪 70 年代，固态相控阵雷达和脉冲多普勒雷达等问世；20 世纪 80 年代，合成孔径成像、超视距探测等技术体制获得应用。此外，20 世纪 60—70 年代，电子计算机、微处理器、微波集成电路等被应用到雷达上，雷达可靠性得到极大提高，同时体积和重量大幅减少；20 世纪 80 年代至 20 世纪末，大规模集成处理芯片、高速通用芯片以及信号处理专用芯片的出现使雷达得以具备对各种复杂信号的处理和数据处理的能力，自动雷达标绘仪（Automatic Radar Plotting Aid，ARPA）更是使雷达具备了自动避碰提示的功能。进入 21 世纪后，计算机数字信号处理技术、现代通信技术和卫星导航定位技术等对雷达的发展起到了巨大的推动作用，雷达的功能变得更强大、更丰富。

船舶导航雷达又称为船用雷达或航海雷达，出现于 20 世纪初，其发展伴随着雷达技术的进步。1903 年，德国人克里斯琴・威尔斯姆耶研制出了原始的船用防撞雷达并获得专利权。1904 年，德国工程师胡尔斯・迈耶制成了能发射和接收电磁波以探测船舶的装置，但因作用距离不到 1 mile，未引起外界重视。1922 年，美国海军研究实验室（Naval Research Laboratory，NRL）的泰勒和扬用一部波长为 5 m 的连续波实验装置探测到了一只木船，由于当时无有效的隔离方法，只能把收发机分置，这实际上是一种双基地雷达。1935年，法国人率先在班轮“诺曼底”号上安装了一种雷达装置，该装置用以探测前方冰山，但其天线不能旋转。1940年，英国人兰德尔和布特制成了空腔磁控管，解决了微波源问题。1941年，美国率先制成了带有平面位置显示器的脉冲微波海面搜索雷达。这种雷达在二战的反潜艇作战中发挥了重要作用，战后用作商船航海雷达，以保证航海安全。20世纪60年代末到70年代初出现了自动雷达标绘仪，进一步发挥了雷达在船舶避碰中的作用，雷达得到更为广泛的应用；同时，《1972年国际海上避碰规则公约》规定了正确使用雷达和进行标绘的要求。近年来，由于引入了更多在显示、计算等方面的新技术，再加上船舶自动识别系统、电子海图显示与信息系统的融合，船用雷达的性能越来越完善，对船舶安全航行的意义也越来越重大。

1.2 SOLAS公约2000修正案第Ⅴ章关于船舶配备雷达设备的要求

船舶导航雷达是一种应用于船上，为船舶航行提供安全服务的设备，一直是用户群最大的雷达。据不完全统计，目前安装船舶导航雷达（航海雷达）的各类船舶超过300万艘，其中约有5万艘船属于SOLAS公约船，中国有3000余艘。根据SOLAS公约2000修正案的要求，船舶配备雷达的要求如下。

(1)300总吨及以上货船和全部客船，需装备：

①1台9 GHz雷达或其他装置，用于确定和显示雷达应答器、其他水上船舶、障碍物、浮标、海岸线和航标的距离和方位，借以助航和避碰；

②一套电子标绘仪（Electronic Plotting Aid，EPA）或其他装置，用电子方式标绘目标的距离和方位，以便确定碰撞危险。

(2)500总吨及以上货船的雷达还需配备1台自动跟踪仪（Automatic Tracking Aid，ATA）。

(3)所有3000总吨及以上货船，还需配置：

①1台3 GHz或第2台9 GHz雷达或其他装置，在功能上应独立于第1台9 GHz雷达；

②第2台自动跟踪仪或其他装置，在功能上应独立于第1台自动跟踪仪。

(4)所有1万总吨及以上船舶，需配置：

1台自动雷达标绘仪（ARPA）或其他装置，与对水计程仪相连，用于自动标绘至少20个其他目标的距离和方位，以确定碰撞危险和模拟试验性操纵。

1.3 雷达新性能标准MSC.192(79)决议附件对驾驶员适任的要求

2004年，IMO海上安全委员会通过了雷达新性能标准MSC.192(79)决议附件，来替代1995年11月通过的IMO A.823(19)决议《ARPA性能标准建议案》和1996年11

月通过的 MSC.64(67)决议附件 4《雷达设备性能标准建议案》。新的性能标准将以往的船舶导航雷达和自动雷达标绘仪(ARPA)两个标准合二为一,其中原来由 ARPA 实现的功能现在主要由雷达的目标跟踪功能(Target Tracking,TT)来实现。新性能标准适用于所有 2008 年 7 月 1 日后装船的雷达设备。

按照新标准的要求,雷达在优化人机工程学设计,简化驾驶员操作,提高恶劣气象条件下目标探测能力、近距离目标探测能力、弱小目标探测能力,跟踪快速目标,定义统一公共基准点(Consistence Common Reference Point,CCRP)提高测量精度,与其他航海仪器(传感器)连接,获取目标识别信息,获取航行水域地理参考信息,增强设备与综合系统的兼容性等方面,都有了长足的发展。此外,新标准要求雷达能够提供对雷达视频、目标跟踪信息、来自本船[电子定位系统(Electronic Position Fixing System,EPFS)]的位置和地理相关数据的位置信息的综合显示,以及 AIS 信息的综合显示,还要求雷达能提供选定的电子航海图(Electronic Navigation Charts,ENC)和其他矢量海图信息显示,以帮助导航和位置监控。另外,新标准还对雷达屏幕符号的显示规范、目标尾迹、雷达目标与 AIS 目标的融合等提出了具体要求。

为使“船舶导航雷达”课程的教学更适应 STCW 公约的要求,本书增加了以上雷达新性能标准中的新内容,帮助学生理解新的概念,掌握新的技能,保证学生能够很好地使用 2008 年 7 月 1 日以后装船的航海雷达设备,切实满足 STCW 公约对驾驶员适任能力和操作规程方面的严格要求。

复习思考题

(1)简述 21 世纪以来船舶导航雷达的发展历程。

(2)请查阅 STCW 公约关于使用雷达保持航行安全的规定,思考驾驶员在雷达应用适任方面的要求。

第 2 章

船用雷达基本工作原理和组成

2.1　船用雷达基本工作原理

2.1.1　概述

船舶导航雷达(Shipborne Navigation Radar)又称航海雷达(Marine Radar)或船用雷达(图 2.1-1),装于船上,用于探测周围目标(船只、航标、海岸线等)的位置,以实现定位、导航、航行避让等目的,保障船舶航行安全。与船舶驾驶员肉眼相比,船用雷达不仅探测距离远,而且具有受能见度、海面及地面等空间限制小的优点,特别在海面能见度不良时,能为船上驾驶员提供必需的观测手段,可谓驾驶员在海上的“千里眼”。因此,船用雷达为航海事业的发展贡献了巨大作用。

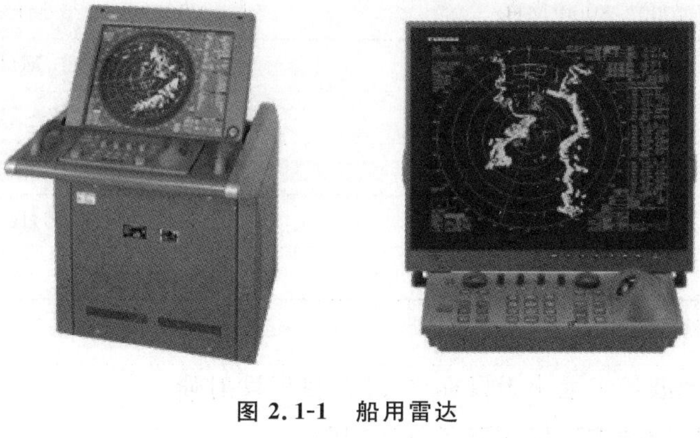

图 2.1-1　船用雷达

雷达实质上是一种利用无线电波对物标进行探测的装置。无线电波的波长可划分为超长波、长波、中波、短波、超短波及微波，频率可划分为超低频、低频、高频、特高频等频段。雷达的工作频率在3～30000 MHz，属于超高频频段；其波长在1 mm～1 m，属于微波波段。这种雷达的无线电波在空间传播遇到障碍物时，不同于其他波长较长的容易产生绕射（绕过障碍物继续向前传播）现象的电波，具有沿着与电波传播方向相反的路径反射的特性。船用雷达就是利用超高频无线电波的这种遇到目标（障碍物）产生良好的反射现象的特性进行工作，它通过发射电磁波和接收回波，来实现对目标的探测和定位。雷达目标包括所有能被雷达探测到的对象，如船舶、岛屿、航标以及海浪、雨雪等，这些目标的雷达反射波被雷达天线接收后经过接收系统处理，最终在显示器上显示为加强亮点，这些加强亮点就是目标回波。

2.1.2 船用雷达工作波段及工作体制

(1)船用雷达工作波段

雷达工作波段代表的是发射的电磁波频率（波长）范围，目前在雷达技术领域中的常用波段，用L、S、C、X等英文字母来命名。这种命名方式是二战中一些国家为保密而采用的，且沿用至今，我国也常采用这种命名方式。表2.1-1列出了雷达频段和频率的对应关系。当前船用雷达常用微波工作波段为X波段和S波段。

表2.1-1 雷达频段和频率的对应关系

频段名称	频率	国际电信联盟分配的雷达频段
UHF波段	300～1000 MHz	420～450 MHz，890～942 MHz
L波段	1000～2000 MHz	1215～1400 MHz
S波段	2000～4000 MHz	2300～2500 MHz，2700～3700 MHz
C波段	4000～8000 MHz	5250～5925 MHz
X波段	8000～12000 MHz	8500～10680 MHz
Ku波段	12～18 GHz	13.4～14 GHz，15.7～17.7 GHz
K波段	18～27 GHz	24.05～24.25 GHz
Ka波段	27～40 GHz	33.4～36 GHz
mm波段	40～300 GHz	

微波工作波段的特点：

①似光性：当波长λ远小于目标尺寸时，目标反射强；

②大气折射：影响雷达探测路径及作用距离；

③天线尺寸一定时，λ 减小，则天线水平波束宽度θ_H变窄；

④大气吸收使微波传输距离减小；

⑤大气干扰较大，影响雷达回波目标检测。

(2)船用雷达工作体制

现代雷达工作体制主要有常规脉冲雷达、脉冲压缩雷达、单脉冲雷达、相控阵雷达、脉冲多普勒雷达、合成孔径雷达等。当前船用雷达大多使用常规脉冲雷达，它发射周期性大功率微波脉冲振荡信号，这些信号遇到目标时被反射，部分反射信号被雷达接收并在平面显示屏上显示回波亮点，且能测量目标的距离和方位。这种雷达具有设备较简单、能满足探测和测量基本要求、设备成本低等优点，但也具有作用距离远与距离分辨率高二者不可兼得、天线扫描速度受限制而不利于快速实时跟踪快速目标、天线结构难实现 0.1°以下波束宽度使得方位测量精度及分辨率不高等缺点。

脉冲压缩雷达则是为解决常规脉冲雷达探测目标过程中存在的脉冲信号宽度(τ)受到作用距离远(必须用宽脉冲，使发射信号平均功率大)与测距精度高、距离分辨率高(必须用窄脉冲)这一相互矛盾因素的制约问题，而采用大时宽带宽积($\tau \cdot \Delta f \geqslant 1$，$\Delta f$ 为带宽)发射信号的一种雷达。它通过发射宽 τ 信号使雷达作用距离变远，同时降低发射机和馈线承受高峰值功率的要求；在接收信号时则压缩信号脉宽，使 τ 变窄，从而提高雷达测距精度和距离分辨率。

脉冲压缩雷达的优点是可兼顾距离远与高分辨率、高精度的要求，可独立选择波形参数；选择宽 τ 不受脉冲功率限制，可充分利用平均功率；可改善雷达抗干扰能力。其缺点是雷达的收发系统较复杂，成本较高；存在距离旁瓣和自身杂波干扰等局限性。

2.1.3 雷达测距原理

雷达在空间的传输为常速，约为 3×10^8 m/s，因此只要测得雷达无线电波离开天线的时间t_1和经物标反射后回到天线的时间t_2，就可计算出物标与雷达天线之间的距离 S (图 2.1-2)：

$$S=\frac{C}{2}(t_2-t_1)=\frac{C}{2}\cdot\Delta t \tag{2.1-1}$$

式中：C 为电磁波在空间的传播速度(3×10^8 m/s)；Δt 为电磁波在雷达天线与物标间的往返时间(μs)。

根据式(2.1-1)，若假设雷达的电磁波从天线发射经由物标反射后被天线接收所花的时间是 1 μs，则两地之间的距离可求得为 150 m。在实际中，海上的长度以海里(n mile)为度量单位，1 n mile 约为 1852 m。因此，电磁波在 1 n mile 的距离内往返一次需约 12.3 μs。

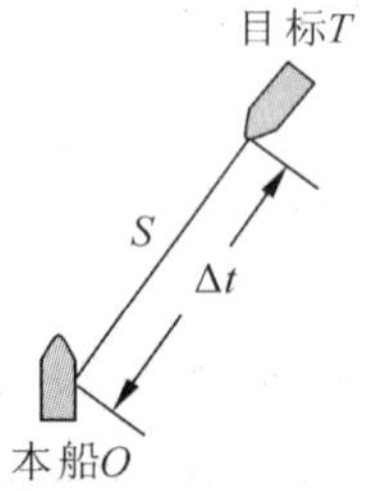

图 2.1-2　雷达测距原理

2.1.4　雷达测方位原理

天线是雷达用以辐射和接收电磁波并决定其探测方向的设备。按覆盖的范围,天线可分为定向天线和全向天线。定向天线是指在某个特定方向上发射及接收的电磁波最强,而在其他方向上发射及接收电磁波为 0 或极小的一种天线。船用雷达天线即定向天线。当雷达天线 360°旋转,在某时刻发出的电磁波定向辐射于大气中,如果此时目标位于天线波束内,则电磁波遇到目标反射后部分能量几乎会以原路返回被天线所接收,而记录下来的天线方向就可被当作目标的方向。雷达显示器扫描线与天线同步旋转,因此该目标回波就会在相应的方位显示出来。雷达测方位原理如图 2.1-3 所示。

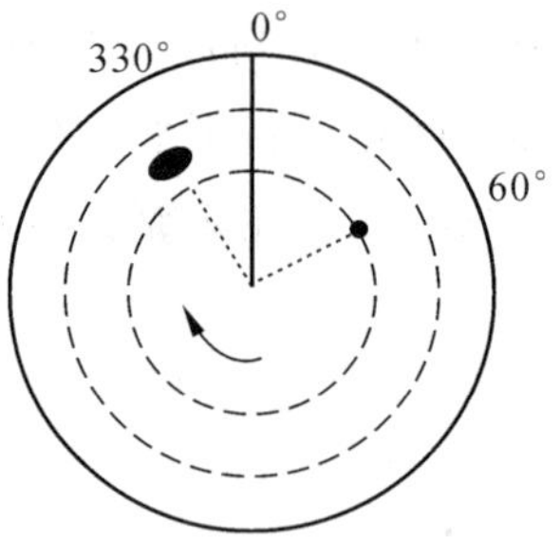

图 2.1-3　雷达测方位原理

2.2　雷达基本组成及各部分功能

2.2.1　雷达基本组成

现代导航雷达通常由雷达电源、发射机、接收机、收发开关、定时器、信号处理器、显示器和用户接口、天线八大基本部分组成。它们之间的关系如图 2.2-1 所示。

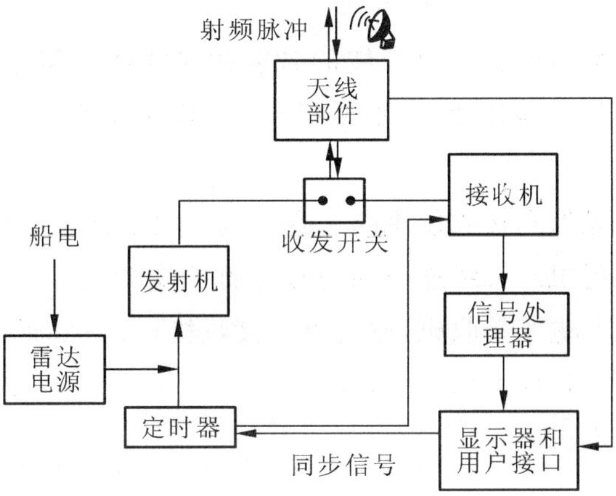

图 2.2-1　船用雷达基本组成框图

(1)雷达电源

船电的负载种类多,电压及频率不一,且容易受船上其他各种高频设备的影响,因此需要专用电源给雷达提供稳定、可靠的电压供各分机使用。船用雷达通常采用 1000～2000 Hz 的中频电源,其原因是中频电源不仅对负载适应能力强,而且可以在一定程度上简化电路,使雷达元器件的体积、重量大为减小。为获得中频电源,一般采用中频逆变器(图 2.2-2),其具有换能效率高、噪声小、无振动、体积小、质量轻、使用方便、维护简单等优点。

图 2.2-2　中频逆变器

(2)定时器

在雷达系统中,要使发射机、接收机和显示器同步协调工作,必须借助定时器。该电路每隔一定时间产生一个触发脉冲,分别送到发射机、接收机和显示器,使它们同步工作。现代船用雷达为提高测距精度,通常采用晶体高频振荡器作为时间基准,通过对高频振荡器产生的高频振荡进行分频得到触发脉冲。

(3)发射机

雷达发射机的主要功能是在触发脉冲的控制下产生具有一定重复频率、脉冲宽度、脉冲形状的大功率(3～75 kW)超高频脉冲信号,即发射脉冲(又称射频脉冲)。发射脉冲经馈线送入天线向外发射。

雷达发射机通常安装于船舶桅杆上方,靠近天线,通过旋转接头与天线连接。

(4)接收机

雷达接收机的任务是放大来自天线的微弱的目标回波信号。目标回波信号经接收机放大并经雷达信号处理器处理后,变成显示器显像所要求的回波视频信号。

(5)收发开关

船用雷达信号的发射和接收使用同一副天线。收发开关的作用:一方面是在雷达发射机发射时自动使发射机与天线连通并同时关闭接收机的入口,让大功率的发射脉冲只送到天线向外辐射而不进入接收机,避免损坏接收机;另一方面是在发射结束时,自动接通接收机与天线的通路让回波信号顺利进入接收机,并同时切断发射机与天线的通路,避免微弱的回波信号流失。

(6)信号处理器

雷达信号处理器能使操作者最大限度地获取雷达接收到的回波信号中的信息,包括显示器上表示目标存在的各种指示信息,如目标的距离、方位等。

它通过对来自接收机的回波信号进行模拟信号预处理后再数字化处理,一方面对各种杂波进行抑制,如雨雪杂波或海浪杂波等;另一方面还提供目标跟踪(TT/ARPA)功能,将跟踪目标的航向、航速等信息,以图像和数字的形式显示在显示器上,并提供船舶碰撞自动报警功能。

(7)显示器和用户接口

雷达显示器的任务是在触发脉冲的控制下产生用于计时、计算目标回波距离的距离扫描线(一径向亮线),且这条扫描线随天线同步旋转,一旦扫到接收机送来的目标回波信号,显示器将根据目标所处距离和方位使目标回波以加强亮点的形式显示在屏幕上对应位置处。此外,显示器还显示各种刻度测量标志(如距标圈、电子方位线等),用来测目标的距离和方位。

用户接口实际就是雷达功能控制面板,用于控制雷达图像的显示及各种功能的使用,使雷达能被调整在最佳状态,满足用户的各种操作需要。

(8)天线

雷达天线的作用是将来自发射机的发射脉冲的能量聚成细束向一个方向辐射出去,同时只接收来自此方向的目标反射回波,并把它送入接收机。为实现360°方位覆盖的需求,雷达天线在驱动电机的带动下以顺时针方向匀速连续转动,转速通常在15～30 r/min。此外,雷达天线还向显示器发出船首位置信号及天线偏离船首方向的角位置信号。

2.2.2 船用雷达设备的单元构成

目前,船用雷达有三单元和二单元两种结构形式。一般触发电路、发射机、接收机和收发开关装在一个机箱里，称为收发机。若天线部件、显示终端与收发机各自独立分装，则这种类型的雷达通常称为三单元雷达。也有些雷达，把收发机装在天线底座中，再装在驾驶室顶甲板上，合称为天线收发单元，这种由天线收发单元及显示终端两部分组成的雷达，通常称为二单元雷达。

2.3　雷达发射机

2.3.1　概述

近年来，尽管全固态体制导航雷达技术的发展使传统磁控管体制导航雷达在船舶交通领域的地位受到了一定挑战，但当前磁控管体制导航雷达仍占主导地位，本节主要讲述现代磁控管体制导航雷达发射机的技术原理。

雷达发射机的任务是在触发脉冲的控制下产生具有一定宽度（0.05～2 μs）的大功率（3～75 kW）超高频脉冲信号，即发射脉冲（又称射频脉冲）。

2.3.2　雷达发射机的基本组成

雷达发射机由脉冲调制器（一般包括预调制器和调制器）、磁控管振荡器及发射机电源等部分组成，如图 2.3-1 所示。

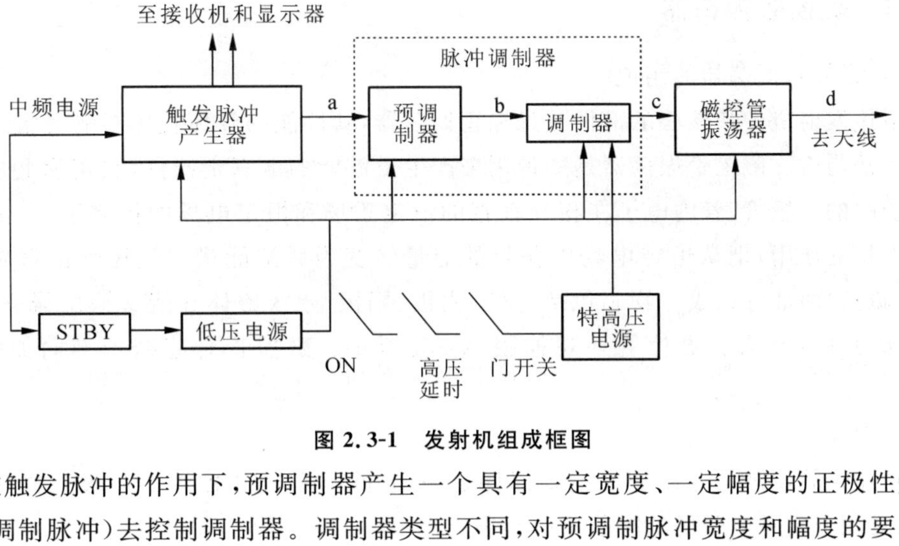

图 2.3-1　发射机组成框图

在触发脉冲的作用下，预调制器产生一个具有一定宽度、一定幅度的正极性矩形脉冲（预调制脉冲）去控制调制器。调制器类型不同，对预调制脉冲宽度和幅度的要求也不同。调制器在预调制脉冲或触发脉冲的作用下产生和预调制脉冲宽度相同的负极性高压矩形脉冲（调制脉冲）加给磁控管的阴极，磁控管再产生和调制脉冲同宽度的大功率超高频振荡脉冲(射频脉冲),经天线馈线向外辐射。

发射机的电源除提供发射机所需的各种交直流电外,还向调制器和磁控管提供其工作所需的特高压电。特高压电源的输入电路包含多个继电器控制触点,其中高压(自动)延时电路是为了使磁控管有足够的预热时间(3～5 min)。发射机电源上安装有指示灯和保险丝,且一般安装在容易拆卸且显眼的位置,便于检查和提示安全。

触发脉冲及发射机各级波形间的时间关系如图 2.3-2 所示。

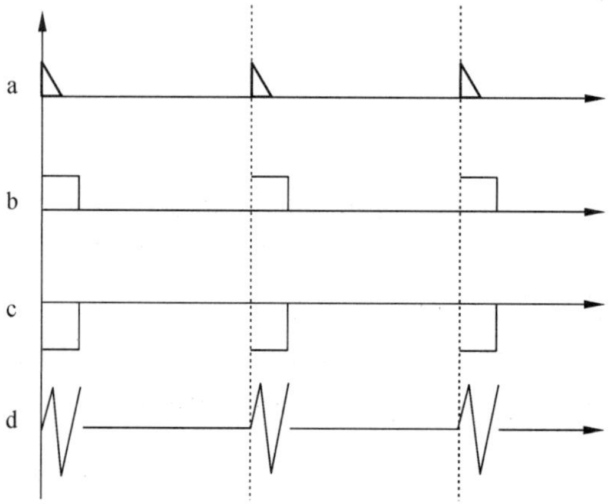

图 2.3-2　触发脉冲及发射机各级波形简的时间关系

a—触发脉冲;b—预调脉冲;c—调制脉冲;d—射频脉冲

2.3.3　磁控管振荡器

(1)磁控管振荡器的组成

雷达发射机中最核心的部件是磁控管振荡器,其性能的好坏直接影响着雷达工作状态的正常与否。磁控管振荡器是一种用来产生微波能的电真空器件,它实际上是一种置于磁场中的二极管,管内电子在相互垂直的恒定磁场和恒定电场的控制下,与高频电磁场发生相互作用,把从恒定电场中获得的能量转变为微波能量。磁控管由管芯和磁钢(或电磁铁)两部分组成。管芯包括灯丝、阴极、阳极、永久磁体和能量输出器等装置,管子内部为真空状态。磁控管外观如图 2.3-3 所示。磁控管管芯结构剖面如图 2.3-4 所示。

①阳极

磁控管的阳极是磁控管的主要部件之一,它除与普通二极管的阳极一样收集电子外,还对调节高频电磁场的振荡频率起主要作用。

阳极一般用导电性能良好的无氧铜制成,并设有多个谐振腔。谐振腔的数目多少与磁控管的工作频率有关,工作频率越高,谐振腔数目越多。谐振腔的数目必须是偶数。

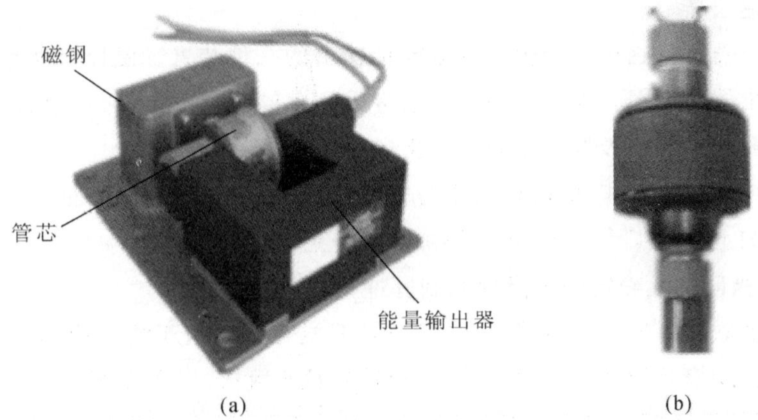

图 2.3-3　磁控管外观

(a)磁控管整机;(b)磁控管管芯

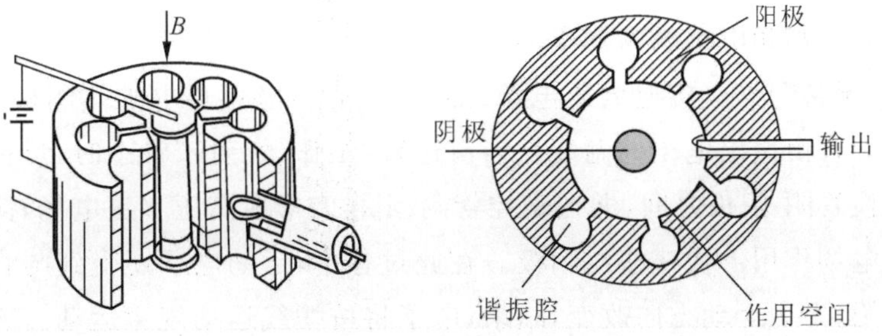

图 2.3-4　磁控管管芯结构剖面

在磁控管内,阳极与阴极一起构成高频电磁场。

②阴极

阴极是磁控管的核心部件,工作时阴极接负高压,起发射电子的作用。阴极有直热式和间热式两种。船用雷达磁控管使用的是间热式阴极,它将灯丝与阴极分离开来,与显像管的灯丝与阴极类似。

③作用空间

作用空间为阳极与阴极之间形成的能量空间,在此空间内电子与电场和磁场相互作用。

④谐振腔

谐振腔的形式常为孔槽形、扇形和槽扇形。多个谐振腔将磁控管的阳极耦合在一起,形成一个复杂的谐振系统,产生磁控管所需要的电磁振荡。

⑤永久磁体

永久磁体给磁控管提供磁场,控制电子运动。磁控管工作时要求有很强的恒定磁场,其磁感应强度一般在数千高斯以上,工作频率越高,所需磁感应强度越大。

⑥能量输出器

能量输出器是将磁控管产生的微波能量输出的一种装置。磁控管功率大小不同，采用的能量输出器也不同。大功率磁控管通常采用轴向能量输出器，通过输出天线连接在磁控管的极靴孔洞和阳极翼片之间来输出微波。

要使磁控管正常工作，除磁控管本身完好外，还必须满足如下条件：

①灯丝加上额定工作电压，将阴极加热到一定温度；

②阴-阳极间加上额定的负极性调制脉冲；

③应保证磁控管的输出负载匹配，即波导馈线与天线应连续、不变形及内部光洁，否则磁控管输出功率及频率将发生波动，甚至使磁控管跳火，以致损坏。

(2)磁控管振荡器的工作原理

磁控管振荡器是一种特殊结构的超高频振荡器，其振荡原理比一般的振荡器复杂得多。

①起振——高频电磁场的初步形成

雷达置“预备”状态(接通低压电源)后，磁控管灯丝即通电加热阴极。一般经 3 min 后阴极可达到自由逸出电子的温度。当雷达置“工作(发射)”状态时，负极性高压调制脉冲即加至磁控管阴-阳极之间，即在磁控管阴-阳极间形成高压直流电场，阴极表面电子在此直流高压电场作用下快速移向阳极。在此过程中，运动电子还受到与直流电场正交的强磁场的作用，发生运动方向改变，结果，电子将按摆线运动规律运动。磁控管只有在磁场强度略大于某一临界值时才能正常工作。此时，电子按摆线规律运动靠近阳极表面而后返回阴极。

大量电子在作用空间中移动并在磁控管谐振系统中感应出微弱的高频振荡，频率为固有振荡频率。其中，高频磁场主要集中在腔孔中，高频电场主要集中在隙缝及腔口附近，并伸展到作用空间。船用雷达磁控管都工作在 π 模式，即相邻两腔高频电场相位差 180°。电子与高频电磁场的能量分布如图 2.3-5 所示。

②能量补充——等幅高频脉冲振荡的形成

如图 2.3-5 所示，a 类电子从阴极表面飞出，飞过某腔口时，正好与该腔高频电场的横向分量 E_{-t} 方向相同，电子被该电场减速，将从直流电场中取得的能量交给高频电场。由于电子受磁场作用小，电子会在电场作用下继续向阳极飞去。只要选择合适的电子速度，使电子从一个腔口到下一个腔口所需时间恰好等于高频振荡的半个周期时间(高频振荡的周期与腔体尺寸、电场和磁场大小等相关)，当电子到达另一腔口时，再次遇到的高频电场使其减速，发生的过程与其在上一腔口情况相同；随电子飞行路径逐腔供能，最后形成磁控管阳极电流。可见，a 类电子在运动过程中不断从直流电场获能后向高频电场供能，故这类电子称为“有益电子”或“供能电子”。

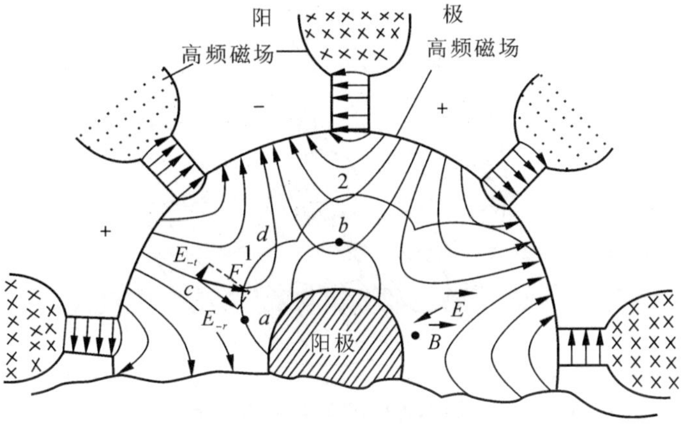

图 2.3-5　电子与高频电磁场的能量分布

b 类电子从阴极飞出时，恰好与某腔口高频电场的横向分量 E_{-t} 方向相反，受到高频电场的加速，以很快的速度飞回阴极，这种电子从高频电场中取走能量，不利于高频电场的维持，故这类电子称为“有害电子”或“耗能电子”。有害电子以较快速度轰击阴极，会使阴极发热，故有些雷达在宽脉冲工作时要减小灯丝电压，甚至切断灯丝电源。

上述有益电子不断深入高频电场，把能量多次交给高频电场，而有害电子一般仅在一个高频场中取走能量，所以总体说来供能大于耗能，高频振荡得以维持下去。

在图 2.3-5 中，高频减速场腔缝口左侧，电场的径向分量 E_{-r} 与直流电场方向相同，使电子径向运动加速，则受同样磁场力的作用向右(向腔缝口中心方向)横移的速度加快，即电子向腔缝中心的径向方向靠拢；高频减速场腔缝口右侧，电场的径向分量 E_{-r} 与直流电场方向相反，电子径向运动速度减慢，在同样磁场力作用下，横移速度减慢，同样有向腔缝口中心径向方向靠拢的动作，也就是说，高频电场的径向分量使有益电子群聚到最有利于与高频电场交换能量的位置。由于磁控管工作在 π 模式，在任一时刻，8 个腔口中总有 4 个电子群聚区，犹如 4 根“车辐”，随着高频场的周期变换，每半个周期转过一个腔口。“车辐”状电子群如图 2.3-6 所示。

总之，阴极发射的电子在正交恒定电磁场作用下形成旋转电子云，电子云与高频电场作用，完成换能；同时，电子产生群聚；最终，电子既做摆线运动，又介入“车辐”做旋转运动。电子流正是靠这种特殊运动来实现直流交流能量转换的“媒介”作用。

(3)磁控管的检查

①磁控管未通电时

可用万用表测灯丝电阻，阻值应为几欧姆，再用兆欧表测阳-阴极间绝缘电阻，阻值应大于 200 MΩ。

②磁控管通电工作时

可用下列方法进行检查：

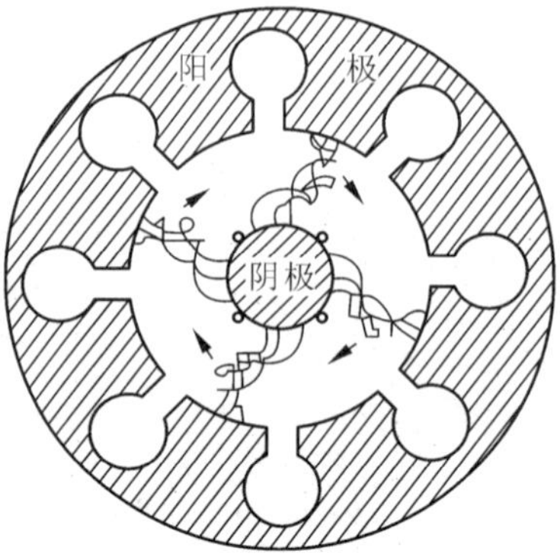

图 2.3-6 “车辐”状电子群

a.查磁控管电流

这是常用的方法。各量程段的电流值应分别在相应的规定范围内，如电流为 0，说明磁控管不工作，无发射；如电流偏大或偏小，说明高压偏高或偏低，或磁控管已衰老；如电流表指针抖动或偏转很大（满刻度），表示磁控管内部有打火现象。

b.用氖灯检查

用此法检查时，要先关掉高压，拆开收发机口波导接头并把波导从收发机口完全移开（不能半遮半开），然后将氖灯放在收发机波导出口处，再开高压。氖灯一般应在离波导口 10～15 cm 处发亮，如不亮，说明磁控管未工作。

用此法时应特别注意两点：

(a)开高压时切勿用眼睛直视波导口，以防大功率射频脉冲损伤眼睛；

(b)测试后立即关高压，以免损伤磁控管。

(4)磁控管使用注意事项

①在检修维护保养时，要谨防特高压放电伤人，接触管子阴极前，应先关机，并将高压放电。

②严防大功率超高频电磁波损伤人脑及眼睛。雷达发射时不要站在开口波导前或天线辐射窗前。

③接触磁控管时，应先脱去手表，以防手表磁化。

④加高压前，应保证阴极已充分预热（3～5 min）。频繁使用雷达时，可不关低压只关高压，以免灯丝忽冷忽热而损坏。这样可维持阴极发射性能和延长使用寿命。

⑤注意保护磁场。存放时离开铁磁体至少 10 cm，两个磁控管间至少离开 20 cm。严禁敲打、振动。

⑥保证负载匹配。要防止波导及天线内积水、有污物堵塞、断裂、变形和连接不良等现象发生，否则，输出功率、频率会发生变化，使磁控管内发生打火，甚至损坏。

⑦新管或长期保存（超过 6 个月）未用的管子，加高压前要进行“老练”。

“老练”的方法是：先给磁控管加上灯丝电压半小时以上，然后加较低的高压，工作半小时或几小时，再将高压加到正常值。“老练”的时间视具体情况而定，应确保在逐渐加大高压的过程中管内不打火。

实践证明，轮流使用备品管，可延长管子使用寿命。

2.3.4 脉冲调制器

脉冲调制器的任务是为雷达发射机的磁控管提供一定技术要求的大功率高压调制脉冲。调制脉冲的形状直接决定了磁控管振荡器工作的状态，调制脉冲的波形形状要求前、后沿要陡，平顶波动要小。

(1)脉冲调制器的组成和原理

脉冲调制器一般由“储能元件”“限流元件”“调制开关”及“储能通路元件”等组成，如图 2.3-7 所示。

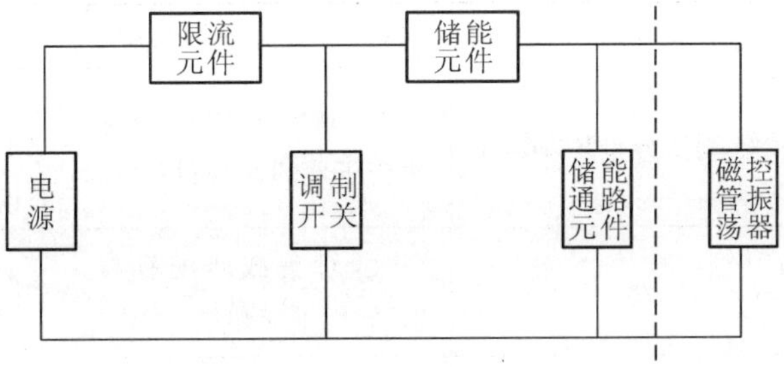

图 2.3-7　脉冲调制器的组成

在预调制脉冲未到时(脉冲休止期内)，调制开关断开，特高压电源通过限流元件、储能通路元件缓慢地向储能元件充电。在预调制脉冲作用期(脉冲持续期间)，调制开关接通，储能元件通过调制开关向负载(磁控管)放电形成调制脉冲。

储能元件常用电容、电感或仿真线。仿真线是由集中电感、集中电容组成的脉冲形成网络，其特性等效于由分布电感、电容构成的真实传输线。限流元件常用限流电阻或扼流圈及阻隔二极管。储能通路元件常用电阻、二极管等。开关元件常用的有真空电子管(刚性开关管)、闸流管或触发管(软性开关管)及磁开关和可控硅开关(二者又称固态开关)等。

(2)分类及特点

根据所用开关元件的不同，调制器可分为刚性调制器、软调制器、磁调制器及可控硅调制器，后两者又称为固态调制器。不同的调制器，所用的限流元件、储能元件也不同。刚性调制器常用电容作储能元件，软调制器和可控硅调制器常用仿真线作储能元件，磁调制器常用电容或仿真线作储能元件。它们的工作方式也不同。

不同的调制器对预调制脉冲的要求也不同。刚性调制器要求预调制脉冲波形要好，而且幅度要高(约+600 V),所以要有专门的预调制器,脉冲宽度也在预调制器内决定。软调制器产生的波形、宽度是由储能元件仿真线的结构、节数决定的,而且预调制脉冲仅决定软调制管的导通起始时间,而与软调制管截止时间无关,所以软调制器对预调制脉冲的要求较低,只要有较陡的前沿、一定的幅度和功率(比刚性调制器要低得多)就可以了。因此,软性调制器的预调制器常用小功率电子管(或晶体管)间歇振荡器,有时用更简单的触发脉冲直接触发软性开关管。固态调制器不需要预调制器。

船用雷达中,脉冲调制器在设计时考虑了各种因素,脉冲宽度要随量程段变化,即近量程要用窄脉冲宽度,远量程要用宽脉冲宽度。在刚性调制器中,脉冲宽度的改变在预调制器中进行,较为方便。在软调制器中,有几个脉冲宽度就要有几组节数不同的仿真线,而在发射机工作时仿真线上有高压,所以转换脉冲宽度较困难。

三种调制器在电路结构、所用器件、工作方式及性能方面都有各自的特点,如表 2.3-1 所示。

表 2.3-1　三种脉冲调制器比较

比较内容	刚性开关脉冲调制器	软性开关脉冲调制器	固态脉冲调制器
输出波形	较好,易受分布参数影响	差,取决于 PFN 与脉冲变压器的联合设计	较差,且不易控制,取决于 PFN 与脉冲变压器的联合设计
负载变化的影响	小	大,对负载匹配有要求,失配不应超过±30%	大,要求阻抗匹配
改变脉冲宽度	容易	较难,取决于 PFN	最难,取决于 PFN
脉冲重复频率	高	低	低
对预调脉冲要求	要求波形好,幅度大	要求幅度较小	要求幅度最小
对储能电容要求	容量大,耐压高	容量较小,耐压较低	容量小,耐压低但数量多
调制总效率	较低	较高	较高
所需高压电源	电压较高,体积较大,重量较重	较低	不需高压电源
工作可靠性	较低	较高	最高
使用维护	较复杂	简单	最简单
预热	需要	需要	不需要
检修	麻烦	简单	麻烦
尺寸	庞大	较小	最小
制造	较难	较易	难
成本	高	较低	较高

上述三种脉冲调制器在现代船用雷达中均有采用，但以软调制器及固态调制器居多。

2.3.5　雷达发射机的主要技术指标

（1）工作波段

雷达的工作波段是磁控管产生的射频脉冲的波段，它是雷达系统的重要参数，不同的频率参数赋予了雷达不同的功能特性。现代船用雷达采用微波波段中的 S 和 X 工作波段，与之相应的中心波长 λ_0 及工作频率范围 f 分别为

S 波段：10 cm，2900～3100 MHz

X 波段：3 cm，9300～9500 MHz

（2）发射脉冲宽度

发射机发射脉冲的射频振荡持续时间称为发射脉冲宽度。现代船用雷达的发射脉冲宽度为 0.05～1.2 μs，随量程不同而改变。近量程用窄脉冲发射，远量程用宽脉冲发射。

（3）脉冲重复频率

触发脉冲产生器每秒产生脉冲的次数称为脉冲重复频率 F。相邻两个脉冲产生的时间间隔称为脉冲重复周期 T。显然，T 和 F 之间满足如下关系

$$F=\frac{1}{T} \tag{2.3-1}$$

脉冲重复周期 T 随显示器的测距范围（量程）而变化，选取 T 时，要求其大于所选量程电磁波的往返时间 Δt（图 2.3-8），否则雷达在此周期内搜不到该目标。比如，量程为 48 n mile 时，48 n mile 处的物标回波要在发射后 592.44 μs 才能返回天线，此时采用的脉冲重复周期 $T>592.44$ μs。但脉冲重复周期也不宜过大，否则天线旋转一周的时间间隔内物标回波的脉冲积累数太少，回波强度弱，影响雷达对近距离小物标的探测能力。

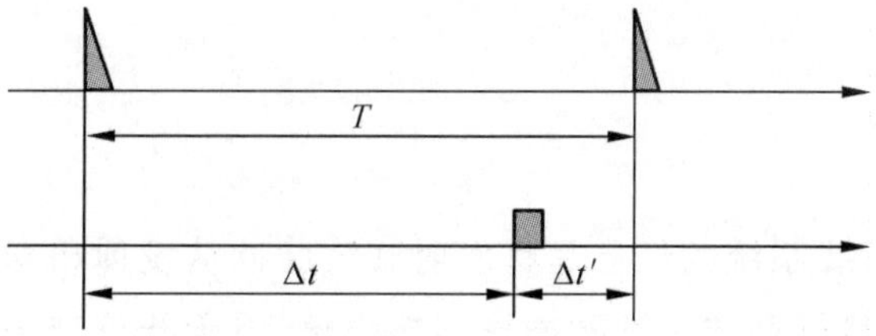

图 2.3-8　脉冲重复周期与所选量程电磁波往返时间之间的关系

船用雷达的脉冲重复频率为 500～4000 Hz，但考虑各种因素的影响，大部分雷达将脉冲重复频率设计为随量程而变，即在近、中、远量程段各选一个脉冲重复频率，由量程开关控制。

(4)发射功率

发射功率可分为峰值功率 P_t 和平均功率 P_m。峰值功率是指脉冲持续期间的射频振荡的平均功率，一般较大，船用雷达的峰值功率为 3～75 kW。平均功率是指脉冲重复周期内输出功率的平均值，数值很小，仅为峰值功率的几百分之一或几千分之一。平均功率与峰值功率之间的关系如下：

$$P_m = P_t \cdot \frac{\tau}{T} \quad (\tau \ll T) \tag{2.3-2}$$

式中：τ 为发射脉冲宽度；T 为脉冲重复周期。

(5)发射脉冲的波形

这里所指的发射脉冲的波形，即发射脉冲的包络形状。一般来讲，波形越接近矩形越好。在相同脉冲宽度下，越接近矩形，能量越大，作用距离越远；前后沿越陡，测距精度和距离分辨力越高；矩形脉冲顶部越平坦，脉冲持续期的发射功率和频率越稳定。通常脉冲前沿上升时间 t_r 为脉冲宽度的 10%～20%，后沿下降时间 t_f 为脉冲宽度的 20%～40%，顶部波动值 Δu 为幅值的 3%～5%。

发射脉冲的波形如图 2.3-9 所示。

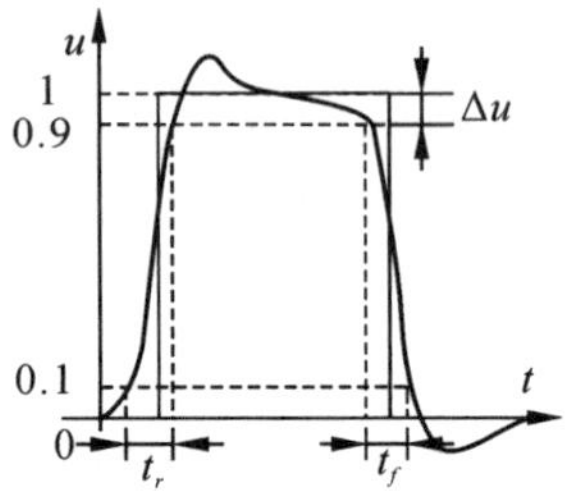

图 2.3-9　发射脉冲的波形

2.4　微波传输线与天线系统

2.4.1　概述

微波传输线与天线系统的任务是将发射微波脉冲从发射机送往天线，并由天线辐射出去，将天线接收的目标回波微波脉冲输到接收机，将天线旋转方位信号、船首位置信号及天线辐射监测信号送到显示系统。

在两单元船用雷达系统中，收/发机装在天线系统的基座内，因此，从天线送出的还有目标回波脉冲信号。

在三单元船用雷达系统中，天线系统一般由微波传输线(波导或同轴电缆)、天线、驱动电机、传动装置、方位同步发送机及船首位置信号产生器等部件组成，如图 2.4-1 所示。

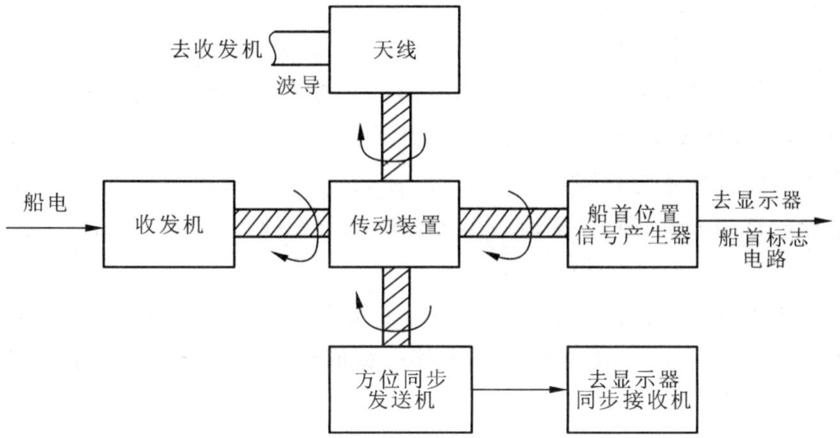

图 2.4-1　微波传输及天线系统组成框图

系统构成及各部分功用：

(1)波导

波导指连接船用雷达收发机与天线之间的波导传输线，用于传输微波(X、S 波段)能量，但 S 波段雷达更多采用同轴电缆(Coaxial Cable)作为信号传输线。在二单元 X 波段雷达中，采用收发机与天线合一装置，省去了长传输线。

(2)天线

天线的作用是定向发射微波脉冲信号和定向接收目标反射回波信号。

(3)驱动电机

驱动电机驱动天线匀速旋转，应具有使天线在相对风速 100 kn 情况下仍能正常启动和运转的能力。一般驱动电机的转速在 1000～3000 r/min，故应装有减速装置。

驱动电机应能满足交、直流，单、三相及不同电压值船电的要求。电机电源开关以和雷达电源开关同轴安装的居多，个别也有单独设置。电机供电电路中常设有保险丝，有的还设有天线电机过载继电器。有的在天线基座上还装有安全开关，维修时可切断。

(4)传动装置

传动装置用于驱动天线旋转，内设减速装置，即将转速为 1000～3000 r/min 的驱动电机减速，使天线以 15～30 r/min 的速度匀速转动。目前，传动装置多选用齿轮减速装置，但有些则选用皮带传动减速装置。

(5)方位同步发送机

方位同步发送机是雷达显示系统方位扫描系统的一个组成部分，用于将天线旋转角位置变成电信号送到显示系统，并通过方位扫描系统的其他部件实现显示屏上的方位扫描线随天线同步旋转。在需要数字化方位数据的场合，必须先将天线旋转角位置变成电信号，然后经过 A/D 转换处理。例如，自动雷达标绘仪(ARPA)数字方位数据和现代船用雷达采用的液晶显示器所需要的数字方位数据。

(6)船首位置信号产生器

显示屏上显示的船首标志代表船首方向,用于雷达测量目标方位的基准。船首位置信号产生器一般由装在天线基座内的一个微型触点式开关和天线旋转齿轮上的一个凸轮组成,每当天线转过船首方向时,凸轮使开关闭合一次,控制电路产生一个脉冲信号,使显示器里的船首标志电路输出一个方波,加亮屏上方位扫描线,形成的船首标志亮线即代表本船船首的方位,简称“船首线”,即“Heading line”或简称“H. L”。触点位置可左右调整 15°,以使船首标志的位置准确。

现代船用雷达的船首位置信号产生器多采用无触点式电路,船首标志可用光电效应方法产生,或用从方位同步机三相定子中某一相取出零相位点代表船首方法,或用天线旋转轴编码器产生。方法有别,作用相同。

船用雷达的天线基座上还装有辐射性能监视器的传感器。

2.4.2 微波传输线

(1)波导

①波导结构与特点

波导管(或称波导)是采用黄铜、紫铜、铝或铝合金拉制而成的空心管,其截面为矩形的称“矩形波导”,截面为圆形的称“圆形波导”,如图 2.4-2 所示。波导管内壁表面光洁度很高,有的还镀铝或金、银、镍等。

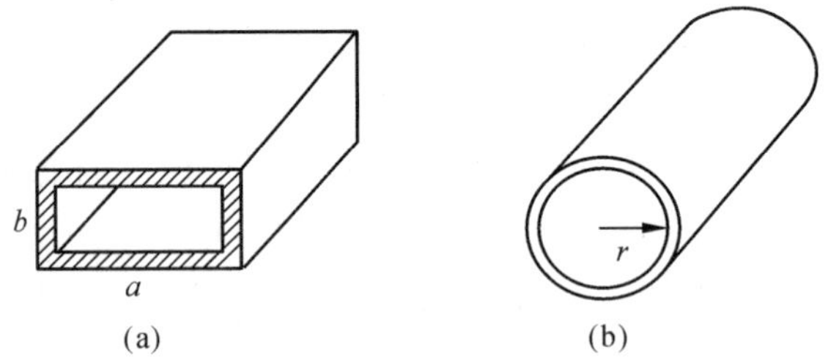

图 2.4-2 矩形波导与圆形波导

(a)矩形波导;(b)圆形波导

图 2.4-2(a)矩形波导中的 a 为波导宽边长,b 为波导窄边长;图 2.4-2(b)圆形波导中的 r 为圆形波导的内径。

矩形波导在传输微波能量时具有下列特点:

a. 内部光洁,电导大,为良导体。光洁度、清洁度越高,电阻性损害越小。

b. 封闭式,传输微波无辐射损耗。

c. 内部空心,无介质损耗。

d. 宽边、窄边尺寸精度高，传输特定 TE_{10} 波，损耗小。

②波导传输波型

在矩形波导管内传输的电磁波按照其电磁场结构分布的不同而有不同的传输波型。如果一种波型的电场只在波导横截面 x-y 平面上分布，而磁场既有 x 分量，又有 y 分量，则该波型称为“横电波（TE 波）”；因其在纵向（z 向）上有磁场，故又称为“纵磁波（H 波）”。

横电波又根据其在宽边 a 和窄边 b 上的电场 E 最大值个数而区分为不同波型，用 TE_{mn} 表示。其中，m 为沿 a 边 E 的最大值个数，n 为沿 b 边 E 的最大值个数。

当 $m=1$，即 E 沿 x 轴有 1 个最大值，中间最强，两边为 0；当 $n=0$，即 E 沿 y 轴无最大值，亦即沿 y 向电力线是均匀的。此种横电波称 TE_{10} 波。TE_{10} 波在电导中可传输的最大波长为 $2a$，具有工作稳定的单模传输衰减最小的特点，因而常被矩形波导所选用。TE_{10} 波的场结构及电场分布如图 2.4-3 所示。

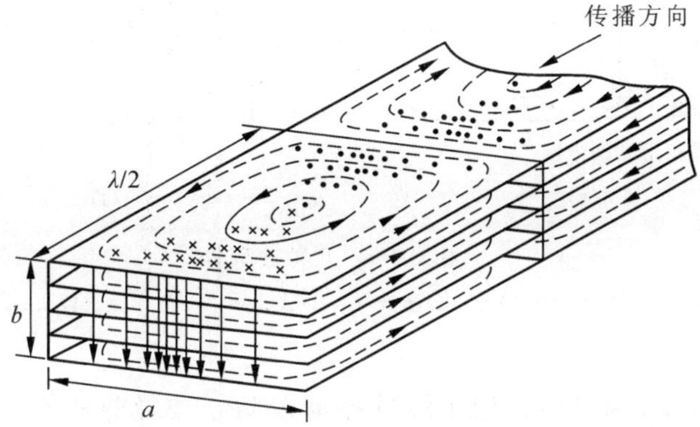

图 2.4-3　TE_{10} 波的场结构及电场分布

为确保传输 TE_{10} 波，a、b 应满足下式：

$$\left.\begin{aligned}\frac{\lambda}{2}<a<\lambda\\0<b<\frac{\lambda}{2}\end{aligned}\right\}\tag{2.4-1}$$

实际应用中，通常取 $a=0.73\lambda$，$b=(0.3\sim0.35)\lambda=(0.4\sim0.5)a$。

对于 3 cm 雷达，$\lambda=3$ cm，则 $a=23$ mm，$b=10$ mm，厚度为 1 mm。

对于 10 cm 雷达，$\lambda=10$ cm，则 $a=76$ mm，$b=38$ mm，厚度为 2 mm。

a、b 尺寸允许误差小于 1%，否则将引起反射及产生不需要的波型。

③波导件

除上述具有规格长度的直波导外，为了适应船上实际安装需求，还配有如图 2.4-4 所示的各种波导元件，包括：窄边弯波导、宽边弯波导、扭波导、软波导、波导扼流接头和旋转过渡节等。

a. 窄边弯波导、宽边弯波导与扭波导

三者均用于改变波导走向的连接，按需选用，如图 2.4-4(a)(b)(c)所示。

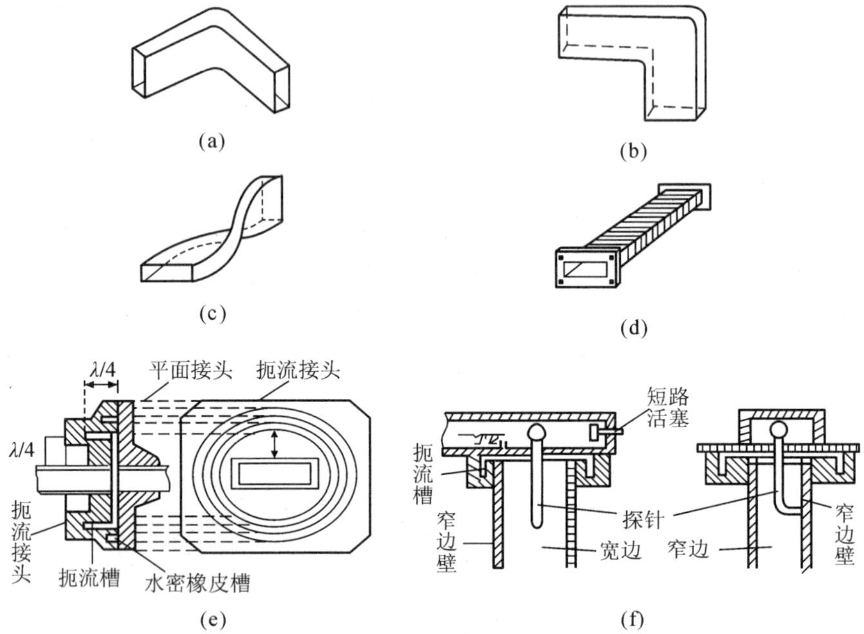

图 2.4-4 几种波导件

(a)窄边弯波导;(b)宽边弯波导;(c)扭波导;(d)软波导;(e)波导扼流接头;(f)旋转过渡节

b. 软波导

软波导接在收发机波导口，用于缓冲振动及防止波导热胀冷缩导致波导变形或断裂，如图 2.4-4(d)所示。

c. 波导扼流接头

波导扼流接头用于两段波导之间的连接，由“扼流接头”和“平面接头”组成，其结构如图 2.4-4(e)所示。平面接头的端面是平的。扼流接头的端面开有两个槽，外面的一个槽浅一些，是安装水密橡皮圈用的；里面的一个槽较深一些，深度约为 $\lambda/4$，而且宽边中点到槽的距离也为 $\lambda/4$，此槽称扼流槽。连接时，平面接头朝向天线，扼流接头槽朝下，以防止槽内存水。当扼流接头与平面接头连接时，可用来保持波导的电气连续，减少微波能量的损耗，并保持接头水密。

d. 波导旋转过渡节

船用雷达的收发机及波导是固定的，而天线是旋转的，如何做到微波能量在固定波导与旋转天线的过渡连接，这就要用到波导旋转过渡节，其原理结构如图 2.4-4(f)所示。耦合探针的下端弯成 55°焊在固定的垂直波导宽壁中部上，构成微波耦合环，其探针穿过旋转同轴电缆中间，上端伸入随天线旋转的水平波导分支，上端球形可增大频带宽度，以防尖端放电，提高微波传输效率。上下动、定两部分波导的电连接采用了扼流接头。水平波导的右侧接有短路活塞，探针间距为$(2n-1)\lambda/4$（n 为探针数），使探针处于波腹处，以达到有效传送微波能量的目的。

④波导管安装、使用的注意事项

a. 安装前检查波导管内是否清洁。

b. 波导总长度应≤20 m，弯波管≤5 个。

c. 软波导只用于室内收发机波导口处，不可用作弯波导，不可安装在室外。

d. 扼流接头在连接安装时，平面波导接头朝向天线，扼流接头朝向收发机，外槽要装防水橡皮圈，四周螺丝要拧紧，安装结束后，应在接缝处涂上厚油漆。

e. 在收发机波导口插入云母片，以防波导进水后水直接流进磁控管而损坏磁控管。

f. 为防止波导受力，每隔 1～2 m 装固定架。为防止室外波导受碰撞，在易受碰撞处加装硬保护罩。

(2)同轴电缆

如图 2.4-5 所示，同轴电缆主要由内外两层导体组成。内导体是一根或多根细铜线或一根细铜管，外导体由单层或多层镀银编织铜线或蛇形铜管组成。内、外导体应严格同轴，故在内、外导体间填有聚苯乙烯等低损耗绝缘材料。最外层是橡皮层。

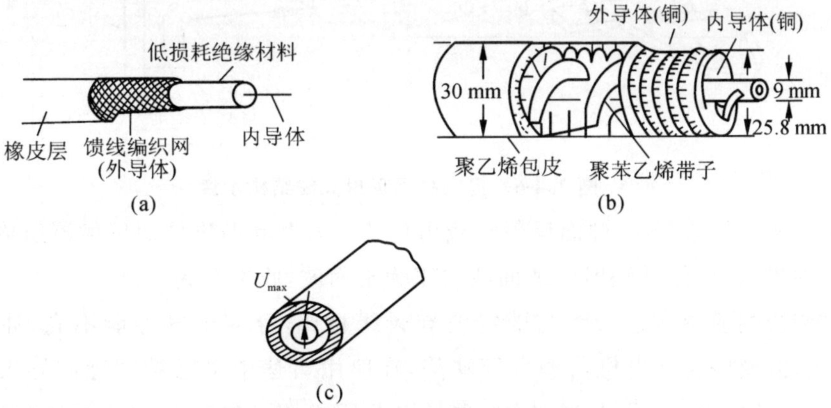

图 2.4-5　同轴电缆结构示意

(a)软同轴电缆；(b)硬同轴电缆；(c)同轴线

为确保在同轴电缆内仅传输一种 TE 波，同轴电缆内导体直径 d 与外导体内径 D 和工作波长 λ 应满足如下关系：

$$D+d<\lambda/\pi \tag{2.4-2}$$

另外，考虑到同轴电缆的衰减系数、品质、传输功率及绝缘性能等因素的影响，其内、外导体的直径比也有一定要求，一般取 $D/d\approx2.3$。

(3)微波传输中波导与同轴电缆的比较

①传输相同波长时，波导管的体积比同轴电缆大。

②传输微波时，波导损耗较同轴电缆小。但波长大于 10 cm 时，同轴电缆的损耗也不大。

③波导传输的功率比同轴电缆大。

④波导可承受的击穿电压高。

⑤波导的结构简单。

综上，在船用雷达的双雷达系统中，一般 3 cm 雷达选用波导，而 10 cm 雷达多用同轴电缆。

2.4.3 雷达天线

(1)常见的几种船用天线

①抛物柱面反射天线

抛物柱面反射天线的结构示意如图 2.4-6 所示。

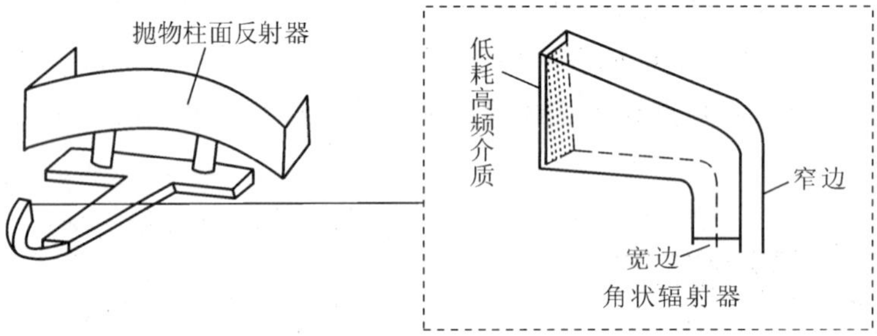

图 2.4-6 抛物柱面反射天线结构示意

由图 2.4-6 可见，抛物柱面反射天线由角状辐射器和抛物柱面反射器组成，辐射器置于反射面的焦点上，使其辐射的球面波校正为平面波，收发互易。

这种传统的船用雷达天线与隙缝波导天线相比，存在电气性能不高、体积大、重量重、风阻大、需要的驱动电机功率大等缺陷，在船用雷达中早已被隙缝波导天线所取代。不过，在陆上环境中，天线尺寸、体积、重量以及所需驱动电机功率等不像船用雷达受环境限制那么大，抛物柱面天线仍然在各种军用跟踪、民用港口船舶交管系统等场合应用。

②隙缝波导天线

前面提到过，纵磁波即 H 波在波导内壁存在如图 2.4-3 所示的表面电流。若在波导宽边开横缝或纵缝，在窄边开纵缝，由于隙缝切割了内壁 H 波表面电流，隙缝就受到激励而向外辐射。显而易见，隙缝尺寸不同、倾斜角不同，向外辐射量及在纵、横的分量也不同。

隙缝波导天线的结构示意如图 2.4-7 所示。隙缝波导天线由隙缝波导、垂直极化滤波器、辐射口面、扇形喇叭、天线密封罩、终端吸收负载(图中隐藏)等组成。

a. 隙缝波导:隙缝波导是在窄边开有许多隙缝的一段矩形波导,位于扇形喇叭的颈部。每个隙缝均为长方形,长为 $\lambda/2$,宽为 1.5～3 mm。邻缝间距 $d\approx\lambda/2$。

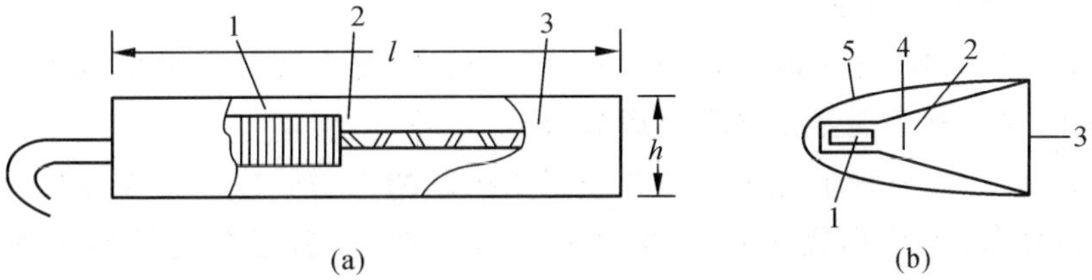

图 2.4-7 隙缝波导天线结构示意

(a)正视图;(b)俯视图

1—隙缝波导;2—垂直极化滤波器;3—辐射口面;4—扇形喇叭;5—天线密封罩

每条隙缝的倾斜度、深度以及邻缝间距均影响天线辐射的能量和水平波束宽度。整个天线开有 n 条缝,隙缝之间的间距为 d,每个倾斜角有别,深度以及邻缝间距不同,使各个隙缝的辐射量严格按照某一数学多项式分布,如切比雪夫多项式分布。因此,对于固定工作波长而言,缝数 n 越大,天线横向尺寸 L_A($L_A=nd$)也就越大,导致水平波束角越小,即水平波束宽度越窄,天线的方向性就越好。

半功率点水平波束宽度 θ_H 可表示为

$$\theta_H=\frac{K_A\lambda}{L_A}=\frac{K_A\lambda}{nd} \tag{2.4-3}$$

式中:n 为缝数;K_A 为与旁瓣电平有关的系数,以 70 计;L_A 为天线口径水平长度。

大部分雷达发射的微波电磁能量从输入端输入,称为端馈隙缝波导天线,也有少数从中间馈入的,后者常用于天线长度很长的场合。

b. 垂直极化滤波器:用于滤除从隙缝辐射出来的电磁波中的垂直极化部分,使其只向外辐射水平极化波。滤除垂直极化波的方法有两种:一种是在隙缝波导前面装设铝块制成的滤波格子,上下加铝盖子,如图 2.4-8(a)所示;另外一种是在天线喇叭罩口内部绕镍铬钢丝,如图 2.4-8(b)所示。

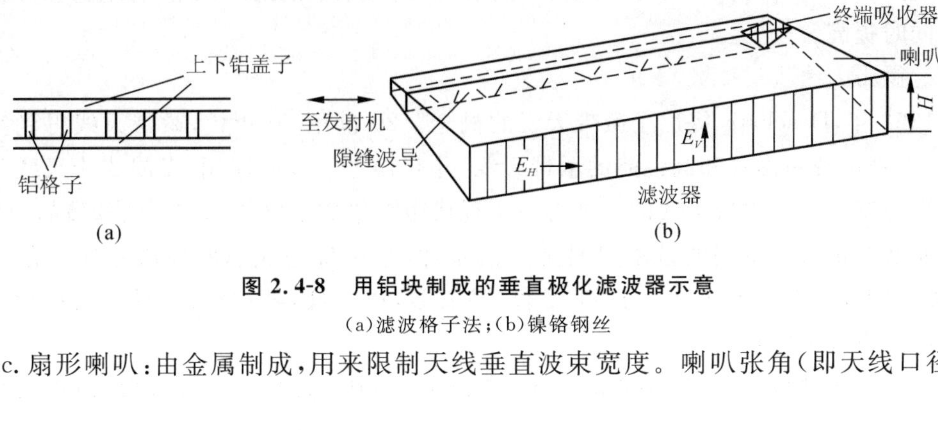

图 2.4-8 用铝块制成的垂直极化滤波器示意

(a)滤波格子法;(b)镍铬钢丝

c. 扇形喇叭:由金属制成,用来限制天线垂直波束宽度。喇叭张角(即天线口径高度

H)越大,则垂直波束宽度$\theta_{V0.5}$越小。

d. 天线罩:用来保护扇形喇叭以保持水密,防止雨水、灰尘、污物等进入隙缝波导。扇形喇叭张口用低耗高频材料密封。

e. 终端吸收负载:电磁波从始端馈入,直至末端,绝大部分能量已从各个隙缝辐射出去,到末端的少量剩余能量由终端负载吸收。

从始缝到末缝,每缝通过其不同的倾斜角控制的辐射强度严格按照切比雪夫多项式或泰勒级数分布,形成所需要的天线水平方向性图,这就是隙缝波导天线的基本工作机理。

设计长隙缝波导天线时应注意一个问题:受微波脉冲天线内传输的"过渡特性"限制,为建立稳定的辐射波束,要求微波脉冲宽度τ满足下式:

$$\tau \geqslant (2\sim4)T_r=(2\sim4)\frac{L_A}{v_g} \tag{2.4-4}$$

式中:T_r为隙缝波导过渡传输时间;L_A为天线口径水平长度;v_g为电磁波在波导中的传输速度。

式(2.4-4)意为一个发射脉冲宽度应大于脉冲波在第一个隙缝传到最后一个隙缝所需要的时间,才能使天线保持正常工作。

设计与加工工艺等原因使隙缝波导天线波束的主瓣轴线方向(最大辐射方向)与天线辐射窗口口径中点法线方向存在按顺时针方向 3°~5°的偏离角θ_0:

$$\theta_0=\arcsin\left[\sqrt{1-(\frac{c}{2d\,f_s})}+\frac{c}{2d\,f_s}\right] \tag{2.4-5}$$

式中:c 为光速;d 为隙缝间距;f_s为发射信号的工作频率。在安装天线底座时应对θ_0进行校正。实际偏离角的大小视不同天线而异,在雷达说明书中会有说明。

隙缝波导天线与抛物柱面反射天线相比,具有旁瓣电平低、主瓣水平波束更窄、重量轻、体积小、风阻小等优点,但也存在加工工艺要求高、较复杂和水密性能要求高等缺点。此外,为减小发射脉冲宽度又保证建立起稳定的天线波束,必须限制天线的口径,但这又会导致方位分辨力降低。可见,隙缝波导天线的过渡特性限制了雷达的距离和方位分辨力的同时提高。

③微带天线

1953 年,Deschaps 提出了微带天线的概念。20 世纪 70 年代,微带天线得到突破性进展,不断出现新形式和高性能的微带天线,并获得进一步的应用,发展成为天线领域中的重要分支。当今微带天线的发展得益于现代微波集成电路技术在天线领域的应用。

制造微带天线所用的基本材料是介质基片,采用日趋成熟的多层互连工艺(MI 技术)加工制成。微带天线尺寸小,重量轻,易安装,成本低,结构牢固,易于成批生产。微带天线具有以下特点:

a. 天线通频带窄,为几百兆赫,这对船用雷达可用,例如对于 X 波段,所需带宽仅约

100 MHz。

b. 允许的脉冲功率容量低，对仅需几十千瓦的船用雷达可用，现用船用雷达的发射功率一般只有 20～30 kW。

c. 天线增益较低，仅限用于小型船用雷达。

近年来，随着微带天线技术的进一步发展，其技术指标不断提高，很有可能成为未来船用雷达天线的一种选型。

(2)辐射电磁波的极化类型

天线辐射电磁波的极化是指其电场向量在空间的振动方向，按“振动方向”不同，可分为水平极化、垂直极化与圆极化三种类型。

①水平极化波

电磁场的电场向量在空间沿水平方向振动称“水平极化波”，相应的天线称“水平极化天线”。在海面较平静状态(浪高小于 0.25 m)时，使用水平极化波海面目标反射较强，海浪干扰杂波最小。

②垂直极化波

电磁场的电场向量在空间沿垂直方向振动称“垂直极化波”，相应的天线称“垂直极化天线”。当海面浪高 1～3 m 时，因水平极化波的海浪干扰强于垂直极化波，故一般采用垂直极化波。

垂直极化波常用于港口交管雷达中，仅有些 10 cm 船用雷达采用垂直极化波；当浪高超过 3 m 时，垂直极化波与水平极化波的海浪干扰差别很小。

③圆极化波

电磁场的电场向量在空间是旋转的，其向量终点在传播空间以电磁波传播方向为轴，描成螺旋线状，称“圆极化波”。根据圆极化波在空间旋转的方向又分为右旋圆极化与左旋圆极化两种形式，如图 2.4-9 所示。

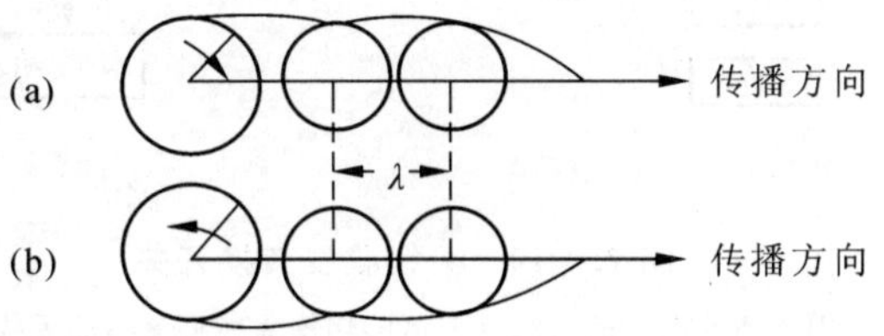

图 2.4-9　圆极化波

(a)右旋圆极化；(b)左旋圆极化

圆极化波有如下特点：右(左)旋圆极化波的天线只能发射和接收右(左)旋圆极化波；而右(左)旋圆极化波在传播时遇到圆球等对称体时会改变方向，变成左(右)旋圆极化波，但遇到外形不规则的物标时，其反射波中绝大部分仍为右(左)旋圆极化波，天线仍能接收。

圆极化波对雨、雾干扰抑制效果显著(可减弱到 1/40～1/100),但天线结构复杂(须配置极化转换装置),天线增益较低,且一些具有圆对称特征的有用目标(如浮筒、水雷、灯塔等)的回波将被削弱。为此,船上常将圆极化天线和水平极化天线背靠背安装使用,或在一个天线中采用极化器变换技术,来改变不同极化。有的雷达兼有水平极化和圆极化两种极化形式,可在显示器操作面板上设置"极化选择"开关,以供按需选用。在晴朗天气时,选用"水平极化",以发挥其较高天线增益,圆对称特征的目标回波不被损失的优点;雨、雾天时,则选用"圆极化",以有效抑制雨、雾干扰。在操作转换极化方式时,应先置开关于中间位置(预备)稍停片刻,然后转到另一种极化方式上。

2.4.4 收发转换开关

2.4.4.1 收发开关的作用

由于船用雷达的发射与接收共用一副天线,为避免发射时发射能量进入接收机而烧毁接收机前端低压小功率元件(尤其是脆弱的混频晶体)及接收时微弱的回波能量进入发射机而造成无谓浪费并影响雷达的检测能力,通常在发射机、接收机和天线之间的波导系统中设置一个专用天线收发转换开关,简称"收发开关",或称"双工器"。

2.4.4.2 收发开关的分类和原理

船用雷达常用的收发开关有气体放电管式和铁氧体环流器两大类,后者常为现代船用雷达所用,如图 2.4-10 所示。

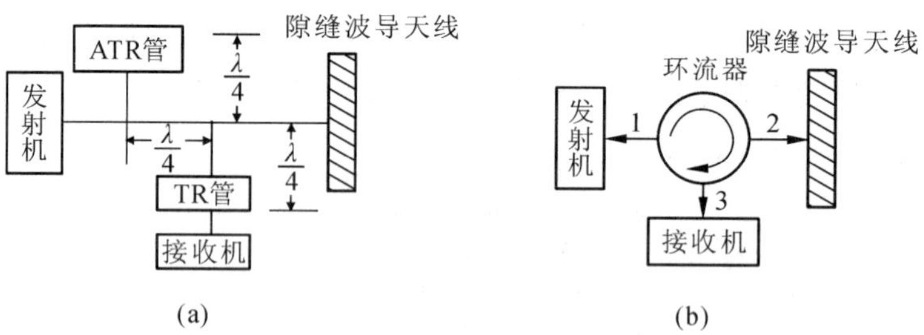

图 2.4-10 天线收发转换开关

(a)用气体放电管的天线开关;(b)用铁氧体环流器的天线开关

(1)气体放电管式收发开关

根据频带不同,气体放电管式收发开关又分为窄带与宽带两种。

①窄带气体放电管式收发开关

窄带气体放电管式收发开关的两种结构如图 2.4-11 所示。

由图 2.4-11 可见,管内有一对圆锥形电极,极间构成"火花隙",其中一个电极可用调谐螺丝调节伸进拉出,可改变火花隙间距,另一电极与铜制管壳相连,装入波导时,亦与

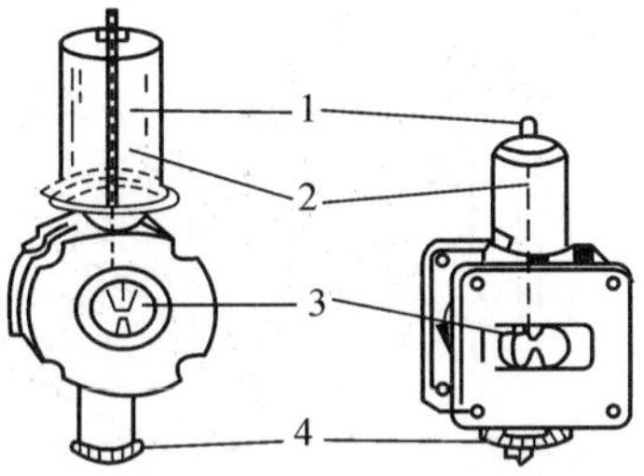

图 2.4-11　窄带气体放电管式收发开关结构

1—辅助电极；2—充气室；3—火花隙；4—调谐螺丝

机壳相接，该电极的中央接到"预游离电极"，工作时，通过一个大电阻（一般为几兆欧）连到一个负压（称预游离电压，600～1000 V）上。火花隙所在空间称为"谐振腔"，该腔与"充气室"相通，其中充以压力为 1333.22 Pa 的含水蒸气的氢气。

当雷达开机后，接入预游离电压，管内气体产生预游离，预游离电流为 50～150 μA。当雷达发射信号后，发射机产生的大功率发射脉冲迅速使管内气体全部电离，火花隙两极之间产生电弧，形成"短路"，其发射状态的等效电路如图 2.4-12(a)所示。可见，发射能量被阻止进入接收机而全部送往天线。

当雷达发射一个脉冲结束后，管内恢复预游离状态（接收状态）时，来自天线的微波回波能量不足以引起火花隙跳火放电，此时火花隙（等效于小电容）和谐振腔壁（等效于小电感）等效一个并联谐振回路，并连接在波导等效双传输线上，如图 2.4-12(b)所示。

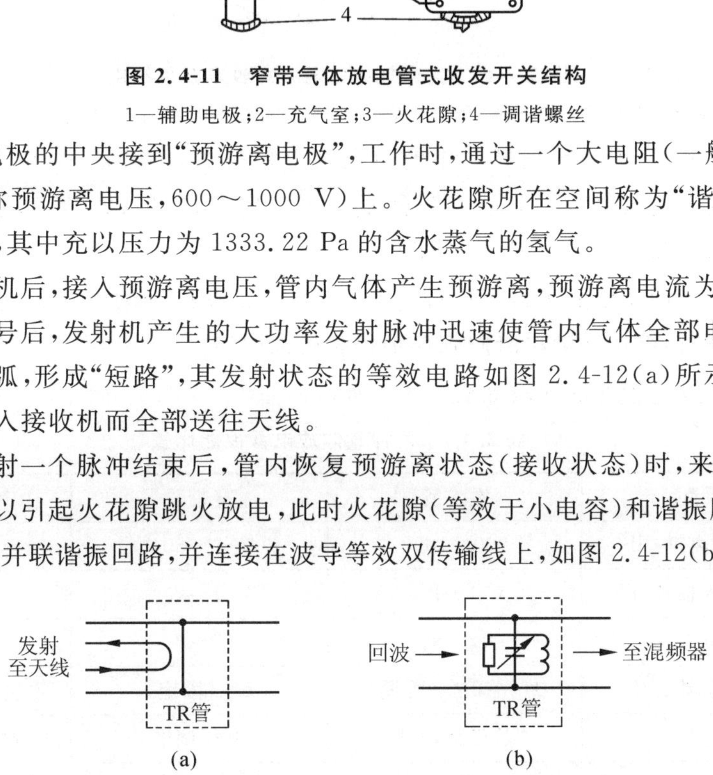

图 2.4-12　窄带气体放电管式收发开关等效电路

(a)发射状态；(b)接收状态

调整调谐螺丝，可改变火花隙间距，改变极间等效小电容大小，使回路固有频率与回波信号频率谐振，回波信号便可顺利进入接收机。

②宽带气体放电管式收发开关

宽带气体放电管式收发开关的频带较宽（8000～12000 MHz），适用于 3 cm 雷达工作波段，使用中无须谐振，其结构如图 2.4-13 所示。

由图 2.4-13 可见，宽带气体放电管式收发开关由一段矩形波导管制成，两端分别有输入、输出谐振窗，窗孔用高频玻璃或陶瓷封装，管内充有含水蒸气的氢气。在两个谐振窗之间有两个由放电电极和金属膜片组成的谐振腔，其间隔均为 λ/4。在输出端附近的放电电极处设有辅助电极（后点火电极），并加有预游离电压，使管内处于预游离状态。

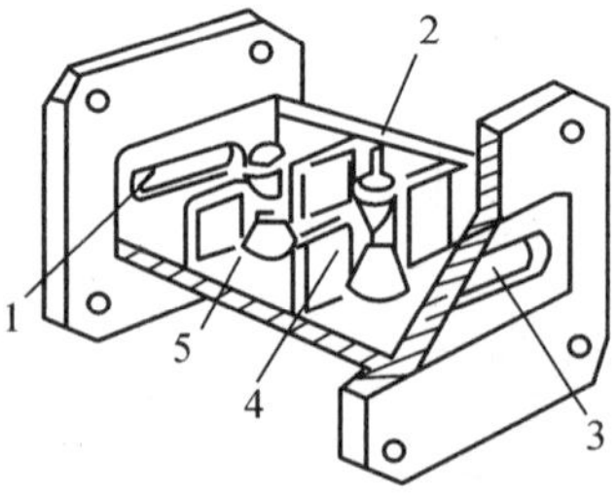

图 2.4-13　宽带气体放电管式收发开关结构

1—输入谐振窗接发射机；2—辅助电极；3—输出谐振窗接接收机；4—匹配膜片；5—锥体

当雷达发射时，大功率射频功率使后点火电极打火，随即前一个放电电极也打火。一旦前一个点火电极打火，形成短路，便阻止了发射能量进入接收机，从而保护了接收机。接收状态与前述窄带相同，但由于是宽带，无须调谐。

现已出现一种新型的无源 TR 放电管，其内部充有处于激发状态的氚气，无须外加辅助电压，也能在雷达开关机时起到保护接收机的作用。

两种气体放电管性能比较如表 2.4-1 所示。

表 2.4-1　两种气体放电管性能比较

比较项目	宽带管	窄带管	比较结论
发射状态隔离度/dB	800～1000	60～80	宽带管大
接收状态插入损耗/dB	0.1～1.5	1～2	宽带管小
恢复时间/μs	2～8	2～8	相同
频率范围	1%～2%（可调）	6%（固定）	宽带频率范围宽
调谐要求	需仔细调谐	无须调谐	宽带管使用方便
结构	复杂	简单	复杂

由表 2.4-1 可见，宽带管比窄带管具有发射状态隔离度大（对接收机保护更好），接收状态插入损耗小（回波能量损失小），频率范围大，无须调谐等优点，适用于 3 cm 雷达波段，曾在船用雷达中得到广泛应用。

需要注意的是，虽然宽带气体放电管优点众多，但结构较复杂，加工成本也高。

此外，还有一种特殊的气体放电管——反收发开关管（ART Cell）。

反收发开关管装在发射支路波导管上，用于在发射结束后，防止回波信号进入发射支路，以免造成回波能量的浪费。

反收发开关管的结构简图如图 2.4-14 所示。反收发开关管由谐振窗和长度为 $\lambda_g/4$（λ_g为波导波长）的矩形波导段构成，以谐振窗为放电电极，管内也有谐振腔，腔内充有稀薄氩气，但没设预游离电极。在管底有玻璃窗与波导口的玻璃窗相对，发射脉冲能量由此进入谐振腔。发射时，谐振腔在发射能量冲击下击穿短路，提高磁控管支路冷阻抗；接收时，封闭波导的发射支路，让回波全输向接收机。

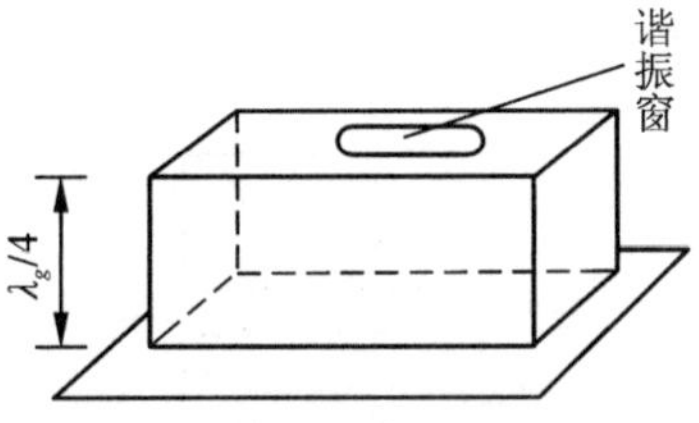

图 2.4-14　反收发开关管结构简图

气体放电管式收发开关应注意如下使用问题：

①气体放电管对接收机混频晶体及前端低压小功率微波元件起保护作用，尤其对晶体。晶体一旦损坏，应首先考虑检查收发开关管的预游离状态是否正常，确认正常后方可更换晶体。

②窄带气体放电管式收发开关应仔细调谐，使回波最强。调谐应在雷达开机并稳定工作后进行，将天线停在远处有弱回波的方位上，先调好“亮度”“增益”，让回波亮度弱但可见，细调“调谐螺丝”，使回波最亮。

③气体放电管存在恢复时间。气体放电管从发射结束至恢复预游离所经历时间称为气体放电管的“恢复时间”，亦称“消电离时间”，不同型号管子的恢复时间不尽相同，一般在 0.1～8 μs，越短越好。

在实际应用中，考虑到近距离强回波无须等到完全恢复到预游离状态就能进入接收机，因此，实际影响雷达近距离接收能力的恢复时间比上述时间要短，通常以 0.1～0.3 μs 计，该数据可用于计算雷达最小作用距离。

雷达整机对收发开关管的总体要求：发射漏入功率应小于 100 mW，以免损坏混频晶体；点火时间应短于 0.01 μs；在波导系统中接入，不应破坏接收支路匹配，对回波损耗力求最小；恢复时间要短，以免影响雷达最小作用距离。

(2)铁氧体环流器式固态收发开关

铁氧体环流器是一种利用铁氧体和石榴石等亚铁磁体制成的微波元件。目前常用的是具有三个或四个微波支路的环流器。应用三个微波支路的铁氧体环流器式固态收发开关原理图如图 2.4-15 所示。

图 2.4-15 中，箭头的方向表示微波能量传递的方向，即环接收机流方向。发射的微波能量从“1”进，从“2”出至天线而不到“3”；回波能量从“2”进，从“3”出至接收机而不到“1”。可见“环流”是有规则的，到发射端与到接收端是相互隔离的。

铁氧体环流器式收发开关具有结构紧凑、承受功率大、插入损耗小(典型值为 0.5 dB)、寿命长、稳定性高、频带宽、散热条件好、适用于大功率场合及隔离衰减量不随环境温度变化而下降等优点。但其也有一些缺点：由于“1”与“3”隔离度有限，环流器的

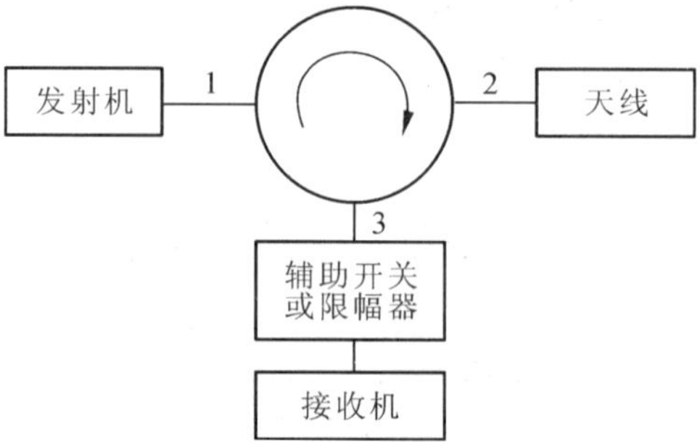

图 2.4-15 铁氧体环流器式收发开关原理图

1—发射端;2—天线端;3—接收端

反向隔离度在考虑周围温度变化的情况下仅约 30 dB;此外,在三单元雷达中,旋转天线通常使波导馈线中约有 1.2 dB 的电压驻波比存在,因此,发射功率有一部分受到天线的反射通过环流器进入接收机,其大小比环流器的反向泄漏还要大得多,容易导致混频晶体的烧毁,从而造成发射能量仍有较大的泄漏而进入接收机,故要求接收与发射机之间隔离度为 60～80 dB。为克服上述缺陷,确保接收机安全,在环流器的接收端与接收机之间还必须加上“辅助开关或限幅器(限幅二极管)”或将环流器收发开关与微波功率限幅器组合成接收机保护器应用。此举可有效隔离两种泄漏功率。图 2.4-15 中的限幅器可由 PIN 二极管和变容二极管构成。PIN 二极管限幅器功率容量较大,单个 PIN 管可承受的脉冲功率达 10～100 kW,但其本征层较厚,故响应时间较长,导致前沿泄漏功率较大。变容二极管多用于低功率限幅器,其响应时间极短(10 ns 以下),故用作放电管后的限幅器效果甚好。

铁氧体环流器的开关时间约为 0.5 μs,开关时间指发射时关闭,发射结束时打开这一过程所需时间。

2.4.5 雷达天线系统的主要技术指标

天线系统中主要技术参数有方向性图、方向性系数 D_A、天线效率 η、天线增益 G_A、波束宽度 θ、旁瓣及旁瓣电平等。

(1)方向性图

方向性图是表示天线收发电磁波功率(或场强)与方向关系的坐标图,可用极坐标或直角坐标图表示。在讨论船用雷达天线特性时,我们仅关心它的水平和垂直两个方向的特性。图 2.4-16 是天线方向性图的表示方法。

天线的方向性图越尖锐,表示天线收发电磁波能量的聚束能力越强,即收发的定向性越好。图 2.4-16 中天线辐射和收发能量最强方向的波束称为主瓣或主波束,其他方向的小波束能量很小,对称分布于主波束两边,称为旁瓣或副波束。

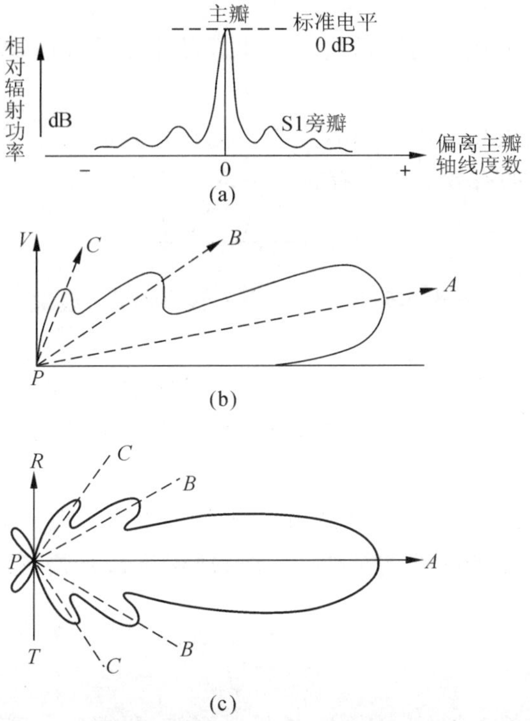

图 2.4-16　天线方向性图的表示方法(*A* 为主瓣,*B*、*C* 为旁瓣)

(a)直角坐标表示的功率方向性图;(b)极坐标表示的垂直方向场强方向性图;
(c)极坐标表示的水平方向场强方向性图

(2)方向性系数

方向性系数用于表示定向天线的功率集束能力,或称为天线功率增益,它等于定向天线最大辐射方向的功率通量密度P_{max}与各向均匀辐射时的平均功率通量密度P_{ave}之比(假定这两个天线的总辐射功率相等),即

$$D_A = \frac{P_{max}}{P_{ave}} \tag{2.4-6}$$

用电场强度表示为

$$D_A = \frac{E^2{}_{max}}{E^2{}_{ave}}$$

(3)天线效率

天线效率是指天线辐射功率P_r与输入总功率P_{in}之比,即

$$\eta = \frac{P_r}{P_{in}} = \frac{P_r}{P_r + P_L} \tag{2.4-7}$$

式中:P_L为天线损耗功率。

由于微波天线的损耗均很低,通常 $\eta = 0.9 \sim 0.95$。

(4)天线增益

天线增益G_A等于天线方向性系数D_A与天线效率η的乘积，即

$$G_A = D_A \cdot \eta \tag{2.4-8}$$

一般船用雷达天线增益在 30 dB 左右。天线增益的大小直接影响着雷达的作用距离。天线增益与天线的有效面积A_r有如下关系

$$G_A = \frac{4\pi A_r}{\lambda^2} = \frac{4\pi KS}{\lambda^2} \tag{2.4-9}$$

式中：λ 为工作波长；S 为天线实际面积；K 为天线系数，一般取 0.4～0.7。

(5)波束宽度

在天线功率方向特性图中主瓣波束的两个半功率点方向间的夹角称为主瓣的波束宽度，简称半功率点宽度。在场强方向特性图中，它等于场强为最大值的 70.7%时的两个方向间的夹角。

在水平面内的波束宽度称为水平波束宽度，用θ_H表示。现代船用雷达的θ_H一般在 2°以内，大部分在 1°左右。它与天线的结构、尺寸及使用波长有关，它们的关系可用式(2.4-3)表示

$$\theta_H = \frac{70\lambda}{L_A}$$

可见，θ_H一定，波长 λ 越长，需要L_A越长。例如，要求$\theta_H = 2°$时，10 cm 雷达天线的口径长度要达到 350 cm。

在垂直面内的波束宽度称为垂直波束宽度，用θ_V表示。为了在船舶摇摆时既不会丢失目标及尽量缩小盲区，又能使波束保持一定的辐射强度，一般船用雷达的垂直波束宽度为 15°～30°。

工程上天线波束宽度与天线增益间的关系可用下式表示

$$G_A = \frac{27000}{\theta_H \cdot \theta_V} \tag{2.4-10}$$

用分贝表示，可写为

$$G_A = 10\lg \frac{27000}{\theta_H \cdot \theta_V}$$

可见，波束越窄，天线增益越高。例如：$\theta_H = 1°$，$\theta_V = 20°$，则$G_A = 32$ dB。

(6)旁瓣、旁瓣电平

天线辐射的电磁波主瓣两侧的波瓣称为旁瓣或副瓣。一般旁瓣对称分布于主瓣两侧，越往外侧越弱。

旁瓣相对于主瓣的大小，即相对减弱的倍数，用分贝数表示，称为旁瓣电平。旁瓣浪费能量，又产生旁瓣假回波，扰乱回波图像的观测，因此旁瓣电平越小越好。通常要求在主瓣轴向两侧 10°内，旁瓣电平应小于－26 dB(即为主瓣的 1/400)。在主瓣轴向两侧 10°外，旁瓣电平应小于－30 dB(即为主瓣的 1/1000)。

2.5　雷达接收机

2.5.1　概述

接收机主要用于放大天线接收到的微弱回波信号。回波信号被接收机放大处理后，由雷达处理器进行杂波滤除、数字化等处理，最后尽可能清晰地显示在显示器上。接收机是雷达的关键组成部分，它必须不失真地放大接收到的信号。因为天线收到的原始信号的电平非常低，且设计不良的接收机会将噪声引入收到的回波信号中，这种噪声信号可能完全淹没微弱的回波信号，并使较强的回波信号失真，所以接收机对回波信号放大是要求非常高的过程。

2.5.2　雷达接收机的基本组成

雷达天线收到微弱超高频回波信号后，需要通过适当的滤波，将其从伴随的噪声和干扰电波中选择出来，经放大、解调等处理后，送给显示器或计算机数据处理等终端设备。

船用雷达接收机接收来自天线的微弱信号，且伴有噪声和各类干扰信号，必须对接收机输出的信号进行足够的放大，使其幅度满足后续相关处理及终端显示的要求。通常接收机采用超外差式，以将超高频雷达回波信号载频f_s经混频降为中频f_I，从而易于放大信号。

现代船用雷达接收机的组成框图如图 2.5-1 所示，其由高频设备、中频放大器、检波器和视频放大电路等组成。

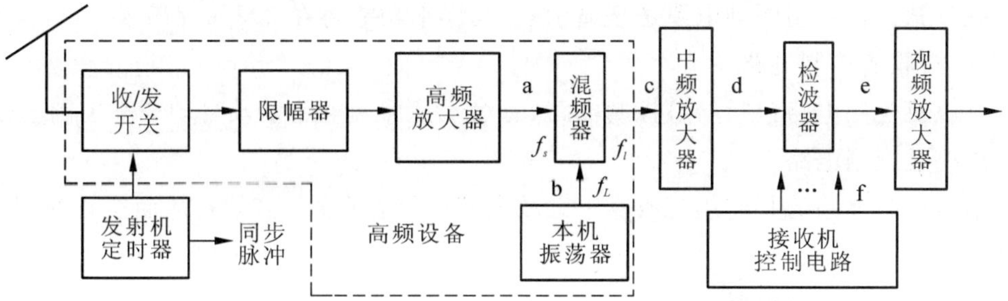

图 2.5-1　现代船用雷达接收机的组成框图

(1)高频设备

高频设备指从雷达微波馈线到中频放大器之间的所有接收机部件，包括接收分支微波馈线、天线收发开关(接收端)、限幅器、(低噪声)高频放大器、混频器和本机振荡器,又称接收机“前端”,即图 2.5-1 中虚线框内部分。

①限幅器

限幅器的作用是消除接收信号的大幅度变化,防止脉冲尖峰能量击穿高频放大器。

②高频放大器

高频放大器的作用是将接收机接收到的高频信号进行放大后送至混频器,这样可提高信号增益,减小接收机噪声系数,从而增强对远距目标的探测效果,其详细功能将在 2.5.3 节介绍。

③本机振荡器

本机振荡器的作用是产生一个比接收的高频信号高一个中频的等幅正弦波信号,并与高频信号混频后获得中频信号。

④混频器

混频器的作用是将接收的高频信号 f_s 与本振信号 f_L 进行混频得到其差频信号,即中频信号 $f_I = f_L - f_s$,其详细功能将在 2.5.4 节介绍。

(2)中频放大器

中频放大器的作用是把微弱的中频回波信号不失真地放大十几万倍,然后送去检波器,其详细功能将在 2.5.5 节介绍。

(3)检波器

检波器的作用是对经过放大了的中频回波信号进行检波,即去掉中频成分取出其包络,变成视频脉冲信号。这一过程正好与发射机里的调制过程相反,所以检波器也叫解调器。船用雷达的检波器一般由晶体二极管(或晶体三极管)及低通滤波器组成,其详细功能将在 2.5.6 节介绍。

(4)视频放大器

视频放大器用来放大检波器输出的视频脉冲信号并实现前后电路的相互匹配。输出的视频脉冲信号用同轴电缆送至显示器,其详细功能将在 2.5.6 节介绍。

(5)接收机控制电路

接收机控制电路包括增益控制电路、海浪干扰抑制电路以及自动频率控制电路等。

①增益控制电路

增益控制电路的其作用是改变中频放大器的增益(放大倍数),从而实现对屏上回波强度的控制。

②海浪干扰抑制电路

海浪干扰抑制电路的作用是抑制海浪干扰的强度。

③自动频率控制电路(Automatic Frequency Control Circuit,AFC)

自动频率控制电路的作用是根据混频器输出中频的频率变化自动控制本机振荡器

的频率，使混频器输出保持在预定中频上，从而使屏上回波稳定清晰。接收机典型输出波形如图 2.5-2 所示。

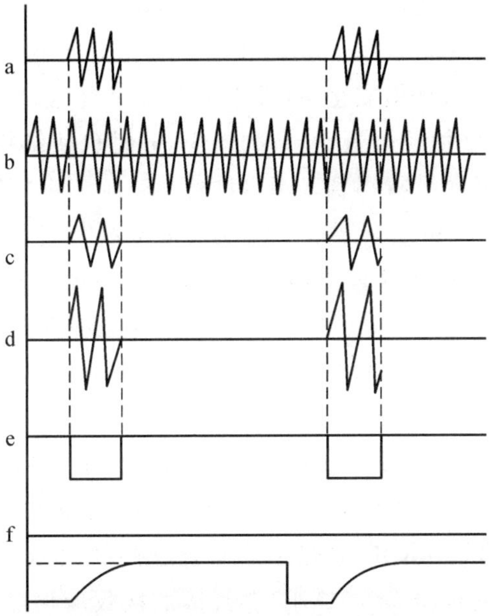

图 2.5-2　接收机典型输出波形

2.5.3　高频放大器

雷达接收机中的高频放大器主要功能是保证天线接收的信号被放大的同时尽量不引入噪声，因此又被称为“低噪声高频放大器”。低噪声高频放大器、本机振荡器和混频器三者常构成“微波集成电路”(Microwave Integrated Circuit，MIC)。这种新部件的出现和运用，能有效降低噪声系数，提高接收机的灵敏度，同时可以减小设备体积、减轻设备重量，有利于将雷达高频头装到天线上，以减少波导损耗，为构成“两单元”船用雷达提供便利。

在过去 40 多年中，雷达技术的一个重大发展就是微波接收机高频系统低噪声器件的应用，如低噪声行波管、量子放大器、参量放大器、隧道二极管放大管等，但用于船用雷达接收机高频设备中的 MIC 直到 20 世纪 90 年代才出现。接入低噪声器件的高频放大器，其噪声系数比后面各级的噪声系数小得多，且具有足够大的额定功率放大倍数。采用高频放大器后，接收机的灵敏度得到了显著提高，从而增大了雷达最大作用距离。增益不可要求太大，否则高频放大器制作困难，对灵敏度的改善也产生很大限制。

对高频放大器的主要要求：

①噪声系数要小；

②功率增益要达到约 20 dB；

③工作要稳定可靠；

④具有一定通频带，可使高频脉冲信号在放大时不失真。

当今，雷达接收系统正朝着高集成化和超小型化方向发展。船用雷达使用 MIC，促使接收机高频前端小型化、高集成化，也促成了二单元雷达的广泛应用，省去了长波导传输微波信号带来的微波回波信号近 2 dB 的损失，同时也使结构变得紧凑，省去了传统的前置中放，接收机噪声系数可减小到 5 dB 以内。

MIC 将微波有源器件和无源分布参数或集中参数电路元件通过微带或带状线组合成不同功能的电路模块，使其具有更高的可靠性、更好的性能、更小的尺寸以及更低的成本。

MIC 可分为混合微波集成电路（HMIC）和单片微波集成电路（MMIC）两类。其中，HMIC 是把固态有源器件和无源电路元件连接在一块介质衬底上。无源电路可用分布或集中参数元件。这些元件可用薄膜或厚膜制造，亦可用片状元件外贴在衬底上。MMIC 则是将所有有源电路和无源电路元件或部件完全集成在一块半导体衬底上，因而其尺寸比 HMIC 小得多。MMIC 电路主要有低噪声放大器、功率放大器、压控振荡器、混频器、开关、移相器、衰减器等。MMIC 芯片级的接收前端以及 T/R 组件早已经出现，然而单片滤波器技术还远不如单片放大器、混频器及振荡器那样成熟，单片有源滤波器和单片无源滤波器（集总参数或分布参数）尚处在研制的初级阶段，尚未有成熟产品。用微波组装技术把接收机单片有源器件与无源滤波器（如微带滤波器、介质带状线滤波器、薄膜或厚膜 LC 滤波器等）集成在一小尺寸元件中，是当今接收机研究的一个重要方向。

2.5.4 混频器

如果把两个不同频率的正弦波信号混合，合成的复杂信号将包括多个正弦波分量，其中一个分量的频率等于两个被混合信号的频率之差，称为差频。其他分量，包括混合频率之和、两倍的较高频率、两倍的较低频率和许多更高频率。这些基本概念称为外差原理，雷达接收机是超外差式的，通常称为超外差接收机。上述合成信号主要分量的频率比原始频率更低，原始信号的频率可能是主要分量频率的几十倍，此过程称为下变频。

在雷达接收机中，下变频是通过将工作在发射频率的脉冲串与本地振荡器产生的低功率连续振荡信号混合实现的。除了其他频率，混频器输出信号中还包含发射信号频率与本机振荡器频率之差的频率分量，这个信号送入中频放大器放大。中频放大器工作在指定的差频频率上，仅响应混频器输出的差频分量，其他频率分量被抑制掉。这样，接收机中频部分处理的脉冲，其包络与发射机信号的形状相似，包含了所有的目标回波信息，而且是更容易放大和进行处理的低频正弦振荡信号。

(1)平衡混频器

早期船用雷达接收机的二极管混频器是只采用单混频晶体的混频器，称为“混频器”；而采用双混频晶体的混频器，称为“平衡混频器”，它是现代雷达常用的混频器之一。平衡混频器优点如下：

①能有效抑制本振引入的调幅噪声，从而减小混频器的噪声系数；

②减小了寄生信号；

③抵消了中频输出的支流成分；

④增大了本振与回波信号两支路的隔离度；

⑤只需较小的本振频率，即可正常工作。

基于以上优点，虽然平衡混频器结构较复杂，且体积较大，但仍为现代船用雷达所广泛应用。

平衡混频器原理示意如图 2.5-3 所示。

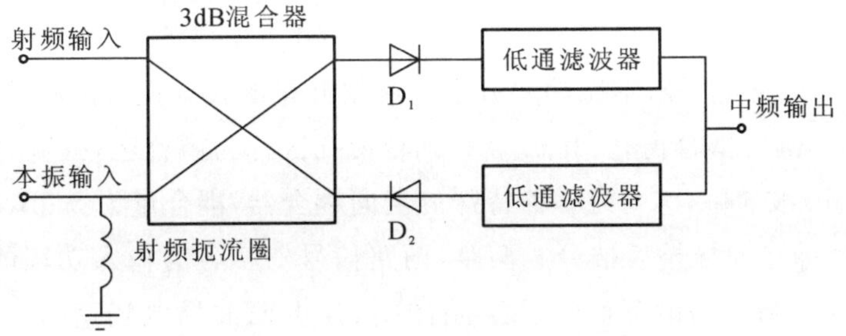

图 2.5-3　平衡混频器原理示意

由图 2.5-3 可见，高频(射频)信号从信号端口输入，由两个共轭端口输出，这两个高频电压等幅，相位差 90°。本振信号从本振端口输入，由两个共轭端口输出，这两个电压也是等幅的，相位差 90°。本振信号 u_L 的角频率 ω_L 比高频信号 u_S 的角频率 ω_S 高一个 ω_1，$\omega_1=\omega_L-\omega_S$。$u_S$ 和 u_L 相加时，二者频率不同，幅度不同，两个电压时而同向相加，时而反向相减，导致合成电压包络变得有起有伏，亦产生了所谓“差拍”现象，合成电压振幅以差拍频率 $\omega_L-\omega_S$ 变化着，当其加在混频二极管 D_1 和 D_2 上，通过低通滤波器滤波，形成频率为 ω_1 的中频电压输出。

混频输出信号的基频高于本振信号($\omega_L-\omega_1$)或低于本振信号($\omega_L-\omega_1$)均能产生中频(ω_1)输出。若其中之一被认为是所要求的信号频率，则另一个通常称为“镜像频率”，在雷达接收机中，一般都需要从信号响应中消除后者的影响。若中频足够高，而射频带宽又相对较窄，使信号和镜像频谱不相重叠，可采用适当的滤波方法来滤除镜频响应。但对于倍频程的带宽，就不能采用滤波法。对于 10%～20%带宽的微波信号，若接收机采用一次变频(如中频为 60 MHz 或 30 MHz)，此时镜像和信号两频率也相混叠，因而不能采用滤波法抑制镜像频率，采用移相技术来抑制镜频是一种较好的方法。

一种 3 dB 隙缝波导桥平衡混频器是移相 $\pi/2$ 的一个典型，其结构和原理示意如图 2.5-4 所示。

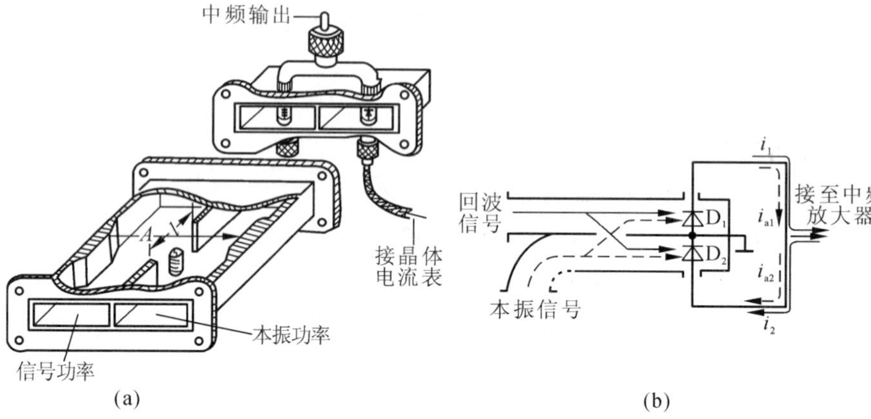

图 2.5-4　3 dB 隙缝波导桥平衡混频器

(a)结构示意；(b)原理示意

由图 2.5-4 可见，信号、本振功率分别从两根并排的波导送入混频器。在两波导的公共窄边中开有小圆孔耦合窗孔，孔长为 l，耦合窗孔区称为耦合区，区宽 A 略小于 $2l$，该耦合区是一个 3 dB 波导桥，实则为一种特殊的定向耦合器，耦合量为 3 dB，耦合相移为 $\pi/2$。于是，信号电场通过波导桥后被分成两路，两路信号功率各为输入功率的一半，一路沿上面波导至晶体 D_1，另一路沿下面波导至晶体 D_2，比上面波导电场落后 $\pi/2$；同理，本振功率过波导桥后也被分成两半，分别加到晶体 D_1、D_2 上，但 D_1 的电场比 D_2 的电场落后 $\pi/2$。只要将方向反接的两晶体输出的混频后的中频电流接到中频谐振电路(放大器)上，即可完成平衡混频的作用。

上述平衡混频器的结构常用于传统船用雷达接收机。现代雷达接收机常采用 MIC。

(2)微带型平衡混频器

随着微波及雷达技术的发展，微带传输线越来越多地应用于船用雷达。图 2.5-5 所示为一种典型的由两分支 3 dB 电桥构成的微带型平衡混频器结构。

如图 2.5-5 所示，在一块厚 1 mm、长 30 mm、宽 25 mm 的陶瓷基片上光刻上微带电路，上面斜线正方形的电路是一个微带的 3 dB 电桥，回波信号用电缆从“1”端输入，本振信号用电缆从“2”端输入。经过 3 dB 电桥后，回波信号与本振信号合在一起从“3”“4”端输出并分别加到两只肖特基混频晶体二极管上。混频输出的中频信号用电缆送到中频放大器输入回路。与混频晶体相连的两个小矩形方块用于高频旁路，以防其他信号进入中频电路。左上方的小圆孔用来安装螺钉，使微带与接地铜板连通，以构成混频晶体的直流通路。

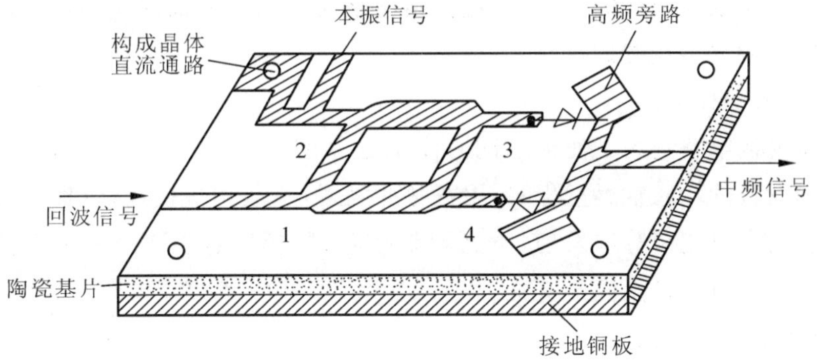

图 2.5-5　微带型平衡混频器结构

2.5.5　中频放大器

中频放大器的任务就是把混频器输出的微弱的中频信号不失真地放大到检波器正常工作所需要的数值。

“中频”是一个相对概念，对于脉冲雷达接收机，中频范围一般指 10～100 MHz，通常选用 10 MHz、30 MHz、60 MHz。

中频信号很弱，甚至弱到只有几微伏，要放大到检波器正常工作所需要的幅度，约 1 V。这意味着要求中频放大器使中频信号不失真地放大十几万倍。为此，其电路构成原理具有以下特点：

(1)采用宽带 LC 谐振放大器。现代雷达多用集成中频放大器，则可采用以 RC 为负载的宽带放大器。

(2)属于小信号线性电压放大。近十几年又出现了能防止强信号造成过载的线性-对数中频放大器。

(3)总增益要求很高，必须采用多级放大器。多级、高增益与宽频带、低噪声、高稳定性之间存在诸多矛盾，在电路设计与制造、工艺调试中必须予以解决。

现代船用雷达接收机中频设备普遍采用对数中频放大器，实际上这种电路形式是线性-对数中频放大器。其特性是可给予弱小回波信号正常的线性有效放大，强信号输入时，又因对数性可扩大中放的动态范围，可防接收机饱和或过载。

目前集成中频放大器主要采用混合集成电路。该电路是在宽带线性固态组件中插入具有一定带宽的选择性电路，其中线性固态组件具有放大信号的功能，简称功能块。选择性电路则用于选择信号。

(1)增益控制电路

中频放大器具有的放大量(dB)是根据将最小回波输入信号放大到检波器正常工作

所需要的输入幅度来设计的，设置增益控制电路便于使用者根据周围目标回波信号强弱调整屏上回波的显示亮度。

(2)通频带变换电路

通频带变换电路是为了使雷达同时满足远量程高灵敏度与近量程高分辨率的不同使用要求而设置的。通常远量程时，用宽脉冲发射，窄通频带接收，以提高远距离目标检测能力；近量程时，用窄脉冲发射，宽通频带接收，以提高近距离目标显像的分辨率。通频带变换一般与量程转换同步实施。

(3)抗海浪干扰电路

根据海浪干扰回波强度具有随距离增加呈指数下降的特点，对中频放大器前级进行接收机灵敏度时间控制(Sensitivity Time Control，STC)，以抑制海浪干扰。

2.5.6 微波固态本机振荡器

在厘米波超高频雷达接收机中，小功率微波发生器用作变频器的本机振荡器，后者应满足的要求是：①本振频率 f_L 应与信号频率 f_s 差一个中频，为防止漂移，应允许能手动或自动微调频率；②本振输出功率 P_L 应足够大，以保证混频器正常工作；③本振噪声系数 N_L 要尽量小，以减少接收机灵敏度损失。

自船用雷达出现之后的60多年中，只有真空电子器件“反射式速调管”能满足上述要求。由它构成的本机振荡器具有输出功率大、效率高、增益高、频带宽、耐高低温、抗辐射、性能稳定、调谐方便、可靠性高等优点，但其体积大、制作工艺复杂、成本高、辅助设备大、不利于整机小型化。目前普遍使用的是固态微波本振源，器件包括微波晶体三极管、雪崩二极管、体效应二极管、隧道二极管、变容二极管和阶跃二极管等，相比之下，体效应二极管比晶体三极管上限频率高，比雪崩二极管的噪声小，比阶跃二极管的设备简单，因而在厘米波段雷达中使用最广泛。微波固体器件具有下列特点：①体积小，重量轻；②工作电压低；③机械强度高，抗击性、抗振性强；④无须预热，寿命长。

厘米波雷达常用的体效应二极管包括耿氏二极管和限累二极管。

在工作机理上，体效应二极管有别于晶体管。晶体管是利用载流子在PN结中的运动特性工作的，而体效应二极管是采用砷化镓、砷化铟、磷化铟等化合物半导体制成的无结元件，它是利用载流子在半导体内的运动特性工作的，亦称“体效应管振荡器”或“转移电子器件振荡器”。

耿氏二极管具有低噪声、低功率、低效率等特点，常用于雷达本机振荡器；限累二极管具有脉冲功率大、效率较高的优点，但其温度稳定性、输出功率和效率等均不及微波晶体管振荡器和雪崩二极管振荡器。船用雷达的固态微波本振源一般采用耿氏二极管。

耿氏二极管结构如图 2.5-6 所示。

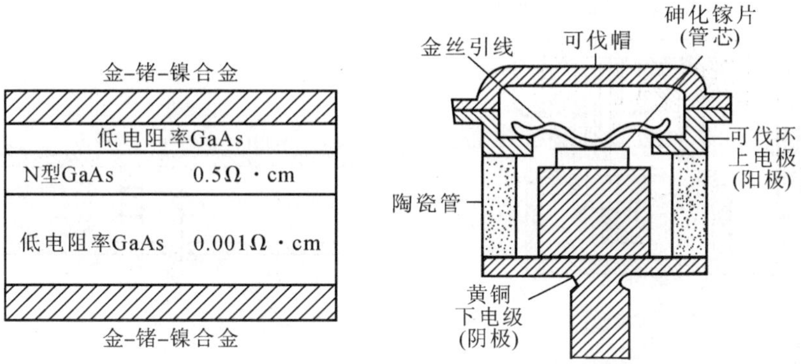

(a)　　(b)

图 2.5-6　耿氏二极管结构

(a)管芯剖面;(b)内部结构

从图 2.5-6(a)可见,耿氏二极管管芯的核心是一块 N 型砷化镓(GaAs)晶体,两边有两个金属电极。为避免 N 型砷化镓晶体与金属电极接触时形成势垒层(结),从而增加接触电阻,应采取两个措施:一是选择合适的合金做电极,二是在"晶体"与金属电极间各夹上一层低电阻率(0.001 Ω · cm)的砷化镓晶体作过渡。

耿氏二极管的封装结构有同轴型和微带型两种,图 2.5-6(b)是同轴型结构,图中"可伐"意指一种便于和陶瓷(或玻璃)焊接的合金。该管在使用时应注意阳、阴极接入电源的极性,阳极(上管帽)接正电压,阴极接负电压,接错会烧坏管子。

耿氏二极管振荡器的工作频率很高,分为宽带与窄带两种。宽带振荡器一般具有同轴腔结构,而窄带振荡器则有同轴腔型、波导腔型和混合腔型几种结构。

(1)波导腔型耿氏二极管本机振荡器

一种波导腔型耿氏二极管振荡器结构如图 2.5-7 所示。

图 2.5-7 所示均为波导腔型的振荡器。图 2.5-7(a)所示振荡器是通过调整螺母管座与管帽一体的伸进或伸出改变腔体体积,从而微调振荡频率;图 2.5-7(b)所示振荡器是采用电调谐来实现振荡频率的微调。

(2)同轴腔型耿氏二极管本机振荡器

同轴腔型耿氏二极管振荡器也是采用变容二极管,通过耦合环与谐振腔作磁耦合,耦合度可调节,电调谐范围最大可达几百兆赫。变容二极管电调谐特性如图 2.5-8 所示。

(3)微带型耿氏二极管振荡器

用变容二极管电调谐的微带型耿氏二极管振荡器,如图 2.5-9 所示。

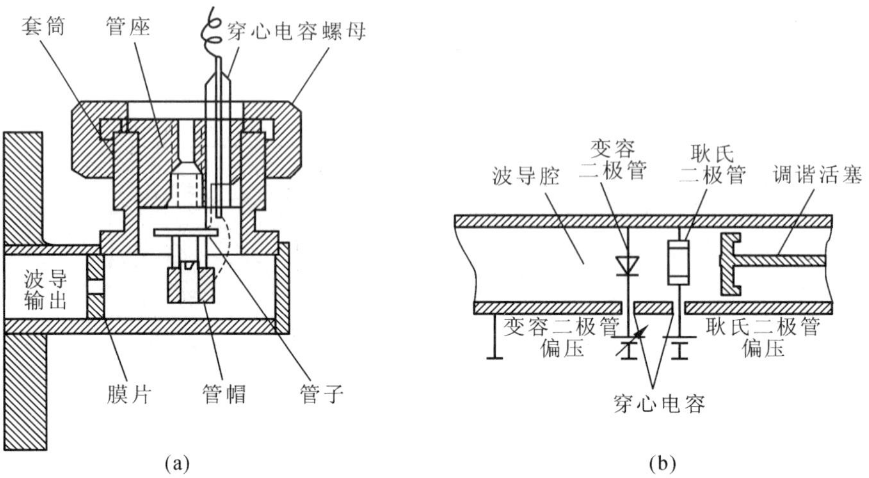

图 2.5-7　波导腔型耿氏二极管振荡器

(a)用螺母调整调谐振荡频率;(b)用变容管调谐振荡频率

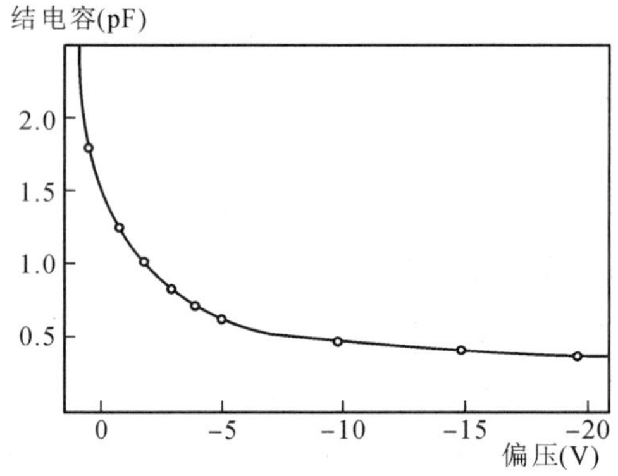

图 2.5-8　变容二极管调谐特性

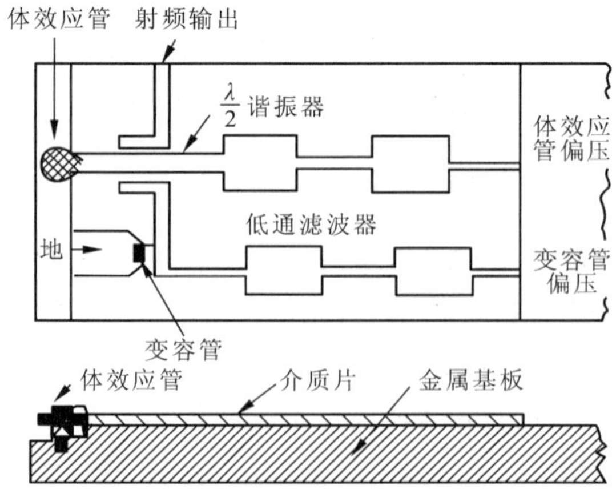

图 2.5-9　用变容二极管电调谐的微带型耿氏二极管振荡器

图 2.5-9 中谐振电路是 $\lambda/2$ 的短路线，变容管的电容通过平行的微带线进行耦合，其阴极拧在金属基板上，以使体效应二极管散热加快。

同轴腔型、波导腔型和微带型耿氏二极管型性能比较见表 2.5-1。

表 2.5-1　三种耿氏二极管振荡器性能比较

谐振电路类型	$\lambda/2$ 同轴腔	$\lambda/2$ 波导腔	$\lambda/2$ 微带级
有载 Q 值	50～150	约 1000	50～150
频率随温度的变化	1 MHz/℃	0.18 MHz/℃	1 MHz/℃
最佳调节	容易	容易	困难
调幅噪声	很小	很小	很小
调频噪声	很小	很小	较小
变容管电调谐范围	700 MHz	20 MHz	700 MHz
机械调谐范围	约一个倍频程	约 30%小	不实际
体积	小	小	最小

由表 2.5-1 可见，谐振电路的品质因素 Q 值对振荡器的性能影响较大。波导腔的 Q 值高，因此波导型振荡器的频率稳定度高，噪声小，但调谐范围较窄；同轴型与微带型振荡器恰好相反，其 Q 值较低，因此其稳定性较差，噪声也较大，电调谐范围较宽。同轴型振荡器的主要特点是采用机械调谐，调谐范围很大，达 700 MHz。微带型振荡器则具有体积小和制作简便的优点。

2.5.7　脉冲检波器和视频放大器

检波器是检出波动信号中某种有用信息的装置，用于识别波、振荡或信号存在或变化。包络脉冲信号通过检波器可得到其脉冲包络调制信号，即视频脉冲信号，经视频放大器放大后，送往终端显示设备，也可送到 ARPA、电子海图显示与信息系统等应用系统。

船用雷达视频放大器包括原收发分机中的前置视频放大器及显示分机中的主视频放大器，后者含防雨雪干扰电路、视频混合放大器、限幅器及视放输出级。视频混合放大器将回波视频信号与固定距标脉冲、活动距标脉冲、电子方位标志脉冲、船首标志脉冲等进行混合放大，视频输出级输出一定幅度、极性的综合视频信号给磁偏转阴极射线管(Cathode Ray Tube，CRT)或现代船用雷达所用的液晶显示器(Liquid Crystal Display，LCD)。

若将图 2.5-1 中检波器输出的视频进行视频增益控制与人工海杂波控制，则可得到输至 ARPA 系统的存储视频和显示器需要的实时视频，如图 2.5-10 所示。

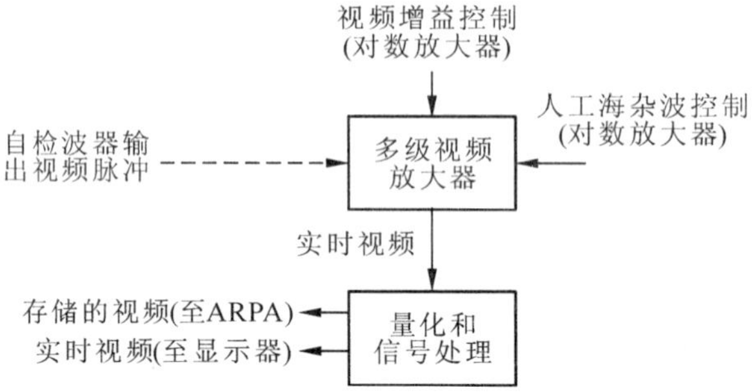

图 2.5-10　回波视频放大处理及控制

2.5.8　雷达接收机的主要技术指标

(1)灵敏度

灵敏度(Sensitivity)指雷达接收机接收弱信号的能力。雷达接收机灵敏度可用从噪声背景中检测出的接收机输入端的最小信号功率(又称门限功率)$P_{r\min}$表示。若输入回波信号达到或大于此值,则在输出端检测到该信号;若输入回波信号低于此值,则信号将被淹没在噪声干扰之中,不能可靠地被检测出来。显然,$P_{r\min}$值越小,能检测出的信号越微弱,表示接收机的灵敏度越高,雷达发现目标的作用距离也越远。

$P_{r\min}$可用下式表示

$$P_{r\min}=kT\Delta fNM \tag{2.5-1}$$

式中:k 为波尔兹曼常数,等于 1.38×10^{-23} J/K;T 为接收机输入端绝对温度(K);Δf 为接收机通频带宽度(MHz);N 为接收机总噪声系数(dB);M 为识别系数。

N 的定义为接收机输入端功率信噪比与输出端功率信噪比的比值,即

$$N=\frac{P_{is}/P_{iN}}{P_{os}/P_{oN}} \tag{2.5-2}$$

式中:P_{is} 为输入信号功率;P_{iN} 为输入噪声功率;P_{os} 为输出信号功率;P_{oN} 为输出噪声功率。

由于接收机内部总有噪声存在,故 N 总大于 1。显然,N 越小越好。新型船用雷达都采用高频放大器,N 值一般在 5 dB 左右。

识别系数 M 定义为雷达检测目标所必需的接收机输出端最小功率信噪比。

由式(2.5-1)可见,N 越小,$P_{r\min}$越小,灵敏度越高;Δf 越小,$P_{r\min}$越小,灵敏度也越高,所以,远量程时要用窄通频带。目前,当放大量足够时,通常超外差厘米波船用雷达的灵敏度为$-110\sim-90$ dB・mW。

(2)接收机通频带

雷达回波信号不论是“解调”前的周期性矩形调制高频脉冲信号,还是“解调”后的视

频脉冲信号，其能量均分布在较广的频带内。矩形高频脉冲可看成由无限多个正弦波组合而成(图 2.5-11)。这些正弦波的频率从 0 到无限大，但占能量约 90%的主要成分分布在中心频率 f_0 两侧宽度为 $2/\tau$ 的频域内。矩形高频脉冲波形及其相应的能量频谱如图 2.5-12 所示。

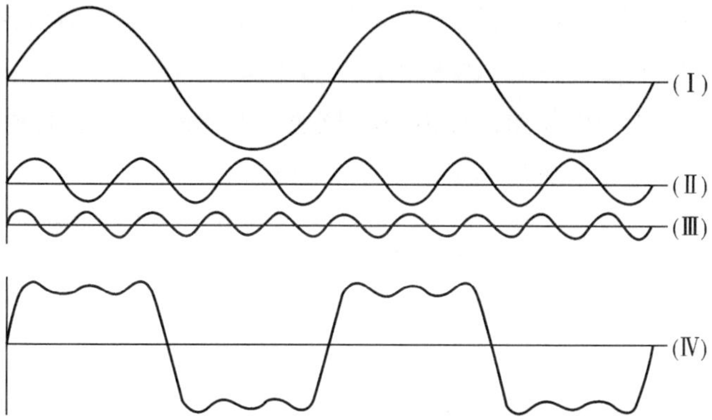

图 2.5-11　由三个正弦波形成的一个近似矩形脉冲

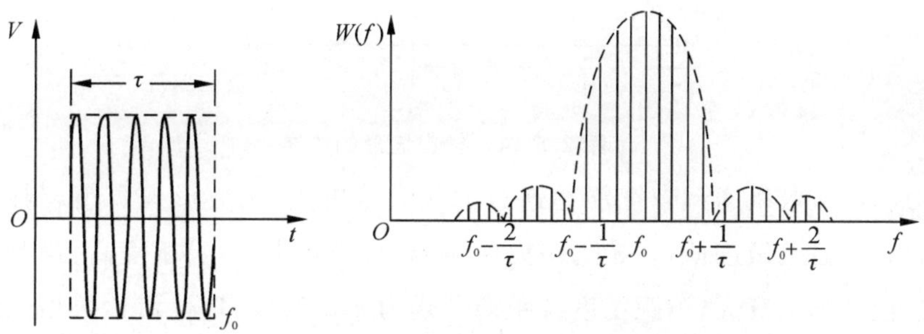

图 2.5-12　矩形高频脉冲波形及其相应的能量频谱

视频脉冲也可看作是由无限多个正弦波组合而成的。这些正弦波的频率也是从 0 到无限大，但其主要成分只分布在 $0\sim 2/\tau$ 的频域内。视频脉冲波形及其相应的能量频谱如图 2.5-13 所示。

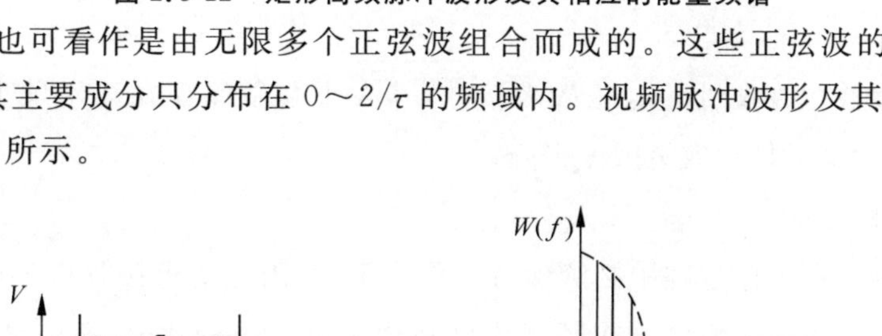

图 2.5-13　视频脉冲波形及其相应的能量频谱

雷达接收机通频带宽度是指接收机允许通过(或能有效放大)信号的频谱宽度 f。无论是高频能量频谱,还是视频能量频谱,要想保持输出的波形与输入波形不变,理论上通频带均应为无限大,但接收机将失去选择性,干扰信号将大量输出。因此,工程上常选择较宽的通频带,以确保雷达回波信号的大部分频率成分能被有效放大,保持基本波形输出。通频带不够宽将导致输出波形失真,失真的本质是被放大信号频率成分的丢失,通频带越窄,丢失频率成分越多,失真越严重。

波形失真结果表示为波形前、后沿不再陡直,出现前沿失真时间 t_τ 和后沿失真时间 t_f,顶部降落 Δ,正向与反向肩峰,如图 2.5-14 所示。

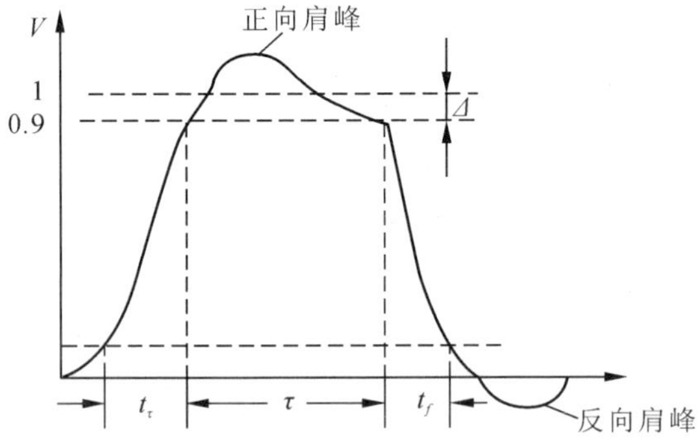

图 2.5-14 输出波形的失真

总体而言,接收机通频带宽能够通过的频率范围大,则波形失真小,测距精度高,距离分辨力高,但是灵敏度低,影响远距离探测能力;通频带窄,灵敏度高,探测远距离目标的能力强,但波形失真大,测距精度及距离分辨力差。所以,现代雷达根据远近量程的不同采用了不同的通频带宽度,并随量程开关转换。

(3)增益

接收机增益指接收机的电压放大倍数,其大小必须保证在显示屏上能看到噪声背景,避免因放大量不足导致灵敏度下降。

(4)工作稳定性

雷达接收机在工作过程中必须保持工作稳定性,因此要求接收机不应自激;增益、通频带宽等技术参数随电源电压或环境温度在规定范围内变化时,不应超出允许值;当发射机的工作频率或接收机的本振频率在规定范围内有漂移时,接收机应能保持正常工作。

(5)抗干扰性

抗干扰性表示接收机的抗干扰能力,对于船用雷达而言,干扰主要来自海浪、雨雪及邻近同频段雷达的发射信号等。这些干扰会影响有用目标的正常观测或造成误判,严重时甚至会完全阻碍接收机的正常工作。

(6)恢复时间

雷达接收机输入信号过强会导致饱和甚至过载，强信号过后，需要调整一段时间才能恢复正常工作，这一段时间称为恢复时间。

(7)动态范围

接收机动态范围表示接收机保持正常工作所允许的输入信号强度的变化范围，通常以其最大输入信号功率与最小可辨信号功率之比进行度量。动态范围越大越好。

此外，对雷达接收机的要求还包括轻小、价廉、省电，结构坚固可靠、使用维护方便，能适应各种气候环境等。对于船用雷达而言，还须满足防潮、防振、防盐雾等海船工作环境的特殊要求。

2.6　雷达信号处理器

2.6.1　概述

20 世纪 70 年代初，ARPA 的出现使雷达具有了目标自动跟踪、危险判断及预警功能，即 ARPA 功能。雷达为实现 ARPA 功能，通常要进行两阶段的信号处理。第一阶段是通过信号处理器对雷达、陀螺罗经、计程仪及其他传感器传递来的信息进行信号处理，为目标回波信号检测做准备；第二阶段是在信号检测的基础上利用信号处理器的数据处理功能进行数据处理，实现对目标的自动跟踪、识别、危险判断和预警等。雷达信号处理在目标回波信号检测之前，而数据处理在检测之后。

雷达信号处理内容包括原始视频信号的杂波处理和量化处理，在此基础上，雷达还要进行目标信号检测，通常为将处理后的视频信号与某个检测门限进行比较，若信号超过检测门限，则判断为“发现”目标，然后将“发现”的目标信号送到数据处理器进行数据处理，在测量目标的距离、方位、航速、航向等数据的基础上进行目标跟踪计算，实现对目标未来位置和运动参数(航速、航向等)的估计和碰撞参数计算、危险判断、报警等，具备导航雷达 ARPA 系统相应的各种功能，这些功能均可在终端显示屏上显示操控。

从对船用雷达测量数据进行处理的层次看，倘若将雷达信号处理看成“第一次处理”，那么雷达数据处理可称为“第二次处理”。

2.6.2 雷达杂波处理

(1)机内噪声处理

一种采用延时线的机内噪声抑制原理如图 2.6-1 所示,图中左侧为原理结构图,右侧为原理波形。

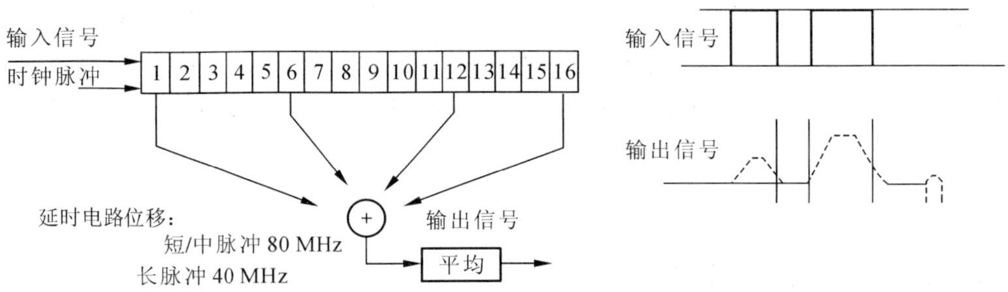

图 2.6-1 机内噪声抑制原理

由图 2.6-1 可见,机内噪声抑制处理是在时钟脉冲控制下将接收信号输入 16 级延时单元电路,所有延时单元的输出都送到相加器,相加器输出的信号再经过平均处理电路输出。通过平均处理输出的强信号变弱,而机内噪声弱信号电平也被减小。

(2)雨雪干扰抑制

①人工雨雪干扰抑制处理(Fast Time Constant,FTC)

用微分电路来抑制雨雪干扰是一种传统的措施。雷达难以分辨相邻雨点或雪片的间距,因此雨、雪反射产生的回波均在屏上形成无明显边缘的疏松的棉絮状连续亮斑区,如图 2.6-2 所示。雨雪干扰与海浪干扰不同,海浪干扰往往会由特定瞬时的海浪产生尖峰,而雨雪干扰整体非常平滑。降雨(雪)量越大,雨点(或雪片)越大,雷达工作波长越短,天线波束越宽以及所用脉冲越宽,则雨、雪反射越强,处在雨、雪亮斑区中的小目标回波容易被淹没掉;反之,则雨、雪反射越弱。雨滴或雪片形成的宽干扰视频脉冲含有很宽范围的平缓的直流成分,微分电路即可滤除平缓的直流成分,而保留少量的边沿成分。可见,微分电路即为一个高通滤波器。人工抑制雨雪干扰可选用双雷达系统中的 S 波段雷达,选用窄脉冲宽度或圆极化天线,以及使用“FTC”控键,通过调节微分电路的时间常数来控制微分的深度,从而调节雨雪杂波衰减的程度。控键调节要适可而止,调节过深也会造成小目标回波丢失。

采用微分电路的雨雪干扰抑制原理波形示意,如图 2.6-3 所示。

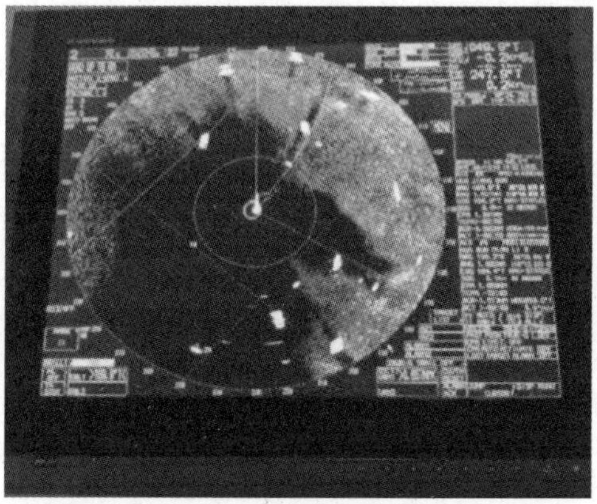

图 2.6-2　雨雪干扰杂波

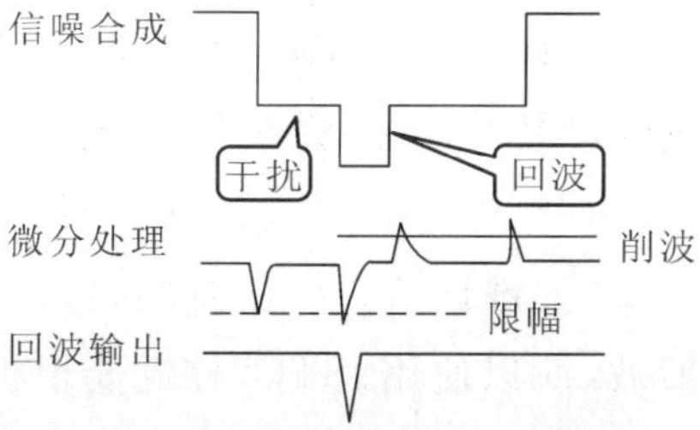

图 2.6-3　采用微分电路的雨雪干扰抑制原理波形示意

图 2.6-3 中，“信噪合成”即目标信号与杂波混合的视频回波脉冲，可见其无法分辨；“微分处理”即只取出合成脉冲的边沿(即宽脉冲被锐化)，削去正极性脉冲并采用合适的限幅电平，最后的保留信号即“回波输出”。雷达操作面板上设有“FTC”控钮，可在雨雪天进行雨雪干扰抑制，不过应酌情调节，尽可能达到去除干扰而又不丢失目标回波的目的。有经验的驾驶员还可利用微分电路只取出回波边沿的特点，利用“FTC”控钮在一定程度上提高观测目标显示的清晰度和分辨率。

②自动 FTC 雨雪干扰抑制处理

一种自动 FTC 雨雪干扰抑制及移动平均偏差处理原理及波形如图 2.6-4 所示。

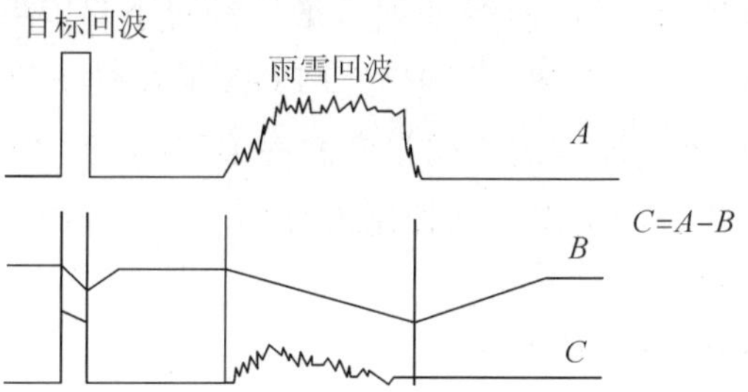

图 2.6-4　自动 FTC 雨雪干扰抑制及移动平均偏差处理原理及波形

图 2.6-4 中的输入信号 A 主要用于移动平均偏差处理，即在 n 次扫描中将信号输入所有距离单元中，再按距离范围分组全部送入相加器平均后输出移动平均偏差及各组距离的平均信号电平。信号 B 主要用于从输入信号 A 产生信号 C。信号 C 是距离平方的倒数曲线。FTC 旋钮按顺时针转动，FTC 的设置值大，则应用效果佳。

(3)海浪杂波抑制

①灵敏度时间控制(Sensitivity Time Control，STC)

海杂波反射的强度随雷达作用距离呈指数规律递减，距离越近，海杂波越强，容易在杂波区淹没目标回波信号，甚至造成接收机近于饱和。传统的处理方法是在触发脉冲的作用下产生一个按指数规律变化的梯形脉冲偏压加到中频放大器的前两级，使中频放大器(也使整个接收机)的增益也按指数规律逐渐增大，即在近距离(此时海浪干扰最强)增益大幅减小，随着距离的增加，海浪干扰逐渐减弱，增益逐渐增大，直到恢复正常。

因为海浪抑制电路控制的是接收机近距离增益，所以称为“近程增益控制”；又因为是随时间变化而控制接收机的灵敏度，所以又称为“灵敏度时间控制”。

海浪抑制的最大范围可用收发机内的“抑制宽度”预调，海浪抑制的程度(深度和范围)可用显示器面板上的“STC”控键调节。要注意的是，该电路在抑制海浪干扰的同时也抑制了相当强度的物标回波，所以使用“STC”控键要根据海浪强弱酌情调整，以抑制海浪干扰又不丢失物标回波为宜。

STC 除了通过接收机增益控制电路实现之外，也可在具有足够宽动态范围接收机的雷达的显示器内采用数字处理的方法来实现。

②自动海浪 STC 抑制

一种自动海浪 STC 抑制应用的原理示意如图 2.6-5 所示。

由图 2.6-5 可见，该自动海浪 STC 抑制是利用射频控制部件(RFC)中的 CPU 和现场可编程门阵列(RFC FPGA)，将中频部件的 STC 检测信息经过 A/D 转换送入 RFC FPGA，先求屏上每个扇形段内距离扫描的均值(整屏换分为 32 个扇形段，每段位 11.25°)并将其输出接到下个扇形段，再求同样每个扇形段天线扫描的均值并将其输出接到海浪抑制曲线段(即进行 STC 曲线处理)，最后经过 STC 增益关断设置(平时用自动 STC，关断为人工)进行 STC 抑制。将 RFC FPGA 输出的 STC 控制信息返回送入中频部件进行海浪抑制。根据船舶四周不同强度的海浪干扰，可产生相应的全方位的有效抑制。可见，海浪抑制是闭合的动态自动控制系统。

③海杂波恒虚警处理

a. 雷达恒虚警处理的基本概念

虚警(False Alarm)：杂波干扰电平超过检测门限，导致雷达误认为发现有用目标的现象，也称为假报警。

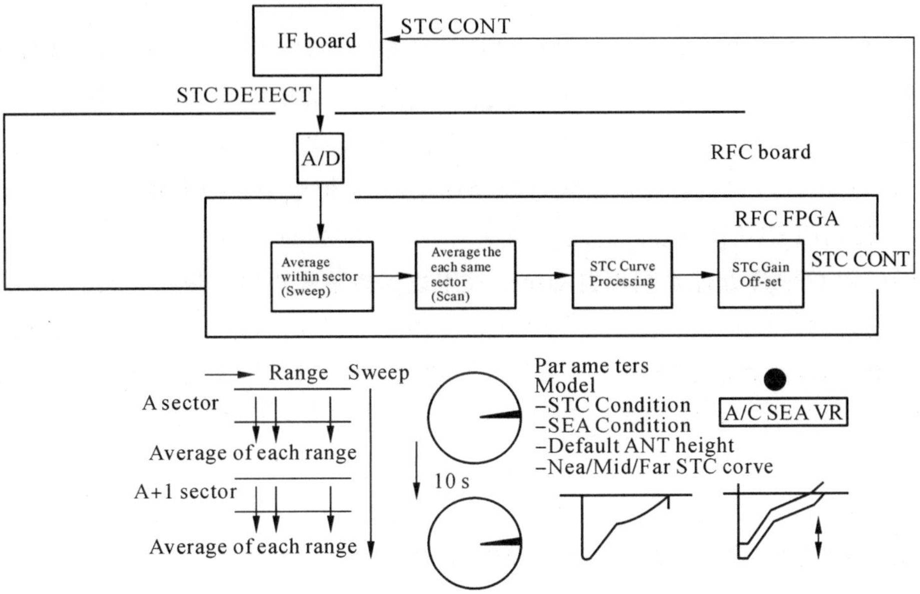

图 2.6-5　一种自动海浪 STC 抑制应用的原理示意

虚警率(False Alarm Rate,FAR):在单位时间内出现的虚警数(或虚警频率),在大量统计时,与虚警数近似,可将虚警数视为虚警概率P_n。

虚警概率P_n:噪扰电平大于检测门限的概率。

恒虚警率(Constant False Alarm Rate,CFAR):保持虚警率恒定的概率。

雷达信号的自动检测是在噪声干扰背景中进行的。恒虚警率能反映干扰之多少或干扰强度之高低。一旦干扰数量或强度发生变化,将引起虚警率(或虚警概率)变化。恒虚警率处理即在干扰强度变化时,雷达信号经过 CFAR 处理器,能使输出端的虚警率大为降低并保持恒定。判定所谓“发生变化”的依据是设定的用于检测目标的门限。显然,门限低,则发现概率高,而虚警概率随之也高;门限高,则发现概率低,虚警概率随之也低。可见,提高发现概率与降低虚警概率二者是相互矛盾的,这带来了恒虚警率处理设计的困难。从实际考虑,设计者总是追求在系统容许的虚警率下(恒虚警率,并非绝对地追求更低的虚警率),尽可能提高发现概率。

按照 MSC. 192(79)决议,在晴好天气下,雷达探测的虚警概率为 10^{-4}。

b. 雷达恒虚警处理的方法

虚警率是雷达信号处理设备的重要指标,系统容许的虚警率取决于系统处理能力,与硬件的存储容量和计算速度、目标检测方法、目标跟踪方法和系统性能要求等都有关。在雷达自动目标检测或人工检测中,CFAR 处理能使所用计算机不致因干扰过强而饱和;在人工检测中,可以防止接收机饱和,且在强杂波干扰下,损失一些检测能力,但依然可以检测与观测。可见,CFAR 处理是一种能使雷达在强杂波干扰下仍能工作的一个有效方法。

CFAR 处理通常可分为慢门限 CFAR 处理和快门限 CFAR 处理两类，目前这两类均采用数字式。慢门限 CFAR 处理针对机内热噪声，采用噪声电平恒定电路。快门限 CFAR 处理主要针对外界杂波干扰(可采用邻近单元平均、两侧参考单元有序统计等方法)，但对热噪声环境也具有恒虚警率处理性能，只是恒虚警率损失较大。

(a)慢门限 CFAR 处理

慢门限 CFAR 处理是利用自动调节技术以保持热噪声电平恒定，使因热噪声引起的虚警率恒定的一种处理方法。较实用、直接的做法是在雷达休止期长时间统计出现的热噪声虚警数，以此确定虚警频率并近似为虚警概率，再将它与设定的虚警概率值进行比较，以产生误差信号来调节检测目标的门限电平，使虚警率保持恒定。

因为热噪声电平自动调整的时间常数远大于脉冲重复周期[以雷达重复周期为 1000 μs 为例，每 200 个扫描周期(即 0.2 s)才调整一次门限，且调节量不大]，所以该门限控制称为慢门限控制，其 CFAR 处理称为慢门限 CFAR 处理。

(b)快门限 CFAR 处理

船用雷达所遭受的海浪、雨雪等外部干扰杂波，在一次距离扫描期内，在强度上就有明显的变化，此类干扰杂波与缓慢变化的内部噪声相比属于快变化杂波，相应地必须采用快变化门限处理方法。杂波的幅度统计分布特性十分复杂，因此，快变化门限处理方法的种类很多，以分别应对不同幅度统计特性的海浪、雨雪杂波。机内噪声、雨雪杂波以及大多数情况下的海杂波的幅度分布均服从瑞利分布，瑞利分布的 CFAR 处理可采取邻近单元平均 CFAR 处理方法进行，其原理框图如图 2.6-6 所示。

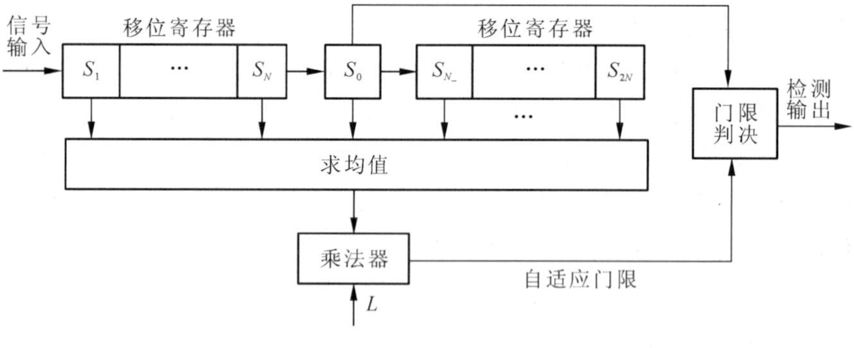

图 2.6-6 邻近单元平均 CFAR 处理的原理框图

由图 2.6-6 可见，移位寄存器接成串行输入并行输出，位于中心的“S_0”为待检测信号，中心前后共 $2N$ 个参考单元的样值经求均值运算后作为待检测信号的杂波均值估计，后者乘以 L 后作为信号检测门限来控制判决输出的虚警概率达到恒定。所有的输入信号依次进入检测单元，并与前后邻近参考单元得出的杂波均值进行比较判别。信号检测门限随杂波均值的变化作自适应调整，而杂波均值通过邻近参考单元求得，因此这一自适应杂波处理电路亦称邻近单元平均 CFAR 处理。

上述 CFAR 检测只是根据单次探测信号进行，并不是目标的最终检测。在 CFAR 检测的基础上还需通过积累进行目标检测，或者说，恒虚警的自适应门限只是第一级的检测门限。

④海浪杂波的解相关处理

CFAR 处理的缺点是带来恒虚警损失，以牺牲小信号的检测能力为前提；而且在累积检测时，采用单次距离扫描的快门限恒虚警，对诸如海浪或雨雪之类脉冲间强相关的杂波不能起到平滑作用，使得目标被淹没在杂波中，难于辨认。解相关处理是利用雷达两次相邻的方位扫描或距离扫描中所获取的目标回波在频率、极化或位置等方面具有一定相关性。海浪杂波具有非相关性，这种特性能有效去除海浪杂波，且能提高信杂比，使目标检测环境更优越。从理论上可以采用频率解相关、极化解相关、方位扫描周期解相关等多种解相关方法以改善杂波处理效果。然而，这些解相关方法存在局限性，如频率解相关对高分辨率雷达的效果甚微；极化解相关处理的效果随海况实情而变；方位扫描周期解相关容易丢失处在快速运动中的小目标，且不能消除杂波的直流成分；等等。因此，在实际应用中，宜采用多种解相关方法相结合来改善杂波抑制的效果，不过综合多种解相关方法需要的设备复杂，付出的代价较大，在当前船用雷达中未见应用。

(4)同频雷达干扰抑制

同频雷达干扰是指邻近同频雷达发射的能量进入同频段本雷达天线，在显示屏上产生虚线状辐射线(近量程时)或虚线螺旋线(远量程时)干扰杂波的现象。恒虚警率处理对同频雷达干扰抑制效果不理想，解相关处理则可利用信号与杂波在扫描周期上的特性差异来达到抑制同频雷达干扰杂波的目的。在雷达的两个或者几个扫描周期中，目标回波在扫描线上的位置是固定不变的，而雷达同频异步干扰在不同扫描周期中出现的位置不同。可以说，目标回波是距离扫描的强相关信号，雷达同频异步干扰是距离扫描的非相关信号。因此，同频雷达干扰抑制的基本原理是运用本雷达回波信号与扫描周期强相关而输出，而邻近同频雷达干扰信号与本雷达扫描周期强非相关被剔除，以达到去除杂波且提高信杂比的目的。

对邻近同频雷达干扰信号的解相关处理原理示意如图 2.6-7 所示。

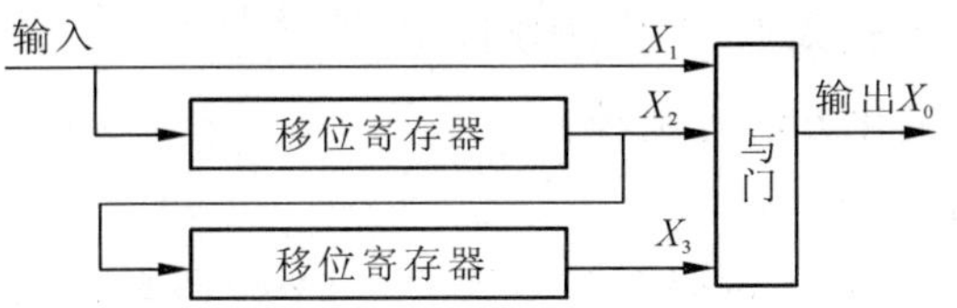

图 2.6-7　对邻近同频雷达干扰信号的解相关处理原理示意

图 2.6-7 中，与门输入三路信号，一路是实时的当次探测的回波，另两路分别为有移位寄存缓存的前一次和前二次的回波信号，移位寄存缓存的时间为一个探测周期 T，其长度则取决于距离上的处理范围（量程）和距离量化单元的大小，移位的速率与单次探测的实时信号的输入速率相同。显然，与门输入的三路信号为相邻探测的同一个距离单元的信号。在三次探测中，同一距离单元上均有目标存在时，与门方能有输出，而同频雷达干扰脉冲的位置是变化的，因而与门无输出，遂干扰得以消除。

抑制同频雷达干扰的解相关处理原理示意如图 2.6-8 所示，从图中可看到目标信号与干扰信号的各自特征及与门输出目标、消除干扰的波形示意。相关处理可采用加或乘的方式，加运算为更常用的处理方式。在实际雷达工作中，信号检测总是在多次相邻探测周期的回波相加基础上进行的。在多次相邻探测周期内，目标信号的位置、幅度几乎不变，相关性强，而噪声、雨雪等杂波则起伏变化快，相关性弱。

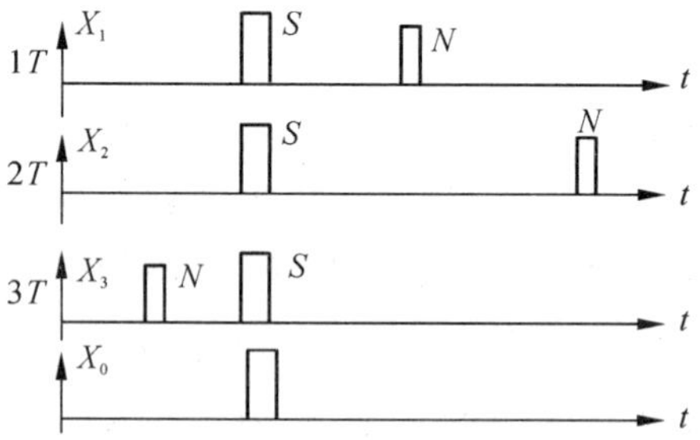

图 2.6-8 抑制同频雷达干扰的解相关处理原理示意

2.6.3 雷达信号的数字化处理

雷达信号的数字化处理，即把模拟信号转换成数字信号的 A/D 转换过程，包括天线方位信号量化（简称方位量位）、扫描距离的量化（简称距离量化）及目标回波原始视频信号的数字化（简称原始视频数字化）等内容。

（1）方位量化

方位量化即对天线波束的角位置进行量化，是将 360°等分成若干方位量化单元，并用一组由“0”“1”组成的二进制代码表示不同的方位。若把一幅雷达图像在方位上划分为 4096 个方位量化单元，则每个方位单元为 0.088°；若划分为 1024 个单元，则每个单元为 0.35°。显然，量化单元越小，方位精度越高。

雷达常用的方位量化方法有两种。

①采用轴角编码器

轴角编码器又称“天线方位码盘”，常用的是 12 位码盘，其方位量化单元为 4096 个。将其循环编制成编码盘，在天线旋转过程中，每从一个位置变到相邻的另一位置时，12 位代码中只有一位代码发生变化，其余不变。这种编码法的优点是可克服普通编码法在相邻位置代码急剧变换的交界处产生很大的方位误差的弊病。

②采用专用同步机(或分解器)加 A/D 转换器

A/D 转换器如图 2.6-9 所示。A/D 转换器输入端接方位同步机三相定子 S_1、S_2、S_3 和两相转子 R_1、R_2，输出端 1～12 输出 12 位二进制数字方位代码信号；每一端均有“0”和“1”两种状态，凡输出状态为“1”的端，输出计入其相应度数，而输出状态为“0”的端，输出不计入其相应度数。此外，输出端 1 为最高有效位(MSB)，相当于 180°，2 端相当于 90°，3 端相当于 45°，依次类推，12 端为最低有效位(LSB)，相当于 0.088°。这样，A/D 转换器将 360°等分成 2^{12} 即 4096 个方位量化单元，其输出按 MSB 至 LSB 排列。例如，当输出的 12 位二进制码为 101100101000 时，表示天线位置为 180°×1＋45°×1＋22.5°×1＋2.8°×1＋0.7°×1＝228.5°。

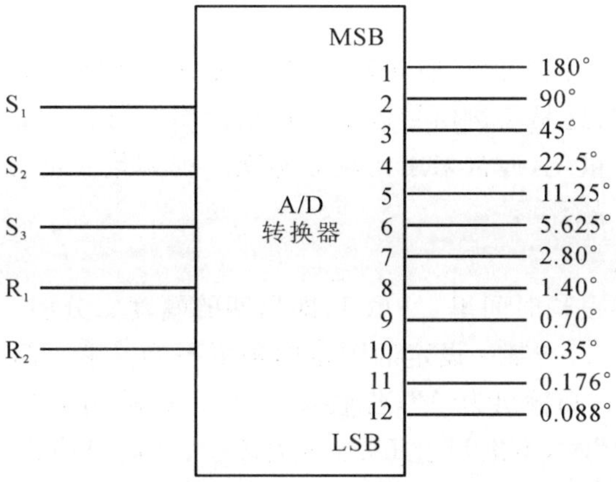

图 2.6-9　A/D 转换器

(2)距离量化

距离量化从时间量化入手，即以雷达触发脉冲前沿为起点，将距离扫描全程对应的时间等分成若干时间量化单元 Δt(或对应的距离量化单元 ΔR，二者对应关系为 $\Delta t=2\Delta R/C$，其中 $C=3\times10^8$ m/s)。一般取 $\Delta t=(0.1\sim1)\tau$，τ 为发射脉宽。目前，多数雷达取 $\Delta t=\tau$。为计数方便，距离量化单元取 0.005 n mile 或 0.01 n mile 的整数倍。多数雷达取距离量化单元为 0.01 n mile，距离分辨率为 18.5 m；也有一些雷达的量化单元大小随着量程改变。当雷达方位被划分为 4096 个方位量化单元时，若距离量化单元为 0.01 n mile，3n mile 量程挡的距离扫描线被分成 300 个距离单元，整幅雷达图像被量化成 300×4096＝1228800 个量化单元(也称像素)，如图 2.6-10 所示。像素构成矩阵，其中径向与圆弧分别代表距离单元和方位单元，每个像素在计算机中有一个存储单元，如果有目标则在相应存储单元内存“1”，否则存储“0”。像素(量化单元)的尺寸表示图像的分辨力,显然,量化单元越小分辨力越高,同时雷达计算的目标航迹与实际情况也更相近,跟踪可靠性也越高。

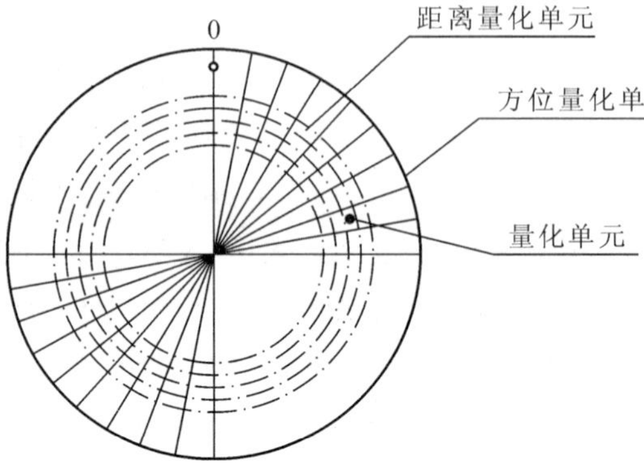

图 2.6-10 距离(方位)量化单元

(3)原始视频数字化

原始视频数字化是把雷达接收机输出的原始视频经幅度分层和时间量化后变换成数字视频信号的过程,这是雷达信号数字化自动检测的第一个处理环节。

幅度分层即幅度量化,通常采用比较器实现。视频量化的分层数,即 A/D 转换的位数,可用二进制的 2^N 表示。

①幅度量化方法一

在雷达出现后的很长时间里,N 取 1,即早期的幅度二分层。该分层方法是将输入的模拟视频信号幅度 $U(t)$ 与某一设定的固定门限电平 U_0(第一门限)相比较,如图 2.6-11 所示。若输入 $U \geqslant U_0$,则输出为"1";若输入 $U < U_0$,则输出为"0"。

当比较输出为"1"时,不论 U 比 U_0 幅度大多少,其输出均为一定幅度、一定宽度的标准脉冲,并在对应的时间单元(Δt)内出现"1"输出,如图 2.6-11(a)所示;当比较输出为"0"时,则不论 U 比 U_0 幅度小多少,在其所对应的时间单元内均出现"0",如图 2.6-11(b)所示。于是,可得到相应的二进制数码表示的一串数字视频信号,如图 2.6-11(c)所示。

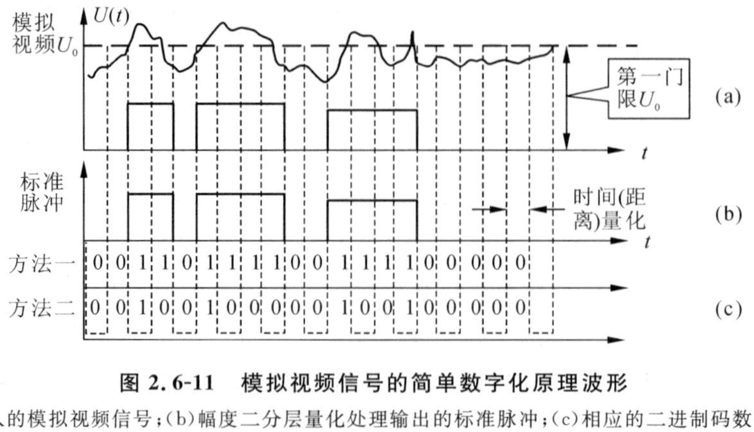

图 2.6-11 模拟视频信号的简单数字化原理波形

(a)输入的模拟视频信号;(b)幅度二分层量化处理输出的标准脉冲;(c)相应的二进制码数字信号

这种采用一位量化，即用一个门限电平来控制量化的方法，具有因干扰而使回波前后摆动时不会丢失目标以及设备简单等优点，但分辨率不高，视频的强弱层次难以充分体现，效果受限。

②幅度量化方法二

在距离量化间隔内任意一个模拟视频部分，信号幅度以正斜率穿过第一门限 U_0 时，产生“1”，否则为“0”。显然此法量化形成的不再有 2 个或以上的标准脉冲连接成多单元“1”的宽脉冲，因为量化仅对信号幅度的正斜率前沿穿过 U_0 才有效，此法量化的分辨力较高，但检测能力较差。

在实际的雷达应用中，常用多个门限电平，实现多分层，如 4 分层、8 分层、16 分层等。分层越多，因量化引起的损失越小，越有利于提高抗干扰及检测性能。

2.6.4　其他传感信号的量化处理

(1)罗经信号数字化

陀螺罗经提供的本船航向模拟信号，可用同步电机或步进电机送至 ARPA 的预处理电路。

①来自同步电机的罗航向信号数字化

来自同步电机的罗航向信号转换成数字航向信号所用转换器件及原理与天线角位置信号量化处理相同。接线时将罗经复示器(即罗经同步接收机)的 GY_1H、GY_2H、GY_3H分别接到 A/D 转换器的输入 S_1、S_2、S_3端，GYR_1、GYR_2分别接 R_1、R_2端，则 A/D 转换器输出 12 位二进制数字化航向信号。

②来自步进式电机的罗航向信号数字化

来自步进式电机的罗航向信号实际已经数字化，如图 2.6-12 所示。本船初始航向在雷达进行信号预处理时输入整度数航向数据，而 1°以内的航向数据来自步进电机，有六种状态分别代表 1°以内的六种航向数据。本船航向变化时，由状态控制电路决定航向数据的递增或递减。

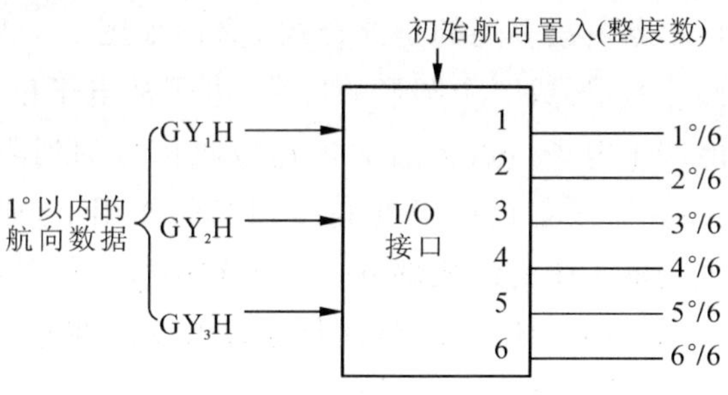

图 2.6-12　来自步进式电机的罗航向信号数字化

(2)计程仪信号数字化

常见的脉冲式和触点式计程仪提供的本船航速信号实际已经数字化,但要求数据折合率符合 IMO 的规定,计程仪输出一个脉冲或触点闭合一次,代表 1/200 n mile,即每海里 200 个脉冲。例如,航速为 19 kn,每小时计程仪应送出 3800 个脉冲。

2.7 雷达显示器

雷达显示器的基本功能是显示雷达图像,使用户精确了解周边环境。当前,船用雷达终端显示器采用的显示器件有两大类:磁偏转阴极射线管(Cathode Ray Tube,CRT)和液晶显示器(Liquid Crystal Display,LCD)。终端显示器有多种扫描方式,传统船用雷达 CRT 常采用径向圆扫描方式,现代船用雷达 LCD 常采用光栅扫描方式。

2.7.1 CRT 径向圆扫描显示系统

20 世纪 80 年代中期之前,船舶雷达使用的是一种特殊形式的阴极射线管显示器,又称为径向扫描平面位置显示器(Plan Position Indicator,PPI)。这种显示器具有圆形的外形,使用屏幕表面的长余辉荧光物质来显示雷达图像。20 世纪 80 年代后期,由于数字处理技术的提高,使用标准余辉荧光物质的矩形阴极射线管显示器成为导航雷达的行业规范,与此同时,其成本效益也增加了。20 世纪 90 年代,导航雷达系统开始采用彩色阴极射线管显示器,在被 LCD 取代之前,这种 CRT 也被应用于普通计算机显示器。CRT 由观察面接近平面的玻璃真空管制成,与 LCD 技术不同,其深度较大,相对庞大和笨重,因此没有 LCD 技术实用。

船用雷达显示器常用的 CRT 有磁式和混合式两类。磁式 CRT 里电子束的聚焦与偏转均由装在管颈外的线圈流入电流产生的磁场完成,常用于传统船用雷达;混合式 CRT 采用静电聚焦(由管内极板间静电场完成电子束聚焦)、磁偏转,具有供电方便、消耗功率小、结构简单、偏转灵敏度高等优点。

目前,船用雷达显示器广泛采用的是混合式 CRT,如图 2.7-1 所示,它采用真空的窄玻璃管,一端向外呈漏斗状,形成一个圆形的屏幕,电子从电子枪发射。电子枪包括处于玻璃管窄端的阴极,能产生电子。放大后的雷达接收信号加到阴极,使发射电子的数量随信号的瞬时强度而变化。发射的电子在高压阳极的作用下,向着屏幕运动,并且被加速和聚焦,其中阳极也是电子枪的组成部分。阴极和阳极之间的栅极用于控制电子流的整体强度,从而控制显示器的整体亮度,具体是通过改变加在栅极上的电压实现的,该电压由用户操作的亮度控制器决定。

CRT 的内表面有一层特殊的荧光物质镀层,这种镀层受到电子冲击时会发光,通常

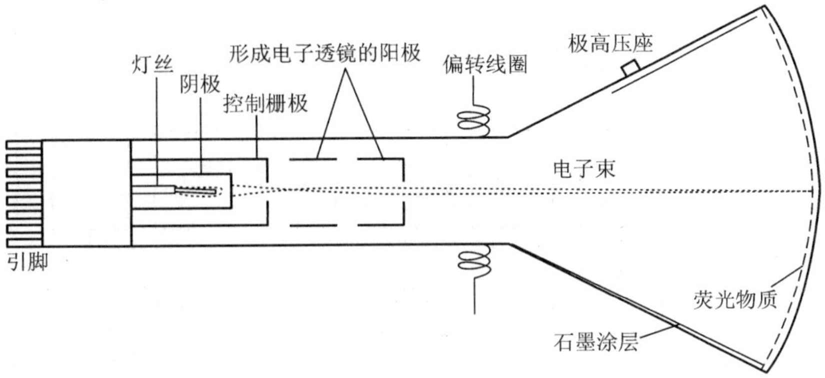

图 2.7-1 混合式 CRT

是橙色的光，光的亮度受电子束的瞬时强度控制，也就是受雷达接收信号的强度控制。荧光物质是经过特殊选择的，亮度衰减相对较慢，其衰减时间称为持续时间或余辉时间。长余辉能确保目标在一个天线旋转周期内可见，除此之外，长余辉能使运动目标在屏幕上留下尾迹，以显示长达几分钟的历史轨迹。能被荧光物质显示的信号的动态范围非常有限，用户在调整控键，尤其在调整增益和亮度时，必须在观察画面的同时仔细地调整。

CRT 把雷达接收信号的幅度转换成电子束的等效强度，然后由偏转线圈确保电子束对准显示器上的相应位置。得益于径向扫描平面位置显示器的径向圆扫描方式，测量的距离和方位(r,φ)与雷达接收信号相匹配，因而不需要将其转换成笛卡尔直角(x,y)坐标系。CRT 径向圆扫描的时序必须与天线波束指向角保持良好的同步，也必须与触发脉冲保持同步。此外，因为电子束的强度与接收信号的幅度相匹配，所以大目标在显示器上的回波自然比较亮。

径向圆扫描包括径向距离扫描和随天线旋转的圆扫描，径向距离扫描起点时间与天线开始发射的时间同步，扫描线长度代表所选用的量程距离。船用雷达采用径向圆扫描技术，先为动圈式 PPI，后发展到定圈式 PPI。

(1)动圈式 PPI

动圈式 PPI 的方位扫描是靠偏转线圈与天线同步旋转实现的，其优点是电路结构简单，因此得到了广泛的应用。

动圈式 PPI 主要由距离扫描电路、方位扫描电路、距离和方位刻度标志电路、视频放大和辉亮控制电路等部分构成。动圈式 PPI 组成框图如图 2.7-2 所示。

①距离扫描电路

距离扫描电路的任务是在同步脉冲的控制下，在偏转线圈中周期性地流过线性良好的锯齿形电流，以便形成随时间呈线性增长的偏转磁场，控制电子束在磁场中产生偏转（偏转方向与磁场方向垂直），在显示器上形成匀速径向扫描线。偏转线圈是距离扫描电路的负载。

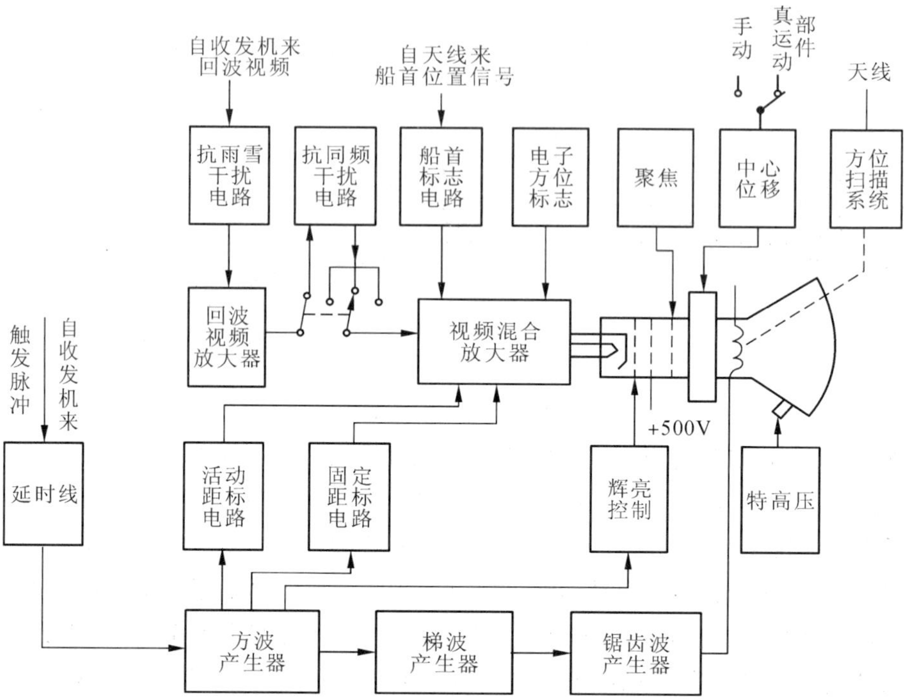

图 2.7-2 动圈式 PPI 组成框图

由图 2.7-3 可见，典型距离扫描电路由方波产生器、梯形电压波产生器、锯齿电流产生器组成，在触发脉冲控制下，可产生加到偏转线圈的锯齿电流。

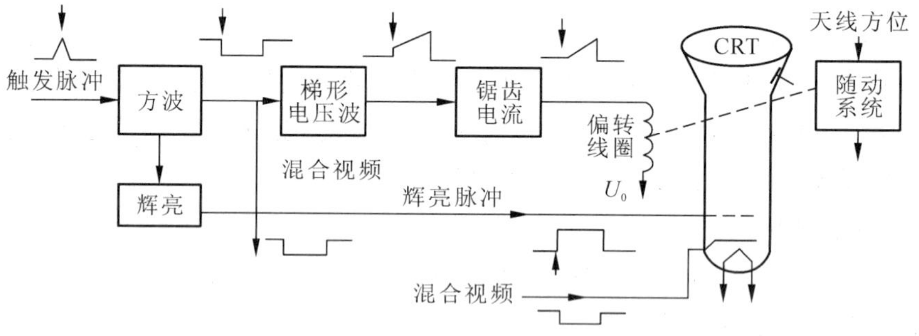

图 2.7-3 典型距离扫描电路组成

a. 方波产生器

在触发脉冲[图 2.7-4(a)]控制下，方波产生器根据不同量程产生不同宽度的方波脉冲，分别送到梯形电压产生器、固定距标电路、活动距标电路、辉亮控制电路，有的雷达还送到船首标志电路等。这样，显示器的扫描电路均在扫描方波的控制下同步工作。

b. 梯形电压波产生器

在扫描方波[图 2.7-4(b)]控制下，梯形电压波产生器产生一个宽度与方波相同、斜率与量程相对应的梯形电压波[图 2.7-4(c)]送到锯齿电流产生器。

c. 锯齿电流产生器

锯齿电流产生器实际上是一个扫描末级功率放大器。它将梯形电压功率放大后，通过两个滑环加到偏转线圈的两端，则在偏转线圈中就产生锯齿形电流，如图 2.7-4(d)所示。

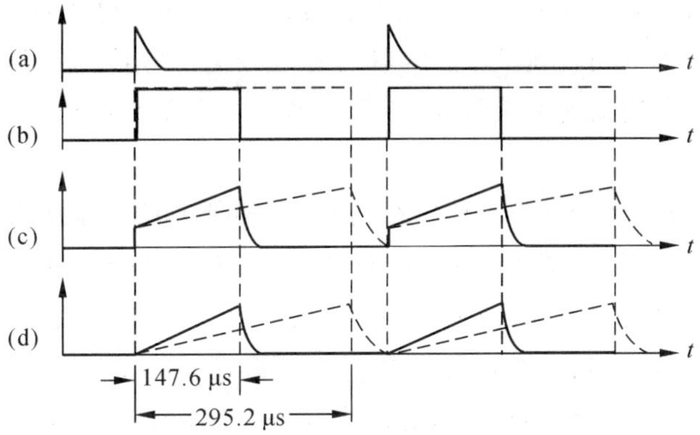

图 2.7-4　扫描电路波形

(a)触发脉冲；(b)扫描方波；(c)梯形电压波；(d)锯齿形电流

为保证测距的准确性，在距离扫描电路方波产生器之前还接有延时线电路，用于调节扫描线的起始时间，使它和发射脉冲离开天线的时间严格对齐。

因偏转线圈随天线同步转动，故锯齿形电流要通过圆形滑环接入偏转线圈。为改善扫描线性，常用多级反馈电路构成的锯齿电流放大器。

如图 2.7-5 所示，方波、梯波、锯齿波的重复周期为 T，扫描持续期为 T_1，扫描休止期为 T_2，在每个锯齿形电流扫描持续期 T_1 内产生的锯齿波电流流入偏转线圈，使其产生的偏转磁场线性增长，则屏上光点从屏中心向屏幕边缘作径向线性移动，形成一条距离扫描线。在 T_1 后，电流减小，直至恢复到起始值，相应地，屏上光点从屏边缘移回屏中心原点，称回扫期 T_3。为了使屏上显示的图像清晰不乱，辉亮方波只能出现在扫描持续期 T_1 内。

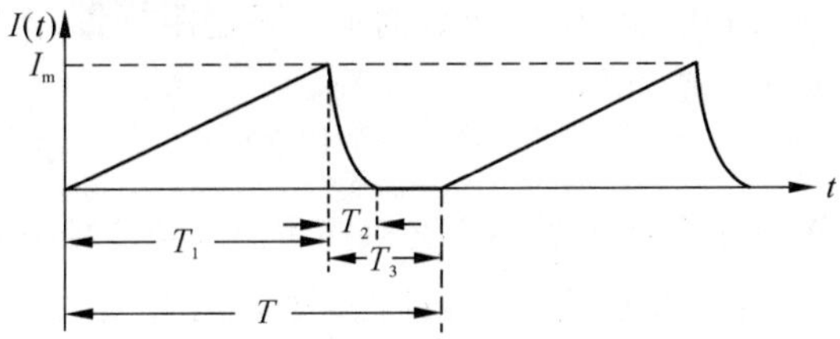

图 2.7-5　锯齿电流波形

因为一台雷达用一个 CRT，同一个屏半径要代表不同的距离(量程)，即在不同量程下扫描光点从屏中心移到屏边缘所需要的时间不同，所以方波宽度不同。例如，在 12 n mile 量程时，方波宽度至少为 12×12.3 μs=147.6 μs；在 24 n mile 量程时，方波宽度至少为 24×12.3 μs=295.2 μs。另外，由于屏半径一样，电子束从屏中心移到屏边缘所需要的锯齿电流最大幅度是一样的。假定该值为 I_0，那么在 12 n mile 量程时，在 147.6 μs的时间内将锯齿电流从 0 上升到 I_0；而在 24 n mile 时，要变成在 295.2 μs 的时间内将锯齿电流从 0 上升到 I_0，显然，上升速度比 12 n mile 时要减少一半，即扫描速率要减少一半，如图 2.7-4 所示。通常，显示器内有方波宽度电位器，可调最大量程的方波宽度。每个量程有一个扫描速率电位器，用来调整每个量程的扫描速率。

②方位扫描系统

距离扫描线随天线同步旋转，称“方位扫描”，实现方位扫描的装置常称为“方位扫描系统”。由于距离扫描周期 T_S 比天线方位扫描周期 T_A 短得多，因而在一次距离扫描周期内距离扫描线方位值基本不变，距离扫描线在显示屏幕上仍可视为一条径向的亮线。在动圈式 PPI 中，天线旋转信息通过随动系统控制偏转线圈的转动，从而实现荧光屏上的扫描线转角与天线转角同步；同时，通过同步脉冲控制调整同步的延时，实现显示器距离扫描开始时刻与天线口辐射电磁波时刻同步。

③刻度标志电路

雷达测距的实质是将距离的测量变换为时间的测量。刻度标志电路可提供一定的时间尺度，用这个尺度测定电磁波在雷达与目标之间的往返时间量，并把其对应的目标距离显示出来。

a. 固定距标电路

该电路在扫描方波的控制下产生一系列等间隔的尖形脉冲，经视频混合放大器放大后送至 CRT 阴极，则在荧光屏上出现一系列等间隔亮点，扫描线旋转时，在荧光屏上形成等间距的同心圆圈。量程不同，间距代表的距离也不同。这些标志的间距在厂里是用精密仪表精确校准的，常用作活动距标校准的依据。距标圈的亮度可由显示器面板上的“距标亮度”控钮调节。

固定距标的圈数和精度在雷达性能标准中有规定。近量程（1.5 n mile 以下）圈数一般为 2～3；远量程（1.5 n mile 及以上）圈数为 6。固定距标圈用于粗测目标距离，测距误差不应超过所用量程的 1%或 30 m。

b. 活动距标电路

活动距标电路的作用是在触发脉冲（或扫描方波前沿）控制下产生一个相对于扫描起始点的延时可调的（由测距器决定）尖脉冲，经视频混合放大器放大后送至 CRT 阴极，在荧光屏上产生一个可移动的距标圈。移动的距离由测距器决定，相应的距离值由专用读数器给出。雷达固定距标圈和活动（可变）距标圈如图 2.7-6 所示。

活动距标圈用来精测荧光屏上任意位置的距离。其测量误差不应超过所用量程的

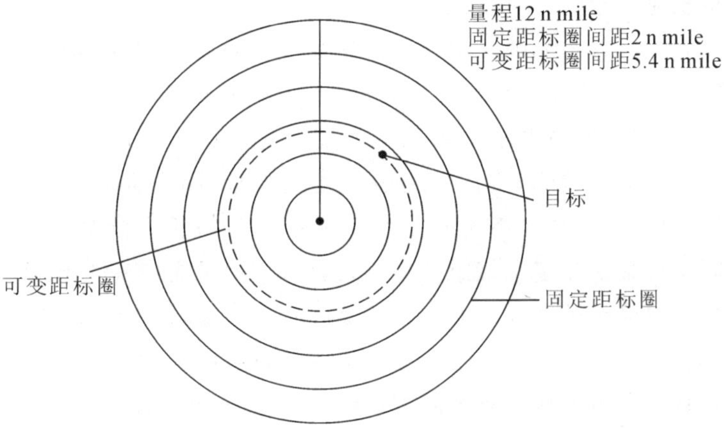

图 2.7-6　雷达固定距标圈和活动(可变)距标圈

1%或 30 m。活动距标圈的亮度可由显示器面板上的"活动距标亮度"控钮调节。

要注意的是,如果该距标电路是用于比较电路产生距标的,那么应随时用固定距标校核活动距标的精度。

c. 船首标志电路(Heading Flashing Line,HL)

船首标志电路的作用是每当天线转过船首方向时,产生一个宽度大于 2 倍脉冲重复周期的船首标志方波脉冲,经视频混合放大器放大后送至 CRT 阴极,在荧光屏上产生一条代表船首方向的径向亮线——船首标志线,简称船首线。

常见的船首标志电路有触点式与无触点式两种。触点式船首标志电路(图 2.7-7)由装在天线上的微动开关(或干簧管)、凸轮(或磁铁)及显示器视频电路内的船首标志形成电路组成。每当天线转过船首时,开关闭合一次,送出一个触发信号,船首标志电路便产生一个船首标志方波脉冲。

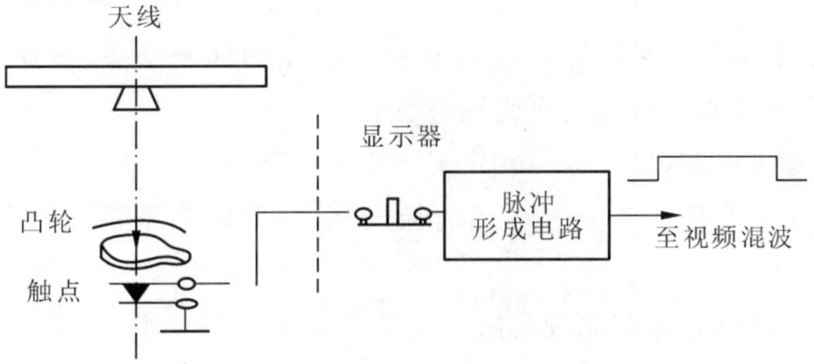

图 2.7-7　触点式船首标志电路

由于触点式船首标志电路的机械触点易磨损,易沾油污而接触不良,导致开关失灵,目前已被无触点式船首标志电路所替代。

无触点式船首标志电路(图 2.7-8)有用发光二极管及光敏三极管的,也有用同步机某一相定子绕组感应信号的。

对于使用发光二极管及光敏三极管的无触点式船首标志电路，当天线转过船首方向时，发光二极管发的红外线通过转盘小孔（转盘与天线同步转动）使光敏三极管在光的作用下产生脉冲电流，在其射极电阻上可以取出船首标志脉冲，经放大处理送至视频混合放大器。天线上的微动开关（干簧管）、光敏发光二极管、同步机定子的位置都是可以移动的，这样就可以改变船首线在荧光屏上出现的位置，即校正方位误差。

对于使用同步机某一相定子绕组感应信号的无触点式船首标志电路，同步机某相定子绕组感应信号的包络是被天线旋转所调制的，即天线旋转一周，相应的包络幅度也变化一周，只要设法取出包络从负到正经过的零位作为过船首的触发信号，并用于控制船首标志产生电路就能产生船首标志方波。

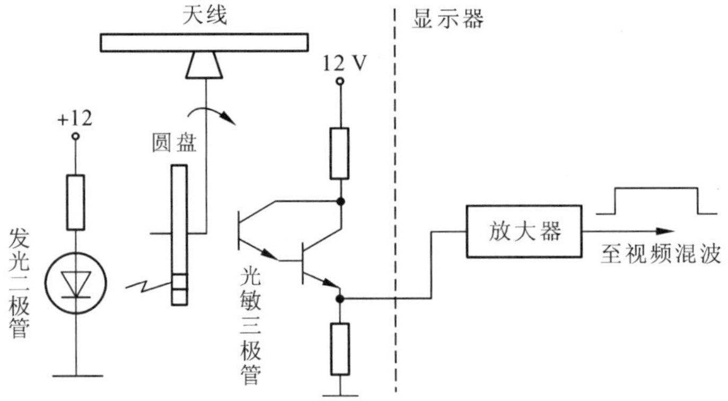

图 2.7-8　无触点式船首标志电路

船首线是测量物标回波方位的基准。船首线位置不准会直接影响测方位误差，所以在使用中应经常注意核对船首线位置是否准确。船首线的位置误差不应大于 0.1°。

雷达在正常工作时，船首线必须显示，只有当需要观测船首方向是否存在微小目标回波时，才暂时切断显示。显示器面板设有一个常闭的弹簧开关，按住它（断开）就可暂时去掉船首线，以便检查船首线处有无回波存在。

d. 电子方位标志电路（Electronic Bearing Line，EBL）

该电路的作用是产生一条方位可调的径向亮线，用以测量目标的方位，也可分为触点式和无触点式。

触点式电子方位标志电路原理与触点式船首标志电路类似，只是标志形成时的触发信号是由方位手轮调节“触点开关”位置决定的，导致 EBL 亮线可出现在任何角位置。方位手轮同时控制方位读数器，随时指示方位值。这种电路因调整位置较慢（扫描线每转一圈 EBL 才亮一次），使用不便，已被无触点式电子方位标志电路所取代。

对于无触点式电子方位标志电路，一种应用方位同步机形成 EBL 的构成如图 2.7-9 所示。方位同步机的三相分别与同步发送机三相定子并联，其转子 R_1、R_2 则与 EBL 方位手轮(或控钮)相连。转子 R_1、R_2 输出的是受天线转角调制的已调波,已调波送至相敏检波器,以检出正弦包络,经整形及方位脉冲形成电路,形成方位脉冲输出,然后送到数码管指示读数。目前,这种电路已被现代雷达广泛使用。

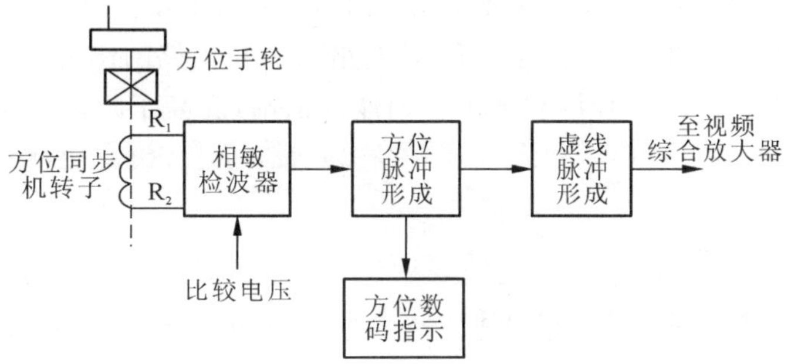

图 2.7-9　无触点式 EBL 电路

用电子方位标志电路测量方位无视差,精度高,且适用于偏心显示时测量物标方位。使用中应经常校核它的测量精度,即扫描中心与屏中心一致时,观察 EBL 所指固定方位刻度盘的读数与它的读数窗读数是否一致。电子方位线的亮度可由面板上的"EBL 亮度"钮调节。

此外,新型船用雷达中还加设了电子游标线,这种游标线的原点在荧光屏上的位置可以任意调节,有的还可根据需要令它随扫描中心一起移动或停在原处不动。游标线的方位可用方位控钮调节并在读数器上随时指示。在游标线上还设有间距可任意设置的固定距标点和活动距标点。使用此游标线可方便地测出任意两物标间的距离和方位,因此,用它进行雷达标绘和导航非常方便。

④视频混合放大系统

视频混合放大系统的组成框图如图 2.7-10 所示。

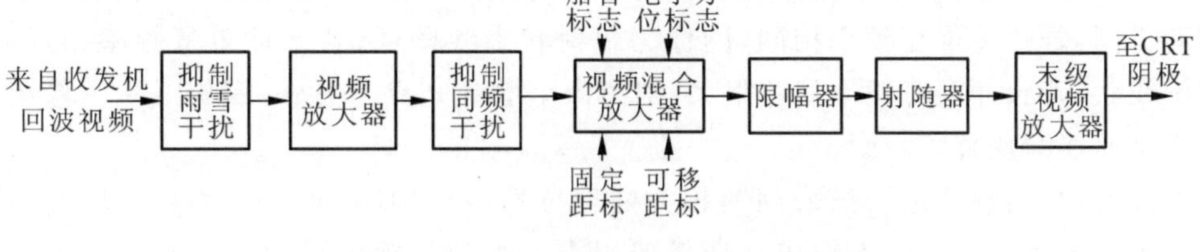

图 2.7-10　视频混合放大系统组成框图

来自收发机的目标回波视频信号,经过抑制雨雪干扰电路及一级视频放大器后,经抑制同频干扰电路加入视频混合放大器。其中,船首标志、电子方位标志、固定距标、可移距标等脉冲信号分别经隔离元件接入视频混合放大器。回波及各种标志信号经混合放大后再经限幅器、射极跟随器加到末级视频功率放大器,最后以负极性的混合信号送到 CRT 阴极,进行亮度调制,便能在 CRT 屏上显示。

a. 雨雪干扰抑制

因雨雪反射对雷达目标回波产生的干扰称为“雨雪干扰”。如前所述，由于雷达分辨不出相邻雨点、相邻雪片的间距，其回波视频宽度变得很宽，导致在屏上的显示呈棉絮状亮斑、无明显边沿干扰特征的雷达回波图像。雨雪干扰抑制电路通常是接在显示器回波视放输入电路中的一个微分电路，亦称 FTC 电路。FTC 电路的作用是将宽回波视频信号微分变窄以抑制雨雪干扰，同时，它突出了回波的前沿，提高了距离分辨力，如图 2.7-11 所示。

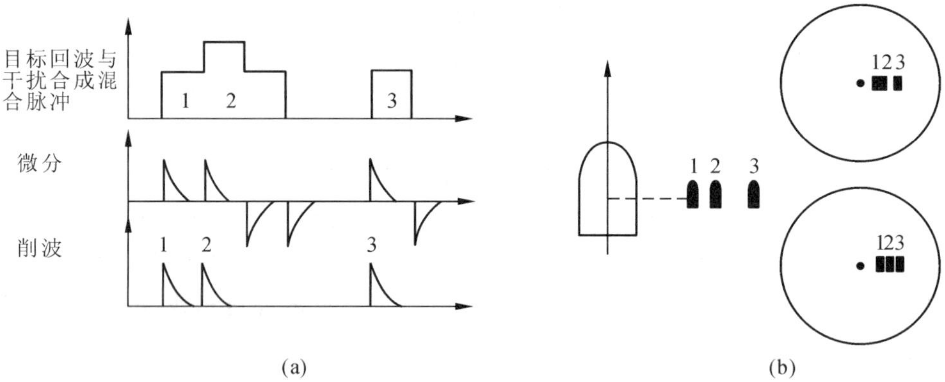

图 2.7-11　利用微分电路抑制雨雪干扰原理示意图

(a)波形；(b)海上实景与屏上显示

b. 同频雷达干扰抑制

因邻近他船同频段雷达发射的电磁波进入本船雷达天线而产生的干扰称为“同频雷达干扰”。在船舶交通密度较大的水域，相邻船同频段雷达之间将产生同频异步雷达之间相互干扰现象。“同频”是指雷达的工作频段相同，如同为 X 波段；“异步”是指发生相互干扰的雷达发射脉冲(或距离扫描)重复频率与本船雷达扫描重复频率不同。

同频雷达干扰是有源干扰，干扰波很强。干扰图像视两台雷达的脉冲重复频率差异程度而不同：若脉冲重复频率相同，图像为辐射状虚线图像；若脉冲重复频率相近，图像为螺旋线状；若脉冲重复频率相差很大，则图像呈散乱光点。另外，螺旋线状图像还会随量程变小而逐渐变直。

如前所述，同频雷达干扰采用解相关处理技术进行抑制，相关者为目标回波，输出；非相关者为干扰，被抑制，不输出。现代船用雷达视频处理中采用 16 分层，可进行解相关处理复杂的运算。

对于同频雷达干扰抑制电路，应注意：

(a)只有在干扰严重、影响观测时才使用它，因为使用时可能要丢失小目标。

(b)使用前，要将“调谐”“增益”及“STC”钮调至最佳状态，使屏上噪声斑点刚刚可见而回波饱满时抑制效果最好。

(c)为避免丢失更多物标，使用同频干扰抑制时，不要使用 FTC 电路。

c. 视频混合放大器(Mixed Video Amplifier)

送入视频混合放大器的信号由经 FTC、抗同频干扰处理的回波视频信号,固定距标信号,活动距标信号,HL 信号和 EBL 信号,经放大后变成 20～40 V 的负视频信号,再经过末级视频放大器送入 CRT 阴极。

为使显像管的平均亮度在不同量程时保持不变,在末级视放电路的输入端设有钳位电路,以保持各个信号的直流电平始终稳定,使显像管上回波的亮暗能够体现回波信号的幅度大小。另外,为了防止回波信号强弱悬殊太大,造成屏上回波图像强的太亮,弱的太暗,甚至看不见,又设置了限幅器。因该限幅器可调整输入 CRT 的回波信号强弱的对比度,故又称"对比度调整"。

(2)定圈式 PPI

动圈式 PPI 因偏转线圈与天线同步旋转需要一套随动系统,且传动机构较复杂,精度也不够高,故在新型船用雷达中逐步被定圈式 PPI 所取代。

定圈式 PPI 与动圈式 PPI 的显示画面相同,组成相似,两者最大区别是形成方位扫描的方法不同。

从动圈式 PPI 的介绍中我们可以知道,形成扫描线随天线同步旋转的原因是偏转线圈随天线同步旋转,从而使偏转磁场随天线同步旋转。但在定圈式 PPI 中,绕在 CRT 管颈上的偏转线圈是固定的,又怎么形成随天线同步旋转的偏转磁场呢?

①定圈式 PPI 方位扫描的基本原理

在定圈式 PPI 中,固定套在 CRT 管颈上的两对偏转线圈相互垂直放置(或三对,在空间上差 120°放置),以两对为例,扫描线的转动是靠 x 和 y 偏转线圈产生旋转式扫描磁场来实现的。如图 2.7-12 所示,合成磁场 $H=K_Ht$,是任意方向线性变化的磁场,该磁场能使电子束在与其垂直的方向上进行扫描,从而形成径向(距离)扫描线。

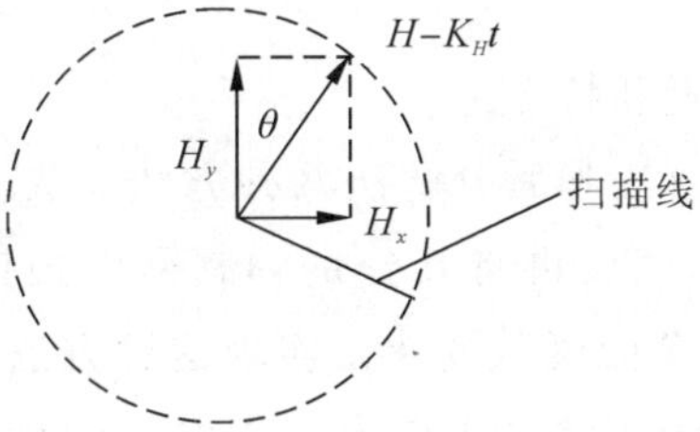

图 2.7-12　定圈式 PPI 中偏转线圈产生的磁场

$$\begin{cases} H_x = K_H t \sin\theta \\ H_y = K_H t \cos\theta \end{cases} \tag{2.7-1}$$

式中:K_H 为偏转磁场变化率;t 为扫描时间;θ 为合成磁场偏转角。

同理,若令 x、y 偏转线圈分别产生式(2.7-1)所示的两个磁场,则其空间合成的便是 θ 方向的磁场 H,而扫描线将出现在 $\theta+\pi/2$ 方向;若令合成磁场 H 的偏角 θ 等于天线转角 θ_A,则扫描线便与天线同步旋转。

为了产生式(2.7-1)所示磁场,可分别在 x、y 偏转线圈中加入电流i_x、i_y,即

$$\begin{cases} i_x = K_H t \sin\theta_A \\ i_y = K_H t \cos\theta_A \end{cases} \tag{2.7-2}$$

锯齿扫描电流i_x、i_y的振幅受天线转角θ_A的正弦和余弦函数的调制,其波形如图 2.7-13 所示。

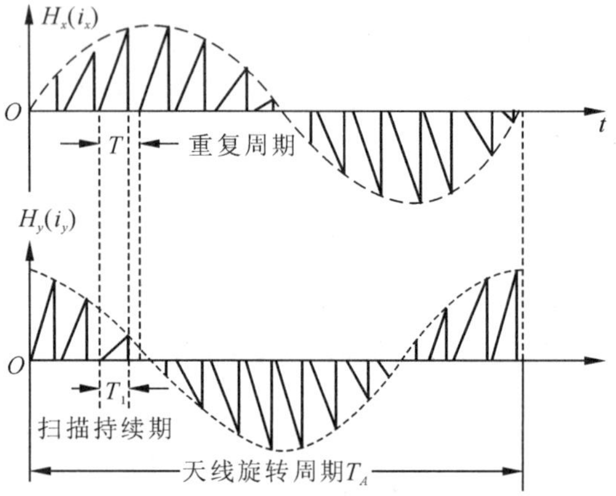

图 2.7-13 定圈式 PPI 中产生径向圆扫描所需的水平和垂直磁场

可见,在线性增长磁场的作用下,电子束做直线等速运动,形成距离扫描;让 $\theta=\theta_A$,即磁场方向与天线同步旋转,实现了方位扫描。此即定圈式 PPI 径向圆扫描的基本原理。

实际上,由于距离扫描的重复周期比天线旋转的周期小得多,对于一次距离扫描,天线可视为在一个方向固定不动,人眼在屏上看到的是一条径向距离扫描线,且这条直线则随天线同步旋转。

②定圈式 PPI 的组成原理和特点

定圈式 PPI 可采用先分解法和后分解法两种方法。先分解法,即先产生与天线转角 θ_A 成正弦和余弦关系的电压,然后再将其分别调制锯齿扫描波产生器,使锯齿扫描波的振幅随天线转角 θ_A 的正弦和余弦函数变化。实现这种方法较复杂,目前使用较少。后分解法,即先产生一串等幅锯齿电流波(或梯形电压波),然后分解成幅度与 $\sin\theta_A$ 及 $\cos\theta_A$ 成正比的分量,最后形成相应的锯齿扫描电流。此法较容易实现,长期被船用雷达所采用。

采用后分解的定圈式 PPI 电路组成框图如图 2.7-14 所示。

在触发脉冲控制下,方波产生器产生周期性方波脉冲。方波脉冲有五路输出:一是加到锯齿波产生器,产生的锯齿电压波经电流放大,在旋转变压器转子绕组①中形成周期性等幅锯齿电流波,于是在空间位置相互垂直的两相定子绕组②和③中产生已调锯齿波,经双向钳位,加到 x、y 偏转线圈,使扫描线与天线同步旋转;二是加到两个双向钳位

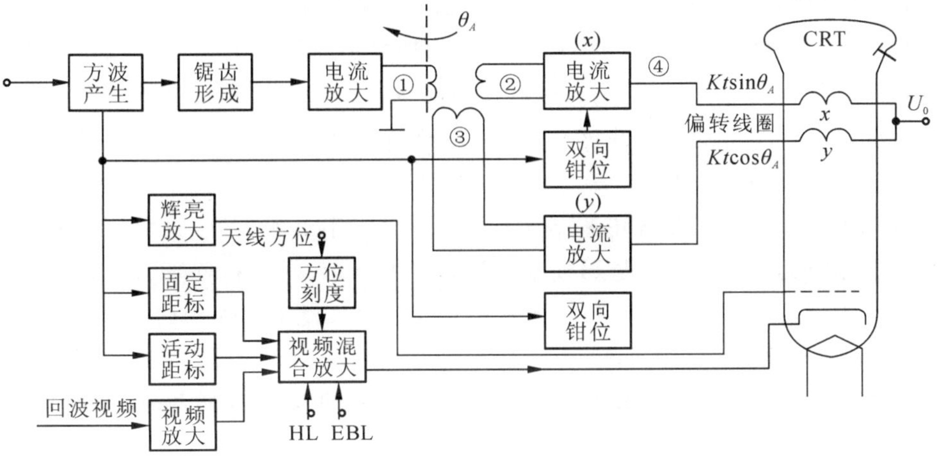

图 2.7-14　采用后分解的定圈式 PPI 电路组成框图

电路，使已调锯齿波恢复直流电位；三是经辉亮放大电路加到 CRT 控制栅极，辉亮屏上扫描线；四是加到固定距标电路，将产生的固定距标脉冲（FRM）加到视频混合放大器；五是加到活动距标电路，将产生的可移距标脉冲（VRM）加到视频混合放大器，前述的船首标志脉冲（HL）、电子方位线（EBL）以及目标回波视频经放大与抗干扰处理后也加至视频混合放大器，所有信号经放大后送入 CRT 阴极，屏上显示回波及各种刻度标志。

与动圈式 PPI 相比，定圈式 PPI 有下列特点：

a. 采用两相（或三相）固定不动的偏转线圈，免去了动圈式 PPI 方位扫描所需的复杂的各种支架和齿轮装置，维护简单、可靠。

b. 增加双向钳位电路。恢复锯齿波经旋转变压器传输后失去的直流成分，电路复杂、制造工艺较困难。

c. 省去“中心偏移线圈”。有了固定式偏转线圈，即可实现偏心显示或真运动显示，无须另外增加偏移线圈，适用于多个显示器。

d. 采用间扫技术。该技术可实现各种字符显示及产生电子方位线。

由于上述诸多特点，定圈式 PPI 至今仍在船用雷达模拟视频显示设备中得到广泛应用。

2.7.2　LCD 光栅扫描显示系统

船用雷达自 20 世纪 40 年代中期出现之后，一直采用长余辉 CRT 作为显像管来显示雷达回波图像。由于 CRT 的长余辉时间是固定的，限制了所显示回波图像的质量，在 20 世纪 60 年代出现了模拟式扫描转换器。模拟式扫描转换器可将雷达图像转换成电视格式显示，但因其结构复杂、可靠性差而被迅速发展的数字技术所替代。20 世纪 70 年代，以数字式扫描转换和 CRT 为核心的多传感融入的显示系统呈现出实用价值，同期出现了 ARPA。20 世纪 80 年代中期，由于光栅扫描显示器所需的各种固态显示器关键器件，如液晶板、超级图形芯片、高速大容量存储器 VRAM、高速多功能彩色查找表等超大规模集成电路芯片均得到突破性进展，促使光栅扫描显示器在速度、分辨率及图形加工能力方面均达到空前的水平。

光栅扫描显示技术最早在电视显示中应用，1984 年出现了第一台符合 IMO 标准的光栅扫描船用雷达。光栅扫描显示技术具有高亮度显示、便于彩色显示及采用计算机显示终端等优点，近年来得到广泛应用，现代船用雷达已广泛采用光栅扫描显示技术。

(1)液晶显示器

船用雷达 ARPA 均采用彩色薄膜晶体管 LCD，即真彩色液晶显示屏，显示效果较好。

LCD 由两块玻璃板构成，厚约 1 mm，其间由 5 μm 液晶(LC)材料等距分隔。液晶是一种特殊的可极化的液态晶体，是一种有机化合物。在一定的温度范围内，它既具有液体的流动性，也具有晶体的某些光学特性，其透明度和颜色随电场、磁场、光、温度等外界条件的变化而变化。液晶在电场作用下会产生各种光电效应，在电场作用下，晶体内的分子排列会发生变化，导致其光学特性(如透明度、反射率或颜色等)发生改变。若将液晶放在外光源的光路上，则其光阻可随加于液晶上外加电场的变化而变化。液晶显示器件正是根据这一原理制成的。液晶单元器件的结构剖面和液晶显示板结构示意如图 2.7-15 所示。

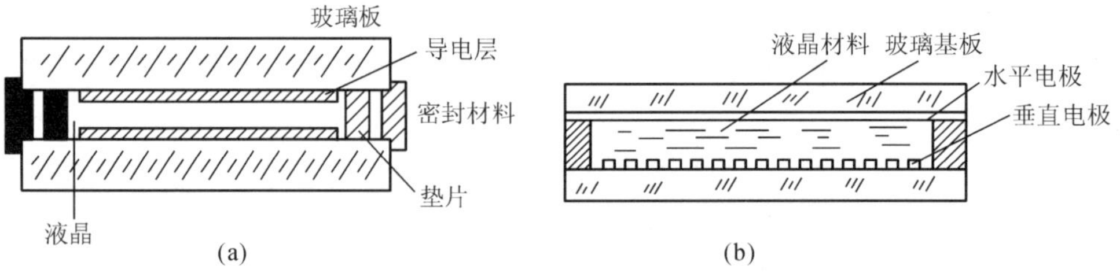

图 2.7-15 液晶单元器件的结构剖面和液晶显示板结构示意

(a)液晶单元器件剖面；(b)液晶显示板结构示意

与 CRT 相比，LCD 具有以下主要优点：

①辐射小、省电、占用空间少；

②色彩饱和度、还原能力和对比度高；

③显示屏上无闪烁现象，无须刷新；

④屏幕调节更方便，可以通过控键自动调整。

LCD 使用于 20 世纪 70 年代初，开始时作为一种显示媒体使用，随后应用范围被逐渐拓宽，而今，液晶显示器在船用雷达显示终端中的应用十分普遍。

(2)直角坐标光栅扫描显示器

在径向圆扫描方式中,荧光屏上扫描线径向扫描的速率取决于量程的大小(同一荧光屏)。扫描线旋转的速度取决于天线的转速。物标回波的亮度取决于回波视频信号的幅度。这样,物标回波及各种符号视频在屏上只能是天线每转一圈才能亮一下,在整个屏面上亮度不匀,并且量程越大,回波亮度越低,越容易丢失小目标。模拟距离偏转电路的线性对于要精确保存物标距离信息来说非常勉强。目标分辨力主要靠接收机的增益时间常数和选定最小信号阈值提供。常规雷达要在屏上画其他符号(如"TT")十分麻烦、困难,而且符号数量有限。

①光栅扫描原理

要想在光栅扫描显示器上显示雷达探测到的目标回波,就需要将极坐标系统的雷达图像信息变换成适合光栅扫描的格式,这种变换称为扫描变换。显然,扫描变换必须包括坐标变换和图像存储两种功能。坐标变换是指极坐标$(R,\theta)\rightarrow$直角坐标(X,Y)变换。由于 TV 光栅扫描和雷达天线的探测是不同步的,即便是换成直角坐标的目标回波信息也不能立即显示,要等到光栅再次扫描到目标坐标时才能显示出来。图像存储器正是完成将直角坐标的目标回波信息进行缓存的部件,即回波视频随机存储器 VRAM,VRAM 的写入图像信息必须与雷达的方位扫描周期同步;而 VRAM 的读出图像信息必须与 TV 光栅扫描严格同步,并且必须合理地安排 VRAM 的读、写操作,由系统控制信号控制。

$R\theta$/TV 坐标变换原理如图 2.7-16 所示。船用雷达曾采用的传统极坐标径向圆扫描显示与 X-Y 直角坐标光栅扫描显示如图 2.7-17 所示。

雷达直角坐标

$$x=R\sin\theta$$
$$y=R\cos\theta$$

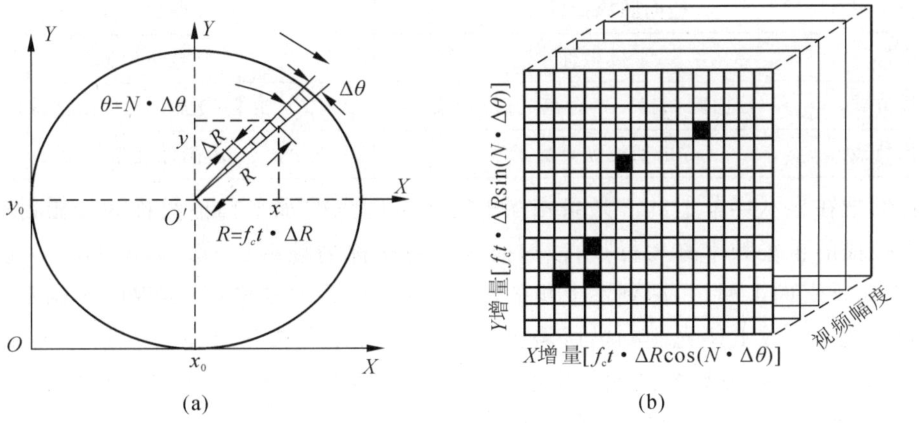

图 2.7-16　*Rθ*/TV 坐标变换原理

(a)坐标变换示意;(b)雷达视频随机存储器 VRAM

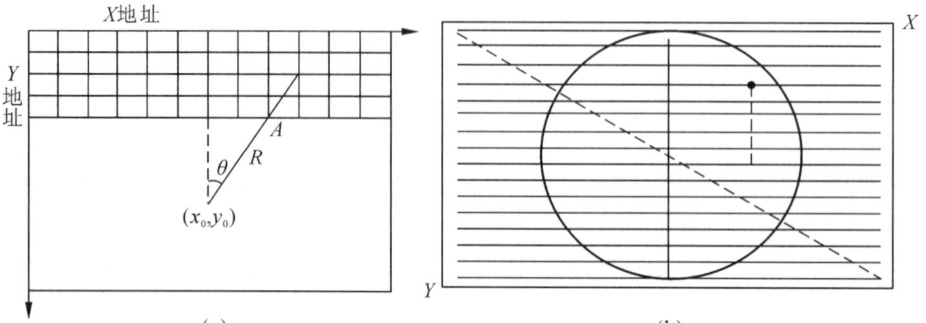

(a) (b)

图 2.7-17 极坐标径向圆扫描显示与 X-Y 直角坐标光栅扫描显示

(a)极坐标径向圆扫描显示;(b)X-Y 直角坐标光栅扫描显示

再将雷达直角坐标原点(扫描中心 O)移到 TV 扫描直角坐标的原点 O'

$$x'=x+x_0=R\sin\theta+x_0$$

$$y'=y+y_0=R\cos\theta+y_0$$

采用数字技术时,方位角 θ 要等于方位量化单元 $\Delta\theta$ 乘以从船首开始计数的方位单元数 N,即 $\theta=N\cdot\Delta\theta$。距离 R 等于距离量化单元 ΔR 乘以计数频率 f_c 再乘以计数的时间(即从开始扫描起到回波到达天线止的时间)t,即 $R=f_ct\cdot\Delta R$,则 x'、y' 坐标值可写为

$$x'=\Delta Rf_c\sin(N\cdot\Delta\theta)+x_0$$

$$y'=\Delta Rf_c\sin(N\cdot\Delta\theta)+y_0$$

然后,以求出的 x'、y' 坐标值为地址将物标回波的幅度数据等存入雷达视频 RAM,显示时按 TV 扫描规律再从 RAM 中取出送入 TV 显示器即可。

两种坐标系统扫描显像特征比较如表 2.7-1 所示。

表 2.7-1 两种坐标系统扫描显像特征比较

比较项目	径向圆周扫描显示	光栅扫描显示
坐标	极坐标	直角坐标
扫描方式	径向圆扫描——距离、方位扫描	光栅扫描——行扫、帧扫
显像特点	由回波亮点显示	由图像元素显示

我们把在显示屏幕上的一条条相互平行且等间隔的水平扫描线称为光栅,把整屏光栅水平扫描的重复频率称为行频,帧扫描重复频率称为帧频(一般为 50 Hz)。完成一帧扫描,光栅垂直向上回扫,回到左上角的起始位置,然后重复进行,实现图像刷新,便获得稳定的图像。完成上述光栅扫描所需要的 X-Y 扫描电压波形及屏幕扫描方式如图 2.7-18(a)所示。在行扫或帧扫的回扫虚线,即行、帧逆程内,CRT 的电子束被辉亮控制消隐掉,因而在屏幕上看不到回扫显示。

为了实现这种光栅扫描,在 CRT 偏转部分需要加上两种不同频率的锯齿形电流:我们把控制电子束沿水平方向偏转的电流称为水平扫描电流,其重复频率即为行频;把控制电子束沿垂直方向偏转的电流称为垂直扫描电流，其重复频率即为帧频。水平(行)、垂直(帧)扫描电流的波形如图 2.7-18(b)所示。

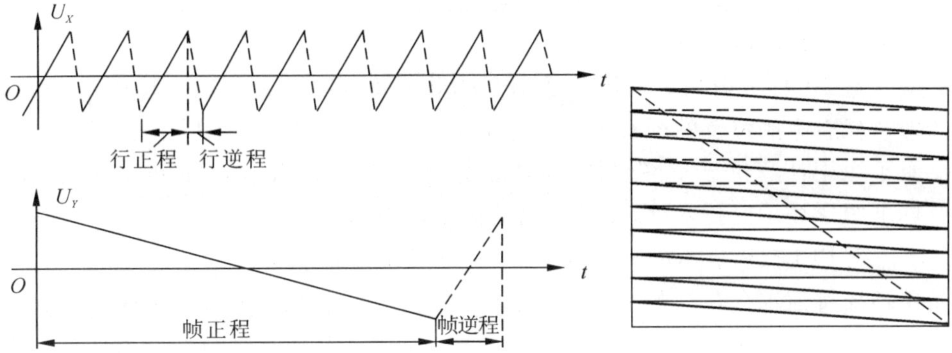

(a)　　　　(b)

图 2.7-18　光栅扫描显示器的 *X-Y* 扫描电压波形及 CRT 屏幕上光栅扫描显示

(a)*X-Y* 扫描电压波形及屏幕扫描方式;(b)CRT 屏幕上光栅扫描显示

②方位数据光栅扫描变换处理

来自雷达的方位数据及同步触发脉冲需要按照光栅扫描显示模式变换成光栅扫描方位数据。在光栅扫描体制的显示器中，必须将距离扫描信号分解成 X 和 Y 控制信号，如图 2.7-19 所示，当雷达方位角为 θ、以 0～R_{MAX} 的距离进行距离扫描时，必须将距离扫描分解成相应的行信号(Y 地址:Y_1、Y_2、Y_3…)和列信号(X 地址:X_1、X_2、X_3…)，由 X_1 和 Y_1 控制距离扫描至 R_1，由 X_2 和 Y_2 控制距离扫描至 R_2，照此不断进行行列扫描控制，只要 X 和 Y 的变换同步，即可实现从 0～R_{MAX} 的光栅距离扫描。显然，目标方位角不同，行和列的变换也不同。最后，将变换后的直角坐标数据送到图像存储单元。如图 2.7-20 所示，雷达天线角度扫描的同时，进行快速距离扫描，不论采取何种显示模式，均要随时将这一扫描过程变换成光栅扫描显示地址，且随时将雷达探测到的目标信息(压缩处理后的图像像素数据)在来自光栅扫描显示控制计算机的图像存储读写控制信号的作用下，按照光栅扫描 X 和 Y 地址存入图像存储单元。

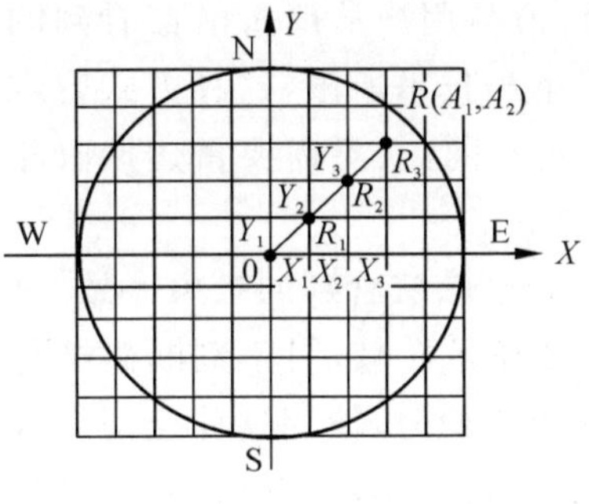

图 2.7-19　光栅扫描 PPI 显示平面

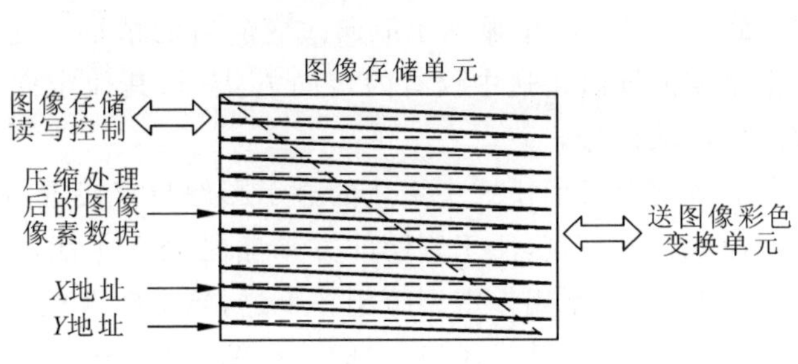

图 2.7-20　图像存储原理框图

③光栅扫描的优点

a. 帧扫描频率为 50 Hz，便于实现高亮度显示。

b. 画面更新快（频率为 50 Hz），可避免 PPI 显示图像的闪烁现象。

c. 便于采用彩色显示器。

d. 便于使用大比例尺、大幅度显示。图像比例尺可大于 1∶4000（一般不大于 1∶5000）。代表本船位置的中心可偏心达 7 个屏半径（一般为 5 个屏半径）。

e. 便于运用计算机显示终端技术，如计算机字符产生、绘图技术和硬件、软件、键盘控制及标准图形显示等技术，因而可大幅简化设计内容。

f. 比传统 PPI 扫描显示的制作成本低，系统工作可靠性高。

光栅扫描目前也存在一些缺点，如近区显示的显示精度不如 PPI 扫描显示精度高、存在近区盲区等。这些缺点可通过采用高分辨率彩色 CRT、增加行数及增加量化单元数等途径加以克服。

2.8 雷达显示模式

现代雷达设置了多种显示模式以精确确定雷达显示信息与外界的关系，目前主要有三种模式：定向显示模式、运动和稳定显示模式、目标动态预测显示模式。其中，定向显示模式按船首线的指向及所显示的物标方位，又分为船首向上（Head up）、真北向上（North up）及航向向上（Course up）三种显示模式；运动和稳定显示模式按代表本船的扫描中心在屏上的运动形式可分为相对运动显示模式和真运动显示模式；目标动态预测显示模式根据雷达目标动态预测的方式可分为矢量显示模式和 PAD 显示模式。

2.8.1 定向显示模式

（1）船首向上显示模式

船首向上显示模式的船首线始终指向固定方位刻度圈的 000°，如图 2.8-1 所示。当本船航向改变时，其他物标图像在屏上的位置发生改变，但与用户从船桥舷窗看到的景象一致。图 2.8-1 中显示了航向改变前后的情形。受成本和技术所限，这种方式曾经是非常早期的导航雷达中仅有的定向方式，与其他定向方式不同，它不需要雷达接收陀螺仪或罗经的信号。

船首向上显示模式中雷达的显示图像与直接透过驾驶室舷窗看到的景象一致，这种显示模式比较直观，便于判明前方来船是处在本船的左舷还是右舷，对于判断碰撞危险十分方便，所以常用作观测瞭望。不过，当本船改向或舵角不稳时，使用这种定向方式图像显示不稳定，尤其是风浪天，船首有偏荡时，图像因余辉而模糊不清，观测不便，测量误差大，而且只能直接测读相对方位，欲定位还需加上航向，使用不便，也影响精度。

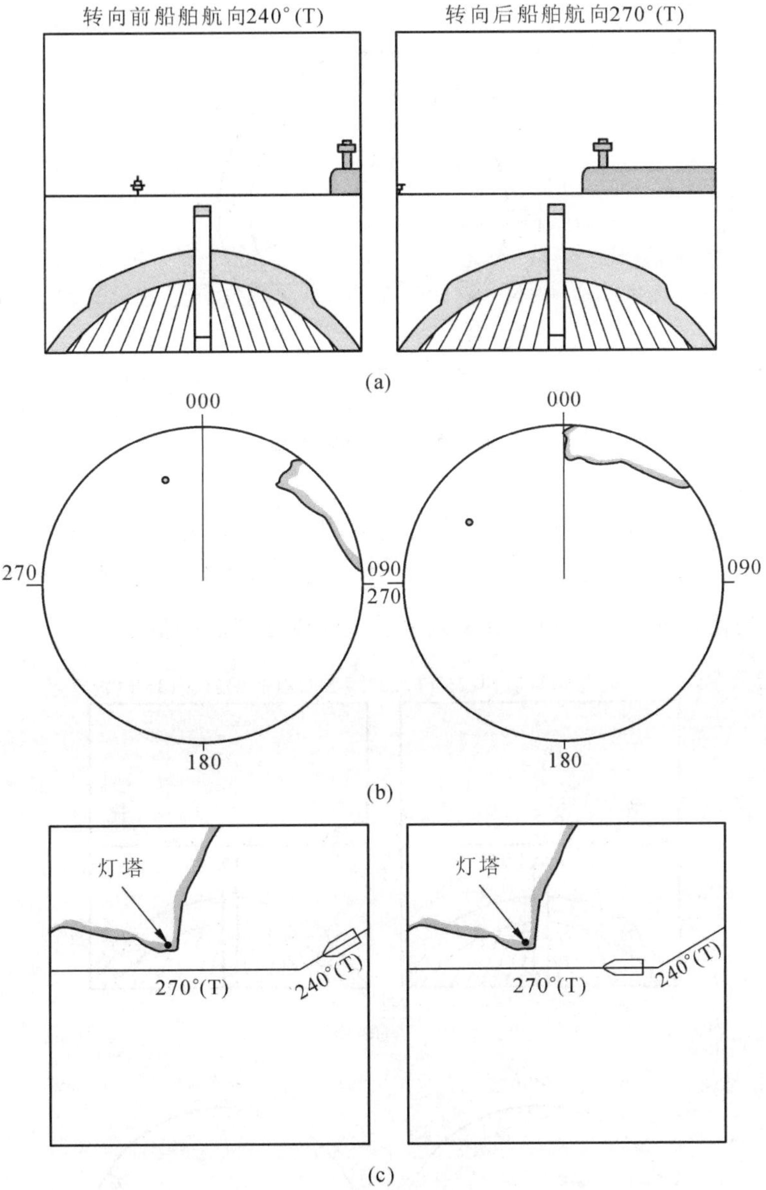

图 2.8-1　船首向上显示模式(不稳定)

(a)船头看到的景象;(b)雷达上看到的图像;(c)海图上显示的航迹

为了发挥上述显示直观的优点,又克服不能测读物标真方位的缺陷,现在有些新雷达在固定方位盘(圈)外面或里面又套上一个可动方位圈,也标有 0～360°刻度。该方位圈可用手拨动或直接由陀螺罗经带动,并随时使航向值保持在固定方位刻度圈的 0°处。这样在两个方位圈上可同时读得相对方位和真方位,如图 2.8-2 所示。

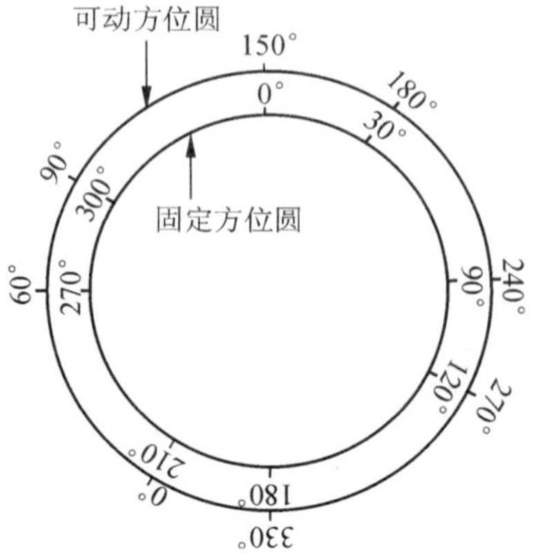

图 2.8-2　可动方位圈

(2)真北向上显示模式

真北向上显示模式需要接入罗经传感信号,其固定方位刻度圈的 000°代表真北,船首线指向本船航向值。当本船转向时,船首线移向新航向值,其他物标图像在屏上的位置保持不动,图像显示稳定。图 2.8-3 显示了航向改变前后的情形。

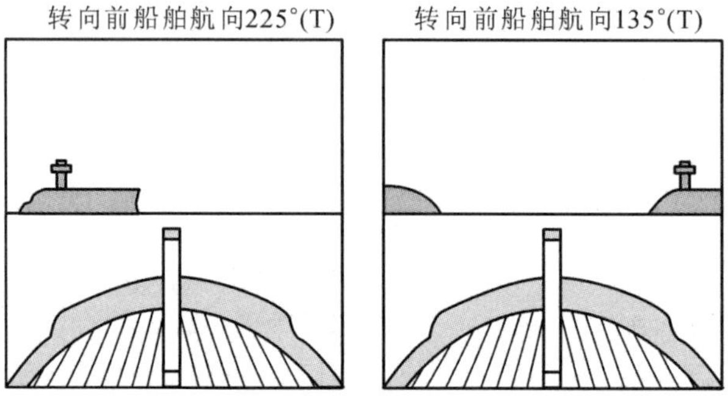

(a)

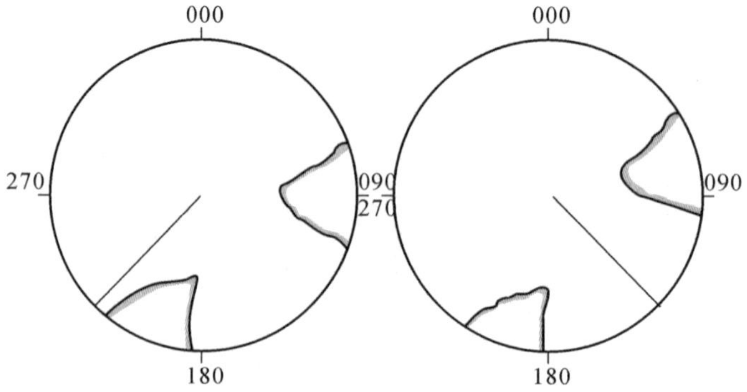

(b)

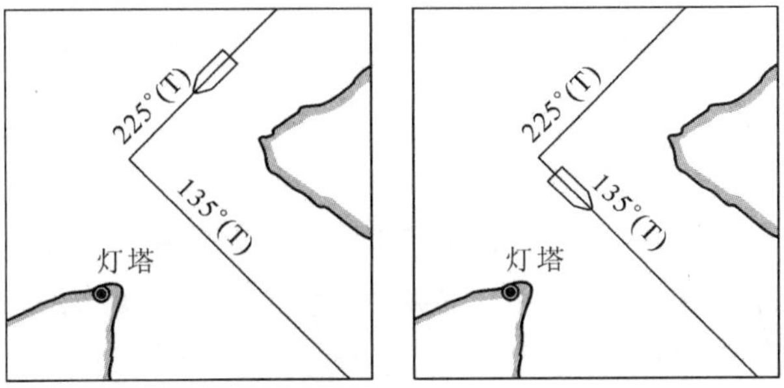

(c)

图 2.8-3　真北向上显示模式(稳定)

(a)船头看到的景象;(b)雷达上的图像;(c)海图上看到的航迹

这种显示模式可方便测得物标真方位,在本船转向或船首偏荡时,回波图像稳定,显示清晰,测量方位较准确,观测方便,便于和海图比较,能迅速判定本船所处的位置,因此常在定位及多改向窄航道航行时使用。不过,当航向在 090°～270°时,特别是在 180°附近,观测不便,有时容易搞错物标左右舷角,不利于避碰操作。

(3)航向向上显示模式

航向向上显示模式也需要接入罗经传感信号。这种显示模式综合了前两种显示模式的优点,即:

①船首线指向屏上方,图像直观。

②因一般均配有由陀螺罗经稳定的可动方位圈或电子方位刻度圈,故可直接测得相对方位和真方位。

③本船转向时,船首线移向新航向值而物标回波不动,图像稳定。改向完毕,只要按一下"新航向向上"(New Course Up)钮,船首线、图像及可动方位圈就一起转动,直到船首线指固定方位圈 000°为止。图 2.8-4 中显示了复位基准航向前后的情形。

航向向上显示模式既具有船首向上显示模式的显像直观,便于判明物标在左舷还是右舷的特点,又具有真北向上显示模式的图像稳定,可直接测读真方位的优点,因而在避碰、定位和导航应用中均较方便,这种显示模式当前在现代船用雷达中应用广泛。

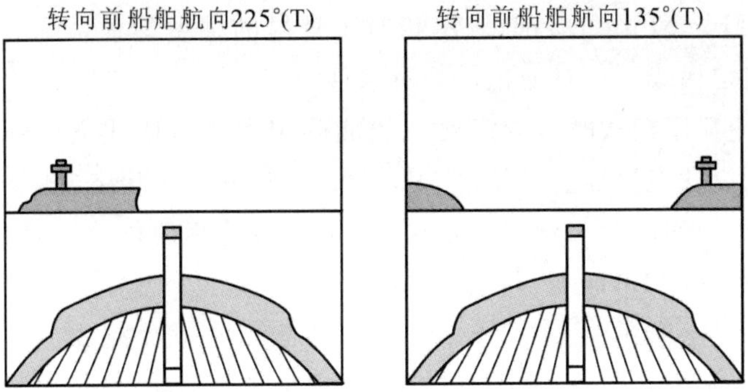

(a)

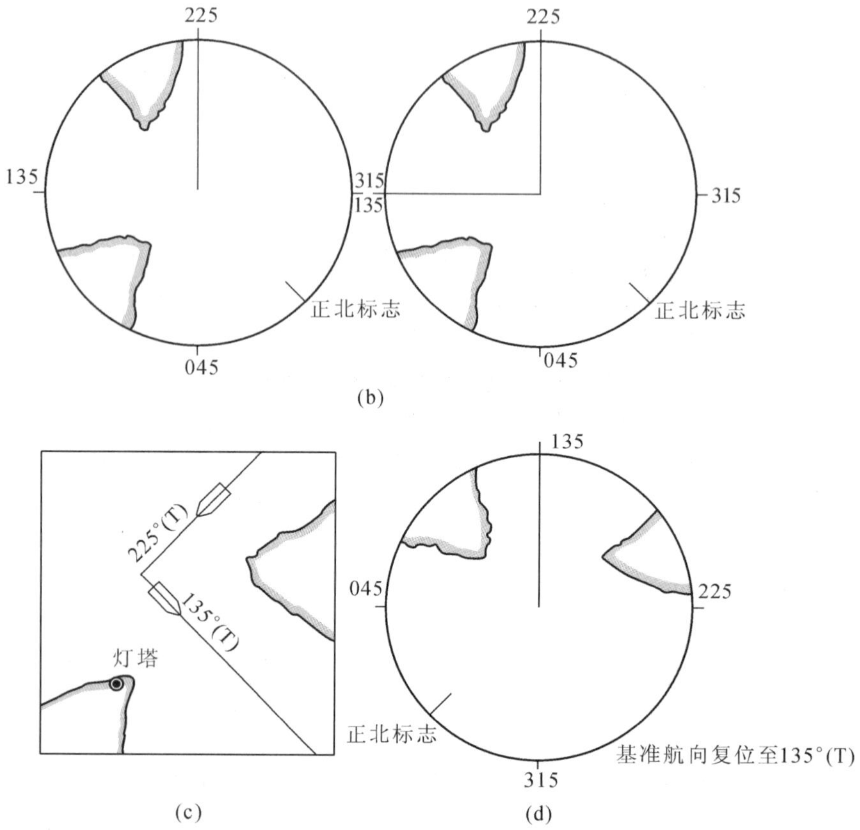

图 2.8-4 航向向上显示模式(复位基准航向)

(a)船头看到的景象;(b)雷达上的图像;(c)海图上的航迹;(d)复位后雷达上的图像(T)

2.8.2 运动和稳定显示模式

运动模式有两种:相对运动和真运动。相对运动(Relative Motion,RM)是指相对于本船,而真运动(True Motion,TM)表示相对于外界的某个参考系统。根据外界参考的不同,存在两种稳定模式——对地稳定和对水稳定。

使用对地稳定显示模式时至少需要一个能确定本船对地速度(SOG)的外部传感器信号,当前可使用全球卫星导航系统(Global Navigation Satellite System,GNSS)或多普勒绝对计程仪获得。使用对水稳定显示模式时,一般使用的传感器是相对计程仪,它可测量船舶的对水速度(STW)。

(1)相对运动显示模式

在相对运动显示模式中,扫描中心代表本船,在屏上不动,显示周围物标相对于本船的运动,固定物标与本船等速反向运动,而与本船同速同向物标在屏上静止不动。

相对运动显示的特点可由以下例子说明。如图 2.8-5(a)所示，假设本船在潮流方向为 270°(T)、流速为 4 kn 的水域，以 10 kn 的速度以 000°(T)的航向稳定航行，且周围有 4 个目标：

①A 船位于本船正北 7 n mile，船首向 045°(T)停泊在水中；

②B 船位于 A 船正东 8 n mile，以航向 270°(T)、对水速度 10 kn 稳定地通过该水域；

③C 船位于 A 船正北 5 n mile，以航向 180°(T)、对水速度 5 kn 稳定地通过该水域；

④自动助航浮标 L 固定不动，可以认为是对地静止的，它位于 A 船正西 7 n mile 处。

图 2.8-5 (b)表示本船的平面位置显示器在 10:00 时的显示画面，图 2.8-5 (c)是为了便于理解相对运动，在同一个平面位置显示器，把 10:30 时的回波位置和 10:00 时的回波位置一起显示以进行比较的结果。

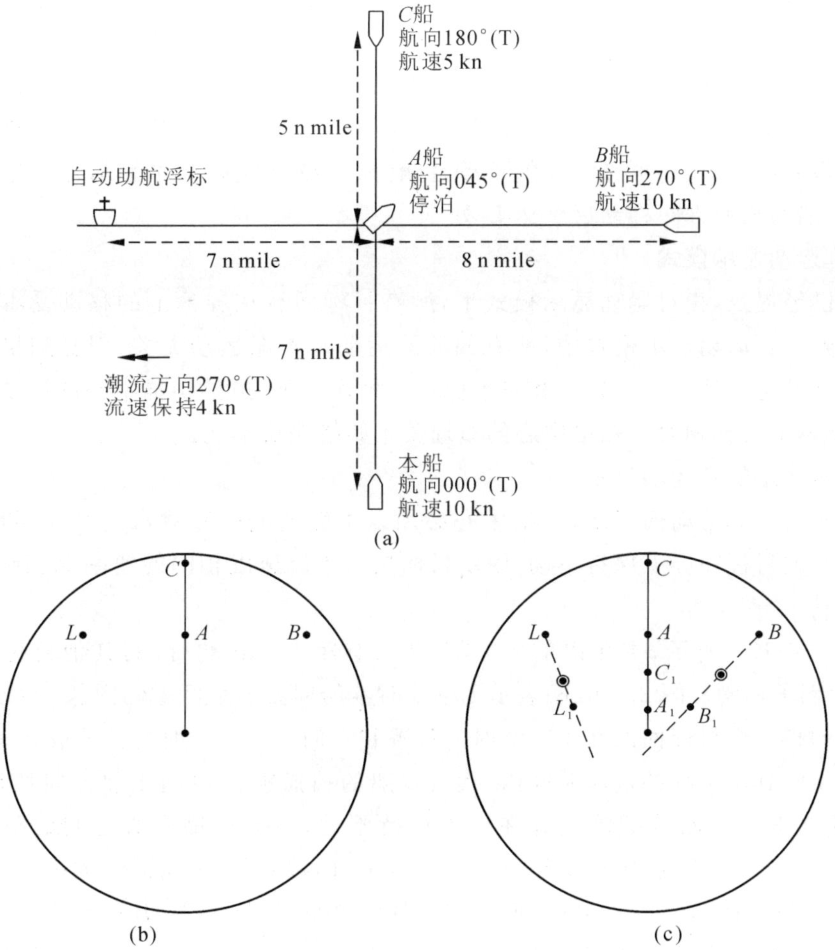

图 2.8-5　相对运动显示

(a)示意图；(b)10:00 时的雷达画面；(c)10:30 时的雷达画面

在 10:00 至 10:30 时间段内，本船将在该水域向北运动。在相对运动显示模式下，代表本船的扫描中心在屏上不动，由于 A 船对水静止，则在显示器上以与本船对水速度相等的速率向与本船航向相反的方向移动，10:30 时运动到 A_1 点。

B 船在 10:00 时位于静止 A 船正东 8 n mile 的位置，它以 10 kn 的航速向正对 A 船的方向运动，10:30 时将位于 A 船正东 3 n mile 的 B_1 处。图 2.8-5(c)显示了 B 船的尾迹，可在两船都没有机动的情况下，估算出 B 船航行多少距离时可以通过本船。

C 船在 10:00 时，位于对水静止 A 船正北 5 n mile 处，并以 5 kn 的速度朝向 A 船航行。10:30 时，它位于 A 船正北 2.5 n mile 的 C_1 处。如图 2.8-5(c)所示，因为 A 船的回波在屏幕上向南移动了 5 n mile，所以回波 C 在相同方向上共计移动 7.5 n mile 到达 C_1 处。从图 2.8-5(c)也可看出，对水静止的目标、与本船航向相反的目标和与本船航向相同但速度较慢的目标，三者的回波都将以相同的方向在屏幕上移动，只是速度不同。缺乏经验的用户可能会误解或混淆，使用雷达进行避碰时应特别注意。

10:00 时，航标 L 和对水静止 A 船在东西向上距离为 7 n mile。当有潮流时，静止 A 船顺着潮流的方向以 4 kn 的速度向航标 L 运动，10:30 时，两者之间的距离将缩减为 5 n mile。从图 2.8-5(c)可看出，在屏幕上，航标 L 的回波以与本船对地航速相同的速率，朝向本船的相反方向移动后到达 L_1 处。

(2)真运动显示模式

前面已经提及，相对运动显示模式下，所有目标回波在屏幕上的移动受本船航向和航速的影响。真运动显示模式中，所有回波的运动与本船运动无关，但是扫描中心会以本船的航向航速移动。对地稳定和对水稳定两种模式下，虽然扫描中心的运动有根本区别，但是屏幕上目标相对于扫描中心的布局关系始终保持不变。

①对水稳定的真运动显示

在对水稳定真运动模式下，扫描中心必须以本船的航向和对水速度在屏幕上移动，而对水静止的目标在屏上保持不动，固定目标按与水流速度相同的速率以水流速度相反的方向运动。

如图 2.8-6(a)所示，本船以航向 000°(T)、航速 10 kn 航行，而其他目标运动与图 2.8-5所示例子相同。图 2.8-6(b)表示 10:00 时本船回波显示区域的图像。为便于比较，图 2.8-6(c)把 4 个目标回波在 10:30 时的位置和它们在 10:00 时的位置放在一起显示。

在 10:00 到 10:30 的这段时间内，代表本船的扫描中心 O 向正北方向移动；与此同时，A 船仍在本船的船首标志上并在屏上保持不动，但与扫描中心之间的距离减少了 5 n mile。10:00 时，B 船位于 A 船正东 8 n mile 处，以正对 A 船的航向航行时，它相对于 A 船的方位保持不变；10:30 时，两者之间的距离减至 3 n mile，B 船到达 B_1(B 船在屏幕上以本船的航向和对水速度移动)。同理，C 船以 180°(T)航向、5 kn 的速度在屏幕上移动到达 C_1，与 A 船的距离减少至 2.5 n mile，而航标 L 在屏幕上向东移动 2 n mile 的距离，到达 L_1 处。

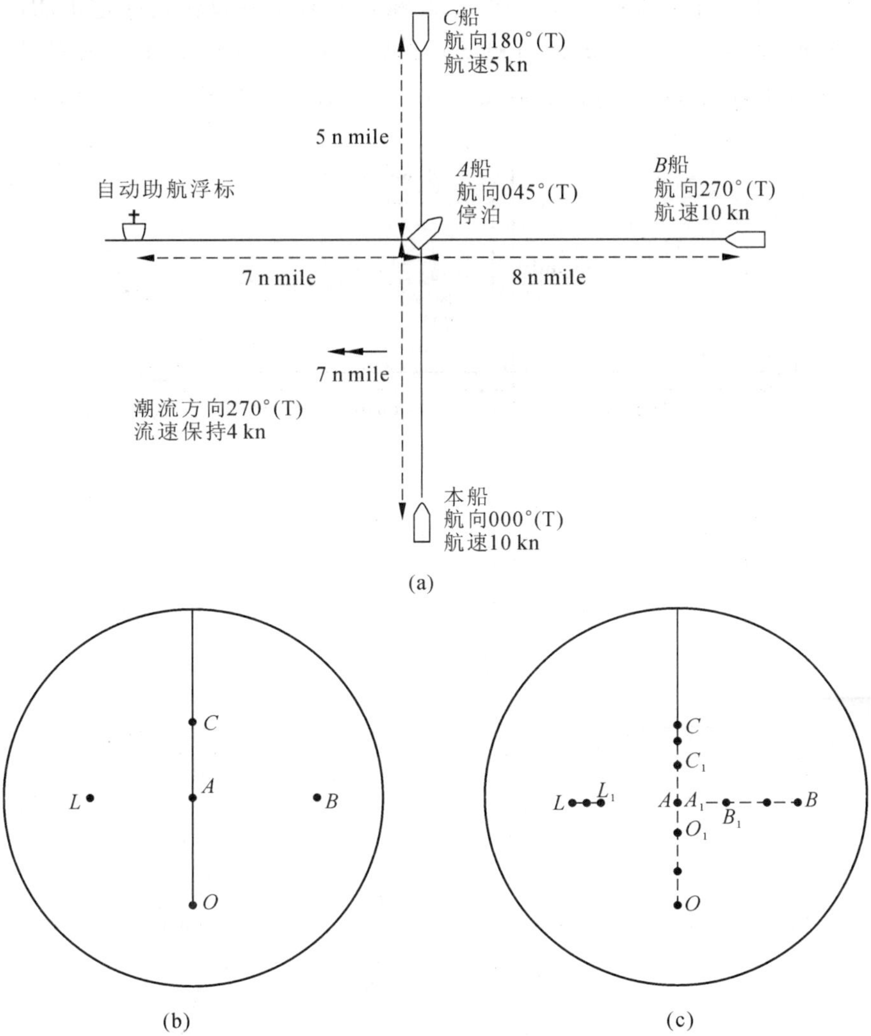

图 2.8-6　对水稳定的真运动显示

(a)示意图;(b)10:00 时雷达显示画面;(c)10:30 时显示画面

②对地稳定的真运动显示

在对地稳定真运动模式下,由 GNSS 或多普勒计程仪输入对地速度,或人工方法将风流的影响校正后,代表本船的扫描中心在屏上将按实际的航向及对地速度运动,固定物标在屏上保持不动。为了便于比较,使用图 2.8-7(a)所示的场景进行说明。图 2.8-7(b)是 10:00 时的显示画面,图 2.8-7(c)是 10:30 时的回波和 10:00 时的回波同时显示的画面。

从图 2.8-7(c)可以看出,10:30 时代表本船的扫描中心位于 10:00 时扫描中心正北 5 n mile、正西 2 n mile 处。其中,正北方向的移动表示本船对水的运动,正西方向的移动表示本船相对于潮汐和水流的运动。同时，航标 L 在屏上一直保持固定不动，本船和航标 L 南北方向的距离减少 5 n mile，东西方向的距离减少 2 n mile，而 A 船的位置向航标 L 西移了 2 n mile，C 船距 A 船的距离减少到 2.5 n mile 而处于 A_1 正北处的 C_1 位置。

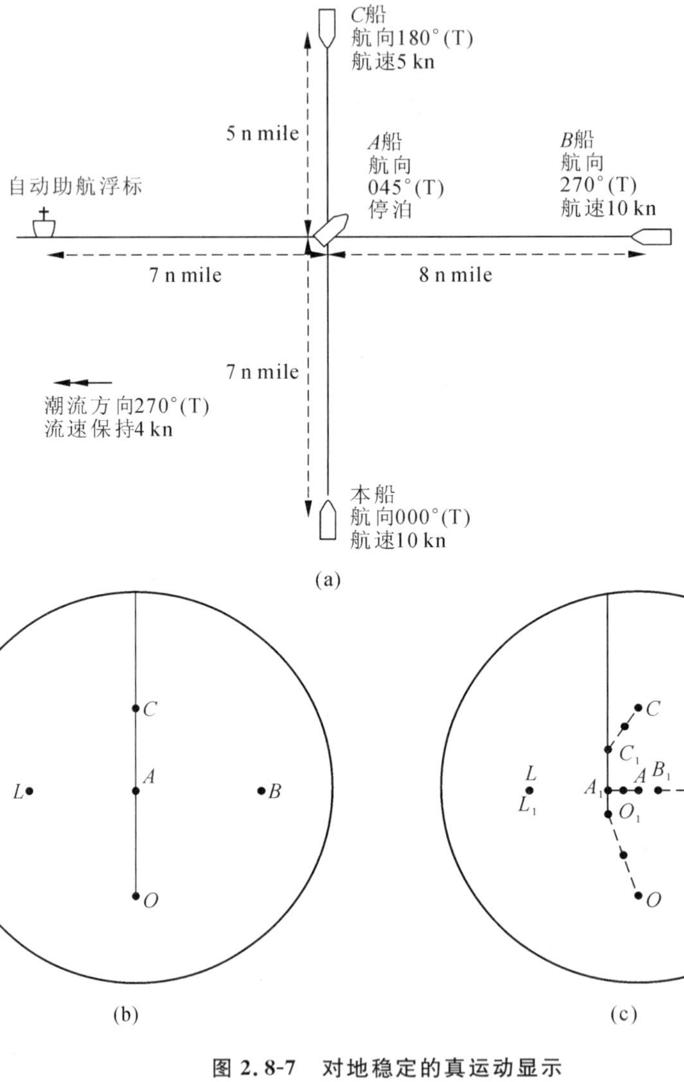

图 2.8-7 对地稳定的真运动显示

(a)示意图；(b)10:00 时雷达显示画面；(c)10:30 时显示画面

需强调的是，缺乏经验的用户在研究 A 船和 C 船回波的运动时可能会得出错误的结论，即 A 船运动得很慢，且交会时会显示红舷灯（事实上，A 船对水静止），而 C 船是一艘会显示红舷灯的过路船（事实上，C 船航向是 180°）。另外需注意的是，对地稳定的真运动显示模式下，在航船舶回波的运动方向并不代表它们的船首向，而是航向。所以，这种显示模式原则上不适合用于避碰决策，它可能使人误解而发生危险。不过，如果在狭水道内导航时用对地稳定真运动显示，则具有直观方便的优点；如果在标绘、计算及判断碰撞危险、采取避碰措施时使用对水稳定真运动显示则较方便、准确。

（3）显示模式选择

在任何确定的环境下，显示模式的选择都受到多种因素的影响。主要的影响因素在于雷达是用于避碰、定位还是航行监视。

相对运动显示模式下，目标回波的运动是相对于本船的运动，该显示模式可以很容易地预测目标的最近会遇距离（CPA）和最近会遇时间（TCPA）等碰撞危险参数，便于判断目标与本船有无碰撞危险。此外，在该模式中扫描中心固定不动，观察者可以将扫描中心设置在屏幕的几何中心，也可以进行偏心设置以便于更容易观测到所关注区域的危险。

真运动显示模式下画面较直观，能在屏上看清本船及周围目标的真实动向，便于在船舶密度大的狭水道内航行时快速定位和避让，但判断相遇船与本船间是否有碰撞的危险则不太适用。

表 2.8-1 是各种显示模式特点比较。

表 2.8-1　各种显示模式特点比较

特点	显示模式		
	相对运动	对海稳定真运动	对地稳定真运动
从尾迹或手动标绘点估计目标 CPA 和 TCPA 的便易性	可直接得到	需要分辨	需要解析
估计目标航向、航速和态势的便易性	需要解析	可直接得到	需要解析，有可能误解
对其他传感器的输入需求：航向和航速	无，但希望有航向输入	有	有
对潮汐流向和流速或对地速度和航向数据的需求	无	无	有
显示的信息相对于	观察者	水	地
对避碰/导航的特殊应用	对避碰数据有部分作用，对平行指示非常有效	对避碰数据有部分作用	没有 ARPA 很难实现，但如果实现，可以提供静止地图
对避碰的局限性	不能直接得到目标航向	不能直接得到 CPA	不能直接得到避碰数据
对导航的局限性	陆地回波的运动可能妨碍目标的识别	陆地回波稍微运动	如稳定有效，则无影响

2.8.3 目标动态预测显示模式

目标动态预测显示模式有两种：矢量显示模式和 PAD 显示模式。矢量显示模式为当前绝大多数雷达所采用，又具有真矢量和相对矢量两种模式；PAD 模式是 SPERRY 公司的产品专利，在船舶密集水域，存在着画面混乱、观测困难的缺陷，在船舶中使用很少，因此本书主要对矢量显示模式进行介绍。

雷达可用矢量来表示被跟踪目标的动态。矢量又分为相对矢量（Relative Vector，RV）和真矢量（True Vector，TV）。其中，相对矢量起点表示目标现位置，方向表示相对运动航向，长度表示对应调定矢量时间的预测航程，矢量末端表示对应调定矢量时间的预测到达位置；真矢量方向表示真运动航向，起点、长度、末端的含义与相对矢量类同。

（1）相对矢量显示模式

相对矢量显示模式具有以下特点：

①本船无相对矢量，故在首线上不显示矢量线。与本船同向、同速的运动目标也不显示 RV。

②固定或运动目标显示 RV。

③从本船到目标 RV 延长线的垂足为最接近距离（Closest Point of Approach，CPA），目标航行至 CPA 的航行时间为到达最接近交会点的时间（Time to CPA，TCPA）。

RV 显示模式可评估目标接近本船的速度，可从屏上观测从而估算 CPA、TCPA，以评估相遇船和本船间有无碰撞的危险，当 RV 指向本船或与设置的 MINCPA 圆相交或相切时，则表明该目标为危险目标。因此，RV 显示模式适用于要求快速判断本船与所有目标间是否存在碰撞危险的场合。

（2）真矢量显示模式

真矢量显示模式特点如下：

①本船或运动目标均显示 TV，两个 TV 长度比即速度比。

②固定目标没有 TV。如果在固定目标上显示 TV，则是因受风、流影响而产生的，此时本船和其他被跟踪目标上显示的均为对水 TV。当雷达使用 ARPA 功能进行定位导航时，必须显示对地 TV，为此，必须修正风、流影响，其方法有二：一是手动偏移修正（Manual drift）——手动输入流向、流速，直至固定目标上的 TV 为 0，即表示风、流影响已修正；二是自动偏移修正（Auto drift）——雷达自动计算固定目标上的 TV 的方向和大小，并以相反值加到本船及已被跟踪的固定或其他运动目标的矢量计算中，自动修正了风、流影响，使得固定目标的 TV 为 0，表示所有显示的 TV 已经自动修正风、流影响。雷达计算的流向、流速及流压角等数据可在屏幕上的数据显示区中读取。无论是手动或是自动修正，其结果一样，即固定目标的 TV 为 0，本船及目标的 TV 均由原来对水 TV 修

正为对地 TV。此时,本船对地 TV 显示在偏离航向线的航迹线上,航迹线与航向线之间夹角即为风流压角。目标 TV 也仅代表预测航迹,而不指出其航向。因此,从态势图上难以观察目标航向的变化。

③若本船和目标的 TV 矢端重叠或离很近,则表示有碰撞危险。

④TV 与目视线(本船与目标的连线)之间的夹角称为目标态势角(Aspect),又称目标舷角(本船相对于目标的方位)。根据目标态势角的大小,有经验的驾驶员可判断两船会遇的情况。

⑤根据目标 TV 和航迹线的变化可判断目标是否机动。

因 TV 显示模式让操作者可以直接在屏上观察目标的真航向、真速度及目标态势角,故有助于驾驶员做出正确的避让决策。

图 2.8-8 给出了相对矢量或真矢量与其他显示模式的组合显示模式。

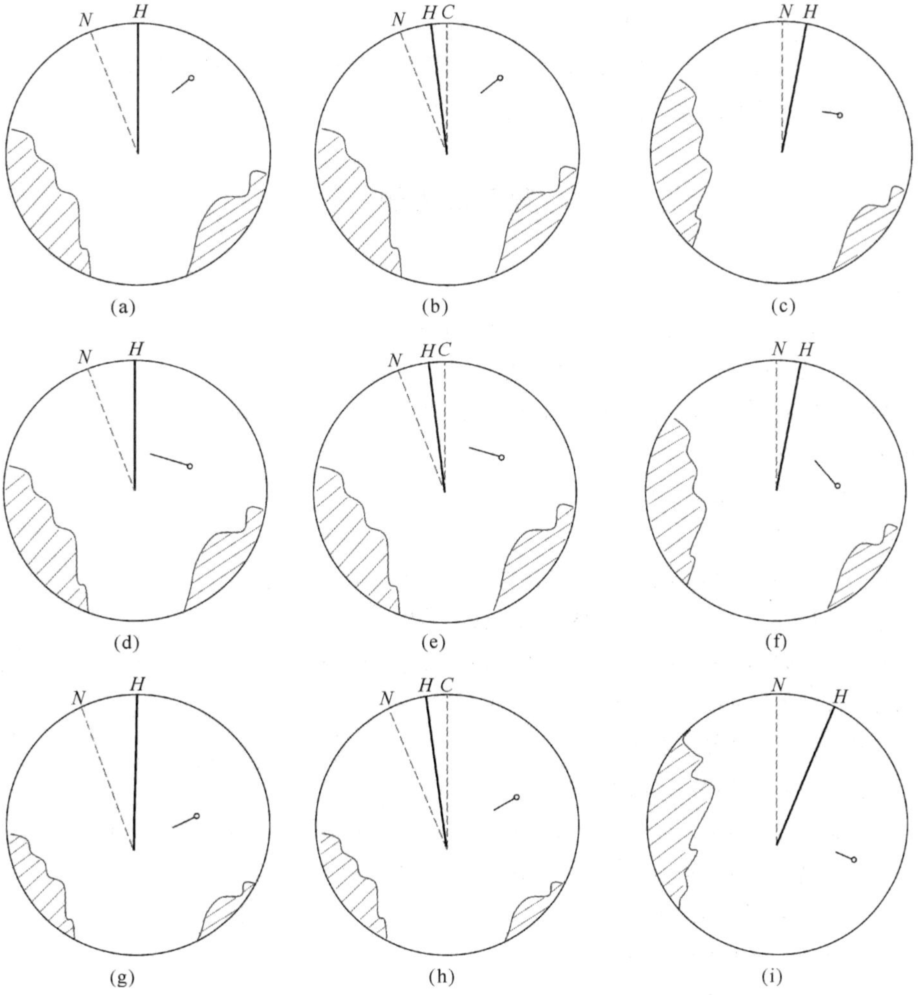

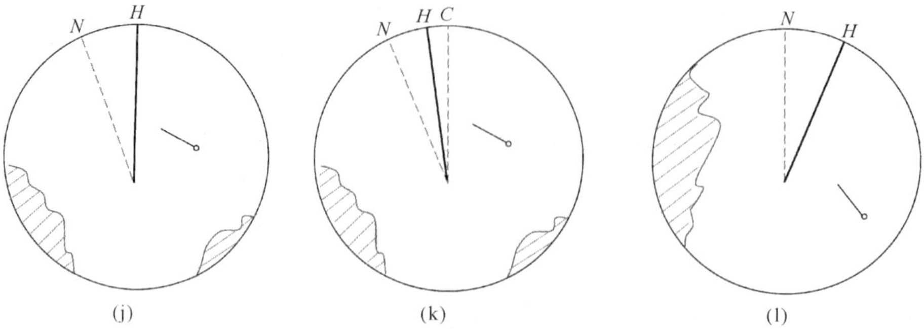

RV—相对矢量；TV—真矢量；RM—相对运动；TM—真运动；HU—首向上；NU—北向上；CU—航向向上

图 2.8-8 组合显示模式

(a)RM/HU/RV 显示模式；(b)RM/CU/RV 显示模式；(c)RM/NU/RV 显示模式；(d)RM/HU/TV 显示模式；(e)RM/CU/TV 显示模式；(f)RM/NU/TV 显示模式；(g)TM/HU/RV 显示模式；(h)TM/CU/RV 显示模式；(i)TM/NU/RV 显示模式；(j)TM/HU/TV 显示模式；(k)TM/CU/TV 显示模式；(l)TM/NU/TV 显示模式

上述两种矢量显示模式的适用场合之说是相对而言的，重要的是真正理解、掌握两种矢量模式的显示特点，才能正确、灵活选用之。

复习思考题

(1)试述雷达测距、测方位原理。

(2)试画出船用雷达基本组成框图，并说明各部分的作用。

(3)什么样的雷达称三单元雷达或二单元雷达？

(4)物标离本船 1 n mile，电磁波在天线与物标间来回传播需要多长时间(单位：μs)？距离为 24 n mile 时，又需多少时间？

(5)船用雷达为什么要使用专用电源？

(6)定时器的作用是什么？

(7)雷达发射机的作用是什么？由哪些部分组成？各有什么作用？

(8)雷达接收机的作用是什么？由哪些部分组成？各有什么作用？

(9)磁控管由哪几部分组成？其正常工作的外部条件是什么？

(10)如何检查磁控管的好坏？要注意些什么？

(11)简述磁控管使用及保管注意事项。

(12)试比较三种脉冲调制器的主要特点。

(13)雷达显示器面板上为什么要设“长/短”脉冲转换开关或要随量程开关改变脉冲宽度？

(14)显示器面板上为什么要设“预备/工作(发射)”开关？

(15)高压自动延时电路的作用是什么？

(16)如何判断发射机工作是否正常？

(17)雷达的波导与天线系统由哪些部分构成？

(18)传输雷达微波能量的传输线有哪两种？各有何特点？
(19)什么是天线的方向性系数、天线效率及天线增益？
(20)什么是天线的半功率点水平波束宽度、垂直波束宽度及旁瓣电平？
(21)船用雷达有哪几种极化形式？各有什么特点和用途？
(22)波导管的扼流接头有什么用处？安装时要注意什么？
(23)10 cm 雷达隙缝波导天线，如果要求半功率点水平波束宽度 $\theta H \leqslant 1.5°$，天线要多长？
(24)画出接收机框图并说明各部分的作用。
(25)接收机是怎样工作的？它受显示器面板上哪些旋钮、开关控制？
(26)速调管在接收机中起什么作用？振荡频率由哪些方法可以调整？
(27)雷达面板上为什么要设“调谐”钮？
(28)简述混频器的组成，并说明各部分起什么作用。
(29)混频晶体的作用是什么？如何检查其好坏？使用、保管中应注意哪些事项？
(30)对数中放与线性中放各有什么特点？如何选用？
(31)海浪干扰抑制电路的简单作用原理是什么？使用中应注意什么问题？
(32)什么是接收机的通频带？为什么要随量程(脉冲宽度)转换？
(33)说明接收机主要技术指标的意义。
(34)说明为什么要在本振与混频器之间的波导内设置本振衰减器及如何调整。
(35)接收机工作状态好坏如何进行粗略判断？
(36)为什么有晶体电流不能说明一定有回波信号？
(37)试述收发开关的种类、特点、作用及使用注意事项。
(38)画出显示器组成框图并说明各部分作用。
(39)简述 CRT 结构、各部分作用。
(40)简述 CRT 显示物标的距离和方位的原理。
(41)视频混合放大器能放大哪几种信号？
(42)如何检查判断雷达有无方位误差？如何校准？
(43)如何检查判断雷达有无距离误差？如何调整？
(44)显示器电路受面板上哪些控钮、开关控制？
(45)FTC 钮的作用是什么？使用时要注意哪些事项？
(46)RIC 电路起什么作用？使用中应注意哪些事项？
(47)如何判断活动距标和电子方位标志读数是否正确？
(48)为什么一个荧光屏可代表很多种量程？
(49)简述光栅扫描的优缺点。
(50)什么是真运动雷达？常用的显示方式有哪些？各有什么特点？如何选用？
(51)什么是相对运动雷达？有哪几种显示方式？各有什么特点？各适用于什么场合？
(52)真运动雷达要输入哪些信号？真北向上相对运动显示方式时要输入哪些信号？
(53)雷达目标动态预测显示模式有哪几种？各有什么特点？各适用于什么场合？
(54)何时要使用航迹校正或输入对地速度？图像有何特点？

(55)为获得清晰饱满的图像,应注意哪些控钮的调节?

(56)抑制雨雪干扰的方法有哪些?如何正确使用?

(57)抑制海浪干扰的方法有哪些?如何正确使用?

(58)为提高近距离的测距精度和距离分辨力,雷达电路上采用了哪些方法?

(59)试比较雷达角反射器、雷达方位信标和雷达应答标的异同点。

(60)试画出雷达反射器、雷达方位信标和雷达应答标在海图上各自的符号。

(61)什么是雷达目标增强器,与雷达角反射器有何异同?

(62)什么是搜救雷达应答器,与雷达应答标有何异同?

第3章

雷达目标探测性能及影响因素

船用雷达的目标探测性能主要有最大探测距离、最大作用距离、最小作用距离、图像距离分辨力与方位分辨力、测距精度与测方位精度、抗杂波干扰能力、环境适应性与可靠性等。这些性能是雷达探测能力的标志，是使用者所关心的重要指标，也是用户选购雷达的主要依据，使用者对其所使用的雷达性能必须了解充分。这些性能也是雷达设计、生产、检验的依据，是产品考核的指标。

航行在不同水域环境下的各种用途的船舶对所配备的船用雷达的各项目标探测性能的要求也不尽相同，如远洋航行的大型船舶，最关心的是要雷达能尽早发现远距离物标，以便进行远距离定位，即要求雷达的远距离性能好；航行在沿海和内河中的小型船舶，最关心的是图像的清晰度，以便于避碰，即要求雷达的图像分辨力高，盲区小，近距离性能好。此外，不同的船舶对雷达的分机尺寸、结构、能承受的摇摆和振动程度及环境温度、湿度的适应性等的要求也不尽相同。

船用雷达的目标探测性能除了与雷达本身的各项技术指标，如工作波长、脉冲宽度、发射功率、接收机灵敏度、天线波束宽度等有关外，还受目标特性和外在因素（如大气折射、海面反射及外界干扰波等）的影响。只有深刻理解了雷达目标探测性能与其影响因素之间的关系，才能真正掌握所使用雷达的探测能力及其局限性，做到心中有数，从而正确判断和使用雷达提供的回波信息，以保证船舶航行安全。

3.1 目标探测特性及雷达视距

3.1.1 目标探测特性

雷达是依靠接收物标反射回波来探测目标的，物标反射雷达波性能的强弱显然会影响雷达的探测性能。实际物标的反射性能（即有效散射面积）与物标的几何尺寸大小、形状、表面结构、入射波方向、材料等因素有关。

（1）物标尺寸的影响

一般来说，物标的尺寸越大，被雷达波照射的面积越大，回波就越强。但对具体物标而言，还要就物标宽度、高度和深度对反射性能的影响进行具体分析。

①物标宽度

若物标宽度比雷达水平波束窄，则回波强度与物标实际宽度成正比，若物标宽度比雷达水平波束宽，则回波强度与物标宽度无关。

②物标高度

一般而言，物标越高，回波越强。但对于高山来说，还要视其坡度、表面结构及覆盖状况等情况而定。不可简单地认为，山越高，回波越强。

③物标深度

雷达波只能探测物标前缘，形成回波并显示在荧光屏上，对被前缘遮挡的物标深度部分，雷达则探测不到，不能予以显示，这就是在海图上看到不同小岛，雷达却显示相似回波图像的原因，如图 3.1-1 所示。

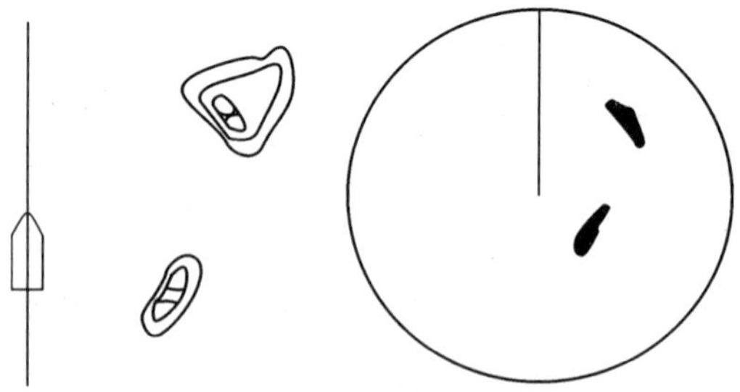

图 3.1-1　不同的小岛得到相似的回波影像

（2）物标形状、表面结构及入射波方向的影响

物标对雷达波的反射强弱与物标形状、表面结构及雷达波的入射角有关，并服务光学反射定律。

①平板形物体

反射表面呈平板状的物标，其回波强度与其表面状况（如光滑程度）和雷达波入射角的大小有关。对于光滑表面的物标（如大建筑物的墙壁、礁石、冰山、沙滩及泥滩的斜面、没有植物覆盖的山坡等可视为光滑平面物标）而言，雷达波的入射角将全部返回雷达（图 3.1-2 中 a 和 e 物标），回波强度很强。若入射余角不是 90°，则反射波将偏离雷达而去（图 3.1-2 中 b 和 f 物标），雷达将收不到该目标的回波。

对于表面粗糙的物标（如断裂成很多面的断崖峭壁及冰山的垂直面，覆盖有树林、灌木或鹅卵石的斜丘等可视为粗糙的平面）而言，不管雷达波入射角如何，仍会有小部分散射波返回雷达（图 3.1-2 中 c、g 和 h 物标）。对由三个相互垂直的平面构成的“角反射器”，只要雷达波在某一定角度范围内入射进角内，反射波就以完全相反的方向反射出来，故其反射性能特别强（图 3.1-2 中 d 物标）。

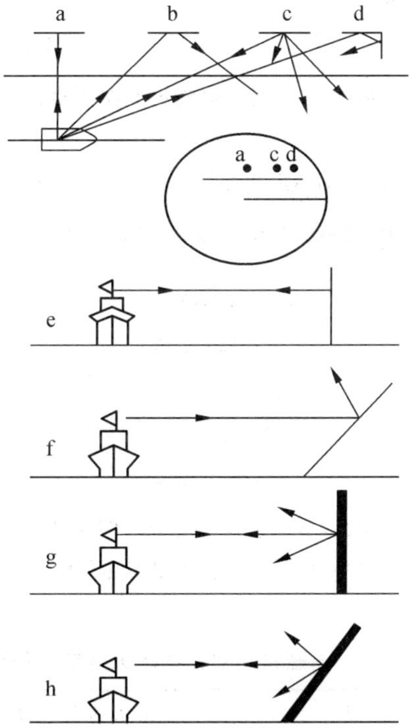

图 3.1-2 平板形物标对雷达波的反射

②球形物体

球形物体反射无方向性，反射很弱，表面光滑时反射更差，如图 3.1-3 所示。只有当球面粗糙时，反射才较强些。这类物标如海上球形浮标、油罐等。

③圆柱形物体

其水平视角影响如同球体，垂直视角影响如同平板，如图 3.1-4 所示。此类物标如烟囱、煤气罐、海上系船浮筒等。

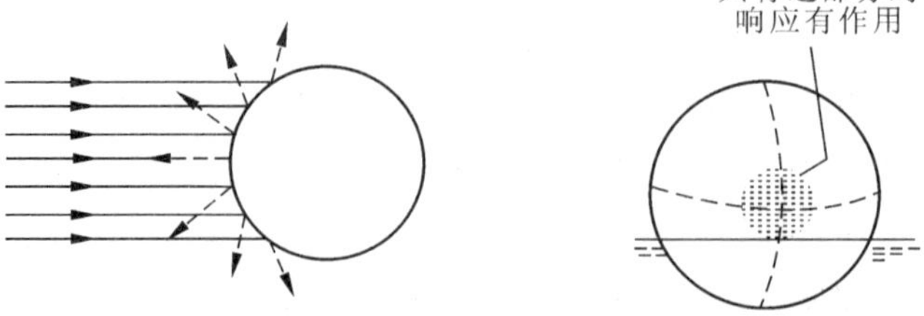

图 3.1-3　球形物标的探测特性

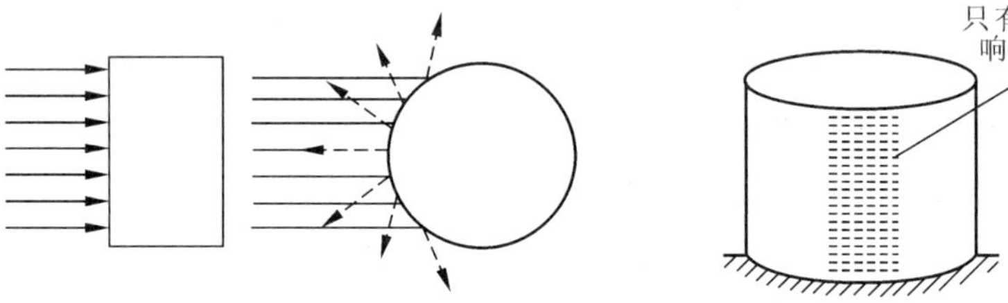

图 3.1-4　圆柱形物标的探测特性

④锥体

圆锥形物标反射很差，只有当电磁波射入方向与其母线垂直时，反射性能才如同圆柱形物标，如图 3.1-5 所示。这类物标如锥形浮标、灯塔上部及教堂顶等。

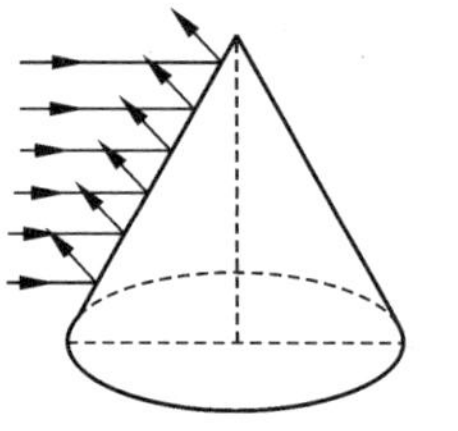

图 3.1-5　圆锥形物标的探测特性

表 3.1-1 给出了一些常见目标的最大等效平板面积（与入射方向垂直的表面光滑的平板）。

表 3.1-1　一些常见目标的最大等效平板面积

目标	尺寸	最大等效平板面积 A_1	最大雷达截面积 σ
球体	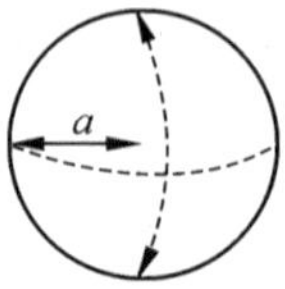	$\frac{a\lambda}{2}$	πa^2
圆柱体	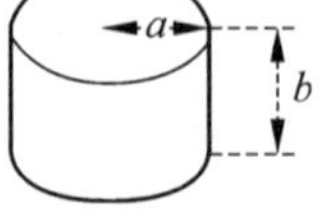	$b\sqrt{\frac{a\lambda}{2}}$	$\frac{2\pi ab^2}{\lambda}$

续表 3.1-1

目标	尺寸	最大等效平板面积 A_1	最大雷达截面积 σ
平板	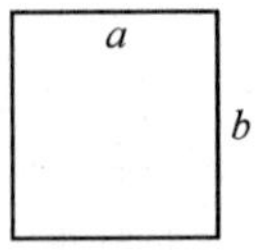	ab	$\frac{4\pi a^2 b^2}{\lambda^2}$
两个平面构成的角	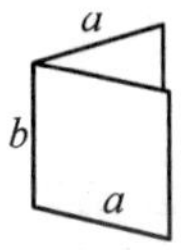	$ab\sqrt{2}$	$\frac{8\pi a^2 b^2}{\lambda^2}$
矩形三面体	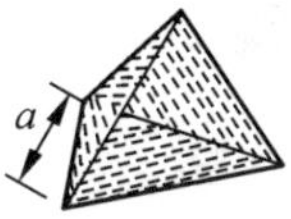	$\frac{a^2}{\sqrt{3}}$	$\frac{4\pi a^4}{3\lambda^2}$
三角形三面体	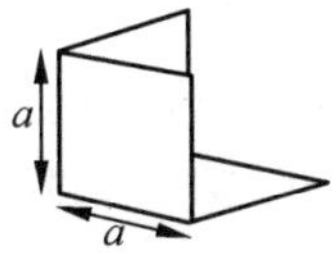	$a^2\sqrt{3}$	$\frac{12\pi a^4}{\lambda^2}$
圆锥体	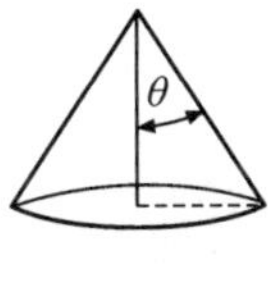	$\frac{\lambda^2 \tan^2\theta}{8\pi}$	$\frac{\lambda^2 \tan^4\theta}{16\pi}$
路尼伯格透镜	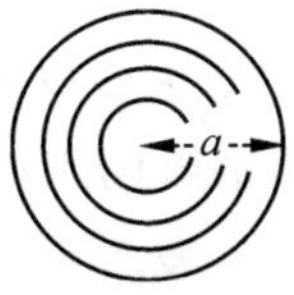	πa^2	$\frac{4\pi^3 a^4}{\lambda^2}$

(3)目标材料的影响

目标的材料不同,其回波强度也不同。目标反射强弱用反射系数表示。反射系数指反射能量与入射能量的比值,取决于目标材料的电特性,导电性好的材料,其反射系数高。金属比非金属(如石头、木头和冰)的反射强。若钢的反射系数为 1,则海水的反射系数为 0.8,冰的反射系数为 0.32。石头、泥土的反射性能较差,其反射系数大小取决于其成分及其表面植物生长情况。金属矿物会增加回波强度。木质和玻璃钢的反射性能很差,应特别注意用这类材料制造的小型渔船和游艇。但物标材料引起的回波强弱差异和电磁波入射角、物标尺寸大小及其形状的影响相比要小得多。

(4)一些典型目标的探测特性

①浮标

航海用浮标高度低、体积小，一般又为球形、圆柱形、圆锥形、杆形等不良反射体，因此是不良的雷达物标，其探测距离从 0.5～6 n mile 不等。加装了角反射器的浮标，雷达探测它的能力将极大增加。现在，在一些重要的浮标上加装了雷达应答器(图 3.1-6)，雷达对它的探测距离和识别力极大提高了。

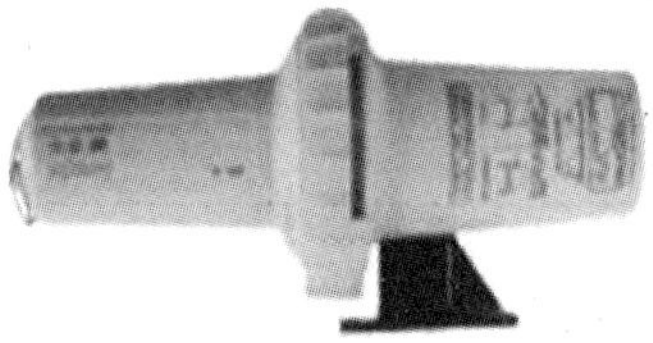

图 3.1-6　雷达应答器

②船舶

船舶反射回波强度取决于船舶的视角、形状、大小及暴露于雷达波束照射范围的结构、面积及材质。一般正横方向的回波强度大于船首尾方向的；大船的回波强度大于小船的；空载时的回波强度大于满载时的；钢铁结构的回波强度大于木质的或玻璃钢的；滚装船的回波强度大于满载油船的；等等。需要指出的一点是，远距离船的回波尺寸比雷达水平波束宽度窄，通常作为点目标被雷达探测到，其回波形状不能反映船舶的实际尺寸大小。

③冰山

冰山的回波强度和探测距离与它的大小、形状及船舶视角有关。一般冰山的探测距离为 8～10 n mile，斜坡面较大的冰山的探测距离≤4 n mile，四周较垂直的冰山的探测距离为 3～5 n mile。葫芦形小冰山水下部分很大，而水面以上较小，雷达较难探测到它，是最危险的物标，应特别注意。平静海面上的表面平滑的连续冰区，雷达是探测不到的；但如果海面有浪，这样的冰层是可以探测到的。如遇表面粗糙、高矮不一的冰障，雷达屏上将出现和海浪干扰一样的回波。

④建筑物

大群建筑物，高墙多，面积大，方向不一，回波强，但回波密集难于辨认。

⑤岸线

只有当海岸较陡或距离较近的岸线回波才显示与海图基本一致的形状，否则其形状和位置都会有出入，特别是低而平坦的海岸或是表面平滑、坡度斜缓的泥滩、沙滩等，往往是先发现内陆的山岭而后发现岸线。沙滩、泥滩上有植物覆盖时，回波会大幅加强。风浪天，岸边有大浪时会造成岸线回波闪烁，位置不稳定。

⑥悬崖和陡岸

悬崖、陡岸在视角合适时回波前沿明亮、清晰、形状基本与海图一致。

⑦海中小岛

海中岛屿一般较陡，回波强且稳定，与海图对应较好。

⑧陆上山丘和大山

山丘和大山的回波一般是片状的亮回波，其强度与它的高度、坡度及表面状态有关。一般说来，高度越高探测距离越远，坡度越陡回波越强。不过，一座坡缓而反射性能不好的高山其回波强度不一定会比高度虽低但反射性能很好的小山的回波强度强。

⑨过江电缆

过江电缆一般是几根表面很光滑的粗电缆，又是良导体，只有当雷达波束与电缆表面成 90°时才有反射，它的回波往往是一个亮点，而不是一条线。

⑩快速物标

水上飞机和水翼船等快速物标，在天线转动一圈的时间内位置变化很大，在雷达屏上的图像往往呈点线状断续回波，较难判断物标动向，船舶航行时应予以注意。

3.1.2 雷达视距

众所周知，地球可被近似看成一个圆球体。在考虑地球曲率、天线高度、物标高度及雷达电波传播空间大气折射影响时雷达可能观测的最大距离，称为船用雷达的“最大探测距离”，又称“极限探测距离”或者“雷达视距”，以符号 R_{max} 表示。

首先应分清几何地平、光学地平与雷达地平的区别。如图 3.1-7 所示，对于一个眼高 h(m) 的测者来说，若不考虑大气折射，测者所能看到的地平范围(即几何地平) D_G(n mile)为

$$D_G = 1.93\sqrt{h} \tag{3.1-1}$$

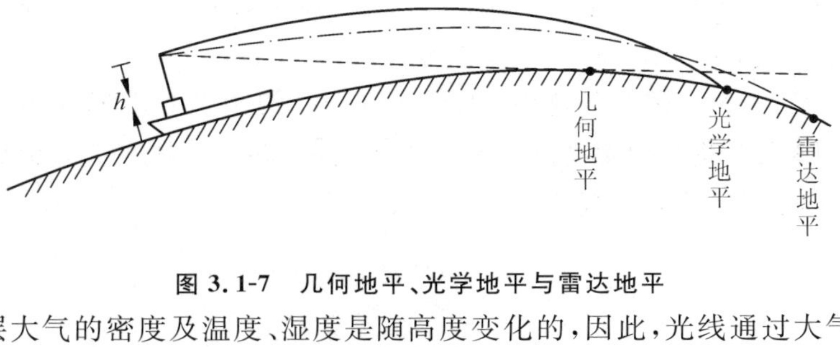

图 3.1-7 几何地平、光学地平与雷达地平

地球表层大气的密度及温度、湿度是随高度变化的，因此，光线通过大气时会产生折射。在标准大气折射条件下，测者能见的地平范围即光学地平 D_V(n mile)比无折射情况时有所增加，即

$$D_V = 2.07\sqrt{h} \tag{3.1-2}$$

雷达波通过大气时也要产生折射，在标准大气折射条件下能辐射到的地平范围比上

述二者都要大些，即雷达地平 D_R(n mile)为

$$D_R = 2.23\sqrt{h} \tag{3.1-3}$$

上面提到的标准大气折射条件是指：在海平面上大气压力为 1013 hPa，高度每升高 305 m，大气压力降低 36 hPa；在海平面上温度为 15 ℃，高度每升高 305 m，温度降低 2 ℃；相对湿度为 60%(不随高度变化)。

在标准大气折射条件下，雷达波束往往会略微向下弯曲，大气折射指数在海平面上的值为 1.000325，并随高度作均匀变化，高度每升高 305 m 其值减小 0.000013。如果考虑物标高度，则船用雷达的最大探测距离(雷达视距，如图 3.1-8 所示)R_{max}(n mile)应为

$$R_{max} = 2.23(\sqrt{H_1} + \sqrt{H_2}) \tag{3.1-4}$$

式中：H_1 为雷达天线的高度(m)；H_2 为物标(高出水面)的高度(m)。

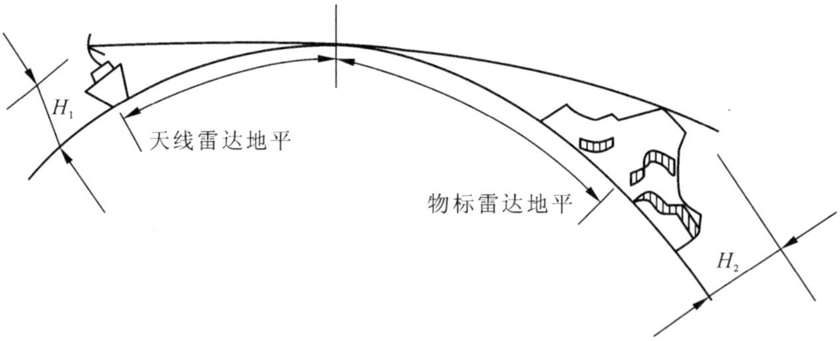

图 3.1-8　雷达的最大探测距离

式(3.1-4)计算出来的距离是理论值，实际上能否在雷达上看到物标，还和雷达技术参数、物标反射能力及传播条件等因素有关。

此外，在实际使用中，遇到的环境条件不可能都符合标准大气折射条件，从而使雷达波在传播过程中发生异常折射情况。异常折射的情况主要有以下几种：

(1)次折射(又称欠折射、负折射、亚折射)

当气温随高度升高而降低的速率比标准大气折射条件下快时，或相对湿度随高度升高而增大时(即大气折射指数随高度升高而减小的速率变慢，甚至折射指数反而随高度升高而增大时)，会发生次折射现象，如图 3.1-9 所示。

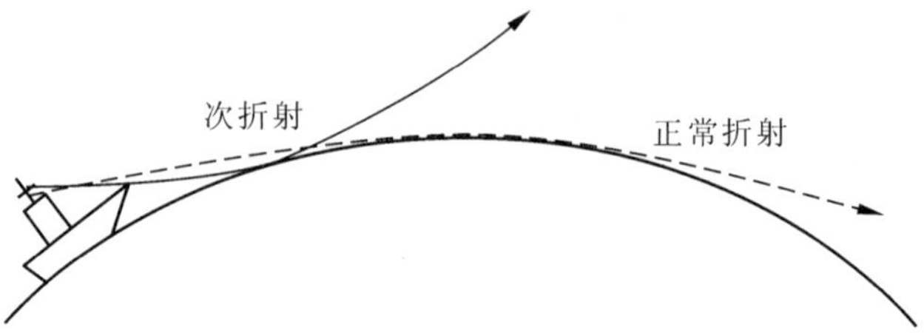

图 3.1-9　次折射

①次折射对探测距离的影响

大气的异常折射会使雷达波束向上弯曲，这样随着距离的增加，波束离地面越高，使得本来在正常折射时可探测到的物标探测不到。这种情况可使小船等物标的探测距离缩短 30%～40%，有时甚至会丢失近距离的低物标（如小船、冰块等）。

在其他因素不变的情况下，同一个目标被探测到的距离将略微缩短，实际上，这个距离为标准大气折射条件下探测距离的 80%左右，但这明显取决于当时大气状况发生变化的剧烈程度。

②次折射通常发生的区域

次折射一般发生在极区及非常寒冷的大陆附近，当大陆上空的冷空气移向温暖的海面上空时，即出现“上冷下热”和“上湿下干”的情况。发生这种现象的另一个条件是当时的天气必须是平静的。

(2)超折射（又称过折射）

①超折射对探测距离的影响

当气温随高度升高而降低的速率比正常情况下慢，或相对湿度随高度升高而减小（大气折射指数随高度升高而减小的速度变得更快）时就会发生超折射现象，如图 3.1-10 所示。发生超折射时，雷达波束往往更略微向下弯曲，因此，能被探测到的目标的距离大于标准大气折射条件下能被探测到的目标的距离。探测距离通常增加 40%左右。

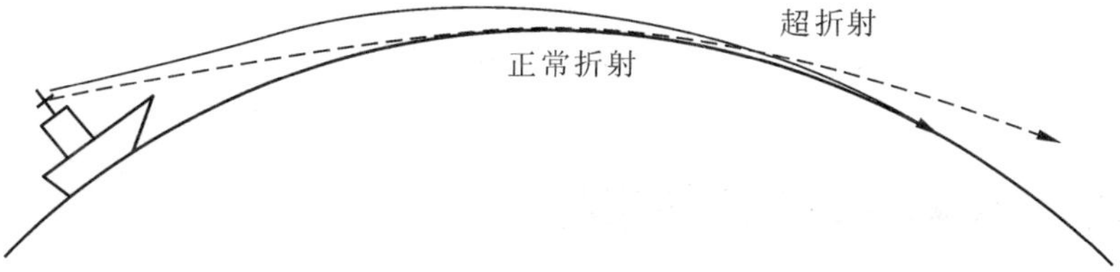

图 3.1-10　超折射

②超折射通常发生的区域

超折射经常发生在热带及炎热的大陆附近，如红海、亚丁湾等海域。在平静的天气里，炎热的大陆上空温暖而干燥的空气团压向冷而潮湿的海面，即出现“上热下冷”和“上干下湿”的情况时，经常会发生这种超折射现象。

(3)过超折射（又称大气波导）

当超折射现象特别严重时，会形成大气波导状传播，即雷达波被大气折射向海面，再由海面反射至大气，再由大气折射向海面，如此往复，犹如在波导中传播一样，故又称之为大气波导现象，如图 3.1-11 所示。在这种情况下。雷达的探测距离将大幅增加，甚至超过 100 n mile，从而在雷达屏上产生二次扫描假回波。

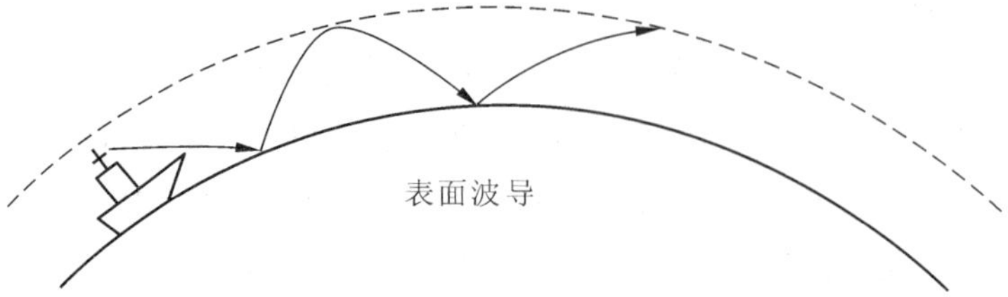

图 3.1-11　大气波导状传输(表面波导)

当在平静的天气里,海面以上一定高度(如 300 m)上空出现一层温暖的反射层(即存在逆温层)时,将会发生另一种大气波导现象——高悬波导,如图 3.1-12 所示。这种现象同样会极大增大雷达探测距离。但高悬波导并非会在所有方向发生,且与雷达工作波长有关,有时 S 波段雷达上可探测到极远距离目标,而在 X 波段雷达上探测不到;反之可以。这种异常传播现象经常发生在红海、亚丁湾等海域。

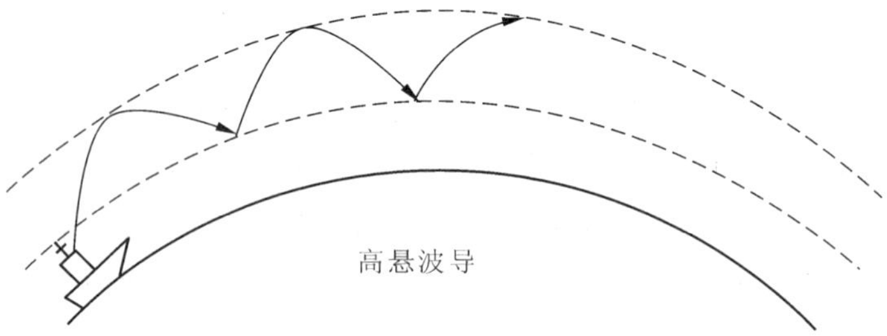

图 3.1-12　高悬波导

3.2　雷达目标探测主要性能指标

3.2.1　最大作用距离

雷达视距是个界限值,一般界外物标雷达是探测不到的,界内物标雷达能否探测到,还得视具体雷达的技术参数、物标的反射性能、电波传播条件以及外界干扰等因素而定。

在一定的电波传播条件下,对某一特定的物标,雷达能满足一定发现概率时所能观测的物标最大距离即为该雷达的最大作用距离,用符号 r_{max} 表示,它表示雷达探测远距离目标的能力。它既与雷达的许多技术参数(技术指标)有关,又与目标的反射性能、电波传播条件及外界干扰等因素有关,下面对其影响因素进行详细介绍。

（1）雷达技术参数的影响

如果不考虑雷达波在大气中的折射和吸收，也不考虑海面或地面反射及各种干扰，即假定雷达波是在所谓的“自由空间”中传播，则雷达的最大作用距离可用下面雷达方程式确定

$$r_{\max}=\left(\frac{G_A^2\lambda^2\sigma_0 P_t}{64P_{\min}\pi^3}\right)^{1/4} \tag{3.2-1}$$

式中：P_t 为天线发射的脉冲功率；G_A 为天线增益；λ 为工作波长；$P_{\min}$ 为接收机门限功率；σ_0 为物标有效散射面积（又称物标的雷达截面积）。

由式（3.2-1）可知，$r_{\max}$ 与 P_t 的四次方根成正比。因此，增加 P_t，$r_{\max}$ 增加并不显著，况且增加 P_t，付出代价大，不可取。

$r_{\max}$ 与 $P_{\min}$ 的四次方根成反比，减小 $P_{\min}$（即提高接收机灵敏度）可增加 $r_{\max}$，但影响也不显著。尽管如此，因减小 $P_{\min}$ 是在低压小功率的器件电路中进行的，付出代价较小，故人们还是不断在这方面做努力。

从式（3.2-1）中还可看出，$r_{\max}$ 与 G_A 和 λ 的平方根成正比。显然，天线增益和工作波长对最大作用距离影响较大，但天线增益与工作波长和天线口径长度尺寸互有影响。在谈及某一种因素对最大作用距离的影响时，应假定其他各种因素为常量。例如，增长波长会使天线增益降低（假如天线口径尺寸不变），而要想提高天线增益 G_A 来增加 $r_{\max}$，又要保持工作波长 λ 不变，那么就必须增大天线口径长度。

物标有效散射面积 σ_0 用来表示物标反射雷达波性能的强弱，其定义为将物标看成各向同性的等效散射体，它以相对于雷达波方向的截面积 σ_0 吸收发射波能量并无损耗地向四周均匀散射，使得在天线处的反射功率通量密度与由该物标实际反射时等同，则 σ_0 称为该物标有效散射面积。物标有效散射面积 σ_0 与物标的几何尺寸大小、形状、表面结构、入射波方向、材料及雷达波工作波长等因素有关，σ_0 越大，雷达最大作用距离越远。

除了上述雷达技术参数外，显然雷达作用距离还受到雷达极限探测距离的限制。

由物理学波动理论可知，物标的有效散射面积 σ_0 与雷达波长有关。对于尺寸比雷达波长小很多的目标（如雨、雪）来说，其有效散射面积与波长的 4 次方（λ^4）成反比，故 3 cm 雷达的雨雪干扰要比 10 cm 雷达强得多。对于尺寸比雷达波长大很多的目标来说，其有效散射面积基本不随波长而变。一般海上目标的尺寸均比雷达波长大很多，因此其有效散射面积与雷达波长的关系变化不大。

如前所述，物标的有效散射面积受诸多因素影响，各种物标的有效散射面积的理论计算公式也较复杂。理论计算的结果和实际情况也不尽相符，故在此不作介绍，仅在表 3.2-1 中列出几种海上常见的舰船的有效散射面积，供参考。

表 3.2-1 几种海上常见的舰船的有效散射面积

目标	有效散射面积/m^2	目标	有效散射面积/m^2
小型货船	140	潜艇(在水面)	37～140
中型货船	7400	小型运输舰	150
大型货船	15000	中型运输舰	7500
拖网渔船	750	大型运输舰	15000
快艇	100	巡洋舰	14000

(2)海面镜面反射的影响

当海面平静时，到达海上物标的雷达波由直射波和经海面镜面反射的反射波组成，如图 3.2-1 所示。直射波与反射波传播路径不同，因此在物标处的雷达波的电场强度将取决于两者的相位和强度(即等于两者的矢量和)。

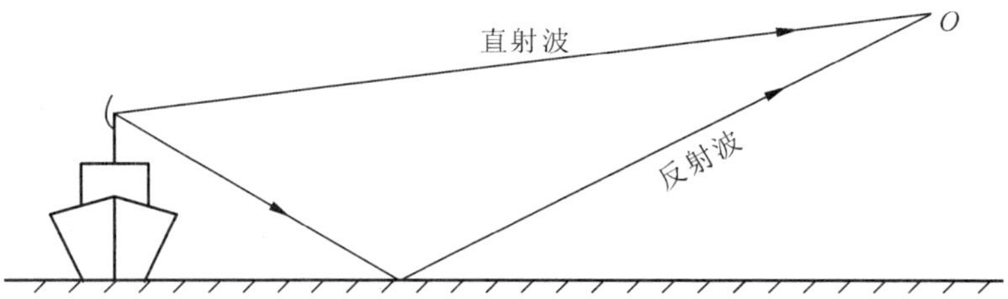

图 3.2-1 海面镜面反射的影响

假设海面反射系数为 1，反射相移角为 180°时，则存在海面镜面反射时的雷达最大作用距离 r'_{max} 可表示为

$$r'_{max}=2r_{max}\sin\left(\frac{2\pi H_1\cdot H_2}{r_{max}\cdot\lambda}\right) \tag{3.2-2}$$

式中：r_{max} 为无海面镜面反射时的最大作用距离；H_1 为天线高度；H_2 为物标高度；λ 为工作波长。

设 $n=\dfrac{4H_1\cdot H_2}{r_{max}\cdot\lambda}$，则式(3.2-2)可简写为

$$r'_{max}=2r_{max}\cdot\sin\left(\frac{\pi}{2}\cdot n\right) \tag{3.2-3}$$

其中，$\sin\left(\dfrac{\pi}{2}\cdot n\right)$的值在 0～1 变化。故有

$$0\leqslant r'_{max}\leqslant 2r_{max} \tag{3.2-4}$$

式(3.2-4)说明有海面镜面反射时的作用距离有时为 0，有时等于无海面镜面反射时的 2 倍。

n 值的变化会造成雷达波束在垂直方向上的分裂现象，如图 3.2-2 所示。这种分裂的波瓣使有些低空物标在屏上的回波时隐时现。如果物标高度低于最低波瓣，则不能被

雷达探测到。此外，因最低波瓣仰角与波长成正比$\left(\theta=\dfrac{\lambda}{4H_1}\right)$，故就海面低物标的探测能力而言，3 cm 雷达要比 10 cm 雷达好。

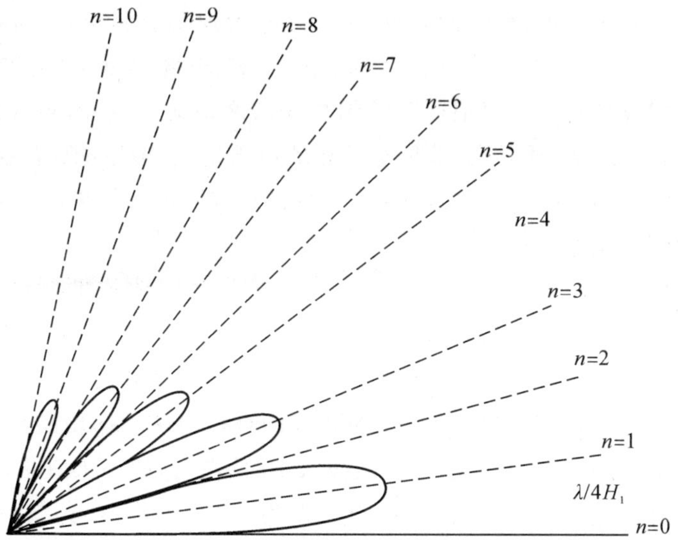

图 3.2-2　海面反射造成波束分裂现象

(3)海浪干扰杂波的影响

海浪干扰杂波的特点：

①离本船越近，海浪反射越强；随着距离增加，海浪反射强度呈指数规律迅速减弱；一般风浪时，海浪回波显示可达 6～8 n mile，大风浪时甚至可达 10 n mile。海浪回波在雷达荧光屏上显示为扫描中心周围一片不稳定的鱼鳞状亮斑。

②海浪回波强度与风向有关，本船上风舷的海浪杂波强，显示距离远；下风舷海浪杂波弱，显示距离近。风向与海浪波形(回波强度)的关系如图 3.2-3 所示。

③大风浪时，海浪回波密集而变成分布在扫描中心周围的辉亮实体；若有幅度较大的涌浪，可见一条条回波带。

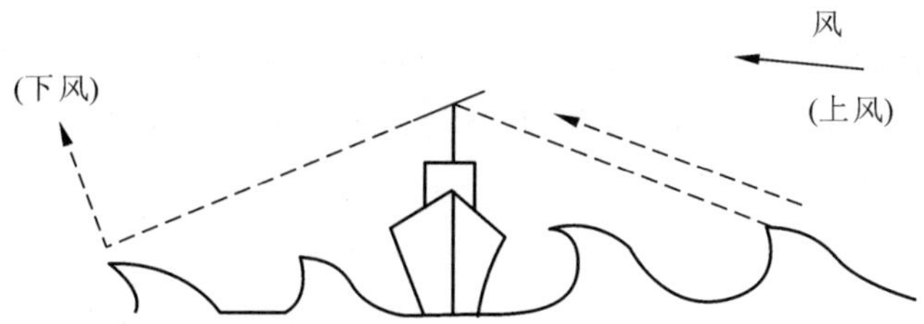

图 3.2-3　风向和海浪波形(回波强度)的关系

雷达技术参数与海浪回波的关系：

①工作波长：3 cm 雷达受海浪影响比 10 cm 雷达要大近 10 倍。

②波束入射角：天线垂直波束越宽或天线高度越高，雷达波束对海浪的入射角越大，海浪回波越强。

③雷达波的极化类型：水平极化天线比垂直极化减少海浪发射 1/10～1/4。

④脉冲宽度和水平波束宽度：两者宽度越宽时，海浪反射面积大，则海浪回波越强。

在实际使用中，海浪干扰杂波对近距离物标的观测影响很大，若不加抑制，往往会使近距离小目标的回波被淹没在海浪回波的闪亮斑点之中无法观测；过强的海浪回波甚至会造成接收机饱和或过载，使接收机失去正常的放大能力而失去所有物标。因此，为减弱海浪回波干扰的影响，在雷达接收机电路中都必须有海浪干扰抑制电路。

(4)大气衰减的特点和影响

大气衰减是指雷达波在大气层传播过程中受到大气吸收或散射导致雷达波能量的衰减。这在大气含水量增大(雾、云、雨和雪)时更为严重。大气衰减的特点是：

①水蒸气对 3 cm 雷达波的衰减比对 10 cm 雷达波的衰减大 10 倍多。

②雨对雷达波的衰减随雨滴及密度的增大而增加，使最大作用距离明显缩短。雨对 3 cm 雷达波的衰减比对 10 cm 雷达波的衰减大 10 倍左右，故雨天宜选用 10 cm 雷达。

③一般的雾对雷达波的衰减较小，但能见度为 30 m 的大雾对雷达波的衰减要比中雨引起的衰减还要大。

④大气中的云和雨雪，除了引起雷达波衰减外，还将产生反射回波，扰乱屏幕图像。其反射回波的强度除和雨雪的密度、雨滴大小及云层的含水量大小等有关外，还和雷达天线波束宽度及脉冲宽度等雷达技术参数有关。当雷达天线波束宽度和脉冲宽度较宽时，雨雪和云的反射回波强度将增大。

3.2.2 最小作用距离

最小作用距离是指雷达能在显示器屏幕上显示并测定物标的最近距离，它表示雷达探测近物标的能力。在此距离以内的区域称为雷达盲区，盲区中的物标，雷达观测不到。盲区太大，不利于船舶在雾天和夜间进出港及在狭水道中航行。

最小作用距离既和雷达内在因素有关，又和外界因素有关，可分两种情况进行分析。

(1)雷达天线较低或物标较高，物标始终处在天线波束照射内

此种情况下，雷达最小作用距离$r_{\min 1}$由下式决定

$$r_{\min 1}=C/2(\tau+t_r) \tag{3.2-5}$$

式中：C 为电波传播速度(3×10^8 m/s)；τ 为发射脉冲宽度(μs)；t_r 为收发开关实际恢复时间(0.1～0.3 μs)。

可见，雷达发射脉冲宽度 τ 和收发开关实际恢复时间t_r是决定$r_{\min 1}$大小的两个因素。τ 越窄，t_r越短，则$r_{\min 1}$越小，雷达探测近距离物标的性能越好。t_r一般是指发射脉冲结束

后，其衰减由 60～80 dB 降低到正常衰减电平（1～2 dB）以上 3 dB 所需的时间。此间收发开关引入的衰减使其功率传输系数降低，导致接收机噪声的增加，其结果是降低了接收机的灵敏度。

当前船用雷达均采用铁氧体环流器加微波限幅器代替收发开关放电管（TR 管），故不存在t_r。

（2）雷达天线较高或物标较低，物标可能进入天线垂直波束照射不到的区域

此种情况如图 3.2-4 所示，“零发射线”是天线主瓣垂直波束下边缘的切线。因为在半功率点以外的一定角度内仍有可能探测到物标，所以用零发射线来计算最小作用距离要比用波束半功率点射线（图中虚线所示）更符合实际。

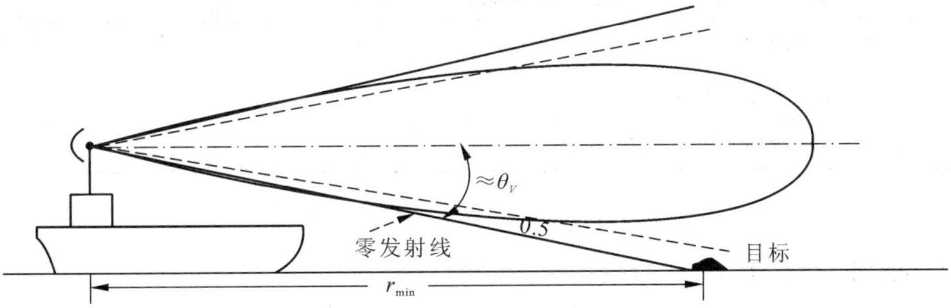

图 3.2-4　最小作用距离示意图

零发射线与海平面的夹角约等于天线垂直半功率点波束宽度θ_V，因此可用下式近似计算最小作用距离

$$r_{\min 2}=h_A\cot\theta_V \tag{3.2-6}$$

式中：h_A为雷达天线高度。

可见，雷达天线越低，垂直波束越宽，则$r_{\min 2}$越小，雷达探测近距离物标的性能越好。一般情况下，$r_{\min 1}$和$r_{\min 2}$是不相等的，应以较大者作为雷达最小作用距离。

顺便指出，在近似计算中，也可以半功率点射线来代替零发射线，则式（3.2-6）中的θ_V改用$\theta_V/2$。用这种方法计算出来的雷达盲区值往往与实际有出入，实际情况下通常采用实测法来测定本船雷达的最小作用距离。实测的方法是：用雷达观测近距内逐渐靠近（或远离）本船的小艇或浮筒，测出它们的回波亮点消失（或出现）时的距离，即雷达的盲区值。船舶吃水不同，式（3.2-6）中的天线高度 h_A 值也不同，因此应分别在船舶空载、半载和满载下分别测定数次，分别取平均值，作为船舶空载、半载和满载时的雷达盲区值，并记录在雷达日志中。当雷达盲区值的实测值与式（3.2-5）和式（3.2-6）计算值不一致时，应取实测值记入雷达日志。

IMO 最新雷达性能标准规定了对海岸线、大型船舶浮标、小船和雷达反射体最小探测距离的要求。表 3.2-2 给出了无杂波条件下的最小探测距离，考虑到 S 波段和 X 波段雷达特征的不同，标准也有所不同。

表 3.2-2 无杂波条件下的最小探测距离

目标描述	海平面以上高度/m	最小探测距离/n mile	
		X 波段	S 波段
海岸线	60	20	20
海岸线	6	8	8
海岸线	3	6	6
SOLAS 公约船舶(5000 GT 以上)	10	11	11
SOLAS 公约船舶(500 GT 以上)	5.0	8	8
配有符合 IMO 雷达性能标准的雷达反射器的小船	4.0	5.0	3.7
配有角形反射器的导航浮标	3.5	4.9	3.6
典型的导航浮标	3.5	4.6	3.0
无雷达反射器,船长为 10 m 的小船	2.0	3.4	3.0

3.2.3 距离分辨力

雷达的距离分辨力表示雷达分辨同方位的两个相邻点物标的能力,以可分辨的两个点物标(在显示屏上的回波亮点只有光点尺寸大小的那些小目标)之最小间距 $\Delta r_{\min}$ 表示,$\Delta r_{\min}$ 越小,表示雷达距离分辨力越高,雷达图像越清晰。当同方位的两个相邻物标逐渐靠拢时,雷达屏上两个物标的回波亮点也将逐渐接近;当两个回波亮点相切时,两个物标间的实际距离即为雷达的距离分辨力 $\Delta r_{\min}$。

对于点物标,雷达的距离分辨力主要取决于发射脉冲宽度、接收机通频带及屏幕光点尺寸大小等因素,具体可由下式决定

$$\Delta r_{\min}=\frac{C}{2}(\tau+\frac{1}{\Delta f})+2R_D\frac{d}{D} \tag{3.2-7}$$

式中:C 为电波传播速度;τ 为发射脉冲宽度;Δf 为接收机通频带;d 为光点直径;D 为屏幕直径;R_D 为所用量程距离。

式(3.2-7)包括三个部分:第一部分是脉冲宽度 τ 造成物标回波径向延伸距离。若两物标的间距小于 $\frac{C}{2}\tau$,则两物标的回波将会发生重叠。第二部分是回波脉冲通过有限通频带为 Δf 的接收机放大后,使脉冲波形后沿拖长(失真)该时间相应的距离,后沿拖长也会造成前后两目标回波的重叠。第三部分是光点直径在所用量程 R_D 挡上代表的实际距离,即因为光点尺寸造成目标回波外沿的扩展影响,所以两个物标的实际间距必须大于 $\Delta r_{\min}$,方能使两物标回波在屏上分开可辨。

图 3.2-5 表示两个点物标的回波因脉冲宽度、通频带引起的失真、光点尺寸造成的其径向的图像扩大效应，及其对雷达距离分辨力的影响。

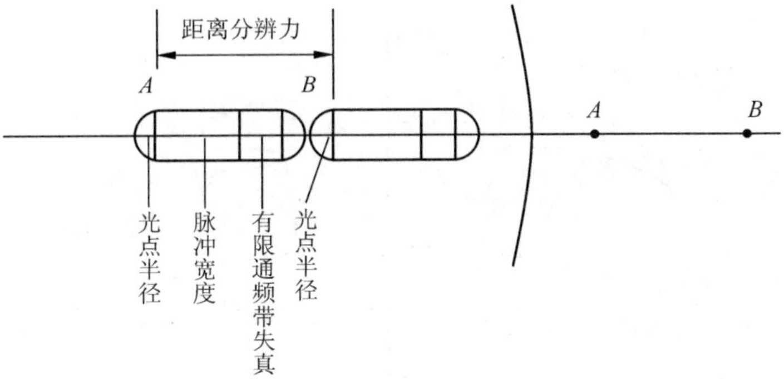

图 3.2-5　雷达图像的径向扩大效应

大量的实际目标，如船舶、岛屿均为非点目标，具有一定的径向长度 L。此时的距离分辨率可表示为

$$\Delta r_{\min}=\frac{C}{2}\left(\tau+\frac{1}{\Delta f}\right)+2R_D\frac{d}{D}+L \tag{3.2-8}$$

由式(3.2-7)和式(3.2-8)可见，要提高雷达的距离分辨力(使 $\Delta r_{\min}$小)，则应：

(1)使用窄脉冲；

(2)使用宽频带接收机；

(3)使用较大屏幕的显像管；

(4)聚焦良好；

(5)使用近量程观测。

IMO 关于船用雷达性能标准中距离分辨力的规定：在平静海况下，用 1.5 n mile 量程或更小量程，在量程 50%～100%的距离范围内，观测两个同方位的相邻点物标，它们能分开显示的最小间距应不大于 40 m。

3.2.4　方位分辨力

雷达方位分辨力表示雷达分辨距离相同而方位相邻的两个点物标的能力，以能分辨的两物标间的最小方位夹角 $\Delta\alpha_{\min}$来表示。$\Delta\alpha_{\min}$越小，表示雷达方位分辨力越高。

影响方位分辨力的主要因素是天线水平波束宽度θ_H、光点角尺寸 d(光点直径对屏中心的张角)及回波在屏幕扫描线上所处的位置。当天线水平波束扫过海面上点物标时，先是波束右边缘触及物标，此时屏上即开始显示回波；此后在整个水平波束照射点物标期间，回波一直持续显示，从而使物标回波产生“角向肥大”，每边约扩大$\theta_H/2$，如图3.2-6所示。此时，因为光点角尺寸 d 也会使物标回波边缘的扩大约 $d/2$，所以雷达的方位分辨

力应为二者之和，即由下式决定

$$\Delta\alpha_{\min}=\theta_H+d \tag{3.2-9}$$

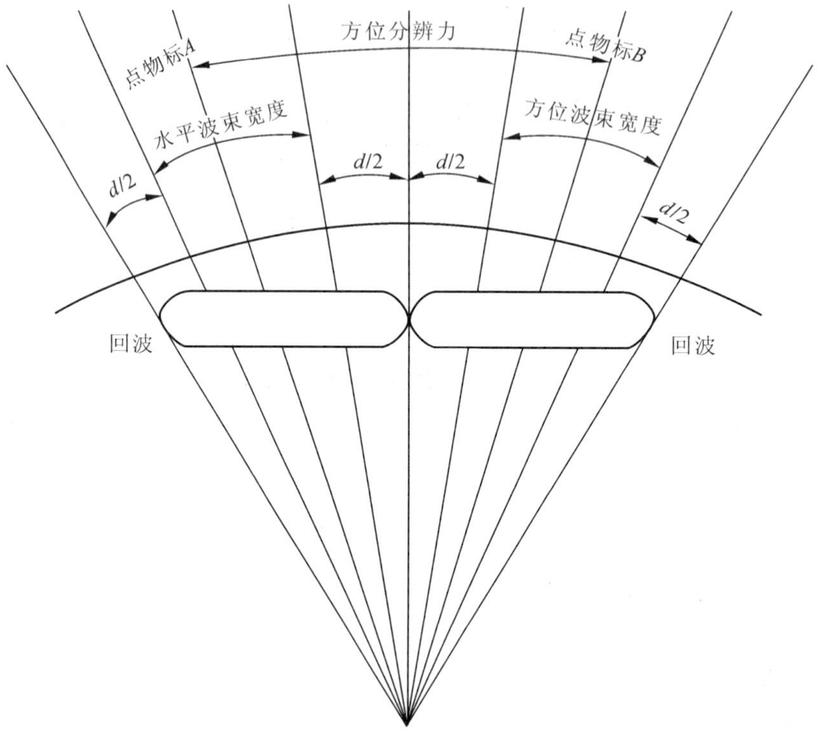

图 3.2-6　方位分辨力示意

光点角尺寸 d 并非常数，而与其在扫描线上所处位置有关：光点离扫描中心越近，其角尺寸 d 越大；光点离扫描中心越远，其角尺寸 d 越小。若屏半径长度为 L_S，光点离扫描中心为 L，则分析表明：

当 $L\approx L_S/3$ 时，$d\approx\theta_H$，则 $\Delta\alpha_{\min}\approx 2\theta_H$；

当 $L\ll L_S/3$ 时，$d\gg\theta_H$，则 $\Delta\alpha_{\min}\approx d$；

当 $L>L_S/3$ 时，$d\ll\theta_H$，则 $\Delta\alpha_{\min}\approx\theta_H$。

综上，为提高雷达方位分辨力(使 $\Delta\alpha_{\min}$ 小)，应做到：

(1)减小天线水平波束宽度；

(2)良好聚焦，减小光点直径尺寸；

(3)正确使用量程，尽可能使观测的回波显示在(1/2～2/3)L 区域(太靠近屏幕边缘不好)；

(4)适当降低亮度、增益，以减小回波亮点尺寸。

以上讨论的是在 PPI 显示屏上观测目标时的方位分辨力。在 LCD 显示屏中，观测目标的方位分辨力取决于方位量化单元。

IMO 关于船用雷达性能标准中方位分辨力的规定：平静海况下，用 1.5 n mile 或更小量程时，在量程 50%～100%的距离范围内观测两个等距离的相邻点物标，它们能分开显示的最小方位间隔应不大于 2.5°。

3.2.5 测距精度

常见雷达测距误差如下：

(1)同步误差

从前面的分析已知，雷达目标的距离由荧光屏上扫描起始点和回波之间的间隔表示。若扫描起始时刻和发射机发射时刻均直接由触发脉冲来触发，则由于发射机电路及波导系统对发射脉冲的延时作用，使扫描起始时刻超前于天线口辐射的时刻，势必造成显示屏上显示的目标距离比天线口到目标的实际距离大，形成一固定的测距误差，此即同步误差。这项误差一般可通过调整延时线抽头位置，使扫描起始时刻等于发射机发射时刻而消除。但由于电源电压变动，温、湿度变化等随机因素，同步误差不能用延时线的调整予以完全消除。

雷达在使用中应定期检查，若发现存在固定测距误差，则应及时重新调整延时线抽头位置予以消除。

(2)固定距标和活动距标的不精确引起的测距误差

固定距标和活动距标本身均有误差，用它们测量目标的距离必然也会有误差。固定距标通常在雷达厂内已校准至误差为所用量程的 0.25%以内。若物标回波处在两距标圈之间，则人眼内插误差为所用量程距离的 5%左右。

活动距标的误差为所用量程距离的 1%～1.5%，使用中，应定期将它与固定距标进行对比。通常应用固定距标来校准活动距标。

使用固定距标或活动距标时，应将其亮度调到最小，以免距标圈过亮妨碍图像观测及影响测距精度。

(3)扫描锯齿波的非线性导致的误差

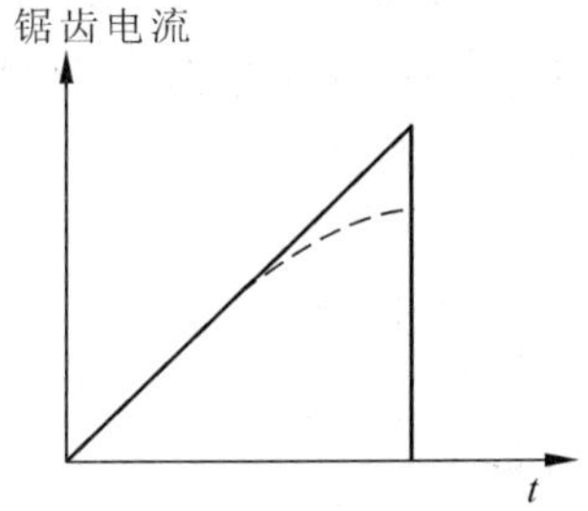

图 3.2-7　扫描锯齿波的非线性

理想的扫描锯齿波应是直线上升的，但实际上其往往是非线性的，如图 3.2-7 所示。这样，即使固定距标在时间上是等间隔的，但在荧光屏上出现的固定距标圈之间的间隔是不等的。此时，利用固定距标测量目标距离，在内插时将会产生较大误差。

(4)点重合不准导致的误差

因为雷达荧光屏上的光点是有一定尺寸的，若光点直径为 d，则它会使回波尺寸在各个方向均增大 $d/2$，所以回波的边沿并不恰好代表物标的边沿。测距时，距标圈与回波前沿重合会因重合不准引起测距误差。距标圈同样存在边沿增大 $d/2$ 的现象，因此，为了消除光点扩大的影响，应使活动（可移）距标内沿与回波影像前沿相切（图 3.2-8），才能得到准确的距离读数。

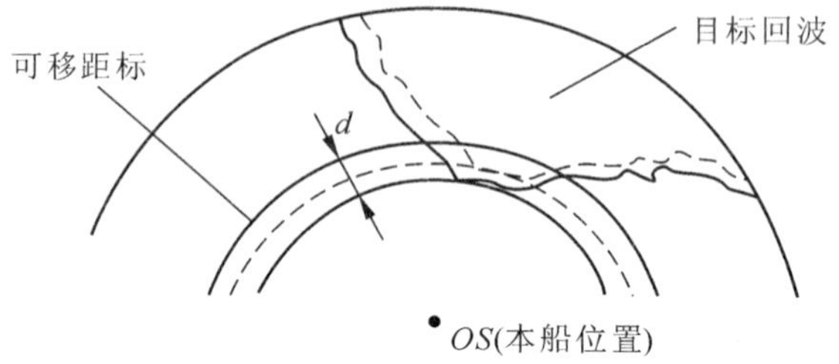

图 3.2-8　可移距标与目标回波前沿相切示意图

如图 3.2-8 所示，显示的回波前沿多了光点半径，真正的目标前沿是缩进的虚线处，可移距标圈计时位置是在中心点虚线处，因此，准确的“相切”应是距标内沿与回波前沿相切，最坏的相切法是距标外沿与目标前沿相切，产生光点直径 d 的最大误差。

(5)脉冲宽度造成回波图像外侧扩大引起的测距误差

脉冲宽度会造成雷达回波图像外侧扩大 $C \cdot \tau/2$，这是雷达回波图像的固有失真，倘若选择回波外侧边缘测距，必然会引起 $C \cdot \tau/2$ 的测距误差。为此，应尽可能不选用回波外侧边缘测距，并尽可能选用短脉冲工作状态。

(6)物标回波闪烁引起的误差

本船和物标摇摆及它们之间的相对运动造成雷达波束照射物标的部位发生变化，引起物标回波的反射中心不稳而存在物标回波的闪烁现象，从而导致测距误差。

(7)雷达天线高度引起的误差

雷达测定的物标距离是天线至物标的距离，而不是船舷至物标的水平距离。天线高度越高，影响越大；物标距离越远，影响越小。

(8)量化误差

在 LCD 显示系统里，距离数据用数码显示，存在尾数的量化误差，即目标回波前沿对应相邻两数计数脉冲时发生的尾数距离数码显示的误差问题。采用计数器录取目标距离时发生距离量化引起的误差情况如图 3.2-9 所示。

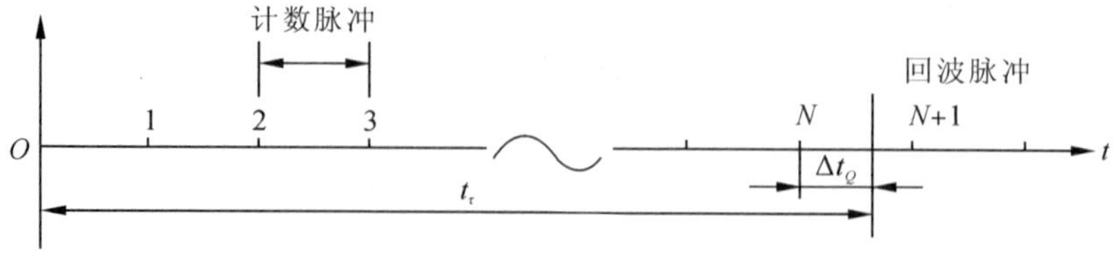

图 3.2-9　距离量化误差

图 3.2-9 中，回波脉冲前沿在 N 与 $N+1$ 两个计数脉冲之间，其时延为 t_τ。时间量化单元 τ_R 的总数 $N\tau_R$ 所对应的距离总是比实际目标距离小一些。该误差因距离量化所致，故称量化误差，用 Δt_Q 表示，则有

$$\Delta t_Q = t_\tau - N\tau_R \tag{3.2-10}$$

显然，增加计数脉冲的频率 f 可减小 τ_R，从而使量化误差 Δt_Q 减小。但是，增加计数脉冲的频率会影响时延误差，对电路元件的要求也随之提高，因此在设计时应进行综合考虑。

对于一部具体的船用雷达而言，上述所列的测距误差并非同时兼有，且随采用的不同测距系统而异。

IMO 最新船用雷达性能标准规定，利用固定距标圈和活动距标圈测量物标距离，误差不能超过所用量程最大距离的 1%和 30 m 两者中较大的那个值。实际的测距误差还与干扰杂波的强度、海况及使用者的操作技术有关。

作为船舶驾驶员使用雷达测距时，为了减小测距误差，应当注意以下事项：

(1)正确调节显示器控制面板上各控钮，使回波饱满清晰。

(2)选择包含所测物标的合适量程，使物标回波显示于 1/2～2/3 量程处。

(3)定期将活动距标与固定距标进行比对，进行校准。

(4)活动距标应和回波正确重合，即距标圈内缘与回波前沿(内缘)相切。

(5)尽可能选用短脉冲发射工作状态，以减小回波外侧扩大效应。

3.2.6　测方位精度

造成雷达测方位误差的因素很多，主要有以下几项：

(1)方位同步系统误差

天线角位置信号通过方位扫描系统传递给显示器，扫描线可与天线同步旋转。角数据传递有误差，使扫描线与天线不能完全同步旋转，因而导致方位误差。

(2)船首线误差

船首线出现的时间与天线波束轴向扫过船首的时间不一致，导致以船首线为参考测舷角出现误差。此外，船首线的指向还需与方位刻度圈的读数校准，在船首向上显示模式时，船首线应指方位刻度圈 0°，而且如船首线太宽，也将使校准不精确而产生误差。

还应指出，在真北向上显示模式时，还存在陀螺罗经引入的误差。该误差使船首线指示的航向角不准，进而导致雷达测定物标回波方位出现误差。

(3)中心偏差

在正常非偏心显示时，扫描中心未调到与荧光屏的几何中心重合，使得在利用 EBL

测物标方位时，从固定方位刻度圈上测读的舷角不等于物标的实际舷角，如图 3.2-10 所示。

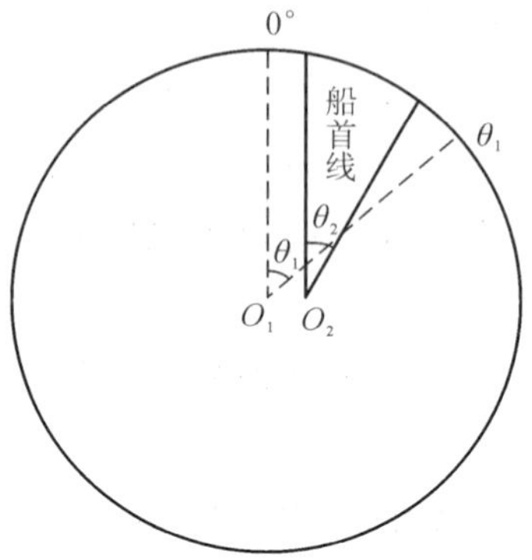

图 3.2-10　中心偏差

(4)水平波束宽度及光点尺寸造成的“角向肥大”误差

如前所述，天线水平波束宽度θ_H及光点角尺寸 d 分别产生回波图像“角向肥大”(方位扩大效应)$\theta_H/2$ 与 $d/2$，引起回波图像左右两侧边缘共扩大了$\theta_H/2+d/2$，如图 3.2-11 所示。若用 EBL 去测回波边缘方位，则应注意“同侧外沿”相切的正确重合方法，以消除光点角尺寸 $d/2$ 的影响，并仍需注意修正水平波束宽度造成的“角向肥大”$\theta_H/2$。

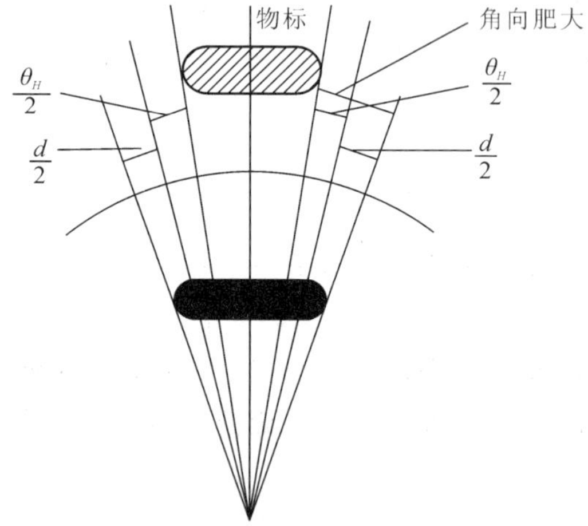

图 3.2-11　回波图像的“角向肥大”

此外，因光点角尺寸的大小与回波离荧光屏中心远近位置有关，故应选择合适量程，使回波尽可能显示于 1/2～2/3 量程区域。

(5)天线波束主瓣轴向偏移角不稳定引起的误差

旋转隙缝波导天线波束主瓣轴偏离天线窗口法线方向约 3°～5°，此偏离角在经过安装时的校准后，还会随着雷达工作频率的漂移而改变，此误差不能完全消除。

(6)天线波束宽度及波束形状不对称引起的误差

雷达在测量点状物标时,通常以回波中心方位作为物标方位。若雷达波束形状不对称,则回波的中心位置将发生畸变,并随回波的强度而变化。若回波强度很强,波束又不对称,则对测方位精度的影响会很明显。

(7)方位测量设备的误差

雷达的方位刻度圈或EBL均可能存在误差,从而导致测方位误差。通常情况下,电子方位线读数应当经常与机械方位刻度圈的读数进行对比,若有误差应及时对电子方位线的读数进行校准,以减小测方位的误差。

(8)本船倾斜或摇摆导致的误差

当本船倾斜或摇摆时,雷达天线旋转面跟着倾斜,使得天线扫过的物标方位角与实际物标水平面上的方位角有误差。这项误差在船首尾和正横方向较小,在45°、135°、225°及315°方向上误差最大。实用上,驾驶员应尽可能抓住时机,即在船体处于水平位置的瞬间测定雷达物标的方位,而且应尽可能避免在四个隅点方向上(即从船首方位算起的45°、135°、225°及315°)测定物标方位;横摇时尽可能测正横方向物标;纵摇时测首尾方向物标。

(9)人为测读误差

人为测读误差包括读数内插误差、视线未垂直荧光屏面引起的视觉误差、量程选择不当及回波未调整清晰等引起的误差。

IMO最新船用雷达性能标准规定,雷达测方位误差不超过1°,且应提供电子方式校准船首标志线,误差在0.1°之内。

减小雷达测方位误差的措施:

(1)正确调节各控钮,使回波饱满清晰。

(2)选择合适量程,使物标回波显示于1/2～2/3量程区域,并注意选择图像稳定显示模式(如“真北向上”)。

(3)调准中心,减少中心差。视线应垂直屏面观测,以减少视差。

(4)检查船首线是否在正确的位置上。应校核罗经复示器、主罗经及船首线所指航向值三者是否一致。

(5)使用电子方位线测物标时,应使其和物标回波边缘进行“同侧外缘”重合,以消除光点扩大效应,并进行水平波束宽度扩大效应的修正。此外,应经常对电子方位线的方位读数进行校准。

(6)船倾斜或摇摆时,应伺机测定,即待船身回正瞬间快测。当船摇实在无法避免时,则横摇时尽可能选测正横方向物标,纵摇时尽可能选测首尾方向物标,避免测四个隅点方向的物标。

3.3 影响雷达目标观测的主要外界因素与抑制方法

3.3.1 海浪干扰

变幻莫测的大海表面相当于大量多变的雷达目标，大海表面任何部分都是在不规则地起伏着，因而从大海表面反射的回波特性比较复杂。总体来讲，海杂波具有以下特性：

(1)风力越大，波高越大，海浪回波越强，且海浪反射回波的强度与相对风向有关，上风舷方向的海浪反射强，下风舷方向弱。

(2)海浪回波的强度与海浪和本船的距离的三次方成反比，一般在本船周围6～8 n mile(风浪大时为8～10 n mile)强度最强，在屏幕上此范围内形成一片鱼鳞状亮斑。

(3)雷达工作波长短、水平和垂直波束宽、脉冲宽度宽、天线转速慢，用垂直极化天线，则海浪反射强。

为抑制海浪干扰，可选用异频双雷达系统中的S波段雷达；如有双速天线，选用高速天线(80 r/min)；选用窄脉冲宽度；使用面板上的“STC”按钮，并酌情调节，达到抑制干扰又不丢失物标的目的。

3.3.2 雨雪干扰

雷达波通过大气传播时会产生一些衰减，这是因为大气中气体的组成部分，特别是氧气和水蒸气吸收了部分能量。对于雨、雾、雪、冰雹等降水现象来讲，能量被吸收的程度取决于其中含水粒子的大小、粒子的形式和降水率，且随着传播距离的增加，其被吸收程度呈指数形式增加。不过，在任何给定的降水条件下，S波段雷达波受到的衰减将比X波段雷达波更少。

需要提到的是，虽然干沙和尘霾不能称为降水，但根据实际经验，它们产生的干扰与雾类似。

总的来讲，雨、雪等会反射雷达波产生宽干扰脉冲，在屏幕上形成无明显边缘的、疏松的棉絮状干扰杂波雨(或雪)区。当本船处在雨或雪区中时，这种杂波将遍布整个荧光屏平面。降雨(或雪)量越大，雨点(或雪片)越粗，雷达工作波长越短，天线波束越宽，脉冲宽度越宽，则雨雪反射越强。

为抑制雨雪干扰，可选用S波段雷达，窄脉冲宽度及圆极化天线，也可用“FTC”按钮或开关。

3.3.3　同频干扰

雷达受到附近船舶上工作中的雷达干扰的概率很高。如果接收到的邻近雷达辐射在雷达的接收机带宽之内,那么这些信号与从目标反射回来的信号一样,以同样的方式被放大,并在显示器上形成可见的回波。对于目标返回的信号而言,发射信号与时基周期之间存在严格的时序关系,并且发射信号和接收信号具有相同的重复频率。相比之下,干扰雷达的发射时序与本船雷达的接收时序之间不存在同步关系,并且它们的重复频率也不一定相同。因此,干扰信号在屏幕上形成的图形完全是随机的,具体视他船与本船雷达脉冲重复频率之差的大小不同而异,如图 3.3-1 所示。其中,图 3.3-1(a)(b)为两台雷达的脉冲重复频率稍有不同时的图像,图 3.3-1(a)为近量程,显示径向点射线;图 3.3-1(b)为远量程,显示点状螺旋线。当两台雷达脉冲重复频率相差很大时(如两台雷达使用距离量程挡差别很大时),显示为不规则的散乱光点。可见,同频雷达干扰的显像较特殊,比较容易识别,一般也不影响观测。干扰过于严重时,可以换用近量程观测,可减小其影响;也可选用双雷达系统中的另一波段雷达工作;如装有雷达干扰抑制器,可打开面板上的控制开关。

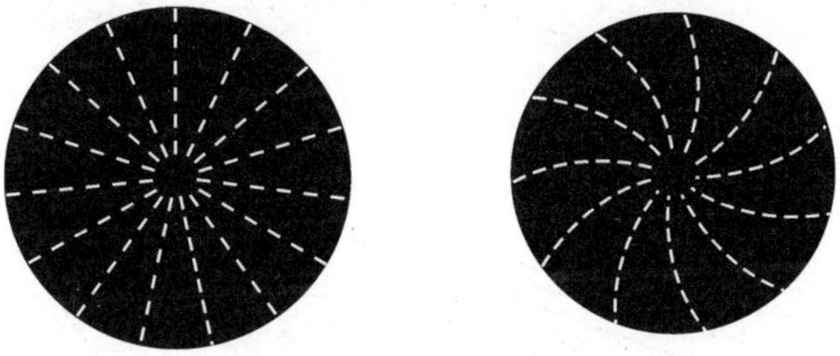

(a)　(b)

图 3.3-1　同频雷达干扰

(a)近量程;(b)远量程

3.3.4　电火花干扰

雷达屏上常见的电火花干扰有两类:一类是在固定位置出现不规则的亮线,一般是由偏转线圈电刷和滑环接触不良引起的;另一类是位置不定的径向亮线,可能是机内电源、发射机、接收机等有关器件跳火形成的,这是故障,应立即检查、排除后使用。此外,天电干扰也会在屏上产生不稳定的径向亮线,它随天空闪电而随机地瞬时出现,随即消失,无法避免,但影响也不大。对于在固定方位位置上出现的电火花干扰,如一时尚无法排除故障而加以去除,则在使用中可采用暂时小改向方法,使欲测的物标回波避开上述干扰亮线。

3.3.5 扇形阴影区与假回波

从显示屏上观测到雷达目标回波图像是应用船用雷达进行船舶定位与导航的前提。但在观测雷达目标回波图像过程中，常遇到本船粗大构件或建筑物阻挡雷达波而形成扇形阴影区或因雷达技术的某些缺陷和无线电磁波传播的某些物理现象导致的屏上显示出各种目标假回波的现象，这些现象均会明显影响船用雷达在航海中的应用。

(1)扇形阴影区

雷达辐射的电磁波在水平方向被本船上的粗大构件或建筑物(前桅、将军柱、烟囱等)或附近其他船舶、岛屿、陆上高大建筑物阻挡，致使雷达无法探测到在这些遮蔽体后面的物标，形成屏上的扇形暗区，称为雷达扇形阴影区。

在船舶沿岸航行时经常可遇到峭壁、高岸和高大建筑物及房屋形成的阴影区，或因本船的前桅及横桁、烟囱等高大构件引起的水平及垂直方向的阴影区，使一些位于阴影区的目标无法被探测到，如图 3.3-2 和 3.3-3 所示。

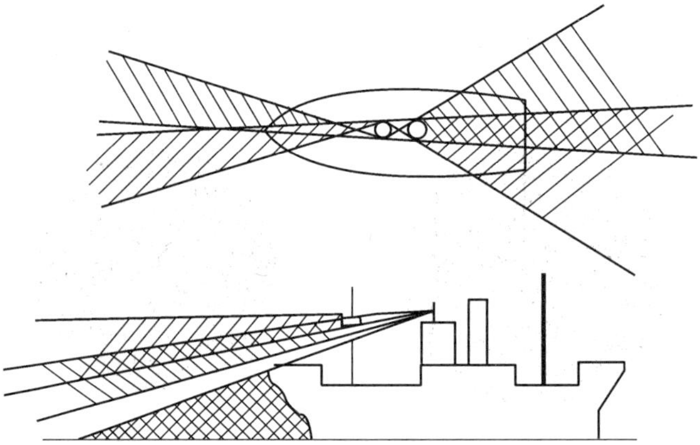

图 3.3-2　本船高大构件形成的阴影区

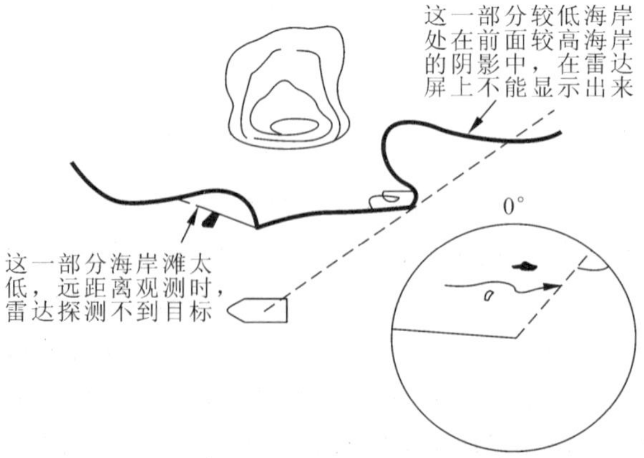

图 3.3-3　沿岸高大建筑物形成的阴影区

在一般的大船上，前桅产生的扇形阴影区约为 1°～3°，存在时若在天线附近有大型吊车、吊杆和桅杆，产生的扇形阴影区可达 5°～10°；烟囱较粗大且离天线较近时，产生的扇形阴影区可达 10°～45°。

在阴影区中心探测不到物标，但在其边缘可探测到反射能力较强的物标回波。在阴影区里驶近本船的大船，雷达作用距离可能从 12 n mile 降至 6 n mile；而对小型船，作用距离将从(阴影区外的)4 n mile 降到(阴影区内的)0.5 n mile。

阴影区的大小主要取决于天线与有关构件的间距、构件大小及与天线的相对高度。高度等于或高于雷达天线的构件，其尺寸越大，离天线越近，则阴影区越大。显然，这对雷达观测物标是极为不利的，所以，应精心考虑雷达天线的安装位置及高度，尽量减小阴影区，尤其是要避免在船首方向出现阴影区。航行中，如对阴影区是否存在物标有疑问时，可暂时改向识别之。

新安装的雷达均应测定其扇形阴影区，把它画出置于显示器附近以供日常观测参考用，并应记录在雷达日志中，以供查阅。测定扇形阴影区的方法如下：

①用方位标尺测量本船周围海浪干扰杂波消失的起止方位，并标绘在作图纸上。为保证测量准确，阴影区内不应有各种假回波，如多次反射假回波、间接假回波或旁瓣假回波等干扰。

②本船在未装雷达反射器的浮标附近作缓慢的回转并仔细精确地记录浮标回波出、没的方位。因有的阴影区较窄，故船的回转速度应慢些。

(2)假回波

因雷达技术上的缺陷和无线电波传播的某些物理现象，在雷达观测中，有时物标显示的回波并非其真实位置或多次显示。这种多余的、影响雷达正常观测的回波，称为假回波。几种常见的假回波的成因、特点及识别方法如下：

①间接反射假回波

本船上的烟囱、大桅等高大构件及其附近的大船、陆上的高大建筑物等强反射体，不但能阻挡雷达波向前传播从而在其后方形成阴影区，还能将直接来自雷达天线的雷达波间接反射到目标，目标回波再经上述反射体间接反射回天线。这样，同一个目标，雷达波可能会有两条不同的传播路径：一条是直接从天线到目标的路径，另一条是经过上述反射体间接反射后再到达目标的路径。于是，一个目标在荧光屏上可能产生两个回波亮点：除了真回波外，在上述反射体的方位上还会出现一个距离等于反射体至物标的距离和反射体至天线的距离之和的假回波，称为间接反射假回波，有时也简称间接回波，如图 3.3-4 所示。

图 3.3-4(a)所示为由船上间接反射体引起的间接回波。屏上的回波 A 是物标 A 的真回波，回波 A'则是由在雷达天线的船尾向的间接反射体引起的间接回波。假设回波 A'在间接反射体的方位上，距离则为间接反射体至物标 A 的距离加上它离天线的距离。

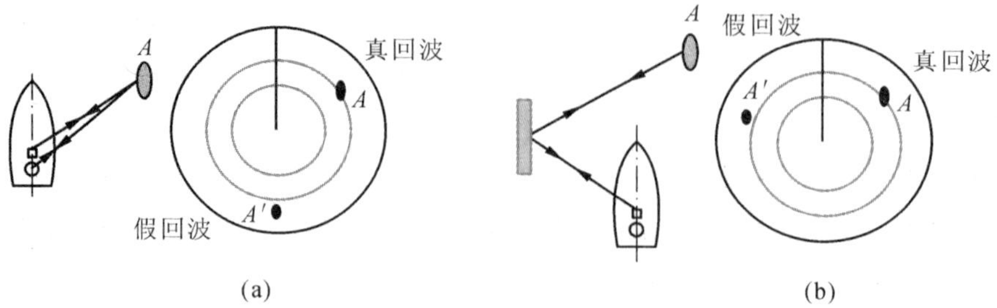

图 3.3-4 间接回波

(a)由船上间接反射体引起的间接回波；(b)由岸上间接反射体引起的间接回波

图 3.3-4(b)所示为由岸上间接反射体引起的间接回波。图中画出了经岸上间接反射体间接反射的实际位于本船左前方的船舶 A 显示于屏上左前方的假回波 A'。

间接回波的特性如下：

a.间接回波的距离和方位与真回波均不同，其方位为间接反射体所在方位，距离略偏大(等于反射体至物标的距离和反射体至天线的距离之和)。

b.间接回波经常出现在扇形阴影区。

c.与真回波在屏上的移动比较，间接回波的移动是不正常的。当物标方位移动时，间接回波的方位仍在扇形阴影区不变，仅距离作相应的改变。当改变到某一角度时，间接回波会在荧光屏上消失。

d.间接回波在屏上的显示形状有明显畸变，且比真回波暗些(弱些)。

通常识别间接回波的方法是临时改变本船的航向。当本船改向时，真回波的方位将发生改变，但间接回波仍将出现在扇形阴影区里或消失，如图 3.3-5 所示。

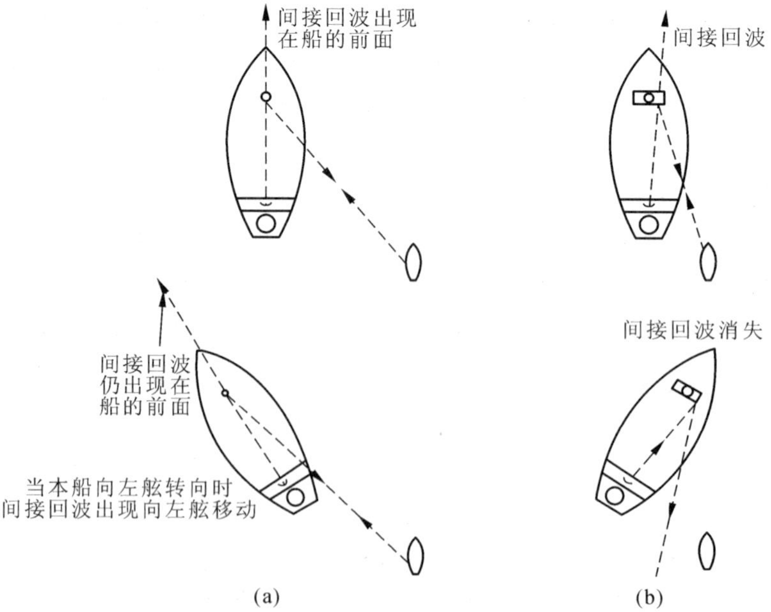

图 3.3-5 本船机动对间接回波的影响

②多次反射假回波

雷达波在本船和正横近距离强反射体之间多次往返反射均被雷达天线接收而产生的假回波，称为多次反射假回波，有时也简称为多次反射回波。

多次反射回波在屏上的显像特点是：在物标真回波外侧，连续出现几个等间距、强度逐个变弱的假回波，其方位与真回波一致，如图 3.3-6 所示。图中离屏中心最近、最强的 A 为真回波，其外侧两个 B 和 C 均为假回波。

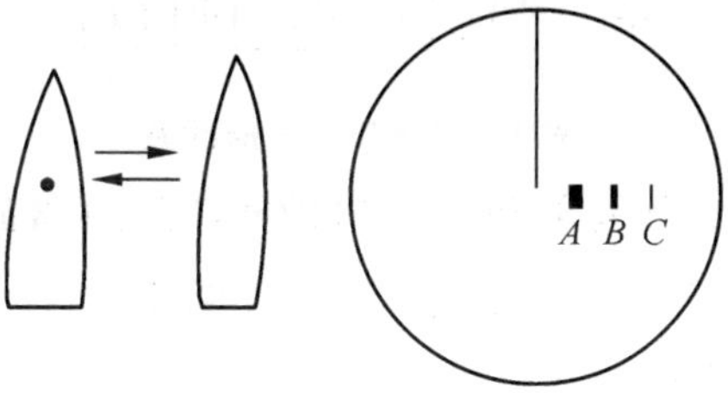

图 3.3-6　多次反射回波

多次反射回波一般是在本船与强反射体相距约 1 n mile 以内，且在正横对正横或接近正横时发生，常见于船舶狭水道航行或锚泊时。这时，假回波看起来正在航道外，甚至是在岸上，可根据多次反射回波的上述显像特征予以识别或适当降低增益加以减弱。

③旁瓣回波

由天线波束的旁瓣扫到近处强反射物标所产生的假回波，称为旁瓣回波。因旁瓣波束对称分布于天线主瓣波束两侧，故旁瓣回波也对称分布在真回波两侧的圆弧上，如图 3.3-7 所示。图 3.3-7 中，A 为真回波，B、C、D、E 为旁瓣回波。旁瓣回波的距离与真回波相同，但方位不同，而且其强度比真回波弱得多，可适当减小增益或用“海浪抑制”钮加以减弱。

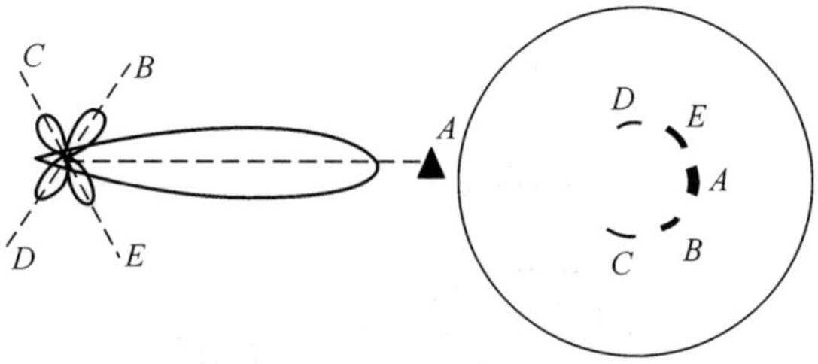

图 3.3-7　旁瓣回波

④二次扫描回波

如前所述，当超折射非常强烈时，雷达的探测距离将大幅增加。若远处物标回波返回天线的延时时间大于雷达脉冲重复周期 T 时，则由第一次发射产生的物标回波在第二次扫描线上形成的假回波，称为二次扫描回波，如图 3.3-8 所示。

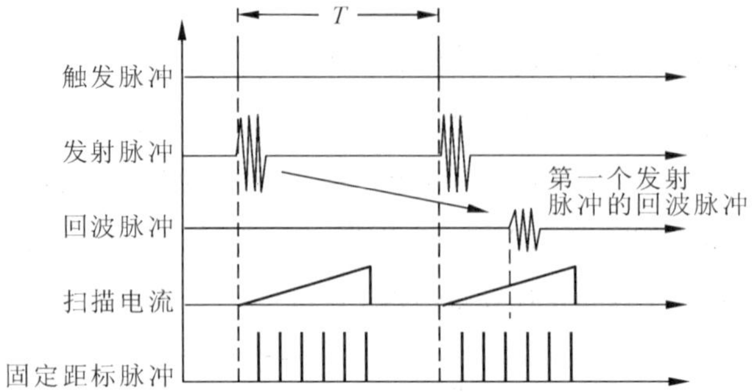

图 3.3-8 二次扫描回波

从图 3.3-8 中不难看出，可能出现二次扫描回波的距离范围为 $CT/2 \sim CT/2+R_D$，其中 C 为电波传播速度，T 为脉冲重复周期，R_D 为量程距离。假回波显示的距离等于物标实际距离减去脉冲重复周期 T 所对应的距离（即 $CT/2$）。

二次扫描回波的特点是：

a. 假回波图形与实际物标形状不符，发生了变化。图 3.3-9 是远处直线陡岸在屏上显示时，变成 V 字形图像的情况。

b. 改变量程（从而改变脉冲重复周期）时假回波图像距离会改变，形状会变形，甚至消失。

c. 假回波显示的方位是物标的真实方位，但显示的距离是实际距离与 $CT/2$ 之差。

d. 假回波在屏上的移动是不正常的。

根据上述特点，并对照海图可以识别二次扫描回波。

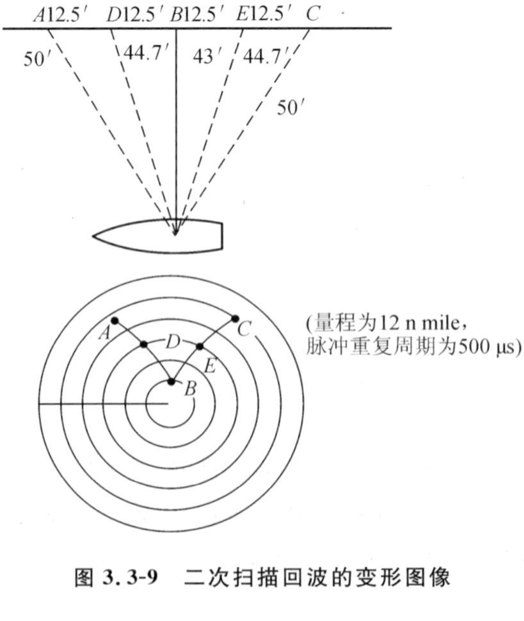

图 3.3-9 二次扫描回波的变形图像

3.4　雷达目标观测增强方式

为了增强雷达波对目标的反射能力和识别能力，常在重要的或不易辨认的航标、灯塔、灯船等导航标志上加上各种增强装置。

3.4.1　雷达角反射器

雷达角反射器的基本组成单元是三块相互垂直的金属板或金属网。它的基本特点是在一个很宽的角度范围内，电磁波入射进入角内的能量将以完全相反的方向反射出来，如图 3.4-1 所示。

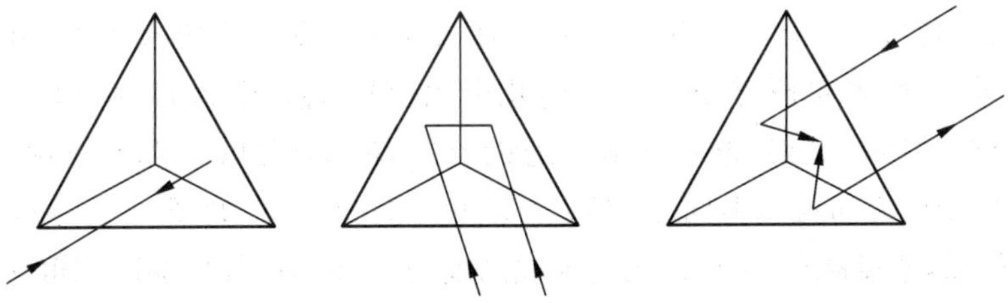

图 3.4-1　角反射器对入射波的反射

单个角反射器只能在有限角度范围内有效，如将几个角反射器拼成如图 3.4-2 所示的五角形反射器和八面体反射器就能有效地反射由任何方向来的电波。五角形反射器的实际效果优于八面体反射器的。但在摇摆时，八面体反射器效能不变，而五角形反射器的效能将大幅减弱。

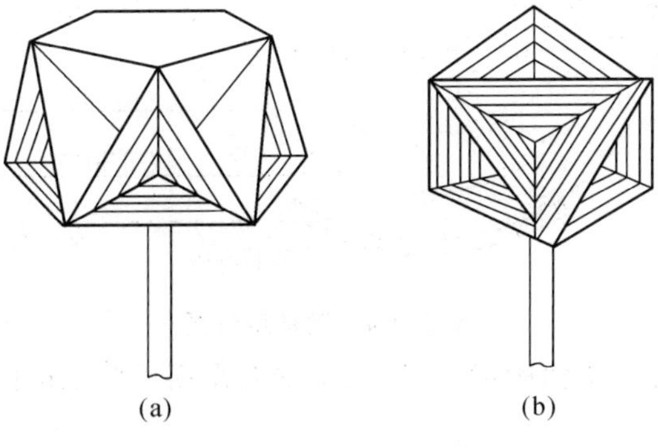

图 3.4-2　雷达角反射器

(a)五角形反射器；(b)八面体反射器

雷达反射器的作用是十分显著的。例如，装了五角形反射器后，一个三级浮标的探测距离可从 1.5 n mile 增加到 3.5 n mile；罐形和柱形浮标的探测距离可从 3.5 n mile 增加到 7 n mile;球形浮标可在 5 n mile 或更远的距离被探测到。若在反射性能很差的木质渔船上一定的高度处设置一个边长为 30 cm 的角反射器,则探测距离可从 2 n mile 增加到 6 n mile。使用边长为 40 cm 角反射器的救生艇可将探测距离从 3 n mile 增加 7 n mile。边长为 0.5～1 m 的角反射器具有相当于 3000～4000 t 船的反射能力。边长为 1 m 的角反射器,在天气良好时的探测距离可达 7～10 n mile。

雷达角反射器在海图上的符号如图 3.4-3 所示。

图 3.4-3　雷达角反射器在海图上的符号

除上述角反射器外,还有一种特殊的雷达反射器,称为透镜反射器,由美国数学家 Luneburg 发明,又称为龙伯透镜。它是由几个用不同电介质材料(折射系数不同)制成的同心空球组成的微波透镜,能将入射到透镜上的雷达波聚焦于直径相对一边的表面上的一点,然后按相反方向再反射回去,不受入射波方向的影响,如图 3.4-4 所示。直径约 30 cm 的透镜反射器,架设高度为 2 m,雷达天线高度为 15 m 时,其探测距离可达 10 n mile。

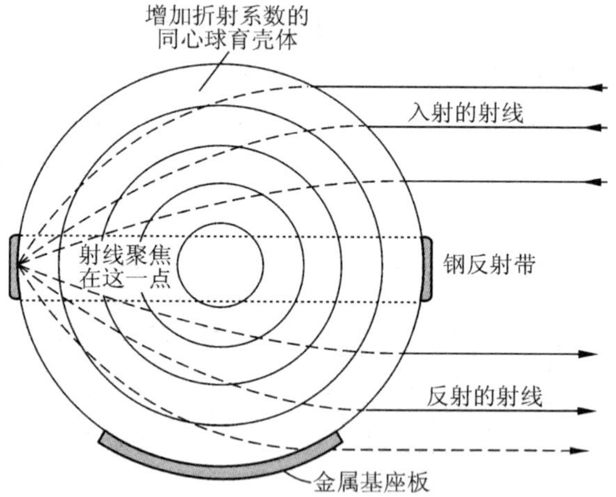

图 3.4-4　透镜反射器

角反射器的缺点是无源信标,对雷达波无放大作用,因此作用距离有限,且无编码识别,容易造成目标混淆。

3.4.2　雷达方位信标

雷达方位信标,又称雷达指向标,是一种有源主动雷达信标。它能定时向四周连续不断发射具有一定频率的信号，船上雷达收到后在屏上显示一条径向亮线或一束宽度为1°～3°的点线或扇形，以指示该雷达方位信标的方向，如图 3.4-5 所示。各个指向标所发的信号还可用“点”“划”组成莫尔斯码来加以区别。信标的工作与船上雷达是否发射无关。

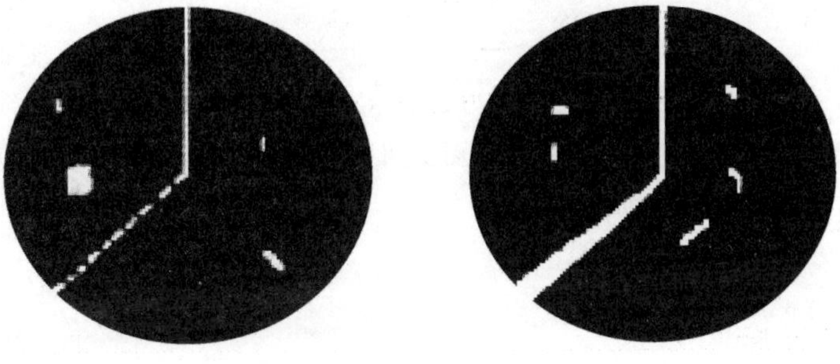

图 3.4-5　雷达方位信标图像

雷达方位信标分为扫描式和固定频率式两类。

扫描式雷达方位信标的发射频率变化大(现大多数工作在 X 波段)，每隔 15 s 发射一次，船用雷达可直接接收。发射频率的扫描速率决定了雷达屏上显示的信号是连续的径向亮线还是点线或虚线组成的径向亮线。这种扫描式雷达方位信标在日本、英国等国用得较多。

固定频率式雷达方位信标的发射频率在船用雷达工作频率范围之外，船用雷达需另配一套接收设备才能接收，接收到信号后经处理再送到雷达显示器显示。其优点是可以视需要关掉接收设置，以保持雷达屏幕清晰。这种信标主要在美洲使用。

当雷达方位信标信号很强时，在雷达屏上可能产生间接回波和旁瓣回波，使得屏中心附近显示混乱，如图 3.4-6 所示。这种假回波可用 FTC 电路消除。雷达方位信标在海图上的符号如图 3.4-7 所示。

雷达方位信标发射的信号比雷达接收到的物标回波要强得多，故其作用距离远，一般可达 20～30 n mile，因此可用它来增加探测距离和作为识别标志。除了作为狭水道、重要航道和港湾的导航标志外，它还经常用于岬角、岛屿和山等其他物标密集区及海岸线平坦、低缓难以被雷达探测和分辨的地区作识别标志。

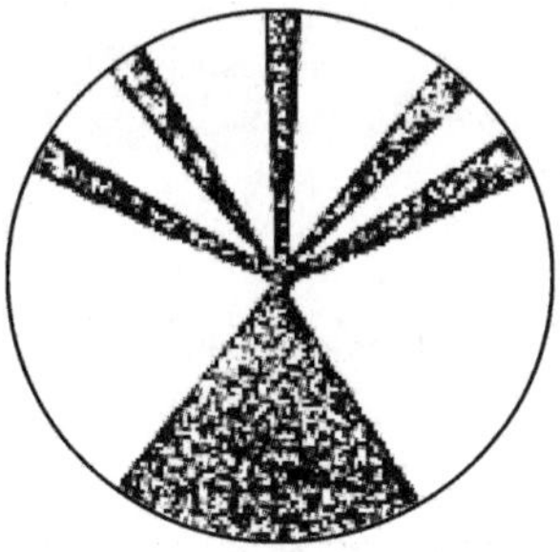

图 3.4-6　雷达方位信标产生的假回波

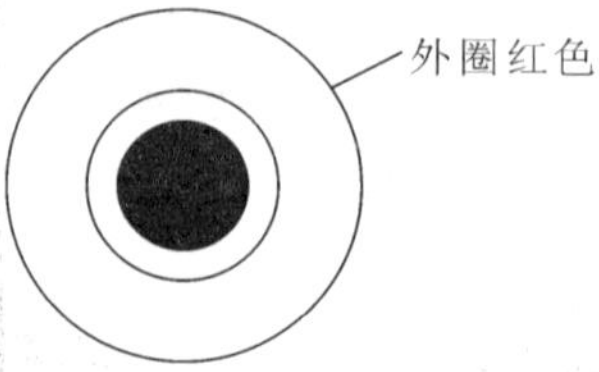

图 3.4-7 雷达方位信标在海图上的符号

该信标的缺点是信标图像可能会掩盖其他物标回波，在有些地区可能发生信标干扰，目前这种信标大多数被淘汰。

3.4.3 雷达应答标

雷达应答标又称雷康(Racon)，是一种被动式的有源雷达信标。它本身有一套天线、接收、发射和电源设备，在接收到船用雷达的发射脉冲信号后约经过 0.5 μs 便自动发出经编码的回答脉冲信号，故有时又称"雷达应答器"或"二次雷达"。雷达应答标经编码的回答脉冲信号被船用雷达接收后显示在屏上，可以测其方位和距离，以供定位和导航之用。因回答脉冲是编码的，故便于相互识别，如图 3.4-8 所示。常用的雷康信号是把脉冲编成莫尔斯码，如 A(• —)，B(— • • •)，N(— •)等。有关这些编码的变更、信标的增设及废除等资料可查航海通告或航海警告。

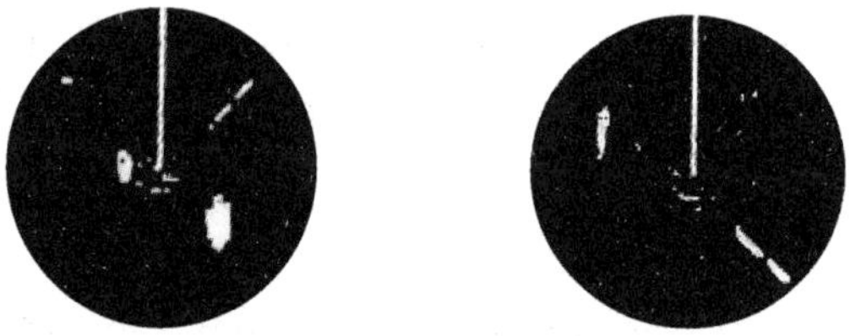

图 3.4-8 雷康信号图像

由于有应答延时，雷康编码信号比其实际安装的位置有 100 m 左右的距离误差。当距离较远时，有时雷康台架回波较弱以致在雷达屏上看不到它的回波，而只能看到雷康的编码信号，如图 3.4-9 所示。

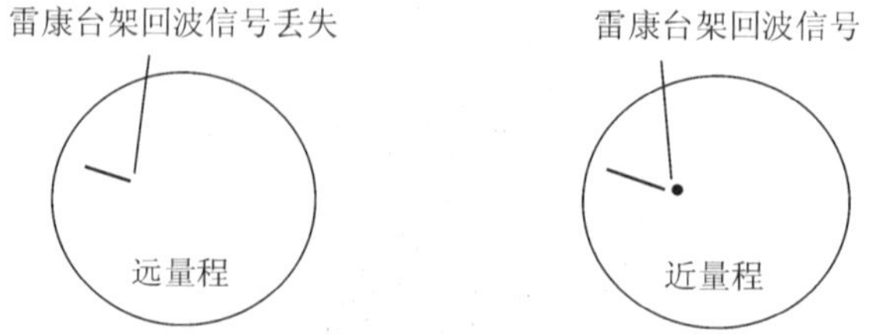

图 3.4-9 雷康台架的回波与回波信号图像

雷康可在整个船用雷达工作频率范围内接收雷达脉冲信号(一般是 X 波段,少数为 S 波段),而它回答的编码信号也可被附近同波段雷达所接收。为避免雷康的编码信号遮蔽其他雷达回波,大多数雷康发射机以预定周期开启和关闭,一般是工作几分钟(如 1.5 min)再停几分钟,故雷达屏上每隔一定时间才能见到它的回答信号。如果有多台雷达同时工作,其他雷达的触发可能造成雷康回波时序紊乱,显示位置不准确。

雷康的探测距离一般在十几海里以内,理想情况下,可达 17～30 n mile,若雷康天线装得低,则探测距离将近些。雷康能够有效地增强雷达对目标的搜索、探测和识别能力,通常安装于下述位置或设施上用于导航:①缺少明显特征的海岸线;②海上和陆上航标;③船舶驶向沿岸的初见陆地;④警戒区域或分道通航制水域的中心线和转向点;⑤危险物;⑥桥梁下的航道;⑦导标;⑧钻井平台。

雷康在海图上的符号如图 3.4-10 所示。

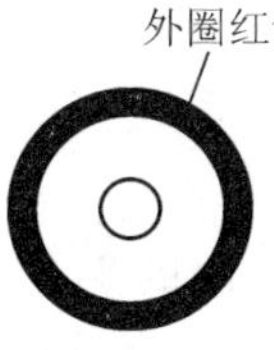

图 3.4-10　雷康在海图上的符号

雷康信号也可能产生间接回波,如图 3.4-11 所示。这些假回波可采用减小增益的方法或 FTC 电路消除。此外,当雷康被附近多台雷达触发时,其性能将被减弱。受触发越多,雷康回答信号与本船雷达的扫描可能越不同步,距离也不能显示,有时还会出现类似雷达方位信标那样的干扰信号。

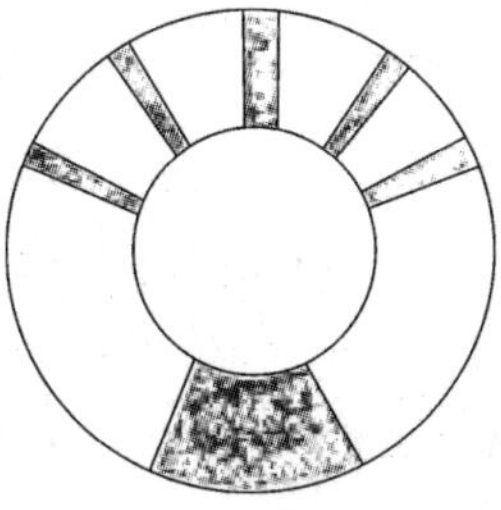

图 3.4-11　雷康间接回波

3.4.4　雷达目标增强器

雷达目标增强器(Radar Target Enhancer,RTE)是一种接收放大并转发船舶雷达探测脉冲的装置。它将接收到的雷达脉冲信号直接放大并以最小的延时重新发射,延时可以被控制在几纳秒以内,所产生的距离误差可以忽略。RTE 的雷达回波与目标的回波形状相同，但更为稳定。目前 RTE 主要应用于 X 波段，可以有效增强目标有效散射面积，通常用于浮标和小型船舶。有试验资料表明，RTE 对目标有效散射面积的增强效果是无源雷达航标的 4～5 倍。使用坚固的可充气近海岸救生艇试验，RTE 最远可在 7 n mile 的距离上给出稳定的回波。RTE 应用于浮标，可将稳定检测距离从 2～4 n mile 增加到 6～10 n mile。

3.4.5 雷达救生火箭

雷达救生火箭是一枚由信号枪发射的“小火箭”。“小火箭”被发射后约在 400 m 高空发出很强的光，并排放出对 3 cm 雷达波有很强反射能力的偶极子云，后者在屏上回波持续时间约为 15 min，最远探测距离为 12 n mile。雷达救生火箭可用于求救，有助于雷达快速发现小艇、救生艇和救生筏等目标。

3.4.6 搜救雷达应答器

SOLAS 公约规定，所有从事国际航行的船舶必须配备搜救用雷达应答器(Search and Rescue Radar Transponder，SART)。SART 只在 X 波段运行，它收到附近(少于 5 n mile)的船用雷达脉冲询问后由船上的雷达脉冲激活，延时约 0.5 μs 发射 12 个短脉冲雷达信号。雷达收到信号后在屏上显示的图像为应答器位置后 12 个等间距的光点。如果目标(救生艇)在雷达上不是很明显，目标将比第一个点略微接近。然而，与信标不同，在 SART 中不包含旁瓣抑制电路，所以当目标较接近时，显示的点就呈现为弧状，在距离非常接近时，这条弧就能扩展为一个完整的圆，如图 3.4-12 所示。

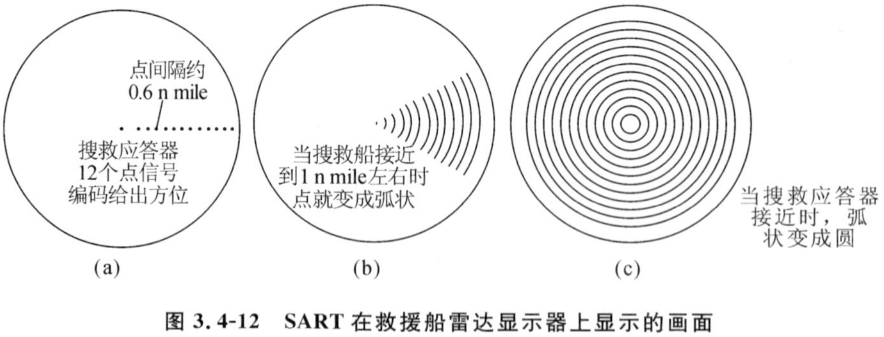

图 3.4-12 SART 在救援船雷达显示器上显示的画面

SART 电池在待机(“监听”雷达的信号)时至少有 96 h 的寿命，发射时的工作寿命至少为 8 h。它的机箱必须涂有明亮的颜色(黄色或橙色)，且如果不安装在船舶的内部就必须能浮在水面上。它的结构非常坚固，在 10 m 深的水中浸没 5 min，或从 20 m 的高处跌落水中，同样可保持完好无损。SART 被雷达触发并进入工作状态后，可通过听觉或视觉的方法显示，这便于救援船舶及时发现。

复习思考题

(1)什么是雷达最大探测距离？它与哪些因素有关？

(2)什么是雷达最大作用距离？它与哪些因素有关？它与最大探测距离有何区别？二者存在何种关系？

(3)写出雷达最大作用距离公式，并说明式中各符号代表的含义。

(4)写出雷达地平表达式，并说明式中符号的含义。

(5)雷达电波有哪几种异常传播形式？它们给雷达观测带来哪些不利影响？

(6)什么是物标有效散射面积？其大小与哪些因素有关？

(7)海面反射对雷达观测有何影响？

(8)大气中电波传播条件是否影响雷达探测物标的距离？

(9)当海面上空出现很强的暖气流或冷空气时，雷达波传播将分别出现什么现象？对雷达观测分别产生什么影响？

(10)现代船用雷达最大量程有 96 n mile，甚至 120 n mile，它们在何时才有使用意义？

(11)什么是雷达最小作用距离？什么是雷达盲区？它们与哪些因素有关？

(12)为什么“雷达盲区”要进行实际测定？怎样测定？当实测值与计算值不一致时，应取何值记入雷达日志？

(13)什么是雷达距离分辨力？它与哪些因素有关？

(14)什么是雷达方位分辨力？它与哪些因素有关？

(15)影响雷达测距精度的因素有哪些？

(16)为提高雷达测距精度，在操作雷达时应注意哪些事项？

(17)影响雷达测方位精度的因素有哪些？

(18)提高雷达测方位精度，在操作雷达时应注意哪些事项？

(19)船舶摇摆剧烈时，对雷达观测物标有何影响？如何减小其影响？

(20)雷达的主要使用性能有哪些？

(21)雷达的主要技术指标有哪些？

(22)什么是雷达的工作波长？它影响哪些使用性能？

(23)什么是雷达的发射脉冲宽度？它影响哪些使用性能？

(24)什么是雷达脉冲重复频率？它影响哪些使用性能？

(25)为什么一台雷达采用不同脉冲宽度、不同脉冲重复频率、不同的接收机通频带，并随远近量程变换而改变？

(26)船用雷达的发射脉冲功率值在什么范围？为何不大幅度地增加脉冲功率？

(27)天线水平波束宽度、垂直波束宽度分别影响雷达的哪些使用性能？

(28)天线安装高度过低、过高会给雷达使用性能带来哪些不利后果？

(29)雷达天线转速快慢对使用性能有何影响？使用高速天线有何意义？

(30)天线极化形式有哪几种？它们对使用性能有何影响？

(31)什么是雷达接收机的通频带？它对使用性能有何影响？

(32)什么是雷达阴影扇形区？如何测定？它对回波的显示有何影响？

(33)试述雷达假回波的种类、成因、显像特点及识别和克服方法。

(34)试述雷达干扰信号的种类、成因、显像特点及识别和克服方法。

(35)什么是雷达角反射器？有什么特点？其缺点又是什么？

(36)雷达方位信标和雷达应答标有什么异同点？

(37)什么是雷达目标增强器？有什么作用？

(38)什么是雷达救生火箭？有什么作用？

(39)什么是搜救雷达应答器？有什么作用？

第 4 章

雷达定位与导航

4.1 雷达定位

利用雷达测得的物标距离和方位进行海图作业，求得本船船位的过程，称为雷达定位。要使雷达定位准确，必须正确地识别和辨认物标回波，选择合适的定位物标，采用最佳的定位方法和正确的海图作业方法。

4.1.1 正确选择物标的原则

选择物标作为定位依据时应遵循以下原则：

①应选择具有图像稳定、亮而清晰，位置能与海图对应的物标回波，如孤立小岛、岩石、岬角、突堤、孤立灯标等。应避免选用回波可能严重变形或位置难以在海图上确定的物标，如平坦的岸线、斜缓的山坡、附近有建筑物的灯塔等。

②应选择近而可靠的物标，不用远而易搞错的物标。

③选择多物标定位时，尽量选择符合定位位置线交角要求的物标。位置线夹角两物标尽可能接近 90°，三物标尽可能接近 120°或 60°。仅在只有一个可靠物标时，方可采用单物标的方位距离定位。

4.1.2 回波识别和目标辨认

由于各种原因，雷达图像与船舶周围实景、海图往往有出入，有时差别很大。屏幕上不仅有各种假回波和干扰回波，还可能存在回波失真、反射较弱的物标未能显示等情况。因此，在雷达定位前，应先认真识别回波和辨认物标，切不可草率用位置不确切的物标定位。

在雷达屏幕上辨认物标时，要根据海图等资料仔细研究本船船位附近各种物标的特点，如高度、地形、地貌、视角及传播途径，再结合雷达性能、当时的气象条件等分析各物标回波可能产生的变形，然后找出特征明显不易混淆的物标（如孤岛、岬角、灯塔）作为参考点，按照各物标与其相对位置逐一辨认并经再三核实后确认。

为了在需要时能快速、准确地辨认物标，平时应十分重视资料及经验的积累。在视线良好时进行实测辨认，了解各种物标的回波特性、识别方法及雷达特性，并做好记录。可利用屏幕上首次显现的回波距离作为判断物标类型的依据。例如，在海上，10 n mile 处最初认出回波光点，一般可推测为中型船；超出 10 n mile 出现光点，可能是大型船；等等。适当调低“增益”也有助于辨认物标，如浮标附近有锚泊的船。当“增益”降低时，回波减弱的浮标首先消失，由此可对目标进行辨认。

4.1.3 雷达定位方法与精度

(1)雷达定位的方法

根据物标回波特点及位置分析，雷达定位的方法大致可以分为以下几种：

①单物标距离、方位定位

单物标距离、方位定位是航海中常用的定位方法之一。只要能同时测得单物标的距离和方位，就可以定位。该方法是利用雷达同时测定孤立、显著的一个物标的距离和方位来确定船位的。这种方法简单而快速。如果用陀螺罗经目测物标方位来代替雷达方位，定位精度会提高。正横测距定位就是这种方法的特例，也是比较常用的一种方法，但是物标一旦认错就会产生严重的后果。

②多物标距离定位

当物标位置分散且回波特性符合要求，则可以选择合适的两个或两个以上的物标距离来确定船位。如果位置线交角合适，在相同条件下，多物标距离定位方法是精度最高的方法。

③多物标方位定位

影响物标方位精度的因素很多，因而测物标方位的方位误差很大。在用物标方位定位时，应尽量采用三物标方位来定位，避免两物标方位定位。用物标方位来定位作图方便快捷。可先采用物标方位定位辨认物标，再用距离定位获得正确的船位。

④多物标距离、方法混合定位

距离和方位定位的组合方法很多，如两个物标方位和一个物标距离定位、两个物标距离和一个物标方位定位等。多种方法共用可提高船位定位精度，另外可用来校核物标辨认的正确性。

(2)雷达定位的精度

由于雷达图像存在“角向肥大”、罗经引入的误差及易受外界影响等干扰，一般来说用测距定位比测方位定位好。

就位置线数目来说，三条位置线定位精度高于两条位置线定位精度；就物标远近来说，近距离定位精度高于远距离定位精度；就位置线交角来说，用两条位置线定位时，交角越接近 90°越好，用三条位置线定位时，交角越接近 120°越好；就物标回波特性来说，用孤立、点状及位置可靠的物标或迎面陡峭、回波边缘清晰、明显的物标定位为好。此外，定位精度还和测量方法、速度及作图技巧等有关。

当各种条件相同时，上述几种定位方法的精度高低的排序大致如下：①三物标距离定位；②两物标距离加一物标方位定位；③两物标距离定位；④两物标方位加一物标距离定位；⑤单物标距离方位定位；⑥三物标方位定位；⑦两物标方位定位。

4.2 雷达导航

船舶在进出港、狭水道及沿岸航行时，虽然有航标助航，但是由于航行区域来往船只多、地形复杂且危险物多，尤其能见度不良时，借助于雷达来协助航行是很方便的。雷达常借助平行指示线(parallel index line)进行导航，不过现代雷达一般也具备绘图导航、海图导航以及航路点功能。

4.2.1 传统平行指示线法导航

平行指示线即平行于本船艏向且相互平行的指示线。雷达可至少提供 4 条平行指示线。平行指示线的方向和距离可以由操作者设置，帮助本船航行时和岸线及危险物保持既定的安全距离，以方便地实现安全导航。根据使用的场景不同，平行线指示法又分为距离避险线法(安全距离线)及方位避险线法(安全方位线)。避险位置线是一条作为安全水域与危险水域分界线的位置线。

(1)距离避险线法

当船舶为避开正横方向的危险物时可使用距离避险线法，即避险物标和危险物连线垂直于船舶航线时。例如，沿岸航行，使船舶随时保持与避险物标有一定距离，这时可用雷达的距离圈作为距离避险线。在海图上求出以用来避险的物标为圆心、安全距离为半径的圆的外切线即距离避险线。

图 4.2-1 为距离避险线的使用图例：虚线为雷达距离避险线，它是由避险物标的安全距离圈的切线组成的；实线为船舶的计划航线。船舶航行时应随时保持在安全距离避险线的外侧航行。实际操作时，可用方位标尺线协助：将方位标尺指向航向，并用活动距离

圈定出与避险物标距离相对应的标尺线，航行时，将避险物标回波影像一直放在避险线标尺线的外侧即可。

雷达安全距离的大小由驾驶员或船长根据当时当地的具体情况（如船舶类型密度、天气、能见度、流向流速等）、本船操作性、值班驾驶员的技术水平等因素决定。用来避险的物标应选取回波强而明显、测距误差小且容易辨认的物标。

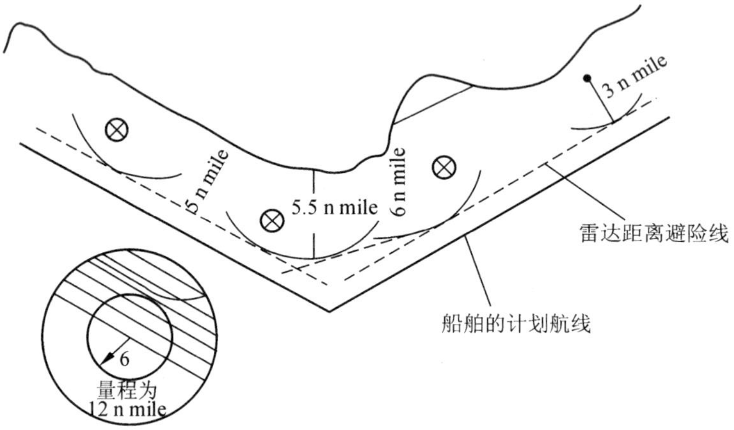

图 4.2-1 距离避险线的使用图例

（2）方位避险线法

当船舶的航向和岸线或多个危险物连线的方向近于平行时，为了安全地避离航线附近的危险物，可用方位避险线标明危险物标的所在方位。在海图上求得物标的危险方位，在显示器上将方位标尺置于该危险方位上。航行中，应将物标回波始终放在方位避险线的安全一侧。船首线与方位避险线之间的距离可由活动距标圈指示，应随时核实船位，保证船位确实位于方位避险线的安全一侧，如图 4.2-2 所示。图 4.2-2 中，左侧是危险的，右侧是安全的。

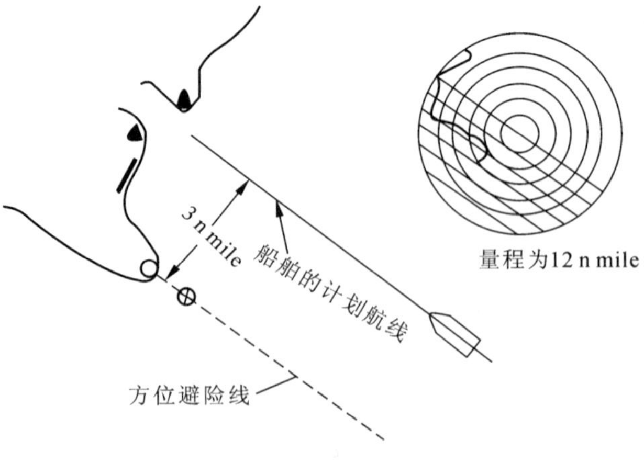

图 4.2-2 方位避险线的使用图例

4.2.2　绘图导航

现代雷达能够借助驾驶员绘制的图线和符号实现导航功能。IMO 雷达性能标准规定，使用者能够使用线、符号和参考点等图形元素手动创建或修改、保存、加载和显示相对于本船或某一地理位置的简单的地图/导航线/航线。使用绘图特定的符号能够在屏幕上标记雷达探测不到的浅滩、沉船、暗礁和其他水下障碍物，还能在航道、分道通航制等区域划定航行界限，标记航标。在不需要这些绘图标记时，通过简单的操作就能方便地去除这些图形显示。

地图/导航线/航线由直线、符号和参考点组成，其外观、颜色和标识满足 IMO SN/Circ. 243 的要求。通过标定地理位置，创建沉船、暗礁、浅滩等水下碍航物的标识。所创建的地图导航线/航线可根据航行环境或需要进行修改、保存和调用。参照地理位置设置本船计划航线，标识浅滩边界线和锚位等特殊标记，可以创建一个简单的雷达导航图，实现个性化雷达导航，如图 4.2-3 所示。

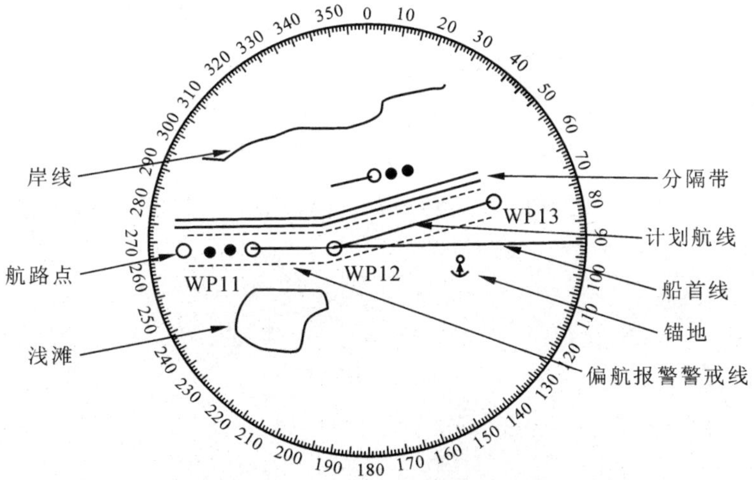

图 4.2-3　雷达绘图导航

地图/导航线/航线标识不应明显影响雷达信息，雷达绘图可能遮挡如小渔船等小目标的回波。值班驾驶员应根据航行需要，通过激活或消除某一类绘图元素保持雷达屏幕"清爽"，兼顾雷达导航和雷达观测的需要。绘图元素可以利用"图像显示关闭"功能暂时使雷达绘图元素消除，也可以利用"绘图关闭"功能使绘图元素从雷达屏幕上消除，使隐藏在绘图元素中的目标容易被观测到。

4.2.3 海图导航

传统雷达只能够探测到水面以上具有较强电磁波反射能力目标的迎向面，无法获取航行环境完整的水文地理信息，限制了它在船舶导航中的应用。电子海图显示的信息来源于海图测量数据，涵盖了纸质海图上的所有航行环境信息如高程、水深、底质、碍航物、助航标识、锚地、航道等。这些航行环境信息在船舶导航过程中具有非常重要的意义。随着航海信息处理技术的发展，将电子海图叠加到雷达图像上成为现实，促进了航海雷达导航功能的发展。根据IMO雷达性能标准，雷达可以提供电子航海图(ENC)和其他矢量海图信息的显示功能，以协助航行和船位监视。该功能无疑为雷达导航拓展了新的空间，极大地增强了雷达的导航功能。

在IEC62388雷达性能及测试标准中，将能够在雷达图像上叠加电子海图的雷达称为海图雷达，目前全球各大船舶导航设备厂商均已开发了自己的海图雷达。海图雷达集成了电子海图的基本功能和船舶导航雷达的全部功能，能够在雷达图像的基础上显示官方电子航海图或其他矢量海图信息，显示的海图信息密度可由驾驶员选择，从最简单海岸线及航标显示到海图信息的全面显示，如图4.2-4所示。海图雷达除了提供本船、本船周围的静态目标、动态目标三者之间的位置关系外，还提供了本船航行水域的水文地理信息，帮助驾驶员更好地完成船舶定位、导航和避碰任务。

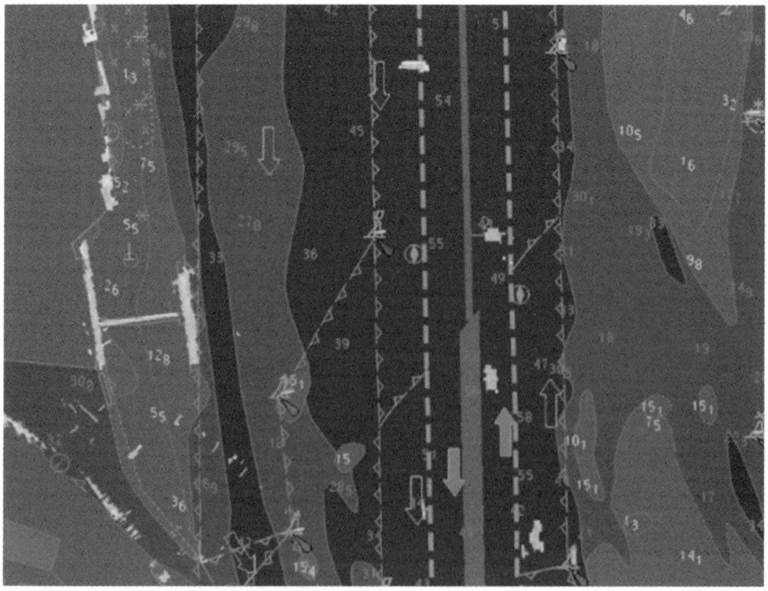

图4.2-4 海图导航

4.2.4　航路点导航

航路点导航虽然不是性能标准要求的必备功能，但很多雷达具备可以从电子定位系统(Electronic Position Fixing System，EPFS)、电子海图显示与信息系统(Electronic Chart Display Information System，ECDIS)、综合导航系统(Integrated Navigation System，INS)中提取转向点和接收航线信息的功能，或采用标记航路点后生成航线来实现船舶导航任务。图 4.2-5 所示为电子海图叠加雷达图像时，在雷达屏幕上实现的航路点导航画面。在导航过程中，可选择 North－up 对地真运动显示方式，驾驶员需操纵船舶使雷达的统一公共基准点(Consistence Common Reference Point，CCRP)即本船船位始终位于计划航线上。这种导航方法可在各海区实现船舶导航，导航的精度取决于 GNSS(Global Navigation Satellite System)接收机定位的精度和驾驶员的操船水平。

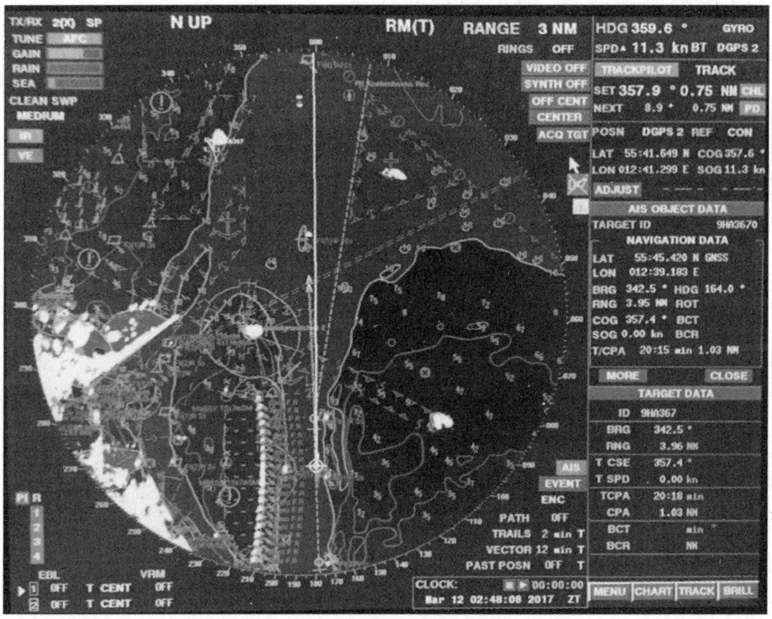

图 4.2-5　航路点导航

4.2.5　雷达导航的注意事项

在进出港或者在狭水道航行时，特别是在恶劣天气条件下航行时，由于条件复杂、时间紧迫，不可能花很多时间来判读图像、作图、解算等，这就要求当值驾驶员应根据图像及当时当地的形势，立即采取正确措施以保证安全航行。根据上述特点，在雷达导航中注意以下几点：

①在船舶进入导航水域前，应仔细研究导航区域的情况（如主要物标、转向点位置及转向数据、导航物标及危险物的位置及特点等），设定好避险线及本船的计划航线，并了解掌握当时当地的风流及船舶动态，做到心中有数；应利用一切有利时机，分析雷达图像与海图实际情况的差异，积累经验。

②船舶在狭水道中航行，由于路标近、方位变化快，这就要求驾驶员随时随地对照海图，准确、快速地辨认和测定物标，以便用相应的物标进行导航。

③狭水道都用浮标标示航道，因此驾驶员要熟悉各浮标回波影像的特点，了解它们的探测距离，认真识别，如有怀疑，应立即设法用岸上的可靠物标进行校核。

④狭水道中出现假回波的可能性很大，应注意识别，尤其小船和浮标的回波也较难识别，应仔细正确辨别，不可混淆。

⑤应充分利用雷达方位标尺线及或活动距标圈协助判断船位，节约时间。

⑥不能仅依赖雷达进行观测瞭望。为了有足够的时间进行雷达图像的判读，除了派有经验的人员进行雷达观测外，船速应尽量放慢。

⑦进入狭水道前要备好雷达，将雷达调节到最佳状态。显示模式的选择，要根据具体情况确定，一般来说，用真运动显示模式为好。无真运动显示模式时，若航道变向不大，则用船首向上显示模式为好；若航道弯曲，变向频繁，则用真北向上显示模式为好。量程要根据当时的视距、船舶密度、航道的情况及本船的速度、操纵性能等决定。

复习思考题

(1)识别和辨认雷达回波应注意些什么？

(2)试说明雷达定位方法的种类，并比较它们的精度。

(3)传统的雷达避险法有哪两种？如何操作？

(4)什么是雷达绘图导航？如何操作？

(5)什么是雷达航路点导航？如何操作？

(6)什么是海图导航？如何操作？

(7)在狭水道和进出港时使用雷达导航应注意些什么？

第5章

雷达目标自动跟踪

20 世纪 70 年代，随着计算机技术的不断发展，使用计算机技术帮助船舶驾驶员解决目标连续跟踪的问题以及在交通繁忙时对目标运动进行分析，是当时的一项迫切任务。在过去几十年间，已开发的许多半自动装置完成了这项任务。第一个被 IMO 与其他主管机构认可的自动跟踪设备是自动雷达标绘仪(ARPA)。1979 年，IMO 曾为 ARPA 制定了性能标准，此后很多船舶安装了 ARPA，尤其是大型船舶。1995 年，IMO 通过了新的 ARPA 性能标准[A. 823(19)决议]，此标准仍将 ARPA 作为独立于雷达的附属设备对其性能进行了限定，只是略微降低了在较小船舶或大型船舶上将 ARPA 用作标绘装置的技术要求。2004 年，IMO 在其通过的最新雷达性能标准[MSC. 192(79)决议]中取消了专业术语“ARPA”，取而代之的是“目标自动跟踪”(Target Tracking，TT)，它也包括自动识别系统(Automatic Identification System，AIS)。这意味着 ARPA 不再作为独立于雷达存在的设备，而是作为现代雷达的一个基本配置，与 AIS 一起作为现代雷达的目标自动捕获和跟踪装置。

5.1 雷达目标跟踪基本原理

观测目标位置的相继变化以建立其运动的过程，称为雷达的“目标跟踪”。雷达在实现对目标的稳定跟踪前，必须在充满噪声和杂波干扰背景中检测出目标并进行目标录取。

5.1.1 目标检测

雷达目标检测，即在噪声和杂波干扰背景中识别出存在的目标。在雷达 TT 装置中，目标检测是在预处理后进行的，预处理只是改善了判别的条件，杂波预处理后的信号仍然存在剩余杂波。雷达 TT 装置常采用数字式滑窗检测器(Moving Window Detector)自动检测目标是否存在。

数字式滑窗检测器结构简单，性能良好，其构成原理框图如图 5.1-1 所示。

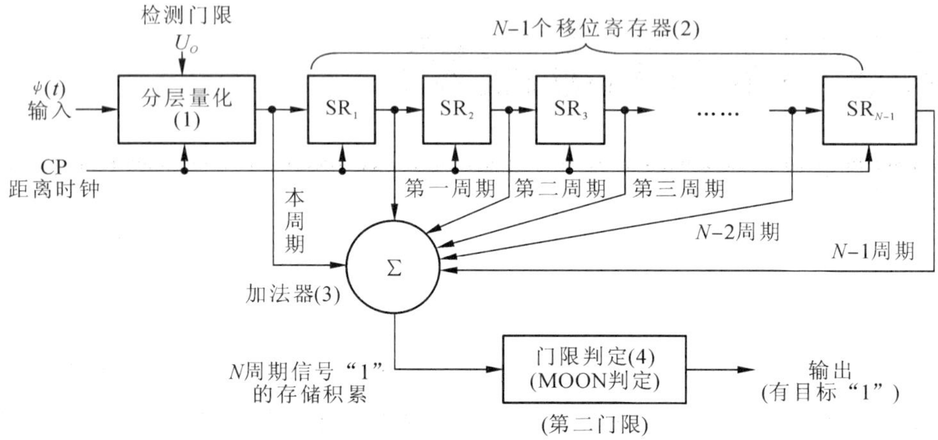

图 5.1-1 数字式滑窗检测器构成原理框图

由图 5.1-1 可见，数字式滑窗检测器由分层检测门限“量化器”(原始视频信号 A/D 转换)、$N-1$ 个移位寄存器、加法器及门限判定器四部分构成。最简单的分层量化是二分层，现在多采用十六分层将视频信号变换为 0、1 数字视频；$N-1$ 个移位寄存器是数字延迟线，每个移位寄存器的延时时间等于雷达探测脉冲重复周期 T，在距离时钟驱动下，0、1 数字视频依次右移，存储 $N-1$ 个回波数字视频信息；加法器对应前后 $N-1$ 依次串接加上实时周期的信号，共有 N 个周期数字视频送入门限判定器；门限判定器按判定门限对 N 个周期数字视频进行判定，即在距离时钟驱动下，加法器收到的是检测全程的动态数字回波视频，这相当于一个方位宽度为 N、距离宽度为一个距离量化单元的窗孔，沿距离和方位不断“滑动”进行自动检测，此即“滑窗检测器”名称的由来。

加法器收到的 n 个 0、1 信号的和值为 0 到 n 的某一值，其中有目标回波的信号，有的是干扰。为了判别信号和干扰，或判断每一个量化单元内目标有无，采用了 M/N 准则作为判据。M/N 准则的原意是 MOUTOFN，又称为 MOON 准则。MOON 表示在 N 次探测中，若某量化单元内累积出现的回波“1”的次数$\geqslant M$，则判断该单元内发现了目标，于是判定器输出“1”；否则，判断为无目标，判定器输出“0”。

MOON 判据中的 M/N 值的大小对 ARPA 自动检测性能的影响显著。N 大，目标不易丢失，M 大，不易发生误将干扰视为目标的错误，检测可靠性高；反之，检测可靠性低。例如，D-ARPA 的 $M/N=6/8$，表示在连续 8 次探测中，出现回波“1”的次数为 6 以上才承认在该量化单元内发现了目标，其检测性能显然比 SperryCAS-I($M/N=2/3$)要好得多。

5.1.2 目标录取

雷达跟踪目标的选择及其跟踪的开始，称为雷达的“目标录取”。目标录取的任务为获取目标的距离、方位数据以及目标的属性、尺度数据等信息，包括两种方式——人工录取和自动录取。

(1)人工录取

人工录取是指用手摇(或推动)操纵杆或跟踪球，控制显示器电路产生的录取标志在荧光屏上的位置。当套在欲录取的目标回波亮点上时，按下录取开关，则将录取标志的坐标数据作为物标的初始位置并输入计算机，完成目标录取任务。此时，在已被录取目标回波的旁边便显示初始录取符号，雷达启动跟踪电路，并在录取目标处设置扇形跟踪窗，跟踪窗中心将与目标回波中心自动重合，自动跟踪就从该位置开始。

优点：可以按照危险程度作出先后录取的方案，一般先录取船首向、右舷、离本船近的相遇船，录取目的性明确；运用观测经验，较容易在干扰背景中识别和录取目标。

缺点：录取操作过程费时间、速度慢，在多目标复杂情况下容易措手不及；如果观测疏忽，可能漏掉危险目标；目标的运动态势及危险程度随时变化，需重复进行录取操作和连续观测，值班驾驶员负担较重。

(2)自动录取

自动录取是指从发现目标到各个目标位置数据送入计算机的整个录取过程由机器自动完成，仅一些辅助控制由操作者介入。

自动录取设备的组成框图如图 5.1-2 所示

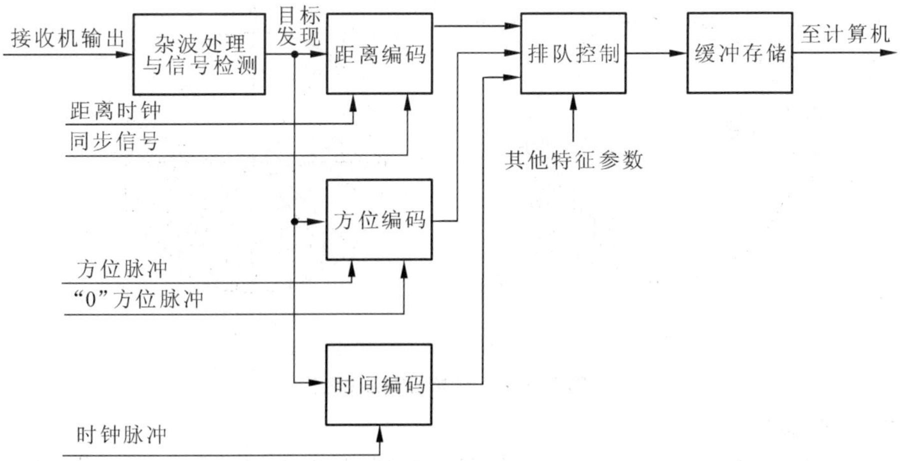

图 5.1-2 自动录取设备的组成框图

利用自动检测设备送出的已发现目标的信号去录取目标的距离、方位坐标数据并进行编码。为实现多目标录取，按照发现目标的先后进行时间编码。距离、方位及时间编码经排队控制，使之有序地经缓冲存储器送入计算机。

在“排队控制”处输入辅助控制信号以实现辅助控制，其目的是：①使已录取的各目标坐标数据有次序地送入计算机；②提高自动录取目的性，以有效利用雷达 TT 录取总数；③提高录取速度。

雷达常用的几种辅助控制的方法如下：

①设置优先区

优先区按不同区域的危险程度不同，设置成三个区：第Ⅰ区，船首向±45°范围内；第Ⅱ区，处在本船正横前方与第Ⅰ区之间的区域；第Ⅲ区，在本船正横之后，如图 5.1-3 所示。录取的优先顺序：先录取第Ⅰ区，然后依次录取第Ⅱ、Ⅲ区内的目标。

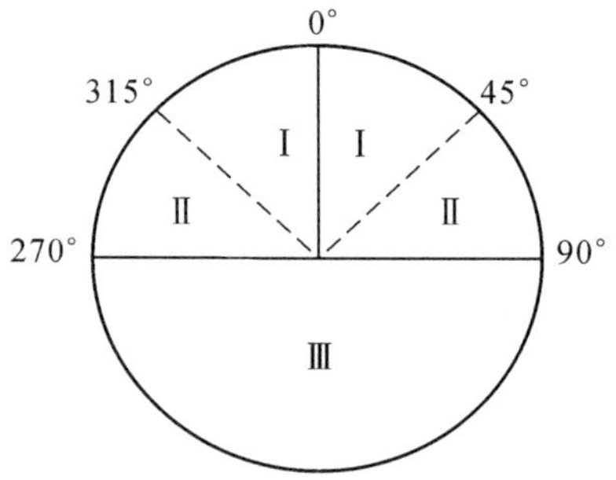

图 5.1-3 设置优先区

②设置限制线(区)

如图 5.1-4 所示，由限制线构成的限制区是雷达拒绝录取区，往往是陆地、岛屿等无需雷达录取的区域，如图中的斜线部分。

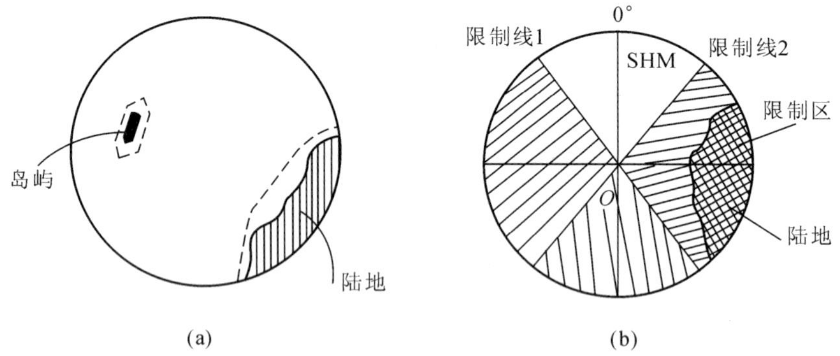

图 5.1-4 设置限制线(区)

③设置警戒区

如图 5.1-5 所示，其中 5.1-5(a)为警戒圈，半径可按需设定；5.1-5(b)为扇形警戒区，其扇形张角及径向深度可按需设定；5.1-5(c)为内外两个半圆环，外环设在船首向，内环设在船尾向。

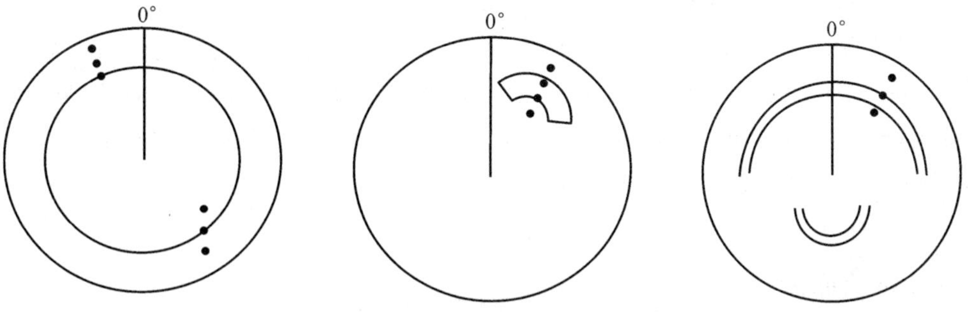

图 5.1-5　设置警戒圈(环、区)

对闯入警戒圈(区、环)的目标,雷达将发出闯入报警(包括闯入时的音响报警及在闯入目标回波旁显示闯入标识符),并进行自动录取和跟踪。注意:对已经处在警戒圈(区、环)以内的目标,雷达不报警,也不录取。

自动录取的优点:录取速度快,可应对多目标态势;能自动作出优先录取的方案;无须连续观测,可减轻驾驶员负担。

自动录取的缺点:可能会造成虚假录取,误将干扰、陆地或岛屿当作目标录取;可能会漏掉在杂波干扰区外的弱小目标。此外,由于雷达目标优先录取准则较简单,有的还不尽合理(如图 5.1-3 中优先区的划分未提及目标船与本船的距离及运动态势,是不全面的),难以适应多目标且运动态势复杂的场合,容易漏掉危险度较大的目标而酿成悲剧。

综上,人工录取与自动录取各有优缺点,使用中应根据航行水域船舶数量、航行态势及国际避碰规则等酌情选用。一般而言,若相遇船舶数量较少,自动录取优点难以体现,可采用人工录取;反之,则选择自动录取。

按照 MSC.192(79)决议,船舶应有人工捕捉雷达目标功能,捕捉数量应按表 5.1-1 规定的要求来设定。

表 5.1-1　适用于 SOLAS 公约的不同吨位船舶的性能要求的差别

船舶总吨位	＜ 500 GT	500～10000 GT	≥10000 GT
最小操作显示区直径	180 mm	250 mm	820 mm
最小显示范围	195 mm×195 mm	270 mm×270 mm	340 mm×340 mm
最小捕捉目标	—	—	是
最小激活雷达目标数	20	30	40
最小激活 AIS 目标数	20	30	40
最小休眠 AIS 目标数	100	150	200
试操作	—	—	是

按照 MSC. 192(79)决议，不论人工或自动录取，录取目标总数应不少于 20 个。目前，雷达的实际录取目标容量已达到 10～40 个，因不同生产厂家、不同型号而异。雷达在使用中，当录取数超过录取总数时，雷达会发出报警(如“Over20”)，此时，可用“人工清除”(Manual Cancel)功能，清除那些对本船而言已不太危险的目标，如目标船已过本船正横或改向等，腾出录取数去录取更需要录取和跟踪的目标。

5.1.3 目标跟踪

根据 IMO 的定义，雷达的“目标跟踪”为观测目标位置的相继变化以建立其运动的过程。

对雷达原始视频的量化、杂波处理、数字自动检测以及目标数据录取，可称为对雷达信息的“一次加工”。由其所得到的目标坐标数据是孤立的、离散的。为使雷达能够有效保障船舶航行安全，还需要了解运动目标的航迹和判明相遇船目标的运动规律。为此，要利用目标运动的相关特性，将“一次加工”获得的离散的点迹数据连成航迹，实施目标自动跟踪，计算目标的航向航速，进而计算目标未来的位置以及判明其运动规律，此称为对雷达信息的“二次加工”。其首要环节是建立运动目标航迹，实现目标跟踪。

雷达对目标的跟踪，是采用天线边扫描边跟踪的方式进行的。在数据处理中，必须同时解决两个问题：一是解决“航迹相关”，确认同一个目标数据；二是解决“航迹外推”，预测目标未来位置。

雷达天线扫描周期以秒级来计量，在扫描期间，同一目标的移动距离将大于一个距离单元，而在同一距离单元内出现的点目标未必是同一目标。因此，要想把目标运动点迹连成航迹，必须采用航迹相关的方法，以选择、识别出同一目标的位置数据。航迹相关处理方法的基本思路是以预测天线扫描下一周期到来时的目标点位置为中心，确定相关区，进入该区的目标才认为是同一目标。

如果雷达测量的同一目标的位置都是无误差的，那么只要将相继测量点数据相连接便是目标的运动航迹，跟踪就成为十分简单的问题。然而，运动目标位置的测量和录取总伴随着随机误差，即测量噪声，则问题将变得十分复杂，必须对录取的点迹数据进行滤波处理，以求解接近真值的估值，得到最佳估计，从而获得目标最佳的预测位置。

航迹相关和航迹外推这两个紧密结合的环节便构成了目标自动跟踪。

(1)航迹相关

设目标只在一个坐标(X)方向上做匀速直线运动，如图 5.1-6 所示。

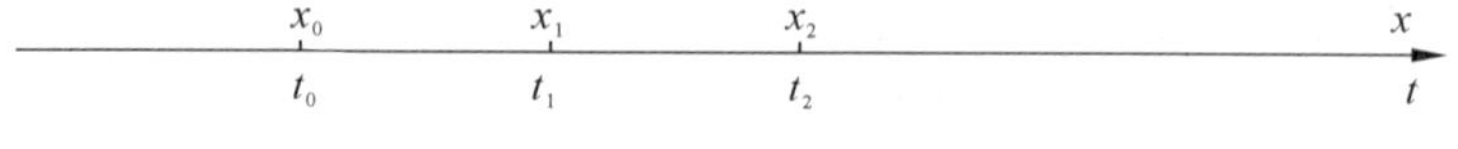

图 5.1-6 直线运动航迹相关

当天线相继两次扫过目标时，录取到两个点迹坐标 x_0、x_1，分别为 $t=t_0$、$t=t_1$ 时的目标位置坐标值。由于目标做匀速直线运动，不难算出 $t=t_2$ 时的“前置点”（或称“预测点”），即下一周天线扫掠目标的预测坐标为

$$x_{P2}=x_1+\frac{x_1-x_0}{t_1-t_0}(t_2-t_1) \tag{5.1-1}$$

若天线匀速转动，则 $t_2-t_1=t_1-t_0$，上式可简写为

$$x_{P2}=2x_1-x_0 \tag{5.1-2}$$

若目标做匀速运动，且雷达测量无误差，则在 t_2 时测得的 x_2 与式(5.1-2)计算的 x_{P2} 一致。但是，雷达测量总存在误差，且是随机的，目标可能有机动，其机动规律往往是不可预知的，因而 x_{P2} 和 x_2 总存在预测误差。为此，可确定一个误差范围 Δx，按此范围设定一个判断界限值（如 $\Delta x/2$）：凡预测与实测差值小于该界限值，则判定为相关；反之，则判定为非相关。Δx 称为“相关范围”，或加上一定的角度范围时称为“相关波门”，又简称“波门”。

按上述规则可以分析水上船舶运动的航迹相关问题。水面目标是在二维坐标中运动的，在常用的距离 R、方位 α 的极坐标系中，相关区可表示为

$$|R_{P2}-R_2|\leqslant\frac{\Delta R}{2}$$

$$|\alpha_{P2}-\alpha_2|\leqslant\frac{\Delta\alpha}{2} \tag{5.1-3}$$

式中：ΔR 为相关波门的距离；$\Delta\alpha$ 为相关波门的角尺度；R_{P2} 为 t_2 时刻的预测距离；α_{P2} 为 t_2 时刻的预测方位；R_2 为 t_2 时刻的实测距离；α_2 为 t_2 时刻的实测方位。水上船舶航迹相关如图 5.1-7 所示。

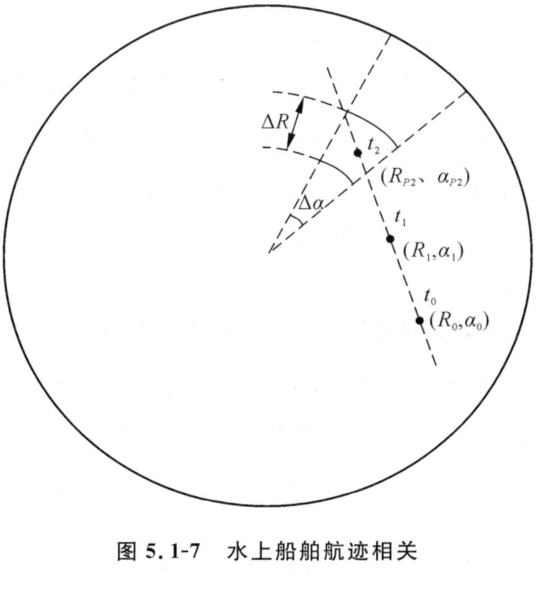

图 5.1-7　水上船舶航迹相关

图 5.1-7 中，设定的相关区为扇形区，其深度和宽度分别为 ΔR、$\Delta\alpha$。若实测数据 R_2、α_2 落入以(R_2，α_2)为中心的相关区，则判定 R_2、α_2 为同一目标数据；反之，则不属于同一目标数据。

船用雷达常用“波门法”实现航迹相关判断，波门以预测位置为中心进行设置，确定相关波门尺寸必须考虑到雷达及录取设备误差、航迹外推用的滤波器的误差、目标机动范围与速率、天线扫描周期等因素，但波门尺寸至少应保证在下一次采样到来时，对同一目标的预测与实测位置差修正后的“平滑位置”处在该波门内，以保持连续跟踪。这样，凡是进入波门的信号就认定为相关，判为同一目标的新点迹；否则，就认定为非相关，判为其他目标的点迹。

(2)航迹外推

有关滤波的理论是由美国数学家诺伯特·维纳、苏联数学家柯尔莫哥洛夫于 20 世纪 40 年代奠基的，至今已涌现出维纳滤波、α-β 滤波(常增益、变增益、自适应)、α-β-γ 滤波、Kalman 滤波等方法。不过，在现代船用雷达目标跟踪中，为提高非匀速直线运动目标的跟踪精度和可靠性，会普遍采用变增益 α-β 滤波，有些雷达也采用 α-β-γ 滤波或 Kalman 滤波。

①变增益 α-β 滤波

传统 α-β 滤波器可用下列方程组表示

$$
\begin{aligned}
\bar{x}(n) &= x_p(n)+\alpha[x(n)-x_p(n)] \\
\bar{\dot{x}}(n) &= \bar{\dot{x}}(n-1)+\frac{\beta}{T}[x(n)-x_p(n)] \qquad (5.1\text{-}4) \\
x_p(n+1) &= \bar{x}(n)+\bar{\dot{x}}(n)\cdot T
\end{aligned}
$$

式中：n 为采样序数；T 为采样周期(通常取天线扫描周期)；$x(n)$ 为第 n 次采样实测位置；$x_p(n)$ 为第 n 次采样预测位置；$\bar{x}(n)$ 为第 n 次采样平滑位置；$\bar{\dot{x}}(n)$ 为第 n 次采样平滑速度；α 为位置平滑(修正)系数；β 为速度平滑(修正)系数。

跟踪程序按式(5.1-4)进行设计，跟踪过程示意图如图 5.1-8 所示。预测、实测与平滑位置的关系如图 5.1-9 所示。

从图 5.1-8 可见，第 n 次采样预测位置 $x_p(n)$ 是从第 $n-1$ 次平滑位置 $\bar{x}(n-1)$，以第 $n-1$ 次的平滑速度 $\bar{\dot{x}}(n-1)$ 平滑而得到；第 n 次雷达实测位置为 $x(n)$；第 n 次平滑位置 $\bar{x}(n)$ 是 $x_p(n)$ 经位置平滑系数 α 修正而得到的，修正量为 $\alpha[x(n)-x_p(n)]$；第 n 次平滑速度 $\bar{\dot{x}}(n)$ 是从 $\bar{x}(n)$ 开始，以第 $n-1$ 次平滑速度 $\bar{\dot{x}}(n-1)$ 经速度平滑系数 β 修正而得到的，修正量为 $\frac{\beta}{T}[x(n)-x_p(n)]$。第 n 次到第 $n+1$ 次及以后的情况类同。

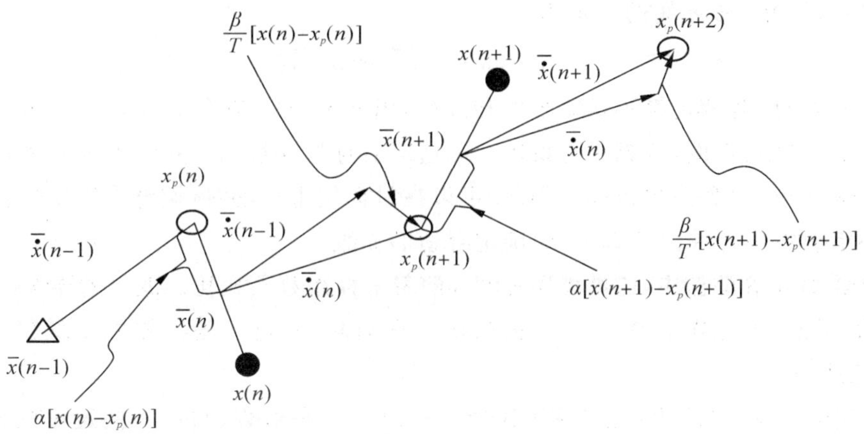

图 5.1-8 α-β 滤波器跟踪过程示意图

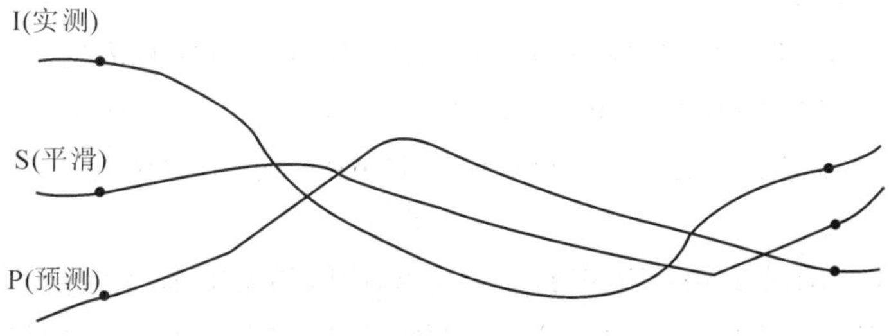

图 5.1-9 α-β 滤波器预测、实测与平滑位置的关系

从图 5.1-8 及图 5.1-9 均可看出，在跟踪过程中，随着采样序数的增加，预测与实测的位置差越来越小，位置及速度的修正量也逐次减小，最终使实测与预测的位置差基本一致而进入稳定跟踪状态，从而达到自动跟踪目标的目的。

可见，α-β 滤波器的跟踪过程就是根据目标实测位置及经计算得到的目标航速、航向数据计算目标预测位置、平滑位置及平滑速度。置跟踪波门的中心于预测位置[$x_p(n)$，$y_p(n)$]，于是，当目标移动时，随着天线扫描，跟踪波门位置也跟着变化，但这种变化是跳跃式的，因为跟踪波门中心始终与预测位置一致，当进入稳定跟踪后，实测与预测位置趋于一致，所以，跟踪波门中心移动的轨迹也就是目标的运动航迹。

α、β 取值应考虑的因素很多，如系统稳定性、暂态特性、稳态误差、对目标机动的适应性等。显然，α、β 取值不可能同时满足上述各方面的要求，实际上只能根据不同要求而采用不同的取值方法。

在跟踪过程中 α、β 变化的滤波器称变增益 α-β 滤波器。若从最小误差平方和准则出发，导出 α_n、β_n 按采样序号 n 递推变化来取值的方法，则 α_n、β_n 可写为

$$\alpha_n=\frac{2(2n-1)}{n(n+1)} \qquad n>1$$

$$\beta_n=\frac{6}{n(n+1)} \qquad n>1 \tag{5.1-5}$$

消去 n，可得 α、β 之间的关系为

$$\beta=4-2\alpha-\sqrt{\alpha^2-16\alpha+16} \tag{5.1-6}$$

由上式可见，为满足最小误差平方和准则，当 $n\to\infty$ 时，应有 $\alpha\to0,\beta\to0$。但实际上目标并非总是匀速运动的，且难免有机动。为适应目标机动性，$\alpha=\beta=0$ 是不可取的，α、β 应保持一个最小值，以免丢失目标。因此，可以在目标发生机动时，调整采样序号 n，从而确定、选用相应的 α 值，并由式(5.1-6)确定合适的 β 值。

在变增益 α-β 滤波中，滤波增益 α 和 β 随着采样次数而变化。随着采样次数的增加，开始很大的预测误差逐渐减小，α、β 也从很大逐渐减小，进入稳态跟踪后保持一个最小值，以免丢失目标。

自适应 α-β 滤波是针对系统跟踪的暂态过程、稳态过程、目标不同速率的机动及目标跟踪丢失等不同情况，自动调用相应的 α、β 参数组的一种变增益 α-β 滤波，其目的是进一步提高目标机动自适应性。

在自适应 α-β 滤波器里，当检测出目标机动（观测值与预测值之差超出目标正常匀速直线运动的跟踪误差值）时，自动提高 α、β 值；但目标处于高速机动时，则立即调整回跟踪初始值 $\alpha=\beta=1$，以防目标丢失而中断跟踪，高速机动过后又恢复 α、β 到稳态跟踪时的最小值。

总的来说，α、β 取较大值适用于初始建立跟踪阶段和目标作快速大幅度机动时期。α、β 取较小值适于稳态跟踪时，目标无机动或机动速率很小时，目标跟踪丢失、系统进行惯性外推时（此时应取 $\alpha=\beta=0$）。

显然，α、β 参数组数越多，系统跟踪性能及对目标机动适应性能越好。目前，有的船用雷达只选用 2 组，而港口雷达自动跟踪系统有的选用 16 组，有的空中管制系统则选用 48 组。

②α-β-γ 滤波

α-β-γ 滤波是 α-β 滤波的扩展，在位置、速度的基础上引入加速度，γ 用于对加速度进行修正，以下是 α-β-γ 滤波方程

$$\left.\begin{aligned}
\bar{x}(n)&=x_p(n)+\alpha[x(n)-x_p(n)]\\
\bar{\dot{x}}(n)&=\bar{\dot{x}}(n-1)+\frac{\beta}{T}[x(n)-x_p(n)]\\
\bar{\ddot{x}}(n)&=\bar{\ddot{x}}(n-1)+\frac{2\gamma}{T^2}[x(n)-x_p(n)]\\
x_p(n+1)&=\bar{x}(n)+\bar{\dot{x}}(n)\cdot T
\end{aligned}\right\} \tag{5.1-7}$$

若取状态向量 $\boldsymbol{X}=[x \quad \dot{x} \quad \ddot{x}]$，分别对应目标位置、速度、加速度三项分量，设离散时间系统的状态方程为

$$X(k+1)=\boldsymbol{F}(k)X(k)+\boldsymbol{G}(k)\boldsymbol{W}(k) \tag{5.1-8}$$

式中：$\boldsymbol{F}(k)$为状态转移矩阵；$X(k)$为状态方程；$\boldsymbol{G}(k)$为系统噪声驱动矩阵；$W(k)$是零均值、白色高斯过程噪声序列，且满足 $E[W(k)W(j)]=Q\delta_{kj}$。

离散时间系统的量测方程为

$$Z(k+1)=\boldsymbol{H}(k+1)X(k+1)+V(k+1) \tag{5.1-9}$$

式中：$\boldsymbol{H}(k+1)$为量测矩阵；$V(k+1)$为量测噪声阵，且满足 $E[V(k)V(j)]=R\delta_{kj}$。

在式(5.1-8)和式(5.1-9)中，状态转移矩阵、系统噪声驱动矩阵、量测矩阵，以及系统白噪声和量测白噪声的协方差分别为

$$\boldsymbol{F}(k)=\begin{bmatrix}1 & T & T^2/2\\ 0 & 1 & T\\ 0 & 0 & 1\end{bmatrix}$$

$$\boldsymbol{G}(k)=\begin{bmatrix}T^3/6\\ T^2/2\\ 1\end{bmatrix}$$

$$\boldsymbol{H}(k+1)=[1\quad 0\quad 0]^{\mathrm{T}}$$

$$Q=q/T$$

$$R=r$$

此时，滤波增益为$\boldsymbol{K}=[\alpha\quad\beta\quad\gamma]^{\mathrm{T}}$，则 $\boldsymbol{X}$ 的预测值为

$$X_p(k)=\boldsymbol{F}(k)X_p(k-1)+\begin{bmatrix}\alpha\\ \beta\\ \gamma\end{bmatrix}[Z(k)-\boldsymbol{H}(k)\boldsymbol{F}(k)X_p(k-1)]$$

以下简要介绍跟踪波门尺寸对系统跟踪性能的影响。

跟踪波门(跟踪窗)是个扇形窗，在自动跟踪系统中用直角坐标描述，如图 5.1-10 所示。

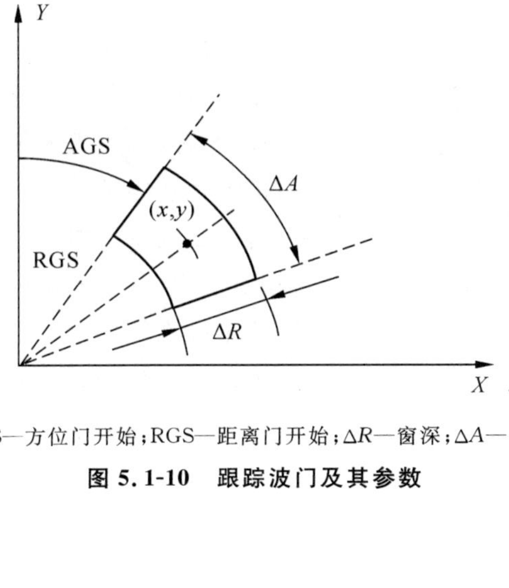

AGS—方位门开始；RGS—距离门开始；ΔR—窗深；ΔA—窗宽

图 5.1-10　跟踪波门及其参数

波门中心坐标为(x,y)，使用时置于预测位置。

该扇形窗在录取目标时，称为录取波门；在建立航迹进入跟踪后，称为跟踪波门。

关于波门尺寸大小，应考虑以下几点：

a. 初始录取波门应足够大，以便录取成功并建立起航迹。但录取波门又不可太大，否则将降低录取分辨力，即相邻目标的点迹容易同时进入该波门而出现目标混淆。为了在船舶拥挤的水域提高录取分辨力，有的雷达 TT 可改用“小窗录取”。“小窗”的窗深 ΔR＝量程的 8.5%；窗宽 ΔA＝10 个方位量化单元，小窗尺寸是常规窗的 1/4。

b. 在建立航迹后跟踪波门尺寸小有利于提高跟踪精度和分辨力。但尺寸不能太小，以免丢失目标，也不能太大，以免发生航迹混淆。

c. 为了适应不同尺寸的目标、目标机动及跟踪误差在建立航迹过程的变化等情况，波门尺寸的大小应能自适应调整。

从实际需要出发，波门尺寸应随着下列各种因素而变化：

a. 从手动转到自动的初始录取；

b. 暂态过程中采样序数的增加；

c. 目标不同的机动情况；

d. 不同的目标尺寸；

e. 目标距离的变化；

f. 雷达观测量程的变换；

g. 对目标发现概率的不同要求。

波门尺寸随上述因素变化而作自适应调整的计算程序将十分复杂，计算量很大，甚至难以进行实时处理。为了简化，目前雷达 TT 常用下列两种方法：

a. 波门尺寸按目标尺寸自动调节。根据自动检测得到的目标几何面积设置波门尺寸，使目标面积占波门总面积的 75%，其余的 25% 是考虑因目标机动或变换量程等其他因素影响而留的余地。

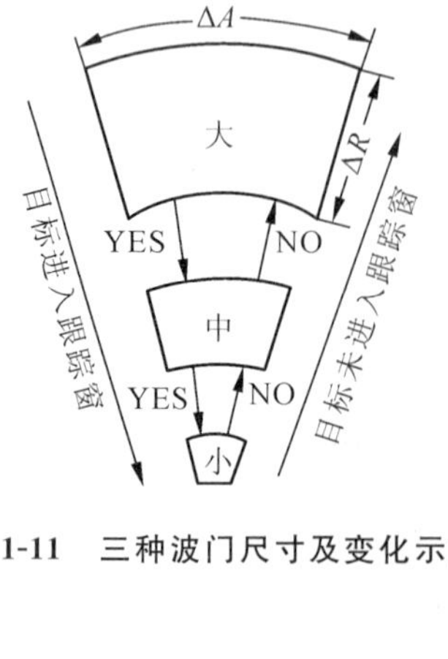

图 5.1-11　三种波门尺寸及变化示意图

b. 设置大、中、小三种波门尺寸，在跟踪过程中进行自适应调整。如图 5.1-11 所示，通常在初始录取目标时，用大波门；初始建立跟踪后用中波门；进入稳定跟踪后，用小波门。在稳定跟踪过程中，若目标因发生机动或其他因素未入小波门，则自动改用中波门；若能恢复跟踪目标，则改用小波门；若未能恢复跟踪，则改用大波门，待进入跟踪后，再改用中波门、小波门；若用大波门连续天线扫描 5 次，目标均未能进入大波门，则判定为目标丢失。

5.2　雷达目标跟踪误差源

5.2.1　IMO 雷达新性能标准要求的目标跟踪精度

根据 MSC.192(79)决议，对真航速能够达到 30 kn 的船舶，雷达跟踪设备应在 1 min 内稳定跟踪状态内显示目标的（相对）运动趋势，在 3 min 后显示其预测运动，精度值（95%概率）应在表 5.2-1 所示的范围内。

表 5.2-1　被跟踪目标精度（95%概率）

稳定状态时间	相对航向/°	相对航速/kn	CPA/n mile	TCPA/min	真航向/°	真航速/kn
1 min 运动趋势	11	1.5 或 10% （取大者）	1.0	—	—	—
3 min 预测运动	3	0.8 或 1% （取大者）	0.3	0.5	5	0.5 或 1% （取大者）

5.2.2　雷达目标跟踪误差源的类别

雷达目标跟踪的各种误差将影响其录取、跟踪、计算、判断及显示等多种功能，最终影响避碰行动的准确决策。所有能影响雷达目标跟踪精度的误差源分成以下三类：

（1）雷达传感器设备误差

雷达、罗经、计程仪等雷达 TT 系统的传感器本身就会产生误差，具体包括雷达测距和测方位误差、陀螺罗经测向误差、计程仪测速误差等。

（2）雷达数据处理不准确造成的误差

雷达数据处理不准确造成的误差主要受雷达采用的数据模型、信号处理方法以及数值计算方法、跟踪器精度等的影响，具体包括滤波处理误差、计算误差、目标调换以及录取假目标或杂波等。

（3）人为误差

这种误差是操作者对一些雷达目标跟踪概念有误解、操作不当、缺乏经验或疏忽所致，具体包括对显示模式的误解和误用、本船航速输入不当、对可能碰撞点（Possible Point of Collision，PPC）和预测危险区（Predicted Area of Danger，PAD）等图示信息的不正确解析以及试操船功能使用不当等（有关 PPC 和 PAD 的知识将在第 6 章阐述）。

5.2.3 雷达传感器设备产生的误差

输入 TT/ARPA 系统的雷达、计程仪、陀螺罗经数据有误差，将导致系统输出数据的误差。

(1)雷达测距误差

①当目标船横摇、纵摇和航向不稳定时目标闪烁，目标回波中心会在船长范围内移动而产生测距误差。当船长为 200 m 时，纵向标准误差为 1/6 船长（约 30 m），横向标准误差为 1 m。

②本船摇摆使天线位置移动而产生的测距误差与舷角有关。如果雷达天线安装在高出船舶横摇轴高度的 H 处，船舶横摇的角度为 B，那么天线横向的运动为 $H\sin B$（图 5.2-1）。对本船船首方位为 θ 的目标，测得的距离将存在距离误差 d，由下式得出

$$d = H\sin B\sin\theta$$

对于一般天线高度，船摇摆 10°时，此误差为 0～4 m。

③当距离量化单元为 0.01 n mile 时，因量化处理而产生的误差最大值为 0.01 n mile（矩形分布）。

④当利用非陡直的脉冲前沿进行测距而产生的误差为正态分布时，标准误差为 20 m。

(2)雷达测方位误差

①目标闪烁导致回波中心位置移动，当本船处在目标船正横附近时，目标闪烁将引起随机的测方位误差。

②天线旋转机构齿轮与方位发送机齿轮之间存在齿隙，在传送天线方位信号过程产生的方位误差的最大值为±0.05°。

③船舶摇摆导致天线位置及波束指向变化也会产生方位误差。如图 5.2-1 所示，雷达天线安装在高出船舶横摇轴高度的 H 处，船舶横摇的角度为 B，天线横向的运动为 $H\sin B$。从船首测得的方位为 θ，距离为 R 的目标，目标方位误差 e 可由下式得出

$$\tan e = \frac{H\sin B}{R}\cos\theta$$

因 e 很小，则有

$$e = \frac{H\sin B}{R}\cos\theta$$

可见，船舶摇摆使天线位置及波束指向变化而产生的方位误差具有象限性质，随船摇而作正弦变化，并与横摇周期具有相同周期。误差在 $\theta=0°$ 和 180°时最大，在 $\theta=90°$ 和 270°时最小，即随 θ 呈余弦变化。

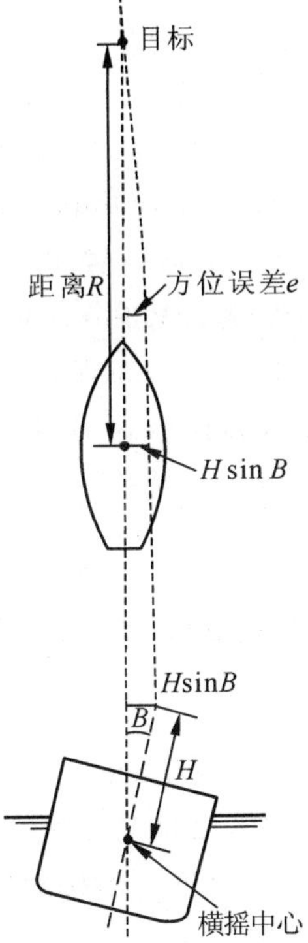

图 5.2-1　因本船横摇产生的测方位误差

④由于对天线角位置信号进行量化处理而产生的误差较小，与罗航向信号数字化过程产生的误差相比可忽略不计。

(3)陀螺罗经测向误差

①安装在船舶横摇轴上任意高度处的陀螺罗经主单元，其悬垂单元在平衡环倾斜时将不垂直，这将增加陀螺罗经的输出误差，从而影响所有方位。这种误差具有的随机和慢变化的分量刚好与雷达倾斜误差的形式相同。海上实测显示，许多典型设备的陀螺罗经侧向误差是 0.25°。

②船舶的真航向是在水平平面测得的船舶首尾线和经线之间的角度。在一些陀螺罗经设计中，敏感元件有足够的自由度来呈现南—北水平姿态。然而，罗经方位度盘可能受甲板平面的限制。在这种情况下，罗经方位度盘的读数与敏感元件检测到的船舶的航向之间可能存在误差，成为陀螺罗经甲板平面(平衡)误差。

③当船舶在横摇和纵摇时，由这两个运动的互相作用形成合成的左右摇摆运动。这个运动能分解成水平和垂直的两个分量。水平分量是偏航运动，并由陀螺罗经的敏感元件进行检测。在这种情况下，罗经方位度盘的读数与敏感元件检测到的船舶的航向之间也可能存在误差。

一般要求经校正后的剩余稳态误差不大于 0.5°，正态分布时标准偏差 $\sigma=0.12°$。

(4)计程仪随机测速误差

本船计程仪的测速误差将导致每个被跟踪船舶的真速度或真航向产生误差，这也将导致显示的其他船舶的方位角有差错。然而，在所有实际正对船头的情况下，这种方位角的误差是最小的。计程仪的误差还会使所有被跟踪的静止目标产生非零速度指示，这也能导致运动得非常慢的目标产生较大的方位角误差。若假设这个误差不超过0.4 kn，它将在 75 s 的标绘时间内引起约 15.5 m 的位置误差。

一般要求经校正后的剩余稳态误差不大于 0.5 kn，正态分布时标准偏差 $3\sigma=0.12°$。

以上传感器误差不仅会使雷达显示的目标距离、方位、相对航向、相对航速、CPA 及 TCPA 的数据均有误差，而且也将影响目标真矢量的精度并进而影响 PPC 及 PAD 的精度。

5.2.4 雷达数据处理不准确造成的误差

(1)滤波处理误差

本船或目标船都不可能是理想的匀速直线运动，以及雷达也存在各种误差，使得目标回波位置在目标实际航线两侧作随机分布。虽然经过了滤波处理，但显示的数据仍然有误差，而且还有少量变化。当天气不好时，船舶的摇摆还会使误差增大，并且不稳定，虽经滤波处理，目标数据仍会连续发生变动。

方位、距离的量化处理使量化后的航迹各点的方位、距离变化与目标实际航迹的方位、距离变化稍有出入，如图 5.2-2 所示。由图可见，量化处理后的方位、距离变化不是连续的而是跳步式的，因此往往不能真实地反映目标的运动。

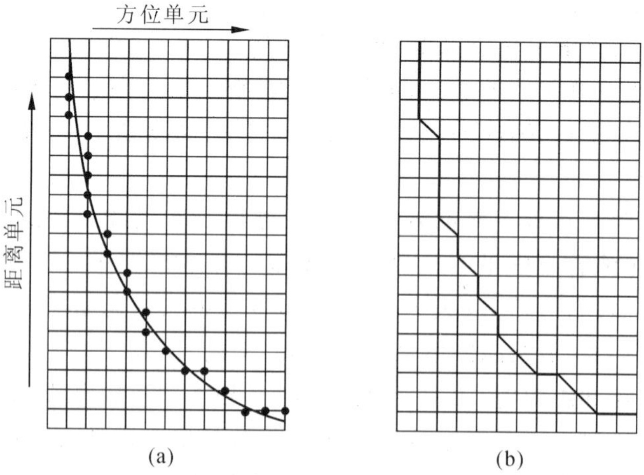

图 5.2-2 量化误差

(a)实际航迹变化；(b)量化后的航迹变化

当本船或目标船变速时，跟踪滤波器的平滑作用将减少这种变化。当本船改向时，跟踪滤波器会根据目标船位置平滑其相对航迹，使描述目标船相对运动的只是一段时间的平均航迹。此外，近距离方位的急剧变化，容易导致跟踪器丢失目标。

综上所述，受雷达的目标跟踪处理所用数学模型、处理方法和精度等限制，雷达目标跟踪给出的数据与实际情况往往有出入。驾驶员应当谨慎对待，并且应当经常将目标的真航速、相对航速与尾迹等互相对比、分析。

(2)计算误差

在用目标的相对运动数据去求目标真运动数据时，需要加上本船的运动参数。但当本船改向时，因陀螺罗经提供的本船航向数据及计程仪提供的航速数据均有误差，故由这些数据描述的本船航迹也就有误差。显然，由此进行的目标真运动数据计算而得到的数据就会不精确。因此，真运动的数据精度一般不及相对运动数据的精度。

(3)目标交换

当两个目标接近时，跟踪波门可能把从旁边过去的目标回波和当前目标回波的关系弄混淆，导致雷达数据处理器加载的数据出现错误，其结果是一个目标的历史数据可能被转移到另一个目标上，显示船舶的相对(或真)轨迹将由两个不同目标运动的一部分轨迹组成，如图 5.2-3 所示。

常见的目标交换现象发生在下列几种情况：

①被跟踪的目标进入强海浪区，雷达会错误地跟踪海浪回波，进而停止对原目标的跟踪。

②被跟踪的弱反射目标运动到未被跟踪的强反射目标附近(尤其当原被跟踪的弱反射目标改向)时，雷达将跟踪到强反射目标上。

③两个靠得较近、同向行驶的目标，一旦其中被跟踪的那个目标在前方某处转向时，则可能因跟踪波门的滑行(亦称“惯性外推”)而错误地跟踪到另一个目标上。

④两个被跟踪的目标对驶靠近，在某时刻起同时进入一个跟踪波门，则可能发生相互调换跟踪。如果两个目标是一大一小，则可能跟踪到大目标上，而小目标则被中断跟踪。

⑤当一个被跟踪的目标航行到靠近岸边并转向时，将会误跟踪到陆地，出现“矢量上岸”现象。

当雷达发生上述目标调换现象而出现误跟踪时，虽然会继续工作，但提供的数据是错误的。尤其严重的情况是，如果被跟踪的目标和本船存在危险，但发生目标调换后变成不太危险甚至“安全”目标，值班驾驶员将失去警惕性，继而导致碰撞事故。

为减少目标交换现象，目前雷达目标跟踪采取的技术措施有：

①一旦出现两个被跟踪目标靠近而使两个跟踪波门重叠时，即令雷达停止跟踪，以让两个跟踪波门分别按各自原方向、原速度滑行，直至二者分开后再分别恢复跟踪。

②雷达拒绝人工录取正在逼近另一个已被跟踪目标的目标，以免破坏雷达对已跟踪目标的跟踪。

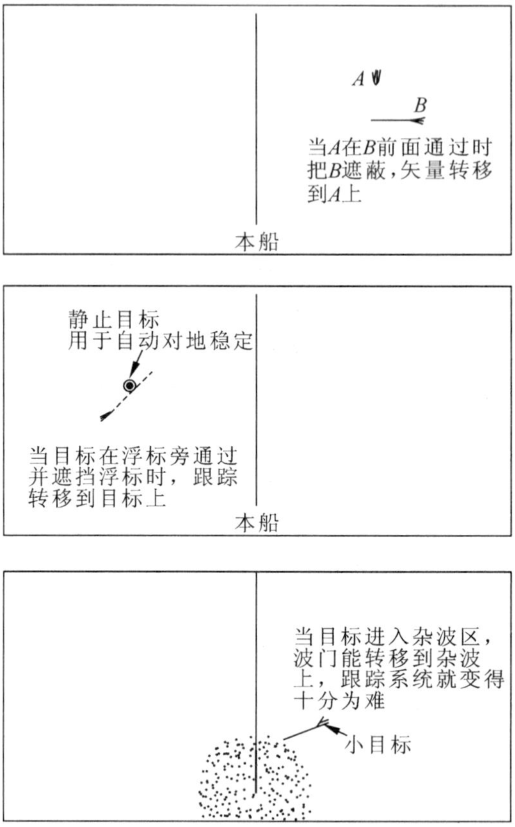

图 5.2-3　目标交换

③跟踪波门内出现两个或两个以上分开的目标回波时，雷达只跟踪最接近跟踪波门中心的目标回波。如果跟踪波门内有 5 个以上清晰可辨的回波，则雷达不予标绘以免跟踪恶化，以力求减小发生目标变换的可能性。

(4)跟踪误差与目标丢失

目标的运动很少是完全稳定的，即使是稳定的运动，由于雷达的局限性，目标回波位置信息也将随机散布在实际轨迹的附近造成误差。雷达 TT/ARPA 系统解决上述误差的唯一方法就是在整个跟踪周期内应用复杂的滤波技术，对目标运动进行预测后使目标回波位置与实际轨迹符合，但跟踪系统在精确预测被跟踪目标的相对运动和真运动上的能力是有限的，产生跟踪误差是不可避免的。在目标机动的情况下，跟踪误差将取决于机动的大小和采用的轨迹存储的形式。

在本船和目标同时机动时，在本船或目标停止机动以前，任何目标雷达 TT/ARPA 系统不可能提供可靠的目标跟踪数据。

如果目标一直被跟踪到非常近的距离，相对运动将导致方位的快速变化，这就可能使雷达 TT/ARPA 系统不可能继续跟踪目标。这样，“目标丢失”的可能性就会上升，这并不是因为回波很弱，而是因为波门移动得不够快，或不能把波门开得足够大来发现目标。

总体而言，造成已跟踪目标发生丢失而中断目标跟踪的原因是多方面的：

①目标回波信号变弱。目标远离本船、传播衰减增大、目标反射截面减小等都可能使回波信号变弱，于是，在自动检测环节未能满足 MOON 的判定条件而无法送出发现目标的信号，在跟踪系统中就会失去实测数据，造成目标丢失。

②杂波干扰。当杂波干扰（如目标进入海浪区）严重时，检测的目标面积将是目标回波与干扰回波的合成区域。当回波中心从目标移到杂波干扰上时，就会造成目标丢失。

③目标大幅度快速机动。跟踪滤波器的滤波算法并不能完全真实描绘目标的实际运动状态，目标预测位置和实测位置存在差异，特别是目标大幅度快速机动时，这种差异更大，导致跟踪波门不能快速准确地移动到目标实测位置，使得跟踪失效。

④雷达测量或目标跟踪数据处理环节出现特大误差。雷达测量的特大误差使"实测位置"出现特大误差，实测与预测位置差将不能处在同一波门内。另外，雷达目标跟踪数据处理环节出现特大误差，使预测位置出现异常误差。以上两种情况都会导致跟踪失败。

⑤目标进入雷达阴影区域或被大目标遮挡。此时，雷达探测不到目标，无实测数据，跟踪也就难以继续。

上述各种原因都可能导致目标丢失、跟踪中断，此时雷达将发出"目标丢失"报警，跟踪波门将按原速、原方向滑行，并扩大波门尺寸。如果在 10 次天线扫描中有 5 次检测到目标回波，则恢复自动跟踪；否则，雷达将自动取消对该目标的跟踪。

5.2.5　人为误差

(1)对显示模式及矢量模式的误解与误用

前已述及，雷达可有多种显示模式组合，供操作者按需选用。如果操作者未经有效训练，则很容易混淆、误解和误用。例如，当采用 RM/TV 组合及 TM/RV 组合时，容易误用 TV 去求目标 CPA 及误将 RV 当作目标的真航向和真速度。当采用 RM/TV 组合时，代表本船位置的扫描中心在屏上是不动的。但由于此时显示有本船 TV，容易误解为本船也在屏上移动。另外，由于此时的目标尾迹为 RM，而目标 TV 方向表示真运动航向，二者方向不一，容易误解为目标改向。为了避免诸如此类的误解及误用，操作者除应熟练掌握各种显示模式的正确含义、特点及适用场合，并且熟练掌握各功能键操作方法外，还应善于将矢量等图示显示提供的信息和读出数据作对比、分析和判断。

(2)本船航速输入不当

根据本船航行的水域、交通环境不同而调用不同雷达的使用功能时，需要输入本船的航速。船舶在大洋航行时，雷达主要用于避碰，输入雷达的本船航速（计程仪输入或人工输入)应是对水速度。船舶在水流影响较大的狭水道中航行时,雷达用于定位导航,输入雷达的本船航速应是对地速度,以实现对地稳定显示,使本船的实际航迹严格控制在安全航道上。如前所述,为获得本船对地航速,可采用人工偏移修正/自动偏移修正功能,或直接采用双轴绝对计程仪。如果本船航速输入不当,将导致雷达的某些数据不可靠或容易造成误解。驾驶员应清楚本船正在使用的是何种速度,显示的真矢量是对地还是对水,矢量的方向是表示目标船航向还是船首向。当有水流而无风、输入对水速度时,目标真矢量是对水真速度,其方向是目标船首向,输入对地速度时,目标真矢量是对地真速度,其方向是目标船航迹向。此时,本船航迹线与航向线之夹角即流压角。当有水流又有风时,双轴多普勒计程仪对水速度中既计入流的影响,也计及风的影响,因此即使输入对水速度,真速度矢量的方向亦非目标船首向。

(3)对 PPC、PAD 等图示信息的不正确解析

应当注意,屏幕上显示的 PPC 或 PAD 表示本船与目标船之间的关系,即二者是否有碰撞危险及确定可能发生碰撞的位置、区域和时间,而不表示目标船和目标船之间的关系,屏幕上两个 PAD 重叠,并不意味着两目标船有碰撞危险;两个 PAD 分开,也不能保证两目标船一定会安全通过。在 PAD 若干局限性中,尤其应注意,当目标船或本船发生变速机动或目标船发生改向机动时,在机动稳定之前,原先的 PPC 或 PAD 均已无效,切不可误用。

由于存在上述各种人为误差(操作误差),在使用雷达目标跟踪时应特别注意以下几点:

(1)雷达技术是先进的,但雷达仍然是助航设备。安全航行的关键因素仍然是人。驾驶员要谨慎驾船,任何时候不可忽视瞭望,不可盲目信赖雷达及其他导航设备。

(2)必须正确理解显示模式以及注意余辉的误导影响。各种显示模式各有其特点及适用场合,不可误用;且在雷达显示模式选定的情况下,矢量模式(即相对矢量或真矢量)不一定相同,矢量和余辉尾迹可能不对应。当相对运动显示选择了真矢量时,矢量和余辉将不相关;而在使用真运动显示并选择了相对矢量时,真余辉将和相对矢量不相关。

(3)弱目标回波可能丢失,而丢失的可能是危险目标。因此,一旦听到目标丢失声响报警后,要观察丢失标识符的位置,尤其近目标丢失,更要注意窗外瞭望和对屏上可能再度出现的回波及时重新录取。

(4)自动录取时,只在目标正在闯入警戒圈(区、环)时才激发闯入报警,不可忽视已处在警戒圈(区、环)内的而又不报警的危险目标的动态,并及时进行人工录取。

(5)要善于并经常对雷达提供的图像信息与数据信息进行对比分析,以减少错误判断。

复习思考题

(1)什么是目标检测?什么是 MOON 准则?M/N=6/8 的雷达为什么比 M/N=3/5 的雷达性

能好？

(2)什么是“目标录取”？试比较人工/自动录取的优缺点。

(3)使用雷达 ARPA 功能录取目标时应注意哪些问题？

(4)试述自动录取中“辅助控制”的意义及常用内容。

(5)什么是目标跟踪？雷达是怎样实现对目标自动跟踪的？

(6)请解析目标的实测位置、目标的预测(外推)位置以及目标的滤波位置。

(7)雷达目标跟踪有哪些误差源？

(8)什么是“目标交换”？雷达目标交换主要由什么原因造成？为减少目标交换现象，可采取哪些措施？

(9)什么是“目标丢失”？雷达目标丢失主要由什么原因造成？为减少目标丢失现象，可采取哪些措施？

(10)在使用雷达进行目标跟踪时，常有哪些人为因素影响目标跟踪的精度？

第6章

雷达自动标绘与危险报警

雷达在完成目标自动检测、自动(或人工)录取、自动跟踪之后,获得各目标的运动点迹数据。在此基础上,须进一步计算目标运动的航行参数和碰撞参数,从而判断、预告本船航行危险,并在终端显示设备中显示整个量程观测范围内的目标运动态势、数据和需要时发出的声、光或特定符号的危险报警。

6.1 雷达人工标绘原理

在雷达没有引入计算机技术而具有目标自动跟踪功能之前,辅助船舶进行避碰主要采用人工标绘法。

船舶避碰包括预测和避让两个涵义。"预测"即预测相遇船和本船在何时、何处将同时占据海面上同一点或存在碰撞危险;"避让"即本船对危险船采取的避让机动,使二者不同时占据同一点或摆脱两船碰撞危险的局面。

6.1.1 相对运动显示模式下人工标绘避碰法

为判断相遇船和本船间是否存在碰撞危险及确定本船对危险船的避让措施,必须掌握相遇船和本船之间两个碰撞参数,即最接近会遇距离(Distance to CPA,DCPA)和到达最接近点(CPA)的时间 TCPA。CPA 表示两船交会时,他船离本船最近的点,即"最接近点";DCPA 表示本船到 CPA 的距离,习惯上,常将 DCPA 和 CPA 混称为 CPA,意即预测的目标(船)最接近距离;TCPA 表示相遇船航行到 CPA 所需的时间。

在相对运动雷达中,上述两个碰撞参数可在船首向上显示模式时通过人工标绘来获得。所谓人工标绘，即在相对运动、船首向上显示模式的屏上，观察、测定目标先后回波点的距离和方位，并在雷达作图器或专用标绘纸上进行标绘、作图、计算，以求得碰撞参数的过程。

注意人工标绘的前提条件，即双方保向、保速。否则，必须等双方航向或航速稳定后进行标绘，在标绘过程中，一旦本船或目标船的航向或速度发生变化，则原先标绘无效。

在人工标绘的过程中，船舶驾驶员主要是使用铅笔在雷达作图纸上或使用专用的标绘笔在雷达显示屏上的反射标绘器上作图，往往还要借助直尺、分规等辅助工具。雷达标绘纸是一种标有方位与距离标志、距离比例刻度的专门用于绘算目标船的运动参数和求取避让方案的纸张。有些雷达标绘纸除包含有清晰的方位(线)与距离(圈)的标志等基本内容外，为了时间与距离之间的换算方便，还附有相应的距离与时间的“对数比例尺”。还有些雷达标绘纸上有用于填写观测物标的时间及其方位、距离的表格，如图 6.1-1 所示。

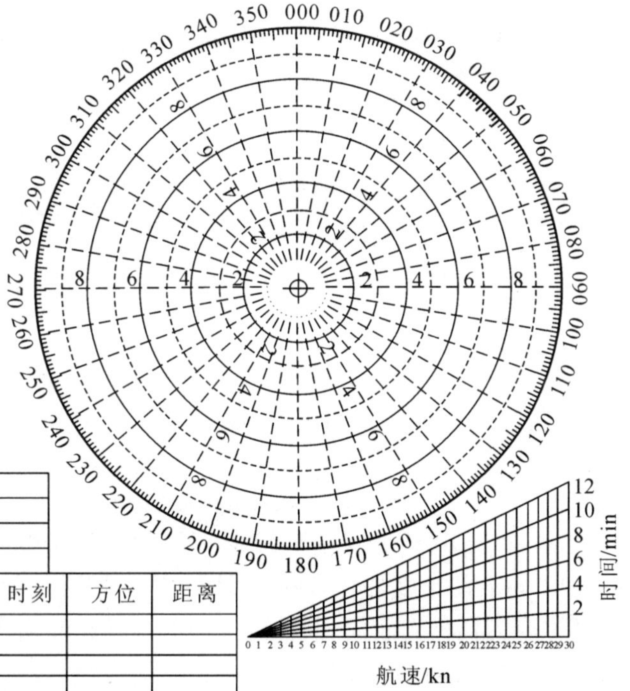

本船	
船名	
船向	
船速	

目标编号	时刻	方位	距离

目标编号	CPA	TCPA	航向	航速	本船避让行动		
					时刻	改向	改速

图 6.1-1　雷达标绘纸

雷达反射标绘器作图与雷达标绘纸作图原理相同，使用雷达反射标绘器作图易产生观测误差，应注意眼睛观测的方法与要领。

利用人工标绘进行避碰的步骤简述如下：

(1)在杂波干扰的屏上选择要进行标绘的相遇船回波。

(2)测量该回波的初始位置数据，即距离和方位，在标绘纸上标出该回波的第一个点“A”，如图 6.1-2 所示。

(3)监视该目标回波的移动。

(4)隔一定时间(如 6 min)，再测目标回波的新位置数据，并标绘第二点“B”。

(5)作图并求碰撞及航行参数。连接 AB，则 AB 为间隔时间 6 min 内目标的相对速度矢量 $\boldsymbol{V}_R$，其方向为目标相对航向，其长度为目标在上述时间内的相对航程。延长线称相对运动线(Relative Motion Line，RML)。从本船 O 到相对运动线的垂足 C 即 CPA。$\triangle BCO$ 称碰撞三角形。从本船到 CPA 的距离称最近会遇距离 DCPA。目标船从 B 点航行到 CPA 的时间称到最近会遇点的时间 TCPA。DCPA、TCPA 即为判断本船和相遇船是否存在碰撞危险的两个碰撞参数。

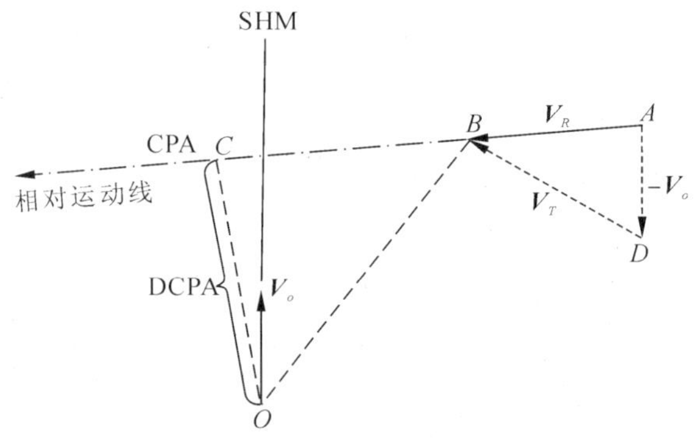

图 6.1-2　相对运动人工标绘

过 A 点作本船船首线 SHM 的反向平行线，并截 AD 等于本船在同一时间(6 min)内的航程，即 $\boldsymbol{V}_0$(本船 6 min 的速度矢量)，则$\triangle ABD$ 称为速度三角形。其中，DB 为目标船真速度矢量 $\boldsymbol{V}_T$，其方向为目标真航向，其长度为目标在 6 min 内的真航程。$\boldsymbol{V}_T$的延长线称目标真运动线(True Motion Line，TML)。

(6)判断碰撞危险是否存在。若目标船的 RML 通过本船 O 点，即 CPA＝0，则有碰撞危险。此时目标船 TML 与本船 SHM 的交点称可能碰撞点(Possible Point of Collision，PPC)，或称潜在碰撞点(Potential Collision Point，PCP)，或称预测碰撞点(Predicted Point of Collision，PPC)。PPC 或 PCP 表示当目标船保速保向且本船保速保向(或换向)时，经一段航行时间后，两船将在该点碰撞。目标船相对速度(RELSPD)、相对航向(RELCRS)、真速度(TRUECRS)称为目标船的航行参数。

以上作图是将船舶当作点来考虑的，实际船舶避碰中驾驶员应根据当时船舶的航行态势、海域交通密度和本船吨位大小、速度、机动性、装载情况等因素确定碰撞参数界限值 CPA、TCPA 的“最小值”MIN CPA（安全通过的最小距离）、MIN TCPA（碰撞危险时间上的紧迫程度），二者又称为安全界限值。通过比较计算求得的上述目标碰撞参数 CPA、TCPA 与 MIN CPA、MIN TCPA，即可进行碰撞危险的判断，判断规则如下：

当 $\left.\begin{array}{c}\text{CPA}>\text{MIN CPA}\\ \text{TCPA}>\text{MIN TCPA}\end{array}\right\}$则判断目标船为安全船，无碰撞危险。

当 $\left.\begin{array}{c}\text{CPA}\leqslant\text{MIN CPA}\\ \text{TCPA}>\text{MIN TCPA}\end{array}\right\}$则判断目标船为危险船，但尚不紧迫，本船应考虑避让措施。

当 $\left.\begin{array}{c}\text{CPA}\leqslant\text{MIN CPA}\\ 0<\text{TCPA}\leqslant\text{MIN TCPA}\end{array}\right\}$则判断目标船为非常危险船，本船应立即采取避让行动。

（7）求取安全避让航速航向并采取避让措施。本船采用改速保向的避让措施，如图 6.1-3 所示。目标船 T 保向保速，本船预定在目标船运动至 RML（相对运动线）上 E 点位置时采取新航速，改速后目标船 T 按照 NRML（新相对运动线）运动即保证了船舶安全。过 C 点作新相对运动线的平行线，交 BT 于 A 点，$\triangle ABC$ 构成新的速度三角形，BA 为本船的新航速。

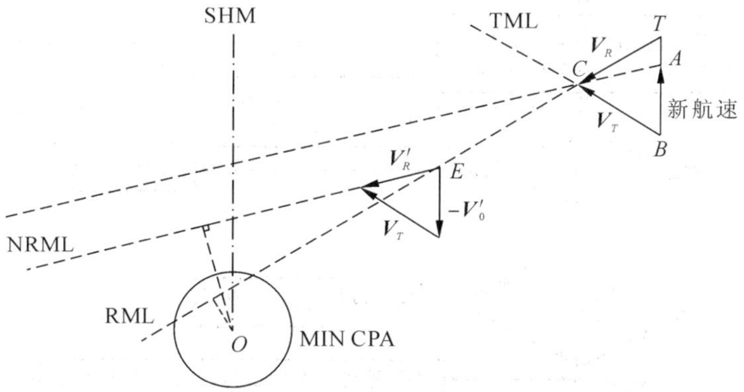

图 6.1-3　本船改速保向时的人工标绘

本船采用保速改向的避让措施，如图 6.1-4 所示。目标船 T 保向保速，本船预定在目标船运动至 RML（相对运动线）上 E 点位置时采取新航向，改速后目标船 T 按照 NRML（新相对运动线）运动即保证了船舶安全。过 C 点的新相对运动线的平行线与以 B 为圆心、本船速度矢量（如 6 min 速度矢量）为半径的圆弧交于 A 点，$\triangle ABC$ 构成新的速度三角形，BA 为本船的新航向。

根据以上作图计算求得安全避让航速或航向后，判断结果为危险船，若本船是义务船，则应采取避让行动；判断结果为非常危险船，则本船应采取紧急避让行动。

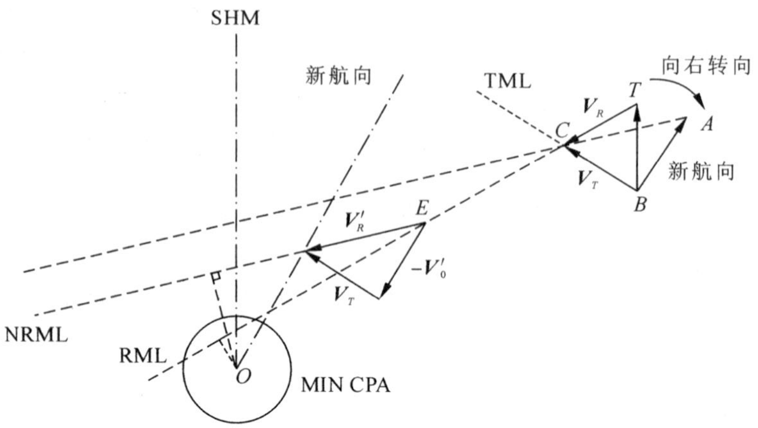

图 6.1-4 本船保速改向时的人工标绘

上述相对运动雷达人工标绘避碰的整个过程可用流程图表示，如图 6.1-5 所示。

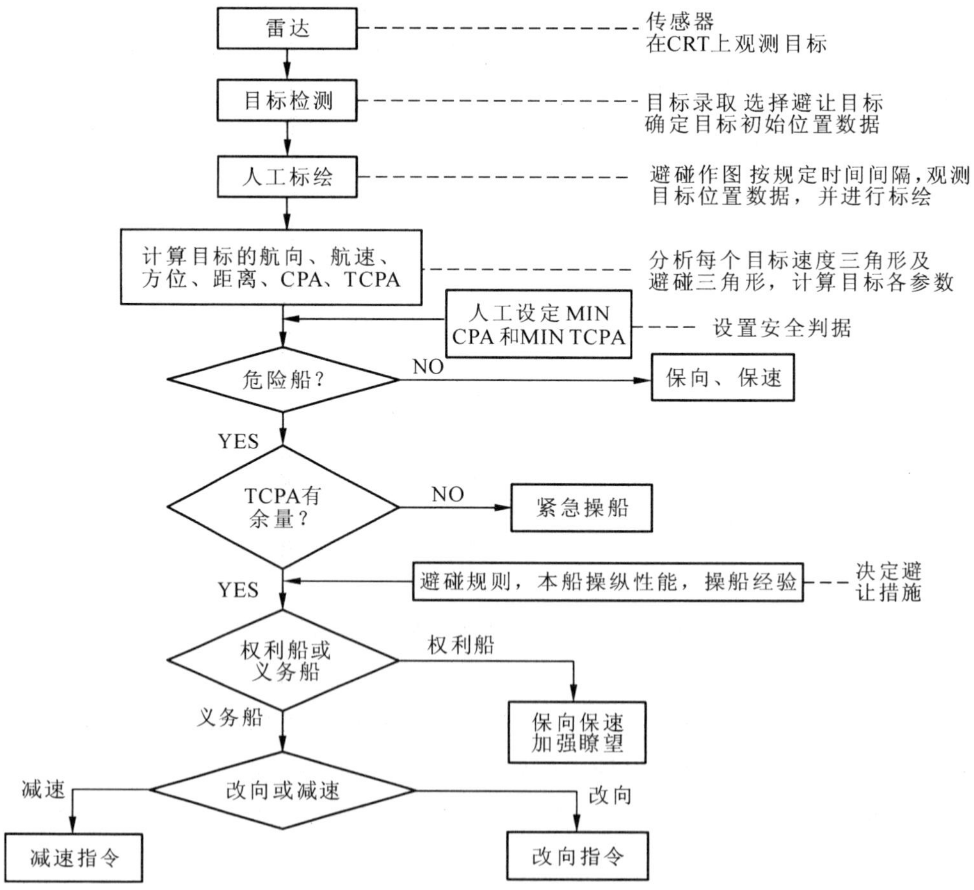

图 6.1-5 相对运动雷达人工标绘避碰流程图

由图 6.1-5 可见，人工标绘从目标检测识别、目标跟踪、目标标绘，直到最后运用避碰规则进行避让行动及检验避让行动的效果等全过程都需人工执行，十分费时，如果要标绘多个目标更是难上加难。对每一个要标绘的目标，均须按照同样步骤重复操作，并且，在标绘过程中，一旦本船或目标船的航向或速度发生变化，则原先标绘即作废，必须等双方航向或速度稳定后再重新标绘。显然，人工标绘十分费时。

6.1.2 真运动显示模式下人工标绘避碰法

在雷达真运动显示模式下，可在屏幕上根据本船(扫描中心)及目标船回波的余辉掌握本船及目标船的航迹线，以掌握双方的真实动态，估计目标船碰撞危险。由于显像管的余辉有限(6～8 s)，回波亮点余辉只保留天线转两周左右时间，故实际上很难看清运动的态势，用于避碰也较难令人满意。

6.2 雷达目标参数自动标绘计算

现代雷达目标跟踪系统采用了电子计算机，因而可用电子计算机来代替前述人工标绘进行的目标位置参数和危险预测参数自动计算。

6.2.1 目标位置参数计算

(1)目标距离、方位的计算

目标位置参数用该位置与本船的距离 R 和方位 B 来表示。利用相隔两次跟踪采样周期 T，连续测得目标两个位置数据 T_1 时刻的 (x_1, y_1) 和 T_2 时刻的 (x_2, y_2)，如图 6.2-1 所示，则可计算 T_1、T_2 的位置参数 R_1、R_2、B_1、B_2：

$$R_1 = \sqrt{x_1^2 + y_1^2} \tag{6.2-1}$$

$$B_1 = \tan^{-1}\frac{x_1}{y_1} \tag{6.2-2}$$

$$R_2 = \sqrt{x_2^2 + y_2^2} \tag{6.2-3}$$

$$B_2 = \tan^{-1}\frac{x_2}{y_2} \tag{6.2-4}$$

(2)目标相对航速、航向的计算

由图 6.2-1 可见，目标的 T_1、T_2 两个位置差为

$$\Delta x = x_1 - x_2 \tag{6.2-5}$$

$$\Delta y = y_1 - y_2 \tag{6.2-6}$$

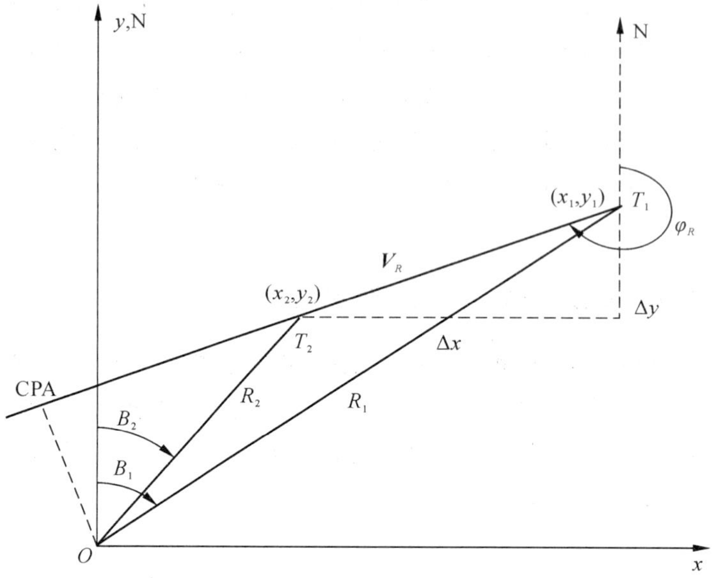

图 6.2-1 目标距离和方位的计算

该位置差为一矢量，其矢径除以时间 T 即为目标相对航速V_R，其幅角即为目标相对航向φ_R，两者可按下式求取

$$\left.\begin{aligned}V_R&=\sqrt{(\Delta x)^2+(\Delta y)^2}/T\\&=\sqrt{(R_1\sin B_1-R_2\sin B_2)^2+(R_1\cos B_1-R_2\cos B_2)^2}/T\\\varphi_R&=\arctan\frac{\Delta x}{\Delta y}=\arctan\left(\frac{R_1\sin B_1-R_2\sin B_2}{R_1\cos B_1-R_2\cos B_2}\right)\end{aligned}\right\}\tag{6.2-7}$$

V_R、φ_R 是以本船船体坐标为基准的目标相对运动参数。显然，采用前述的滤波估值计算航速航向要精准得多。

(3)目标真航速、真航向的计算

目标真航速$\mathbf{V}_T$、真航向φ_R可由矢量三角形求得，如图 6.2-2 所示。

因为 $$\mathbf{V}_R=\mathbf{V}_T+(-\mathbf{V}_0)$$

所以 $$\mathbf{V}_T=\mathbf{V}_R+\mathbf{V}_0$$

已知本船矢量 $\mathbf{V}_0$ 和目标相对矢量 $\mathbf{V}_R$，则可求得目标真矢量。

$$\left.\begin{aligned}V_T&=\sqrt{(V_R\sin\varphi_R+V_0\sin\varphi_0)^2+(V_R\cos\varphi_R+V_0\cos\varphi_0)^2}\\\varphi_R&=\tan^{-1}\frac{V_R\sin\varphi_R+V_0\sin\varphi_0}{V_R\cos\varphi_R+V_0\cos\varphi_0}\end{aligned}\right\}\tag{6.2-8}$$

式中：V_0 为本船船速，φ_0 为本船航向。

可见，雷达是先求得目标相对运动参数，再加上本船的航速、航向来计算目标真运动

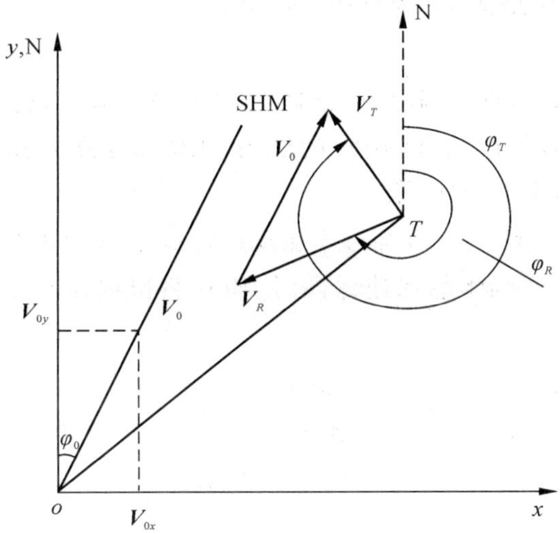

图 6.2-2　目标真航速、真航向的计算

参数的。显然，雷达测量、罗经及计程仪的误差将直接影响真运动参数的精度，从而影响 PPC、PAD 的误差。

6.2.2　目标危险预测参数计算

(1)碰撞参数 CPA、TCPA 的计算

CPA、TCPA 可由碰撞三角形△TCO 求得，如图 6.2-3 所示。

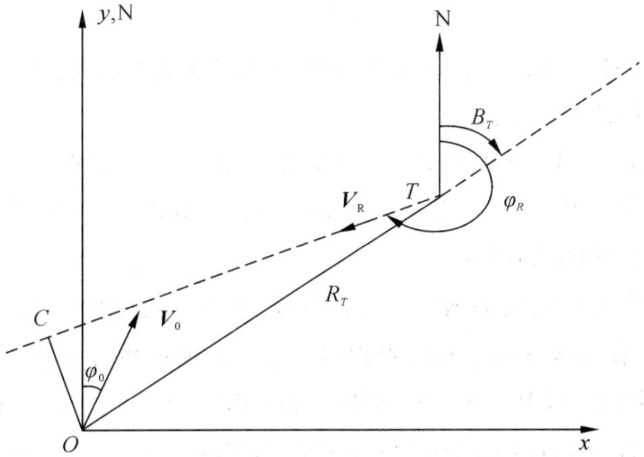

图 6.2-3　CPA、TCPA 的计算

$$\left.\begin{aligned}\text{CPA}&=R_T\sin(\varphi_R-B_T)\\ \text{TCPA}&=\frac{R_T\cos(\varphi_R-B_T)}{V_R}\end{aligned}\right\}\qquad(6.2\text{-}9)$$

式中：R_T为目标与本船的距离；B_T为目标方位角。

(2)PPC 的计算

ARPA 计算 PPC 的条件是目标保速保向，本船保速保向或保速换向。下面根据本船是保向或改向两种情况分别进行 PPC 的形成、计算及有关问题的分析。

①本船保速保向时 PPC 的计算

按照 PPC 的定义，当$\boldsymbol{V}_R$延长线穿过本船现位置 O 点(即 CPA=0)时，$\boldsymbol{V}_T$延长线与本船航向线的交点为 PPC。当本船保速保向时，PPC 将出现在本船现航向线 SHM 上，如图 6.2-4 所示。

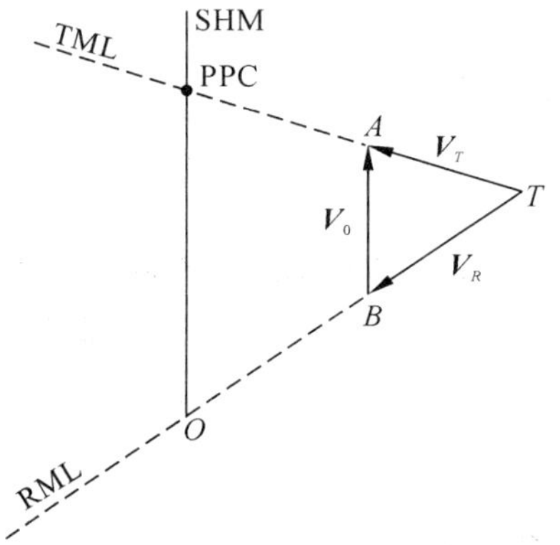

图 6.2-4　本船保速保向时的 PPC

由图 6.2-4 可见，本船至 PPC 的时间T_{PPC}及本船至 PPC 的距离D_{PPC}可分别表示为

$$T_{PPC}=R_T/V_R$$
$$D_{PPC}=V_0\cdot T_{PPC} \tag{6.2-10}$$

式中：V_0 为本船航速；V_R 为目标相对速度；R_T 为本船至目标的距离。

②本船保速改向时 PPC 的计算

如图 6.2-5 所示，$\boldsymbol{V}_0$、$\boldsymbol{V}_T$分别为本船、目标船的真矢量。若两船均保速保向，则$\boldsymbol{V}_R$延长线不穿过本船 O 点，CPA≠0。是否存在碰撞危险，取决于 CPA、TCPA 是否小于或等于设置的 MIN CPA、MIN TCPA。

若本船为让开其他相遇船而改向，真矢量变为 $\boldsymbol{V}_0'$，新航向线为 SHM′时，本船与目标船构成碰撞危险，要形成 PPC，则新的相对矢量 $\boldsymbol{V}_R'$延长线必过本船 O 点。为求 $\boldsymbol{V}_R'$末端，可以 $\boldsymbol{V}_T$ 末端为圆心，以 $\boldsymbol{V}_0'$为半径画弧与 TO 相交于 B 点。△TAB 即为新速度三角形。$\boldsymbol{V}_T$ 延长线与本船新航向线 SHM′的交点即为 PPC。T_{PPC}、D_{PPC}可由下式计算

$$T_{PPC}=R_T/V_R'=\frac{R_T}{\sqrt{V_T^2+V_0^2-2V_TV_0\cos(B_T-\varphi_T-\beta)}}$$
$$D_{PPC}=V_0'\cdot T_{PPC}=\frac{V_0\cdot R_T}{\sqrt{V_T^2+V_0^2-2V_TV_0\cos(B_T-\varphi_T-\beta)}} \tag{6.2-11}$$

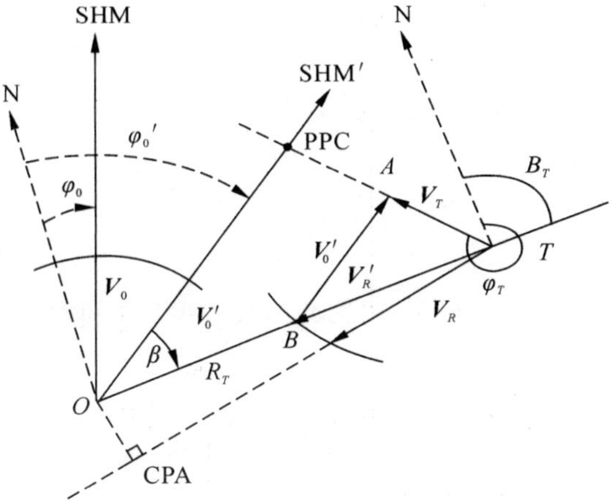

图 6.2-5　本船保速改向时的 PPC

PPC 的真方位为

$$B_{\mathrm{PPC}}=\varphi_0'=B_T-\beta=B_T-\arcsin\frac{V_T\sin(\varphi_T-B_T)}{V_0}\tag{6.2-12}$$

由 D_{PPC}和 B_{PPC}可确定 PPC 的位置。当本船和目标船的速度比不同及两船相对位置不同时，PPC 可有 4 种情况：

a. 当$V_0<AE$（AE 为过 V_T 末端 A 点到目标方位线 OT 的垂线）时，以 A 为圆心，以 V_0为半径画弧，与 OT 线无交点，即 CPA≠0，故无 PPC，如图 6.2-6 所示。

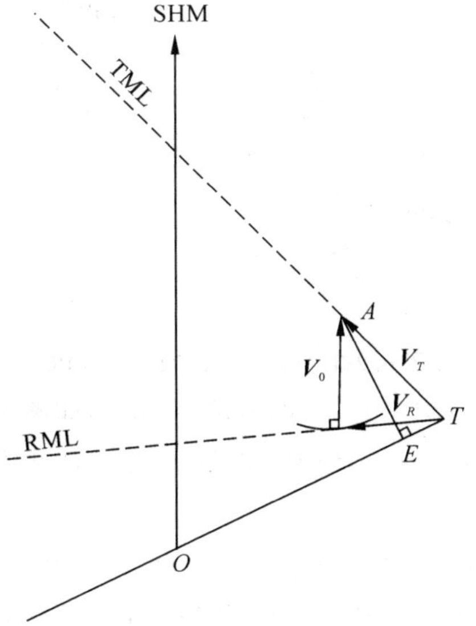

图 6.2-6　无 PPC

b. 当$V_0=AE$ 时，只有一个交点（相切点），即有一个 PPC，如图 6.2-7 所示。

c. 当$V_0\geqslant V_T$时，有一个交点，即只有一个 PPC，如图 6.2-8 所示。

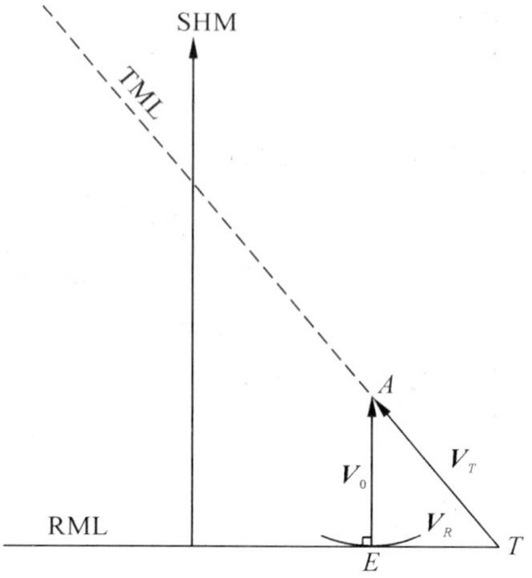

图 6.2-7　$V_0=AE$ 时有一个 PPC

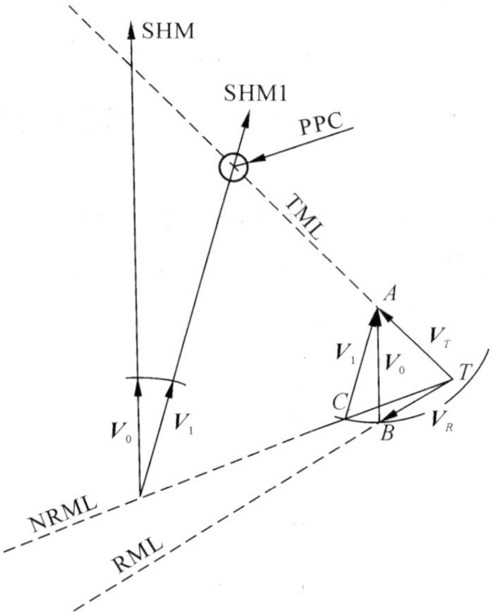

图 6.2-8　$V_0 \geqslant V_T$ 时有一个 PPC

d. 当$V_T>V_0>AE$ 时，有两个交点，即有两个 PPC，如图 6.2-9 所示。

当形成两个 PPC 时，其中第二个 PPC 点的有关参数可仿照上述方法推导出计算公式，这里不再赘述。

在雷达显示器的荧光屏上，显示跟踪目标的矢量有相对矢量、真矢量两种模式。显然，根据 PPC 的定义，只有在真矢量显示模式时，才有 PPC 显示。显示 PPC 点的标志落在本船现航向线上，则意味着如果本船和目标船保速保向继续航行，将在 PPC 点处碰撞。为避让目标船或有其他航行需要，本船可在 360°范围内改向，但穿过 PPC 点标志的航向是本船的禁止航向。本船避开 PPC 让船的操作，不可违反海上避碰规则。

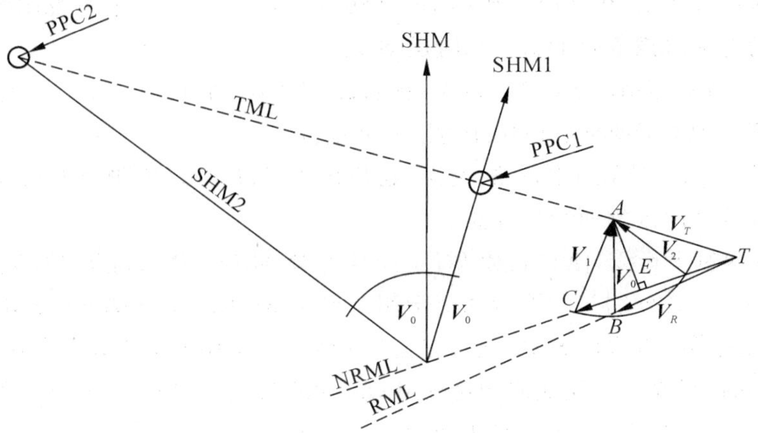

图 6.2-9　当 $V_T > V_0 > AE$ 时有两个 PPC

(3)PAD 的计算

上述 PPC 是本船和相遇船未来可能在同一时刻占据海面同一点的概念,可以用于船舶避碰。但由于雷达测量和目标跟踪等处理均难免有误差,现代大、中型船舶本身有不容忽视的尺寸,两船相遇时必须保持足够宽裕的交会距离等原因,从避碰安全着想,只预测 PPC 一个点是不安全的,于是人们提出围绕 PPC 设置一个可能发生碰撞的区域,即预测危险区 PAD 的概念。从 PPC 到 PAD,即从避开一个预测的危险的"点"到一个预测的危险的"区域",这增加了船舶避碰的可靠性、安全性,在避碰理论上是一个进步。确定 PAD 的步骤,见图 6.2-10。

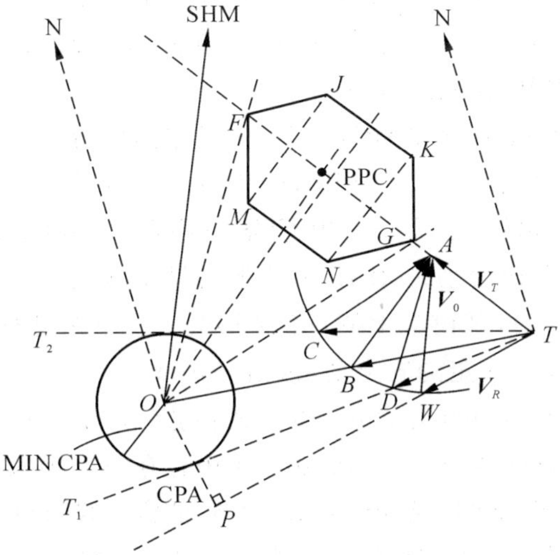

图 6.2-10　PAD 的确定

①按前述方法确定 PPC。

②以本船 O 为圆心,画 MIN CPA 圆。

③过目标船 T 点画出 MIN CPA 圆的外切线 TT_1 和 TT_2。这两条外切线即为判断目标船与本船有无碰撞危险的临界相对运动线。

④以 $\boldsymbol{V}_T$ 末端 A 为圆心，以 $\boldsymbol{V}_0$ 为半径画弧，交 TT_1 与 TT_2 于 D、C 两点，连接 CA、DA，则 CA、DA 为本船改向时的两个危险临界航向。

⑤过 O 点作 CA、DA 的平行线，交 $\boldsymbol{V}_T$ 延长线于 G、F。G、F 即为本船和目标船未来可能发生碰撞的危险区的两个边界点。

⑥作 FG 两侧平行线，使它们和 FG 的距离均为 MIN CPA；再将 FG 四等分，其第 1 条和第 3 条四等分线分别与两平行线交于四个点 J、M、K、N；连接 FJ、FM、GK 和 GN，则构成一个六边形。六边形 PAD 显示在雷达显示器上，为驾驶员提供直观的避碰信息。本船保速换向时，只要让本船航向线避开 PAD(即航向线不和 PAD 相交)，即可保证航行安全。从图 6.2-10 可见，$\angle FOG$ 是本船禁止的航向。

为了在雷达显示屏上显示 PAD 图形，必须将 PAD 有关数据输入数据处理机。其中，PPC 点数据 D_{PPC}、B_{PPC} 可由式(6.2-11)和式(6.2-12)确定，JK、MN 与 FG 的间距为 MIN CPA，亦已确定，剩下的只有两个边界点 F、G 待确定。由图 6.2-10 可以看出，G、F 两点的方位和距离分别为

$$\left.\begin{aligned} B_{G,F} &= \varphi_T + \gamma \\ R_{G,F} &= \frac{R_T \sin(\varphi_T - B_T - \pi)}{\sin\gamma} \end{aligned}\right\} \tag{6.2-13}$$

式中：$\gamma = B_T \pm \arcsin\left(\dfrac{\mathrm{DCPA}}{R_T}\right) - \varphi_T - \arcsin\left(\dfrac{V_T \sin\beta}{V_0}\right)$；$\beta = \varphi_T - B_T - \pi \pm \arcsin\left(\dfrac{\mathrm{DCPA}}{R_T}\right)$；$B_T$ 为目标方位；φ_0 为本船航向；V_T 为目标真速度；V_0 为本船速度；R_T 为目标距离。

对 G 点 γ 和 β 表达式中正负号取负号，对 F 点 γ 和 β 表达式中正负号取正号。

由图 6.2-10 确定的 PAD 具有以下特点：

①PAD 是在 PPC 基础上考虑 MIN CPA 值经作图而得。对应于因目标船和本船的速度比及相对位置不同而有 0、1、2 个 PPC，PAD 也有 0、1、2 个。

②PPC 可能是 PAD 的中心，但大多数情况下不是。PAD 的形状随 MIN CPA 取值不同而异。当 MIN CPA 值较小时，PAD 六边形将显得瘦长。

③当 MIN CPA=0 时，理论上 PAD 变成 PPC。但考虑各种计算误差及船舶尺寸，设计与计算 PAD 时均设有一定的安全余量，如 270 m。

PPC、PAD 在避碰应用中具有直观、简便的优点，避让时只要让本船线避开 PPC、PAD 即可。但是，要十分注意 PPC、PAD 在应用中存在下列局限性：

①理论上在应用 PPC、PAD 避碰时，只要让本船船首线避开 PPC、PAD 即可。但本船的避碰操作还要符合海上避碰规则要求，驾驶员仍需谨慎行事。

②无论是 PPC 还是 PAD，其计算、形成的条件均基于目标船保速保向及本船保速。一旦这些条件改变，则原先显示的 PPC 或 PAD 均作废，而新的 PPC 或 PAD 要等到机动结束，并经一段处理延时(1～3 min)才得以显示，就在这过渡时间内，旧的 PPC 或 PAD

的余辉容易被误用，这是危险的。

③从航海实用角度而言，最频繁也最难的避碰操船多出现在船舶密集水域，尤其是弯曲的狭水道。然而，多目标、多 PPC(PAD)，画面混乱，观测困难。目标船或本船变速改向均在所难免，PPC 或 PAD 可能经常处于失效被误用状态。由此可见，在这些水域，PPC 或 PAD 失去了实用价值。

6.2.3 雷达自动标绘避碰流程

雷达利用跟踪器对目标进行跟踪时，对来自雷达并经预处理的目标回波信号的检测、录取、跟踪、计算和判断均由计算机完成。当判断为危险目标时，系统会自动发出警报。本船在避让操船前，可运用试操船功能找出安全航向或安全航速。图 6.2-11 为雷达自动标绘避碰流程图。

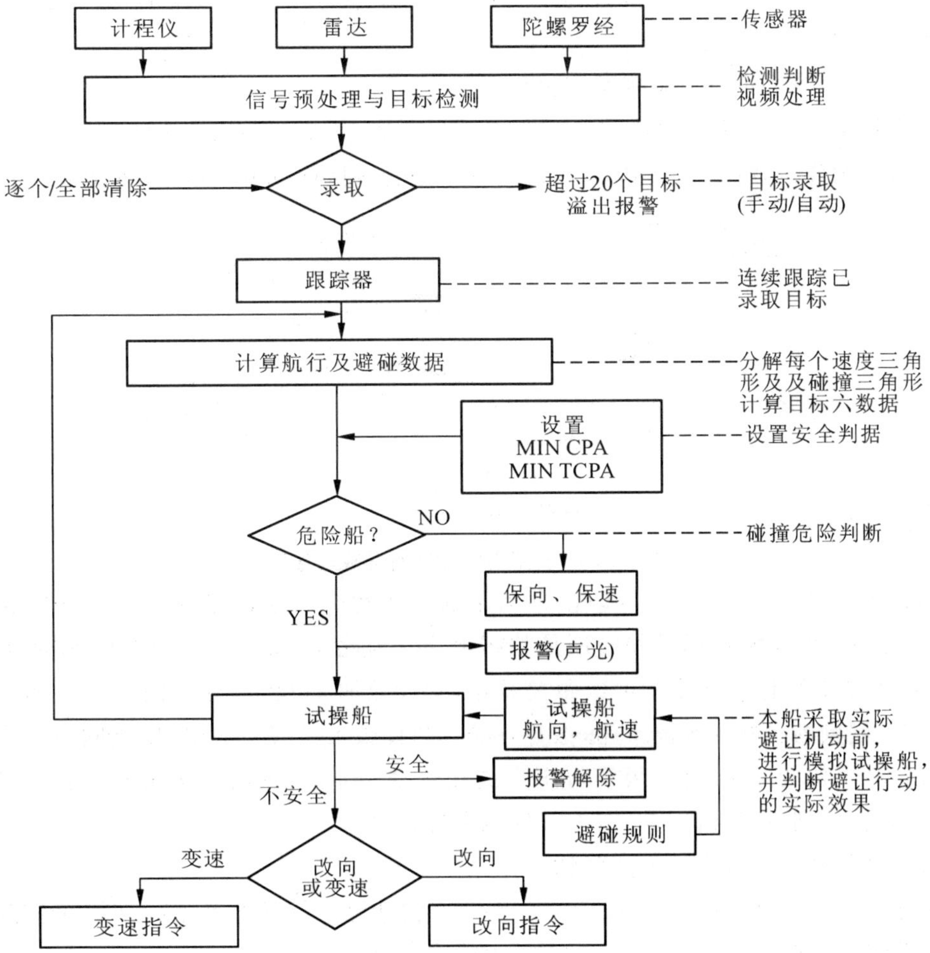

图 6.2-11　雷达自动标绘避碰流程图

6.3 雷达危险判断与报警方式

6.3.1 雷达碰撞危险判断

(1)利用 CPA、TCPA 进行危险判断与报警

目前,ARPA 均以人工设置的 MIN CPA、MIN TCPA 作为安全判据。将计算获得的目标船 CPA、TCPA 值与 MIN CPA、MIN TCPA 作比较,便可判断出结果,前面已经介绍,这里不再赘述。

雷达一旦判断出有碰撞危险,则立即发出碰撞危险报警。危险报警可采用灯光、声响或符号等方式,如一般危险报警为三角形"△",紧急危险报警为菱形"◇"或以符号闪烁表示。

(2)利用警戒环进行危险判断与报警

用 VRM 设置一个以本船为中心的安全距离警戒圈,并在该圈内外以 ΔR(如 0.3 n mile)为界设置一个警戒环(Guard Ring)或警戒区(Guard Zone),如图 6.3-1 所示。

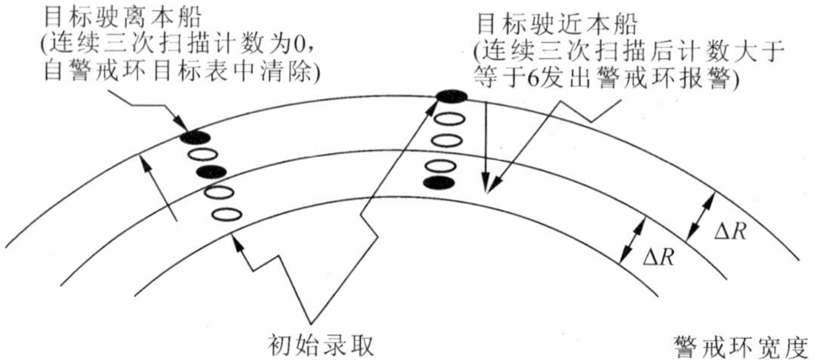

图 6.3-1 利用警戒环判断危险与报警

当目标"入侵"该警戒区时,即被自动录取和跟踪。当采样输入目标距离数据超过 3 个时,就要判断出该目标是驶向还是驶离本船。为此,需安装一个警戒计数器,其初始值置 3。若本次采样距离小于前次距离数据,则计数加 1;反之,计数减 1。于是,当计数等于 0 时,则判断目标为驶离本船,报警解除。当计数大于等于 6 时,则判断目标为驶向本船,激发"目标闯入"报警。报警可用声或光器件。注意:当第一次出现的目标已处警戒环(区)内时,则不报警,因此,切不可忽视常规瞭望。

(3)利用 PPC、PAD 进行危险判断

根据 6.2.2 节计算的 PPC 或 PAD 数据,在雷达显示器屏上可显示 PPC 的圆圈"○"或 PAD 的六边形符号,分别如图 6.3-2、图 6.3-3 所示。

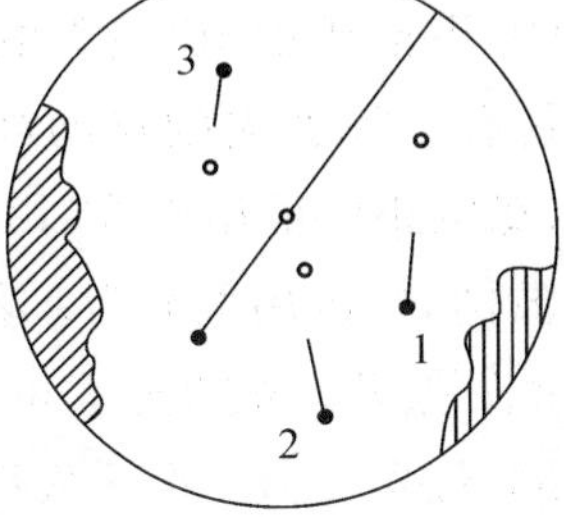

图 6.3-2　用 PPC 判断危险

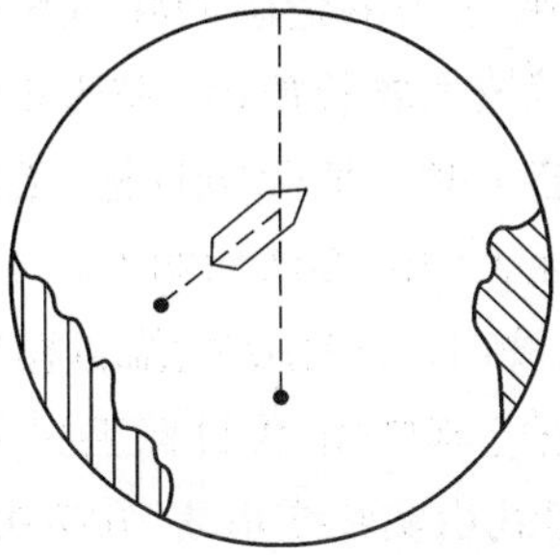

图 6.3-3　用 PAD 判断危险

图 6.3-2 中，在目标 1、2、3 真矢量前方的圆圈即为 PPC，其中目标 1、2 只有一个 PPC；目标 3 的速度比本船速度大，有两个 PPC，且第二个 PPC 已落在本船船首线上，表明有碰撞危险，本船应采取避让机动，使 PPC 离开本船船首线。

图 6.3-3 中，本船船首线与目标的 PAD 相交，有碰撞危险。按避碰规则要求，本船应右让，使船首线右移并离开 PAD。但要注意，不要右让太多，以免船首线可能和其他目标的 PAD 相交，形成另一危险局面。

(4)利用相对矢量或真矢量进行危险判断

①用相对矢量判断

根据本船的实际情况和当时的态势，设置 MIN CPA 圆，延长相对矢量线，若相对矢量线与 MIN CPA 圆相交，表示该目标与本船有碰撞危险；还可读出该目标的 CPA 和 TCPA 值，进一步予以核实，如图 6.3-4 所示。

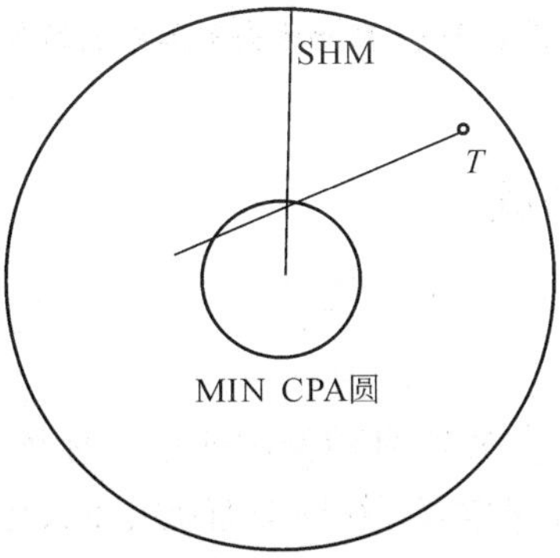

图 6.3-4　用相对矢量判断碰撞危险

②用真矢量判断

调整矢量时间长短，若本船真矢量与目标船真矢量的终端重叠或非常接近，则表示存在碰撞危险。当采用 PCP(潜在碰撞点)或 PPC(可能碰撞点)显示时，若 PCP(或 PPC)标志出现在本船船首线上或船首线附近，则表示有碰撞危险。当采用 PAD 显示时，若本船航向线(受风流压影响时为航迹线)与 PAD 相交，则表示存在碰撞危险。

(5)跟踪目标丢失的危险判断与报警

由于目标回波太弱等原因，雷达正在跟踪的目标可能丢失，而丢失的可能还是逼近本船的危险的甚至紧急危险的目标，因此，雷达应具有目标丢失的自动判断和自动报警功能。判断目标丢失的方法如图 6.3-5 所示。进入稳定跟踪后用小波门。若回波未入小波门，则改用中波门。若两次扫描目标回波未入中波门，则改用大波门。若连续 5 次扫描回波均未入大波门，则判定为目标丢失并发出目标丢失报警。报警方式可用声、光信号或显示的运动矢量线由实线变虚线，在丢失前的目标最后位置显示一个丢失标识符表示。在报警丢失后，若再经 5 次扫描回波仍未入大波门，则自动将该目标从跟踪表中清除。

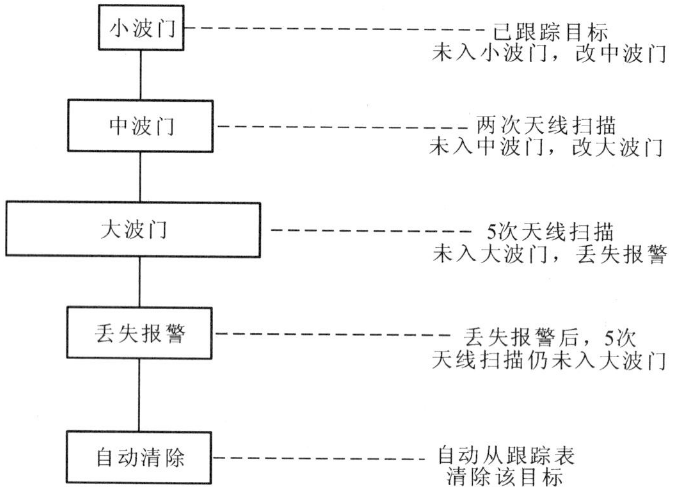

图 6.3-5　目标丢失的判断及报警

6.3.2　雷达报警内容及方式

(1)报警种类及内容

①设备报警

雷达各部分设备本身发生故障时自动发出的报警称为“设备报警”，分为五类：

a. 电源故障报警。当电源保险丝、各种交直流电源、冷却风扇电源等出现故障时就会启动电源故障报警。电源故障报警在系统故障中级别最高。

b. 诊断程序自检电路故障报警。诊断程序自检的部分包括主处理机、目标跟踪器、警戒圈、数据显示器、双雷达转换器、各传感器信号及输入输出接口(I/O 接口)等。陀螺罗经、计程仪信号丢失时会自动报警，但数据精度不符合要求则不报警。

c. 与数据显示器有关的故障报警。常用于数据显示的七段数码管有时会因丢失笔画而导致数字显示不准的故障，系统不报警，只能靠人工检查。

d. 与 PPI 显示器有关的故障报警。

e. 其他故障报警。包括面板指示灯不亮，工作开关指示灯不亮，音响报警不响或音量、音调不能控制等故障。

②工作报警

雷达系统在执行各种功能时，对出现的某些工作状态必须提醒驾驶员警觉而发出的报警称为“工作报警”。

工作报警主要包括下列内容：

a. 被跟踪的目标 CPA、TCPA 违反安全判据(MIN CPA、MIN TCPA)而发出的碰撞危险报警。

b. 目标闯入警戒圈(区、环)报警。报警的同时对其实行自动录取和跟踪，但对已经处在警戒圈(区、环)内的目标不报警。

c. 已跟踪目标回波丢失报警或“坏回波”(可能很快丢失)报警。

d. 目标航迹变化报警。在雷达目标自动跟踪过程中(经过统计分析后)发现目标航迹有重大变化倾向时，则在目标回波旁出现“◇”符号闪烁，“航迹变化”(Track Change)报警灯闪亮，发出“航迹变化”报警。雷达的跟踪系统便自动调整较大跟踪波门并采用较大的平滑系数值，直到检测到航迹没有变化，再恢复正常值。

e. 录取目标总数超过额定数报警。例如，某雷达录取额定数为 N 个目标，当手动录取第 N+1 个目标时，则发出“ Over N”报警。

f. 错误请求、操作报警。即当操作错误使雷达无法接收错误指令时发出的报警。例如，在预置本船航向初始数据时，将“080”误输为“380”则发出报警。

g. 其他报警。例如，雷达执行锚位监视功能时，若本船的锚位移动超出设定的监视距离范围，系统就发出报警。

雷达在执行工作报警功能时，任一个目标在同一时间都只能显示一种报警内容。当一个目标同时出现一个以上工作报警情况时，系统则按图 6.3-6 所示优先级进行报警。

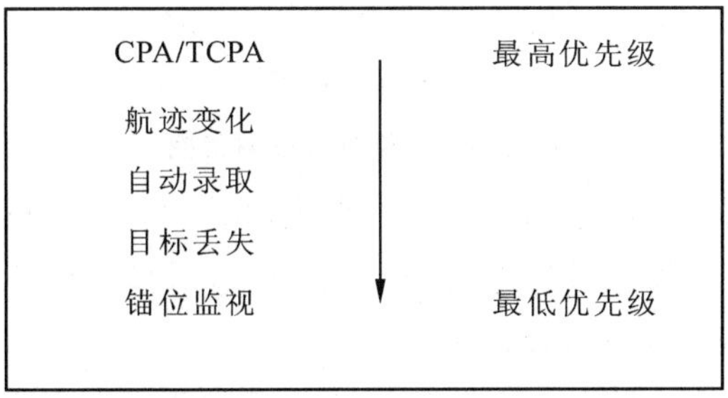

图 6.3-6　工作报警优先级

(2)报警方式

①视觉报警(Visual Alarm)。报警时红色指示灯闪光。

②听觉报警(Audible Alarm)。报警时，蜂鸣器响，且其音量、音调随不同报警内容而

变。听觉报警可按认可键(Acknowledge)确认。

③符号闪烁报警(Symbol Flash Alarm)。报警时,有关标识符号闪烁。例如,“◇”符号闪烁表示紧急危险报警。此类报警不能人为停止,持续到局面改变才停止。

④数字显示报警(Data Display)。例如,用数字表示已检测出的故障的序号,故障序号对应的内容可查阅该雷达使用说明书,如 SYSTEM 04 表示无雷达触发脉冲,SYSTEM 06 表示无陀螺罗经输入。

6.3.3 雷达系统测试功能

雷达系统是一个较复杂的电子系统。系统测试功能用于检查系统的工作性能,检查各主要部件、各输入输出信号及接口工作是否正常,以及调整雷达显示器。

雷达系统的测试功能有两种工作方式,分别介绍如下。

(1)用“TEST”(测试)功能

①用测试图形

一种简单的供系统调整直线性、圆度等参数的测试图如图 6.3-7 所示。

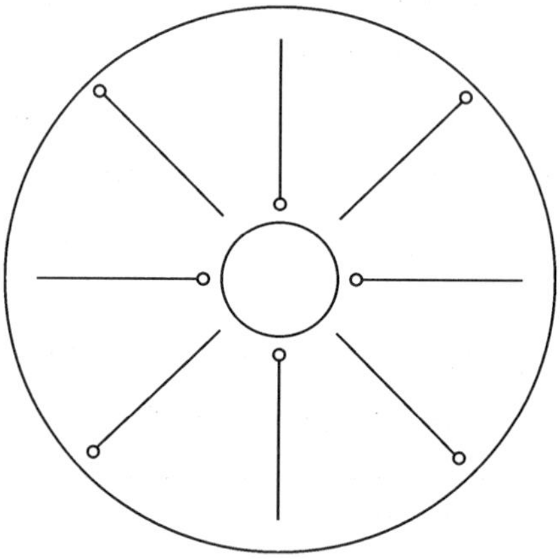

图 6.3-7 简单系统测试图

测试图中各种字、符号、图形均可用于检查机内各相关部分的工作情况,因而可用于帮助寻找故障和调整显示器。各种字、符号、图形的含义可查设备使用手册有关部分。

②用发光二极管、指示灯、数码管

有的雷达在按下面板上的“TEST”键后,可检测面板上所有控制键的发光二极管、指示灯、数码管对应的功能。如这些灯、管轮流闪亮一遍,则表示相关的电路及功能正常;未亮的灯或管则表示相应部分有故障,系统无法执行相应的功能。

③用测试回波视频

有的雷达在按下面板上的“TEST TARGET”键后,会在屏上显示模拟运动目标回波

"X",其初始数据为

R=5 n mile

B=45°

CPA=1 n mile

TCPA=20 min

人工录取该测试目标,3 min 后,显示数据应为 CPA=1 n mile,TCPA=17 min。若实际读出数据与此数据存在较大误差,则表明该雷达录取、跟踪和计算功能存在错误。

(2)用诊断程序(Diagnostic Program)自测试功能

各种雷达均装有诊断程序,具有自测试功能。当启动该功能时,程序按设计的测试周期对雷达系统中的电源、输入信号、输出信号、各传感器接口及系统各主要电路等进行自检,完成一次自检需几十分钟,各种雷达的自检时间不尽相同。在自检过程中,一旦查出故障就发出警报,并在数据显示器上显示故障序号。根据故障序号查阅说明书,可知故障发生的部位及内容,以便及时检修。

6.4　雷达自动标绘避碰的局限性

如前所述,雷达首先要完成目标自动检测、自动(或人工)录取、自动跟踪等环节,才能对跟踪目标进行自动标绘计算,然后根据计算结果,判断目标有无碰撞危险并在目标被判断有危险的情况下报警,因此除了 5.2 节所述的各种雷达误差,目标检测、录取、跟踪等环节以及安全判据的局限性均会影响雷达自动标绘避碰功能发挥的效果。

6.4.1　雷达目标跟踪的局限性

(1)自动检测的局限性

前已述及,自动检测是在去杂波等预处理后进行的。为了保留微弱的目标回波信号,只能在有剩余杂波的前提下进行自动检测。因此,经 MOON 判定而输出的仍可能有杂波;反之,有用的小目标回波也可能在杂波处理、量化及 MOON 判定等处理环节中丢失而不输出。此外,各雷达的 MOON 值不同,也直接影响自动检测的性能。对 M、N 值较小的雷达自动检测的可靠性降低,即发生误检和漏检的可能性增加。

(2)自动录取的局限性

如前表 5.1-1 所示,雷达录取容量受计算机内存容量和处理能力的限制。在自动录取中,为提高录取目的性,采取了如前所述的"抑制区""优先区"等措施。但实际上还存在该录取的没录取,不该录取的被误录取的"漏""误"现象。前者被漏录取的还可能是危险目标;后者被误录取的目标,会造成画面混乱,妨碍观测。此外,调用自动录取功能前已处在警戒圈(区)内的目标或从水下进入警戒圈(区)后再露出水面的目标(如潜艇)是不会被自动录取的。但也可能是危险目标。对相距较近的目标,难以分别录取。

(3)目标跟踪容量及显示目标矢量的限制

雷达在对目标进行自动跟踪时,除存在 5.2.4 节所述的目标交换和目标丢失现象外,还受到雷达目标跟踪容量的限制。这主要是因为雷达受其数据处理器内存量及计算速度的限制,超过容量,不予录取和跟踪。另外,为了画面显示清晰,显示矢量数可少于跟踪数。IMO 雷达性能标准对雷达目标录取数量的要求具体参见表 5.2-2。

(4)跟踪目标距离及速度范围限制

离本船太远或太近的目标均不能被雷达录取和跟踪。不仅雷达目标跟踪距离受最大作用距离和最小作用距离(盲区)限制,而且对可正常跟踪的目标最大相对速度也受到限制。最大跟踪距离一般为 24 n mile,也有的可达 36 n mile 以上;最小跟踪距离一般为 0.1～0.15 n mile;最大相对速度有的为 80 kn,有的可高达 150 kn。此外,有的雷达为了区别船舶和陆地,规定凡目标尺寸大于跟踪窗尺寸或目标占据 2°以上的方位宽度(在较远距离上)时,认为目标已超出船舶尺寸,可能是陆地,因而舍弃跟踪。

(5)存在跟踪处理延时

雷达从录取目标、采集测量数据、处理数据、自动计算到显示各种数据和信息,其中有个过程,称为雷达的"处理延时"。通常,从录取到显示初始不稳定的数据和矢量,短的为 20～30 s,一般约为 1 min。从录取显示稳定的数据和矢量约 3 min。目标距离、方位数据在录取后即可显示,而目标的航向、航速、CPA、TCPA 的显示均须经过一段延时。由于 3 min 之内的数据或矢量不稳定,因此不可盲目使用。3 min 以后已稳定显示的数据或矢量,一旦发生本船或目标船改向和/或变速,则原显示的数据或矢量作废,新数据新矢量的显示同样需要经过相应延时才能稳定、可用。对于 3 min 后的跟踪精度值,IMO 雷达性能标准的相关要求见前表 5.2-1。

6.4.2 安全判据的局限性

目前雷达在利用自动标绘进行碰撞危险判断的安全判据,均采用人工预置的 MIN CPA 和 MIN TCPA。用雷达计算的目标船 CPA 与 MIN CPA 比较,判断是否有碰撞危险;用 TCPA 与 MIN TCPA 比较,判断碰撞危险的紧迫程度。预置 MIN CPA、MIN TCPA 值需综合考虑,本船所处海域的开阔程度、船舶密度、航行态势、本船操纵性、吨位、速度、装载情况及驾驶员的船艺水平等多种因素,合理选定。但 MIN CPA 和 MIN TCPA 安全判据预置时还存在以下局限性:

(1)未考虑目标船相对位置、态势角不同对碰撞危险度的影响

如图 6.2-4 所示,四条相遇船 A、B、C、D 的距离 $R=4$ n mile、CPA=0.8 n mile、TCPA=15 min,均相同,按照安全判据都出现碰撞危险报警,但因它们所处相对位置不

同，态势角不同，实际上各船的危险程度是不同的。尤其值得注意的是，首向、右舷、快速逼近的目标船，即使现在 CPA、TCPA 尚未违反安全判据，但潜伏着极大危险。正横后，尤其是船尾目标船，即使其 CPA、TCPA 均已小于安全判据，出现了危险报警，但事实上并不一定危险。

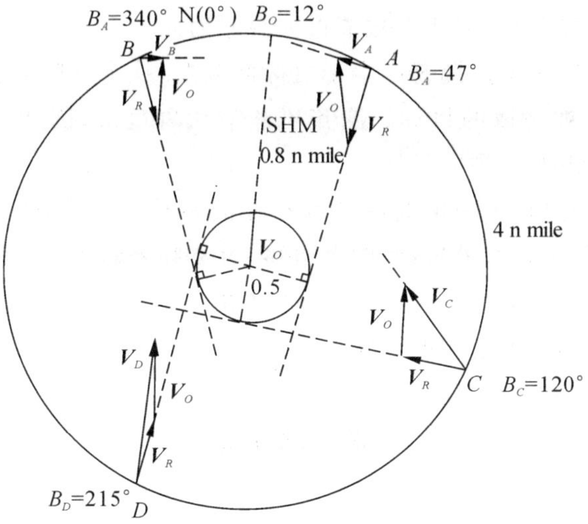

图 6.4-1　安全判据的局限性

(2)实际 TCPA 比理论 TCPA 短

如图 6.4-2 所示，目标船的相对运动线 RML 与 MIN CPA 圆已相交，因为 CPA＜MIN CPA，所以目标船是危险船。若 TCPA≤MIN TCPA，则为非常危险船。这里 TCPA 是目标船相对运动到 CPA 点所需时间，称之为理论 TCPA，而实际上目标船相对运动到 MIN CPA 圆弧上所需要的时间，意即目标船已侵入 MIN CPA 圆，该时间应该被看成目标船与本船发生非常危险的时间，称之为实际 TCPA。由图可见，这个时间比理论 TCPA 要短得多，所以，常用的 TCPA 并不能确切表示危险的紧迫性。

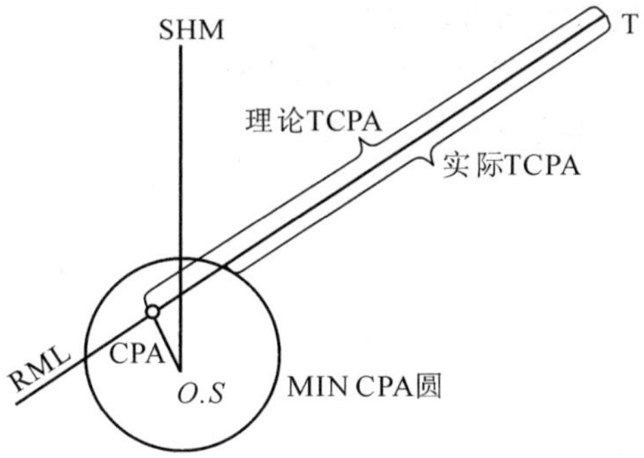

图 6.4-2　TCPA 的局限性

6.4.3 报警的局限性

虚警即虚假报警、误报警。虚警产生于杂波干扰、设置的警戒圈(区)不合适或预置的安全判据 MIN CPA、MIN TCPA 数值过大等原因。

漏警即该报警的未报警。漏警产生于目标回波弱、从水下闯入警戒圈(区)而突然出现的目标及超容量未被录取的目标。漏警可能潜伏着危险,因此驾驶员应随时观测画面,加强瞭望,及时录取新出现的目标。

总之,雷达在使用过程中一定要注意其存在的各种局限性,不可完全信赖而忽视了瞭望,特别是船舶航行于狭水道时,船舶会遇多,容易频繁转向,但雷达存在处理延时,使矢量转向显示总滞后于实际船首转向,驾驶员不能正确推断来船意图,容易导致避让决策失误,需要格外注意,确保船舶航行安全。

复习思考题

(1)船舶避碰的含义是什么?

(2)什么是"人工标绘"?人工标绘有什么前提条件?如何利用人工标绘协助船舶进行避碰?

(3)什么是 CPA 和 TCPA?如何利用它们判断碰撞危险?

(4)什么是可能碰撞点 PPC?有什么含义?如何进行 PPC 的计算?

(5)雷达人工标绘的流程是什么?人工标绘有什么缺点?

(6)为从雷达显示器上获得 CPA、TCPA、PPC 等碰撞信息,应选择哪种显示方式?

(7)什么叫 PAD?形成 PAD 的条件是什么?PAD 可为驾驶员提供什么信息?

(8)雷达自动标绘的流程是什么?自动标绘有什么优点?

(9)雷达碰撞报警常有哪些方式?请详述。

(10)雷达设备报警有哪些情况?

(11)雷达工作报警有哪些种类?采取什么优先级程序?

(12)雷达报警有什么具体方式?各有什么特点?

(13)雷达在目标跟踪过程中如何判断目标发生丢失?

(14)雷达在进行自动标绘避碰时存在哪些局限性?

第7章

AIS报告目标与雷达跟踪目标关联

7.1 AIS系统基本工作原理及发射信息类型

7.1.1 AIS系统简介

AIS系统由岸基(基站)设施和船载设备共同组成,是一种新型的集网络技术、现代通信技术、计算机技术、电子信息显示技术为一体的数字助航系统和设备,它可在一定的作用范围内和规定的频道上,用甚高频(VHF)自动发射和接收船船、船岸间的识别、导航和通信信息。

(1)AIS系统产生的背景和应用要求

自20世纪70年代以来,船舶朝着大型化、高速化方向发展,船舶数量及危险货物装载量不断增加,水域交通密度不断增大,海损事故时有发生,严重威胁船舶航行安全及海洋生态环境,这使得人们开始追求更先进的船舶导航/助航技术。与此同时,人们在研究船舶航行安全保障技术的长期过程中越来越深刻地认识到船舶间、船岸间相互交换信息及船舶识别的重要性。一方面,尽管船用雷达具有避碰功能,但提供的信息有限,不能识别船舶,不能交换船名、呼号、国籍与操船意图,并且其工作经常受到气象、海况及地形的影响,越是在需要雷达发挥作用的狭水道、船舶密度大的水域内以及遭遇恶劣气象、海况环境时,雷达越显得无能为力;另一方面,航行中相遇船舶间通信,早期一直采用VHF无线电话,由于这种靠人工操作的通信方式不能自动获得相遇船标识,不能及时掌握对方操船意图,实际上双方难以在实操船前达成避碰协议,往往因耽误宝贵的时间或不明对方真正的操船意图而采取不相协调的避让行动,造成碰撞事故。

虽然船舶交通服务系统(Vessel Traffic Services,VTS)为船舶安全航行提供了许多信息服务,提高了航运效率,减少了事故率,但早期 VTS 利用 VHF/DF 及雷达观测进行人工船舶识别,操作费时,获取的信息有限,船岸之间的交流有障碍,未解决船舶自动识别问题(船舶自动识别对于船舶航行安全、船舶交通管理具有极其重要的影响),这导致在 VTS 管辖水域,交通事故仍时有发生。此外,早期 VTS 仅靠雷达对目标进行跟踪,但雷达对高机动目标跟踪的精度、分辨率及可靠性均不尽如人意,不能适应现代港口 VTS 对复杂交通态势的应对和管理要求,成为制约 VTS 技术发展的瓶颈。

为了解决船舶自动识别、自动交换信息以及高机动目标动态跟踪精度等问题,AIS 系统应运而生。在国际有关组织 IMO、IALA、ITU、IEC 的努力下,从 1992 年在国际会议上研讨 AIS 至今,有关 AIS 的性能标准、技术特性、测试标准、操作指南等已发布了很多,并且在 2002 年 7 月 1 日生效的 SOLAS 公约第Ⅴ章修正案里特别增加了船载 AIS 和 VDR 等航行系统和设备的配备要求:所有 300 GT 以上的国际航行船舶和 500 GT 以上的非国际航行船舶,以及任何客船,都应按表 7.1-1 要求配备一台 AIS。

表 7.1-1　AIS 船载设备的安装时间表

<table>
<tr><th colspan="3">类型</th><th>AIS 安装时间要求</th></tr>
<tr><td colspan="3">2002 年 7 月 1 日以后新造的 300 GT 以上船舶和所有新造客船</td><td>必须安装 AIS 设备</td></tr>
<tr><td rowspan="6">2002 年 7 月 1 日前建造的船舶</td><td rowspan="5">国内航线</td><td>客船和油轮</td><td>2003 年 7 月 1 日前安装</td></tr>
<tr><td>50000 GT 及以上的船舶</td><td>2004 年 7 月 1 日前安装</td></tr>
<tr><td>10000～50000 GT 的船舶</td><td>2005 年 7 月 1 日前安装</td></tr>
<tr><td>3000～10000 GT 的船舶</td><td>2006 年 7 月 1 日前安装</td></tr>
<tr><td>300～3000 GT 的船舶</td><td>2007 年 7 月 1 日前安装</td></tr>
<tr><td>其他航线</td><td>客船及 500 GT 以上的船舶</td><td>2008 年 7 月 1 日前安装</td></tr>
</table>

(2)AIS 系统的基本构成

①船舶航行数据传感器

船舶航行数据传感器包括全球卫星导航系统 GNSS 接收机、电罗经或磁罗经和计程仪等,为 AIS 提供有关位置、速度、航向等动态信息输出。

②接口电路

接口电路接收来自 GNSS/DGNSS 的本船船位信息,同步世界协调时 UTC 以及来自陀螺罗经的本船航向信息、计程仪的本船航速信息等,数字化后送到信息处理器。GNSS、陀螺罗经、计程仪等信息均采用 NEMA-0183 数据格式,通信接口采用 RS232、RS485/422 标准。

③信息处理器

信息处理器是 AIS 的核心部分，用于存储本船识别码、船名、呼号、船型等静态信息和船舶吃水、危险货类、航线等航行相关信息；处理并存储本船动态信息；将存储的本船最新航线数据及必要的静态数据与航行相关的其他信息进行编码后送 VHF 发射；接收来自周围船舶航行数据并进行解码、存储；将本船和其他船舶的航行数据信息在显示器上显示出来。

信息处理器中包括船舶静态、动态数据库，对信息的处理、管理及控制基于 SOTDMA 技术的通信协议、通信方式及显示等相关的软件。为使广播式 AIS 系统具有可靠、有序的信息通信，要求各船舶的 AIS 设备严格时间同步，从而避免内部干扰。通常，用于同步的参考时间均采用来自 GNSS 的 UTC，也可采用与 UTC 相关的时间源。

④监视器

监视器用于显示各种数据和状态信息，监视系统的运行状况，实际应用的信息显示器可能和雷达、电子海图显示和信息系统(Electronic Chart Display and Information Systems，ECDIS)、综合船桥系统(Integrated Bridge System，IBS)等一体化，成为多系统共用的综合信息显示终端。

⑤VHF 收发机

VHF 收发机由信息处理器控制，用 CH87B、CH88B 两个国际专用频段自动发射和接收按通信协议方案规定的已调信号，频带为 25 kHz。已调信号中含有本船和他船的航行信息，发送信息的编码和接收信息的解码均由信息处理器完成。

典型的 AIS 系统包含一个 VHF 发射机、两台 VHF/TDMA 接收机、一台 VHF/DSC 接收机。AIS 可以同时在两个频率上交替工作。此外，主管部门还可以指配 AIS 的区域性使用频率，使 AIS 可工作于一组频率，并具有频道选择和切换能力，既可工作于近程，也可工作于远程。

AIS 系统组成框图如图 7.1-1 所示。

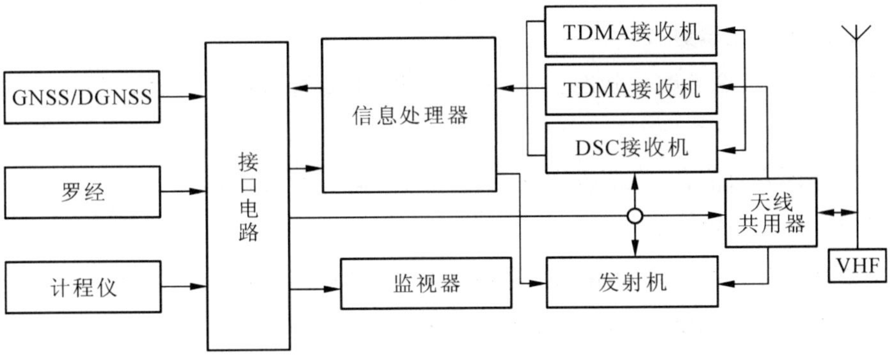

图 7.1-1　AIS 系统组成框图

(3)AIS 系统的主要功能

AIS 具有以下功能:

①系统可在无须人工介入的情况下,主动连续地向具有适当配备的主管当局的岸台和其他船舶(飞机)提供信息,包括船舶识别码、船型、船位、航向、航速、航行状态和其他与安全有关的信息。

②系统能接收、处理船位、航向、航速等传感信息,自动接收来自具有相同配备的船舶、管理当局及其他来源的上述信息。

③以适当的更新率提供船位和操纵信息,以便管理当局和其他船舶精确跟踪和监测船舶动态。自主模式下的信息更新率因船舶类型不同而不同,对高优先级以及有关安全呼叫的信息应以最快的速率确定。

④与 AIS 岸台交换数据,以便主管部门指配工作模式,控制数据传输的时间和时隙。

⑤系统有内设测试设备(Built-in Test Equipment,BITE)。

⑥系统提供国际海事标准界面,并有人工输入和输出的数据接口。

(4)AIS 船用移动设备的分类

根据 AIS 应用的目的,AIS 船用移动设备可分为 A 类和 B 类。

A 类 AIS 设备按照 IMO 有关 AIS 配备的必要条件,可以接收和发射有关安全的短消息,包括重要的航行信息和重要的气象警告信息。

B 类 AIS 设备不必满足 IMO 有关 AIS 配备的必要条件,可以接收有关安全的短消息。

(5)AIS 系统发送的数据类型

无论是 A 类还是 B 类 AIS 设备,发送信息或数据是其一项基本功能。目前,船载 AIS 设备发送的信息有以下 4 种类型:

①固定或静态的信息,即在 AIS 安装后输入的信息,只要不更改船名也不进行重大船舶类型的改装就无须更改;

②动态信息,即除了航行状况信息,从与 AIS 连接的船舶上其他设备自动提供更新的信息;

③与航行有关的信息,可能需要在航行中人工输入和更新;

④与安全有关的短消息。

与安全有关的短消息是固定或自由格式的文本信息,可以发往该海域内一个特定目标(以船舶 MMSI 识别码为标识),也可以面向该水域内的所有船舶。其内容必须与航行安全有关,信息应尽可能短小。系统允许每条信息最多包含 150 个字符。表 7.1-2 所示为船舶 AIS 发送信息的内容。

表 7.1-2　船舶 AIS 发送信息的内容

静态信息	动态信息
MMSI(船舶识别号) IMO 号(有些地方需要) 船舶呼号与船名 船长与船宽 船舶类型 GNSS 天线在船上的位置 更新率:每 6 min	精确的船位 世界时(UTC) 对地航向(COG) 对地航速(SOG) 船首向 航行状态(手动输入) 转向率(有些地方需要) 更新率:依据航速和航向交替(2 s 到 3 min)
与航次相关的信息	**与安全有关的短消息**
船舶吃水 船载危险货物(类型) 目的地和大约到达的时间(ETA) (由船长作出判断) 计划航线(航路点) 更新率:每 6 min	航行安全相关的消息 更新率:按需要

AIS 设备按不同更新时间间隔自动发出信息。动态信息的更新时间间隔根据航速和航线变化,如表 7.1-3 所示;静态和航行有关的数据的更新时间间隔为6 min或者根据要求(AIS 能自动应答)。

表 7.1-3　动态信息的更新时间间隔

船舶状态	通常更新时间间隔
泊锚船舶	3 min
航速 0～14 kn	12 s
航速 0～14 kn 并改变航向	4 s
航速 14～23 kn	6 s
航速 14～23 kn 并改变航向	2 s
航速>23 kn	3 s
航速>23 kn 并改变航向	2 s

(6)AIS 系统的工作模式

AIS 有三种工作模式,其中缺省工作模式为自主工作模式,并可根据管理机构的需要与其他工作模式进行切换。

①自主工作模式

AIS 设备按照自身的程序发送 AIS 信息，自动解决与其他船舶 AIS 设备之间的冲突。该模式可在所有海域使用。

②指定工作模式

AIS 设备按照指定方案发送 AIS 信息。这种方案由管理机构通过基站或中继站配的传输计划指定。在拥挤水域，AIS 设备使用由适任的当局岸台所选定的程序发射。

③轮询工作模式

AIS 设备只有在受到其他船或管理当局询问时，才发送信息。此时 AIS 设备只响应来自某一船或管理机构的问询。轮询工作模式下的操作不可以与其他两种工作模式下的操作发生冲突。在通信控制中心，发射机应答器自动地对来自主管当局的询问信息作出反应。

不管是在开阔海域、沿海水域还是内河航道上，AIS 设备通常都工作于自主工作模式。在一些海域，交通监管当局要遥控数据发送间隔、时隙等参数时使用指定工作模式。当船舶在受到他船或管理当局询问才发送数据时，采用轮询工作模式。管理当局应能控制工作模式的切换。AIS 设备采用 VHF 频段，它的覆盖范围取决于天线高度，在海上通常为 20 n mile 左右。因为 AIS 设备的波长较雷达波长长，绕射较强，所以信号覆盖较雷达好，在地面障碍物不高的情况下，能看到弯道或岛屿背面的 AIS 目标。借助于中继站，则可以显著扩大 AIS 系统和 VTS 系统的覆盖范围。

7.1.2 AIS 系统发射报文类型

AIS 标准允许定义多达 63 种不同的报文，但目前只定义了 27 种。根据用途及自动识别系统的类型可定义不同的信息，见表 7.1-4。

表 7.1-4 AIS 信息

AIS 报文识别号	名称	描述
1	位置报告	预定的位置报告(A 类船载移动设备)
2	位置报告	分配的计划位置报告(A 类船载移动设备)
3	位置报告	特定的位置报告，对询问的应答(A 类船载移动设备)
4	基站报告	位置，世界协调时间，日期和基站的当前时隙数
5	静态和航向相关数据	预定的静态和航行相关的船舶数据报告(A 类船载移动设备)
6	二进制地址信息	用于地址通信的二进制数据

续表 7.1-4

AIS 报文识别号	名称	描述
7	二进制确认	接收到地址二进制数据的确认
8	二进制广播信息	用于广播通信的二进制数据
9	标准搜救飞机位置报告	仅与搜救(SAR)运行有关的用于机载站的位置报告
10	世界协调时间/日期询问	世界协调时间和日期
11	世界协调时间/信息应答	当前世界协调时间和日期(如果可用)
12	寻址安全相关信息	用于寻址通信的相关安全信息
13	安全相关确认	接收到寻址相关安全信息的确认
14	安全相关的广播信息	用于广播通信的安全相关的数据
15	询问	对特定类型信息的请求(可导致来自一个或多个站的多个应答)
16	分配模式命令	由主管机构使用基站对特定报告行为的分配
17	差分全球卫星导航系统广播的二进制信息	由基站提供差分全球卫星导航系统校正
18	标准 N 类设备位置报告	被用来替代信息 1、2、3，用于 B 类船载移动设备的标准位置报告
19	扩展的 B 类设备位置报告	用于 B 类船载移动设备的扩展位置报告，包含附加的静态信息
20	数据链管理信息	为基站预留时隙
21	航标报告	用于航标的位置和状态报告
22	航道管理	通过基站管理的航道和收发机模式
23	分配命令组	由主管机构使用基站对一个特定的移动组的特定报告行为的分配
24	静态数据报告	分配给海上移动通信业务 A 部分的附加数据——名称；B 部分
25	单时隙二进制信息	静态数据
26	通信状态下的多时隙二进制信息	不定期发送的二进制数据(广播或寻址)
27	用于远程应用的位置报告	预定的二进制数据传输(广播或寻址)

(1)A 类 AIS 设备报文发送

1、2、3 是由 A 类 AIS 设备每隔几秒钟定时发射的“短”报文，见表 7.1-4。这几种短报文包含了相同的位置信息和动态信息，但不同的报文识别号表示接收机使用不同发射模式。AIS 设备在自主模式下发射报文 1；在指配模式下，通过主管部门利用 AIS 基站发送的报文 16 或 23（轮询模式）等指令，发射报文 2；在轮询模式下，通过授权的用户使用报文 15，发射报文 3 以应答询问。

报文 5 是每 6 min A 类自动设备发送的“长”信息。它包含了所有预期的静态数据和航行数据。

向所有船舶发送的可选安全电文信息广播被定义为报文 14，但如果只向特定船舶（寻址）发送，则使用报文 12。

(2)B 类 AIS 设备报文发送

表 7.1-5 总结了 A 类 AIS 设备与 B 类 AIS 设备的主要区别。B 类应答器发送的报文 18 比使用 A 类应答器发送的报文 1、2、3 更短。B 类不包括的动态信息是转向率和导航状态字信息。尽管在报文 18 中可以选择罗经航向，但是没有具体要求。

报文 24 等价于 A 类报文 5，提供静态数据，而 A 类航行相关数据信息并不包括在内。B 类 AIS 设备并不提供吃水深度、预计到达时间（ETA）以及目的港等信息。同样，静态数据也不包括 IMO 号，这属于合理范围，因为这些船舶都不是国际海事组织船舶。B 类 AIS 设备的规则是在 A 类 AIS 设备的规则之后几年设计并实施的。推出 B 类报文后，一些老的 A 类报文应答器只有部分与 B 类报文兼容，并且并不能显示所有可用的 B 类报文（尤其是 B 类静态数据），这些老设备如今有些仍在使用。

表 7.1-5　A 类 AIS 设备和 B 类 AIS 设备的区别

对比项目	A 类设备	B 类设备
传输数据方式	SOTDMA	CSTDMA
动态数据报告时间间隔	2～10 s	30 s
静态信息	A 类设备要求的所有信息	不要求输出 IMO 编码
动态信息	A 类设备要求的所有信息	不要求输出转向率、航行状态
与航次相关的信息	A 类设备要求的所有信息	不要求输出吃水、目的地、ETA
航行安全短信息	要求	可选择
位置数据来源	外接 GNSS 或 AIS 内置的 GNSS	AIS 内置的 GNSS
船首向	要求	可选择
船首转向率	要求	不要求
多种输入/输出界面	要求	可选择
发射功率	12.5 W	2 W

(3)搜救飞机 AIS 设备

搜救飞机 AIS 设备能广播报文 9,该报文将在 AIS 设备显示器上提供位置数据。在船台和岸台 AIS 显示器上提供的搜救飞机(尤其是直升机)AIS 信息对于搜救具有巨大的潜在价值,能够协助船舶/飞机进行联合搜索的监视和执行。

(4)AIS 搜救应答器

AIS 搜救应答器虽然在用户功能上与 SART 类似,但被激活时,它不是同时在 AIS 的两个频道上发送遇险信息。IMO 现允许 SOLAS 公约船舶在 SART 和 AIS 搜救应答器之间选择。一旦 AIS 搜救应答器被激活,它在 1 min 发送 8 个发射信号,每个 VHF 频率 4 个。在作用距离范围内其他船舶上的 AIS 接收后应报警,并在 ECDIS 和 AIS 显示器上显示被红色圆包围的十字。一旦 AIS 搜救应答器被激活,它的发射时间至少持续 96 h。与 SART 一样,AIS 搜救应答器一般安装在救生筏或救生艇的立杆上;不过与 SART 不同的是,若接收到来自其他船舶上的 AIS 信号,AIS 搜救应答器并不能显示该信号。AIS 搜救应答器发送信息包含一个唯一的码(在安装到船舶之前由制造商编制)和 GNSS 位置。

(5)AIS 航标

AIS 航标是使用 21 号电文播发船舶导航、定位、避险或其他方面助航信息的一种 AIS 台站。通过报文 21,AIS 航标能使航标的提供者广播下列信息:

①航标的类型;

②航标的名称;

③航标的位置;

④位置精度指示;

⑤定位设备的类型;

⑥航标在位/移位状态;

⑦真实和虚拟航标的标识;

⑧航标的尺寸大小和参考位置;

⑨航标系统的状态。

除了报文 21 的航标报文,AIS 航标也可以发送报文 6、8 和其他适当的报文。

报文 6 是二进制寻址报文。AIS 航标可以通过报文 6 向航标的主管当局发送航标的状态报告,如电池数据、信号状态数据以及太阳能供电系统充电电流值等有用数据。主管当局可以及时地了解设备的运行状态,较准确地预知定期维护的时机,较早地发现运行故障并最终提高该系统的实用性。此外,这些性能信息还将被反馈到航标系统的设计环节中。

报文 8 是一个广播二进制报文。IMO 发表了报文 8 有限的几个世界范围内通用的固定格式(见 IMO 第 236 号通函)。当然,航标主管当局可以在自己的管辖范围内自由地使用报文 8 的其他格式。比如,在 IMO 关于报文 8 的格式列表中,应用 1 即为气象和水文数据。通过在航标上的传感器获得这些数据,将其传到 AIS 航标台,并以报文 8 广播。

AIS 可被用于浮动和固定航标,并且上述报文中的多种 AIS 报文格式都会发射。因此,航标主管当局有义务核实 AIS 航标台广播信息的真实性和设备运行的正确性。

AIS 航标根据实现方式不同可分为实体 AIS 航标、合成 AIS 航标和虚拟 AIS 航标 3 类。

实体 AIS 航标是设置在实体航标上,且使用 AIS 21 号电文播发该航标相关信息的装置。

合成 AIS 航标是由其他 AIS 台站通过 21 号电文播发其相关信息的实体航标。有时出于经济性或实用性的考虑在航标上安装 AIS 设备并不合适,这时就可以采用合成 AIS 航标。这种航标实体没有配备 AIS 设备,其位置和身份等数据由其他 AIS 台站以 21 号电文发送,与实体 AIS 航标一样,这些数据可被船载 AIS 终端接收并显示。

虚拟 AIS 航标是由 AIS 台站通过 21 号电文播发的不存在实体航标的航标信息。它由实体 AIS 航标或岸基 AIS 用 21 号电文发送实际不存在的虚拟航标数据,这些数据可被船载 AIS 接收并在显示屏上的特定位置显示符号。

虚拟 AIS 航标又可分为临时虚拟 AIS 航标和永久虚拟 AIS 航标,在电子海图、纸质海图和航海出版物中应标示永久虚拟 AIS 航标。

(6)AIS 二进制报文

IMO 在 AIS 性能标准中规定,允许主管机构在标准 IMO 报文结构范围内定义额外的报文。这些报文通常被称为特定应用报文(Application Specific Messages)。因此,报文 6、8、25 和 26 允许授权的用户发送与特定领域或附加信息有关的特定应用报文。报文 8、25 和 26 可以传送到所有船舶上,或者通过使用报文 6 传送到利用海上移动通信业务识别号(MMSI)的特定船队/船舶上。

7.2 AIS 系统发射体制

AIS 采用两个 VHF 频率作为发射的专用频率,分别为 VHF 87B(161.975 MHz)和 88B(162.025 MHz)。

在常规发射功率(12.5 W)下,A 类 AIS 设备的潜在有效范围与 VHF 语音通信类似,通常比雷达更大。安装在大型船舶上的 VHF 天线的有效范围一般为 30 或 40 n mile;安装在小船上的 VHF 天线的有效范围一般为 20 n mile。如果 A 类 AIS 设备判定 AIS 系统过载，它将转换到低功率(2 W)模式；如果与 B 类 AIS 设备具有相同发射功率，有效范围将减至 10 n mile。

为了使 AIS 系统中用户 AIS 设备都能同时工作，AIS 系统采用时分多址(Time Division Multiple Access，TDMA)技术进行通信，解决多址接入问题。TDMA 技术是在一个无线载波上，将时间分成周期性的帧，每一帧再分割成若干个时隙(无论帧还是时隙都是互相不重叠的)，一个时隙就是一个通信信道，被按顺序分配给一个用户。根据一定的时隙分配原则，用户移动台在每帧中只能按照指定的时隙向基站发送信息，在满足定时和同步的条件下，基站可以分别在各时隙中接收到用户移动台的信号而互不干扰。

基站发向多个用户移动台的信号也都按顺序安排在预定的时隙中发射，各移动台只要在指定的时隙中接收即可。TDMA 作为一种数字访问技术，它利用数字传输方法，大幅度地提高了频率利用率，使信道分配合理，访问灵活，容量大，覆盖范围广。

7.2.1 SOTDMA 技术

自组织时分多址(Self-Organized Time Division Multiple Access，SOTDMA)是 20 世纪 90 年代在 TDMA 技术基础上发展起来的一种新型的、用于未来航海和航空交通管理的数字通信技术。它是全球定位及通信系统(GP&C)的核心，用其组成的通信网络是自组织通信网的一种。采用 SOTDMA 技术的 AIS 系统在同一区域能同时容纳 200～300 艘船舶的 AIS 设备工作。在系统超载的情况下，只有距离很远的目标才会被放弃，以保证作为 AIS 船对船运行主要对象的近距离目标的优先权。

A 类 AIS 设备应用 SOTDMA 技术进行通信。应用 SOTDMA 技术的 AIS 技术标准规定：每分钟分为 2250 个时隙，每个时隙可发布一条不长于 256 bit 的信息，长于 256 bit的信息需增加时隙(最大不能超过 5 个时隙)。每条船舶会通过询问(自动)选择一个与他船不发生冲突的时隙来发布本船的信息。在统一的 VHF 的频道上，AIS 范围内任何船舶都能互不干扰地自行发送报告和接收全部船舶的报告。

SOTDMA 的原理如图 7.2-1 所示。

SOTDMA 协议与 TDMA 协议相比，前者增强了自控能力，不必像 TDMA 那样，要由一个控制台站给各个移动台指定信道和时隙。各个移动台站通过 SOTDMA 智能算法自由选择信道，在预先选择的时隙内发射数据包与岸台或其他移动台站进行无线通信，并在通信完成后及时释放占有的时隙，维护通信信道，保证系统容量。每个移动台站都设置有一张时隙状态表，用来动态掌握目前通信范围内时隙占用情况及本台站时隙选择情况，并可以给新入网的台站一个时隙选择范围，避免发生冲突。这个动态过程是一直进行的、自控制的，是由 SOTDMA 时隙预约算法来实现的。

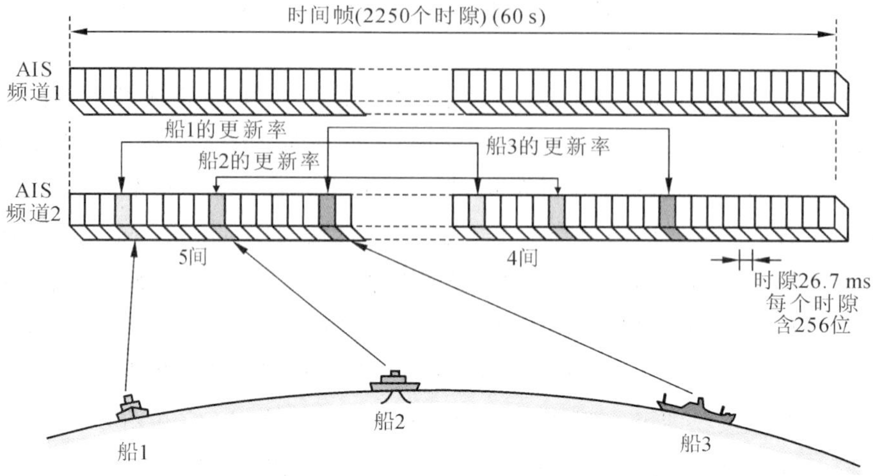

图 7.2-1　SOTDMA 的原理

7.2.2　CSTDMA 技术

如表 7.1-5 所示，B 类 AIS 设备采用 CSTDMA（载波监听时分多址）技术而不是 SOTDMA 技术进行通信。B 类 AIS 设备在一个 10 s 周期内随机选择 10 个候选时隙来识别，集中在标称报告时间，然后依次测试每一个时隙，直到找到一个能发射的空闲时隙。如果 10 个时隙都被占用，则取消发射直到下一个发射周期。

SOTDMA 相比 CSTDMA 对发射频道的使用具有优先权，每次发射时都预订好下次发射时隙；而 CSTDMA 必须在侦听到有空闲时隙时才能进行发射。这使得 B 类 AIS 设备在繁忙水域，往往都需要 30 s 以上的等待时间才能有一次发射，他船 AIS 收到本船 AIS 数据往往会滞后，这对于 20 kn 航速船意味着 300 m 以上的位置偏差，导致其可能面临更大的碰撞风险。

针对此问题，IEC 于 2017 年推出了采用 SOTDMA 技术的新的 B 类 AIS 设备标准（IEC 62287－2:2017）。新的 B 类 AIS 设备发射功率为 5 W，采用 SOTDMA 技术，弥补了 A 类和 B 类设备之间的差距，为准备安装 B 类 AIS 设备的船舶提供了良好条件。新的 B 类 AIS 设备的通信警示距离更远，位置更新传输更快，从而极大地降低了碰撞风险，有效地提升了船舶航行安全性。

7.3　AIS 与雷达性能差别

7.3.1　获得船舶动态信息能力

对于 AIS 系统，只要装有 AIS 设备的目标（含国际航线 300 GT 及以上船舶，国内航线 500 GT 及以上船舶）就能用 VHF CH87B、VHF CH88B 得到目标动态信息，不受气象海况限制，可靠通信距离 20 n mile；且由于 VHF 电波在一定程度上可以非直线传播，不受障碍物遮挡，实际传播距离大于 20 n mile。

对于雷达系统来说，目标检测不受相遇船吨位限制，只要是能检测到的目标，均可显示目标回波，且能进行录取、跟踪，获取目标方位、距离、航向、速度、DCPA、TCPA 等运动参数和避碰参数。但雷达受气象海况限制，在恶劣气象海况下，特别在船舶密度大的狭窄水道内，雷达使用性能大打折扣。另外，船用雷达电磁波为直线传播，容易受障碍物遮挡丢失目标回波，目标跟踪中断。

7.3.2　获得船舶动态信息种类

AIS 相较雷达来看，前者提供的信息更多，提供的动态信息包括位置、UTC、实际航向、实际航速、艏向、航行状态及转向率等，且其信息更新率随船舶动态而变，随目标运动状态不同每 2 s～3 min 变化一次，目标移动速度越快，信息更新率越高。另外，由于 AIS 外接 GNSS 或使用内置的 GNSS 获取位置信息，其位置精度更高，可达到 0.00001′(0.1852 m)。

雷达的信息更新率随天线扫描周期而定，一般为每 3 s 一次，是固定的，与船舶动态无关；雷达目标回波本身不提供绝对位置信息，只提供目标相对距离和方位，只有经坐标变换并与电子海图重叠后，才能显示经纬度值。

7.3.3　避碰信息特点及应用

AIS 提供的是目标真航向、真航速，不提供目标相对航向、相对航速，不显示相对运动矢量，不能直观判断碰撞危险，要想让 AIS 显示目标运动矢量，利用 AIS 提供的目标真航向、真航速和本船的真航向、真航速，通过矢量三角形便可求出目标运动矢量，并使之在显示终端上显示，从而判断相遇船与本船是否存在碰撞危险。“转向率”(Rate of Turn，ROT)在船舶操纵中意即单位时间内船首随舵角改变的角位移值。两船交会需要进行避让机动时，除人的主观因素外，转向率和两船操纵性、位置、尺寸与间距值是决定避让机动能否协调、有效的关键。AIS 提供的转向率及两船精确位置、尺寸与间距值使船舶间在避让时能做到知己知彼，对船舶安全航行极为有利。AIS 显示的动态矢量随舵机动，反应快，约 3 s，实时性强，有利于施展避让操作。

雷达能显示目标相对运动矢量，便于直观判断碰撞危险。前面提过的判断目标安全船、危险船及非常危险船的判据，如图 7.3-1 所示。目标 A 的相对运动线 RML 远离本船 O.S 的 MIN CPA 圆，不相交，意为没有碰撞危险，为安全船；而目标 B 和目标 C 的相对运动线 RML 分别与本船 O.S 的 MIN CPA 圆相切和相交，意为均存在碰撞危险，为危险船，且目标 C 的 TCPA 小于设定的 MIN TCPA，则进一步表明目标 C 不仅与本船存在碰撞危险且非常紧迫。

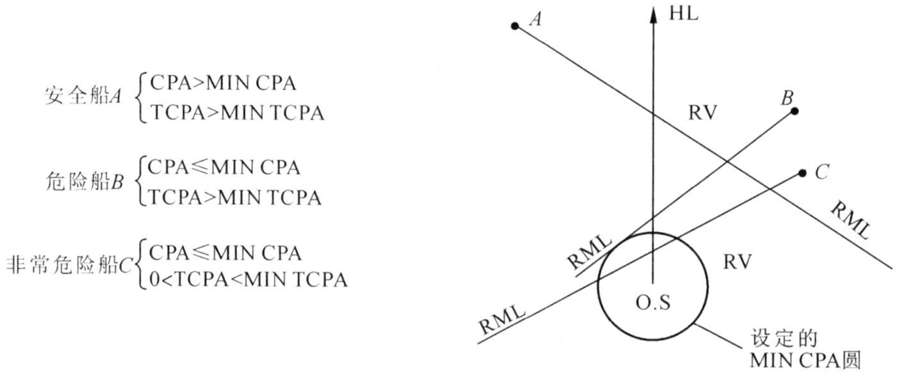

图 7.3-1 碰撞危险示意图

7.3.4 目标跟踪性能的差别及应用

(1)对目标的自动识别能力

雷达不能识别目标，其目标跟踪是基于对目标视频回波信号进行的处理，包括从杂波背景中对目标的检测、目标位置参数的估计、目标运动参数的计算存储、目标航迹外推与航迹相关处理(以确定每次扫描的回波信号是否为同一个目标)等，而 AIS 能自动识别目标，其数据均由目标船提供，具有自动识别目标能力。

(2)所获取的目标数据处理

雷达数据源于目标回波视频，两雷达因时间不同步，空间坐标系不同以及测量精度不同，均需融合处理，而 AIS 不用。

(3)目标跟踪可靠性

雷达跟踪受噪声干扰影响大，且存在目标易“误、漏、丢、混”等缺点。AIS 跟踪中，无海浪等杂波影响且假回波一般也不存在，一般不存在目标“误、漏、丢、混”等现象，目标跟踪可靠性高。

(4)目标跟踪范围

在雷达探测范围内，被检测目标均可被跟踪；而船舶只有装了 AIS 设备才能被其他船载 AIS 跟踪，且存在通信链路容量的限制。

7.4　AIS 报告目标与雷达跟踪目标关联与显示

7.4.1　AIS 报告目标与雷达跟踪目标关联的概念

雷达将分别来自雷达传感器和 AIS 传感器关于目标的位置、航向、航速等精度不同的信息，依据一定的准则优化处理、充分利用和合理支配，根据驾驶员的要求输出关于目标一致性的最佳动态信息，称为雷达跟踪目标与 AIS 报告目标关联。B 类 AIS 目标报告更新时间间隔较大和其所配备船舶的属性各异，雷达性能标准和设备生产时主要考虑雷达跟踪目标与 A 类 AIS 目标关联。

7.4.2　AIS 报告目标与雷达跟踪目标关联的原则

(1)雷达跟踪目标与 AIS 报告目标关联的独立性和相关性

船舶配备 AIS 设备前，获取目标船航行动态信息主要依赖雷达对目标的探测、跟踪和解算，这些航行动态信息包括目标的距离、方位、CPA、TCPA、真航向、真航速、过船头时间(Bow Cross Time，BCT)、过本船船头距离(Bow Cross Range，BCR)等。雷达目标跟踪信息的精度取决于本船配备的雷达、艏向传感器和航速传感器的精度，还取决于本船与目标船的动态和海域气象海况。船舶配备 AIS 设备后，能够通过广播方式周期性自动播发本船的静态信息、动态信息、航次相关信息和安全相关短消息，以及接收来自周围他船的同类信息。AIS 报告目标动态信息的精度取决于目标船所配备的 GNSS 接收机、艏向传感器、航速传感器及其他传感器的精度，也在一定程度上受到气象海况和具体设备因素的影响，对目标避碰参数的解算还受到本船 GNSS、COG 和 SOG 精度的影响。

雷达目标跟踪信息和 AIS 目标报告信息通过相互独立的两个传感器系统获得，具有各自独立的信息传播和获取途径，无法保持完全同步，两者关于同一个目标的信息必定存在误差，这就会给驾驶员的会遇局面判断、避碰措施决策带来不确定性，直接影响航行安全。但是，对于同一个目标而言，目标跟踪信息与 AIS 报告信息必然具有较好的相关性。为减轻信息过载给驾驶员带来的负担，需要按照一定的准则将雷达跟踪目标与 AIS 报告目标关联，输出该目标最佳动态信息。

(2)IMO 规定

IMO 雷达设备性能标准对雷达跟踪目标与 AIS 报告目标的关联作出了明确规定，要求船舶导航雷达必须具备基于统一条件的自动目标关联功能，避免将同一物理目标显示为两个目标图标标识。雷达跟踪目标与 AIS 报告目标两者的关联必须满足一定的关联准则(预置值，如位置、运动)，当满足该准则且雷达跟踪目标和 AIS 报告目标信息都可用时，两者将被认为是同一个物理目标并显示在雷达显示器上，在默认状态下将显示激活 AIS 目标图标标识及其字母数字，也可将雷达跟踪目标设置为显示状态，并自由选择显示雷达跟踪目标或 AIS 报告目标的字母数字；不满足该准则时，雷达跟踪目标和 AIS 报告目标将被视为两个不同的目标，并显示为一个雷达跟踪目标和一个激活 AIS 目标，且不发生报警，这大幅降低了屏幕数据的冗余，提高了雷达输出数据的可利用性。根据相关雷达性能及测试标准(IEC 62388:2013)，在系统设计时，对于已经关联的目标，当雷达跟踪目标与 AIS 报告目标背离关联准则(预置值)300%时，应考虑将其视为两个独立的物理目标。雷达跟踪目标与 AIS 报告目标的关联是对设备的全局设置，不能完成对某个目标或某些目标的局部关联。值得注意的是，在工作显示区域跟踪目标与报告目标的关联表现为位置和航迹的关联。对于同一个物理目标而言，当本船雷达及其传感器和目标船 AIS 的传感器都满足精度要求时，一般均可满足两者的关联准则，实现两者的位置和航迹关联。如发现雷达跟踪目标和 AIS 报告目标未能很好地关联(局部或全局)，则需要驾驶员仔细分析判断其中原因，确定哪一个传感器的信息为可用目标信息。

(3)雷达跟踪目标与 AIS 报告目标关联设置的原则

AIS 报告目标的精度基于 GNSS 的精度，不低于雷达跟踪目标的精度，尤其在雷达目标跟踪使用的常规量程(3、6 和 12 n mile 量程)，AIS 在精度上更具有优势。因此，在通常航行状态下，系统满足精度要求时，目标关联设置的基本原则是以 AIS 信息作为参考。在低于 1.5 n mile 量程，且系统满足精度要求的航行状态下，雷达跟踪目标精度与 AIS 报告目标精度相当，驾驶员可以根据航行需要选择关联设置原则。在任何量程中，当驾驶员对 AIS 精度有任何怀疑或本船 GNSS 误差较大时，如发现 AIS 报告目标位置与雷达跟踪目标位置均有较大偏离时，应考虑以雷达跟踪目标为准设置目标关联。

在大多数雷达设备上，完成关联需要设置的参数包括目标的距离差值、方位差值和航速差值，即满足了性能标准要求的位置、运动关联准则，也有设备需要设置目标的航向差值和地理位置差值。驾驶员在设置这些参数时，应考虑海域船舶密度、设备的精度以及气象海况对航海仪器精度的影响等因素，比如：

①在开阔海域航行时船舶的间距通常不小于 1.5 n mile，在近岸航行船舶密度较大情况下一般不小于 0.8 n mile。

②根据 IMO 和 IEC 相关雷达性能与测试标准，雷达跟踪距离精度应在 50 m 或目标

距离的 1%以内，取其大者，测方位精度应在 2°之内。

③不同厂家的设备性能差异以及海上无线电信号传播环境的影响，可能使 AIS 报告目标动态数据更新时间间隔的实际情况与性能标准的要求存在较大的背离。

④在稳定跟踪情况下雷达系统提供的目标真航向误差不超过 5°，真航速误差不超过 0.5 kn(大型商船)，但考虑到实际海况影响，尤其在恶劣气象海况环境中，实际的跟踪精度可能低于标准要求。

如果在设置目标关联参数时未考虑以上因素的影响，容易引起目标关联困难或发生目标关联错误。前者产生冗余安全信息，不利于驾驶员迅速决策；后者产生错误信息，对航行安全造成危害。

AIS 精度通常不低于雷达精度，因此在实际设置关联准则时主要考虑雷达跟踪目标精度。在 6 n mile 的量程，典型的关联参数可以是目标距离差小于 0.15 n mile，目标方位差小于 3°，目标速度差小于 0.8 kn，目标航向差小于 5°，目标地理位置差小于0.2 n mile。

当然，这里只是一个通常情况下的典型参数举例。海上航行环境千变万化，在具体海域航行时，还需要驾驶员根据以上基本原则，酌情设置。

7.4.3 AIS 报告目标与雷达跟踪目标关联异常

雷达跟踪目标与 AIS 报告目标的关联是非常复杂的航海信息处理过程，涉及设备的硬件和软件系统，不同厂家和型号的雷达和 AIS 设备处理方法各有不同，也经常会出现目标关联异常的问题。

(1)个别或部分目标无法关联

出现这种情况通常有以下几方面原因：

①雷达跟踪目标信息与 AIS 报告目标信息分别来自彼此独立的传感器，船长超过 250 m 的超大型目标船舶雷达回波前沿位置可能与其 AIS 目标报告位置(主 GNSS 天线位置)相距超过 200 m，再受到气象海况和雷达系统误差等因素的影响，超大型船舶的雷达跟踪目标位置与 AIS 报告目标位置之差超过 300 m 是经常出现的情况。

②实测数据表明，受到海上通信条件和具体设备性能的影响，经常会出现目标船舶 AIS 信息的实际更新时间间隔远低于理论值，造成 AIS 报告目标位置更新不及时。

③个别目标船的 GNSS 接收机或 AIS 设备出现了较大误差，导致 AIS 报告位置异常。

④个别型号陈旧的 GNSS 接收机输出设置不当(如设置了非 WGS-84 坐标)，导致 AIS 报告位置异常。

以上原因都会导致个别目标或部分目标无法正常关联现象的出现。驾驶员需要加强对该目标的瞭望，主动与之沟通。

(2)所有目标均无法关联

如果所有AIS图标标识均偏离相应的雷达回波一个稳定位置，这种情况通常是由本船雷达或GNSS误差造成的。雷达探测到的所有目标的位置(方位或距离)或其WGS-84地理位置有误差，而AIS报告目标位置(目标船GNSS位置)准确，从而无法实现目标关联。驾驶员需要及时调整雷达或GNSS误差或向公司申请维修。

(3)关联效果失常

这种情况表现为所有或多数目标关联不稳定，目标的AIS图标标识与雷达回波无规律偏离。如果确认本船GNSS接收机定位正常，则通常是目标跟踪环节出现问题。驾驶员应尽快设法判断故障情况，向公司申请维修。

7.4.4 AIS报告信息在雷达显示器上显示的特点

雷达信息处理器依据一定准则将AIS报告目标与雷达跟踪目标关联，关联后的雷达显示器能够根据驾驶员的设置，提供最佳航行信息。比起AIS设备自身配置的人机交互界面(Minimum Keyboard Display，MKD)，雷达显示器能够在丰富的航行背景下，以图标标识和字母数字方式直观显示AIS目标报告丰富的信息内容，有助于驾驶员掌握会遇局面，做出正确避碰决策，是AIS信息理想的显示器。根据SOLAS公约和MSC.192(79)决议要求，不同吨位/类别船舶配置的雷达应显示的最少激活AIS目标数和休眠AIS目标数如表7.4-1所示。

表7.4-1　雷达应显示的最少激活AIS目标数和休眠AIS目标数

船舶大小	500 GT以下船舶	500 GT至10000 GT船舶和10000 GT以下高速船	所有10000 GT及以上船舶
最少激活AIS目标数	20	30	40
最少休眠AIS目标数	100	150	200

当AIS目标处理/显示容量即将溢出时，会有相关提示信息。显示的休眠目标和激活目标之间可以通过激活或休眠操作相互转化。当屏幕上显示的AIS目标过多影响到雷达观测时，可以通过设置相关参数(如目标距离、区域、CPA/TCPA或A/B类AIS目标)过滤全部或部分休眠AIS目标。

AIS目标能够以图标标识和字母数字两种方式显示。在雷达工作显示区域，AIS报告目标和雷达跟踪目标图标标识对比如表7.4-2所示。

表 7.4-2　AIS 报告目标与雷达跟踪目标图标标识对比

AIS 船载设备报告目标			雷达跟踪目标	
目标类型	图标标识	说明	目标类型	图标标识
休眠目标		底边 3 mm、高 4.5 mm 的锐角等腰三角形，指向为艏向或 COG（艏向信息缺失时）。中心为目标报告位置	雷达目标	雷达回波点
激活目标		底边 4 mm，高 6 mm 的锐角等腰三角形，指向为艏向或 COG（艏向信息缺失时），中心为目标报告位置。间隔为线宽两倍的短划线表示目标 COG/SOG 矢量，沿矢量可标注时间增量。起点在顶点比速度矢量细的实线表示目标首线，其长度为三角形长度的两倍。在首线末端固定长度的折线指示船舶转向，可用曲线矢量指示路径预测。 如果无法计算避碰数据，则用虚线	被跟踪目标	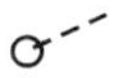
被选目标		以图标标识和字母数字方式显示目标详细数据，在激活目标图标标识周围用正方形顶角方框指示	被选目标	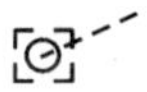
危险目标		底边 5 mm、高度 7.5 mm 的闪烁粗体三角形，粗弧线条显示速度矢量，确认后停止闪烁	危险目标	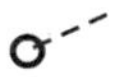
丢失目标		不能继续收到信号的目标，在最后已知位置显示带十字交叉线（或被一直线交叉）的三角形，指向最后已知方位，不显示矢量，艏向和旋回速率。图标标识闪烁，直到确认后停止	丢失目标	
真实比例轮廓目标		在小量程上，根据目标船长、船宽和天线位置，可显示船舶真实比例轮廓	真实比例轮廓本船	

图标标识可以清楚地指示出 AIS 目标的类型（休眠、激活、被选、危险、丢失或真实比例轮廓等）与本船的相对位置关系，用预测矢量指示 AIS 目标的航向和航速。在这种显示方式下，AIS 目标默认显示为休眠目标。在休眠 AIS 目标被激活后，雷达显示器上将会出现 AIS 目标的预测矢量线段。图标标识显示方式可以直观地显示本船周围的交通动态和目标船的主要动态信息。当使用光标询问 AIS 目标时，有的雷达还设计在屏幕

上，可以出现浮动窗口，显示简化的 AIS 报告数据，主要包括船名、MMSI 等主要静态信息，便于目标识别，以及读取目标航向/航速、CPA/TCPA 等主要动态信息和避碰关键信息，便于判断会遇局面。当驾驶员选择 AIS 目标时，其详细的报告数据以字母数字形式显示在数据显示区域。当选择显示多个 AIS 目标时，有相关字母数字标识对应 AIS 数据。根据 IMO 和 IEC 相关雷达性能标准，对于选定的 AIS 目标，在数据显示方式下要求至少能够显示目标的数据来源、MMSI、航行状态、位置及其精度、距离、方位、COG、SOG、CPA 和 TCPA、目标艏向、报告的旋回速率，以及其他请求提供的目标信息。如果选择了对水稳定模式，则应以 CTW（对水船向）和 STW 代替 COG 和 SOG。当收到的 AIS 目标信息不完整时，缺失信息对应的目标数据区域内应标记“missing”。这些信息在显示的过程中，会按照相应的 AIS 数据更新时间间隔持续更新。

复习思考题

(1)什么是 AIS？有什么作用？具备什么功能？

(2)AIS 有哪几种工作模式？各有什么特点？各适用什么情况？

(3)AIS 报告信息包含哪些具体内容？

(4)AIS 搜救应答器和雷达搜救应答器有什么异同？

(5)AIS 航标有哪几类？各有什么特点？

(6)什么是 SOTDMA 技术？哪种 AIS 设备使用 SOTDMA 技术进行通信？如何进行？

(7)什么是 CSTDMA 技术？哪种 AIS 设备使用 CSTDMA 技术进行通信？如何进行？

(8)AIS 和雷达在获得船舶信息方面有什么区别？

(9)在目标跟踪方面，雷达和 AIS 在性能上有哪些差别？

(10)什么是 AIS 报告目标与雷达跟踪目标关联？其关联原则是什么？

(11)IS 报告目标与雷达跟踪目标关联异常的原因有哪些？

(12)AIS 报告信息在雷达显示器上有什么显示特点？

第 8 章

雷达避碰与试操船

8.1 与雷达有关的国际避碰规则

《1972 年国际海上避碰规则》(以下简称《避碰规则》)对雷达协助避碰有相应的规定,驾驶员应严格执行相关规定。

船舶驾驶员应正确理解和掌握《避碰规则》关于瞭望、安全航速、碰撞危险、避碰行动和不良能见度下的船舶行动规则等条款的内容,结合海员通常做法和良好船艺的要求正确使用雷达,积极地、及早地、大幅度地进行避让,以保证会遇双方在安全距离上驶过。

8.1.1 瞭望——《避碰规则》第 5 条

除了通过一切可用的适当方法以外,每艘船舶的驾驶员还应通过视觉和听觉,始终监视周围的环境和状况,以便对当前形势和碰撞风险做出全面估计。

尽管本条规则没有特别提到雷达,但是毫无疑问"一切可用的适当方法"中包括雷达。雷达检测目标的能力和它提供的信息,可以帮助用户对当前形势做出更完整的估计。晴朗天气下也有可能需要使用雷达,这时雷达能够增强视觉景象或者使视觉景象更加清晰,如交通密集的情况,尤其是在夜间。

8.1.2 安全航速——《避碰规则》第 6 条

每艘船舶应始终以安全航速行驶,以便采取正确、有效的操作来避免碰撞,并在与当时的环境和状况相称的距离范围内停泊。决定安全航速时,应考虑下列因素:

(1)对于所有的船舶：

①能见度状况；

②包括渔船或任何其他船舶在内的交通密集程度；

③当时环境下船舶的机动性，特别是冲程和转向能力等；

④夜间的背景光，例如来自岸上的灯光或来自自身的反向散射光；

⑤风、海浪和流的状况和邻近的航行障碍物；

⑥可得到的相对于水深的吃水深度。

(2)对于使用雷达的船舶：

①雷达设备的性能、有效性和局限性；

②雷达当前距离量程的使用限制；

③海况、气候和其他干扰源对雷达检测的影响；

④适当距离上，小船、冰和漂浮物等的漏警概率；

⑤由雷达检测到的船舶的数量、位置和运动情况；

⑥当使用雷达确定附近地区船舶和其他目标的距离时，可能需要对能见度做更精确的估计。

确定安全航速时，必须考虑以上各种因素，本条规则用完整的一节来讲述这些可以由雷达确定的因素。需要注意的是，列出的各种因素已经超出基本雷达的范畴，并延伸到避碰系统。

8.1.3 碰撞风险——《避碰规则》第7条

(1)每艘船舶应使用一切可用的适当方法，对当时的环境和状况进行监视，确定是否存在碰撞的危险。如果有任何疑问，应认为存在碰撞的危险。

(2)如果安装了雷达，且雷达处于工作状态，应正确使用雷达设备，包括为获得碰撞危险早期报警的远距离搜索和雷达标绘，或者使用对被检测目标的其他等效系统观察。

(3)在缺失信息，特别是缺失雷达信息时，不应该做出任何假设。

(4)用户做决定时，如果存在碰撞危险，应考虑下列问题：

①如果来船的方位没有明显改变，应认为存在碰撞的危险；

②即使感觉到方位有明显的改变，特别是正在接近的是一艘非常大的船舶或拖船，或正在接近船舶的距离很近时，也应认为存在碰撞的危险。

如果安装了雷达，并且雷达处于工作状态，《避碰规则》中不再包含是否使用雷达的任何判断。本条规则中还具体规定了“信息缺失”的有关报警。

8.1.4 避碰行动——《避碰规则》第 8 条

(1)为避碰采取的任何行动,必须采取与本部分规则相适应的方法。如果环境情况允许,将能在足够的时间内完成,并适当考虑有效的航海技术的经验。

(2)如果环境情况允许,为避免碰撞的任何航向或航速的变化应该足够大,并且是毫不犹豫的,应避免连续性地少量地改变航向或航速。

(3)如果有足够的海上空间,为避免紧急情况,只要在适当的时间内完成,仅改变航向可能是最有效的操作,它不会导致另一种紧急情况的发生。

(4)为避免与另一艘船舶碰撞而采取的行动,应该以在安全距离内通过为目的。用户应仔细检查操作的有效性,直至其他船舶最终通过并远离。

(5)如果需要避碰或允许更多的时间来估计形势,船舶必须减速,或采取除了停车或倒车以外的所有方法。

本条规则第 4 款要求为避免与其他船舶碰撞而采取的行动,应该以形成安全的通过距离为目的。本条规则适用于所有的能见度情况,但在能见度有限的情况下,安全通过距离可能要大于晴好天气下的容许值。

当使用雷达 TT/ARPA 功能时,通过距离可以使用试操船来确定。这种方法也能帮助用户确定合适的避让幅度来摆脱与其他船舶的碰撞危险,并且通常能够指示目标向何处机动才能互相安全避让。

需要注意的是,对于可接受的避让幅度,目标船必须是可见的,判断时必须考虑本船的速度和目标船的速度。

8.1.5 不良能见度下的船舶行动规则——《避碰规则》第 19 条

(1)本条规则适用于在不良能见度区域航行,或接近不良能见度区域航行时,互相看不见的船舶。

(2)每艘船舶应以适应当前不良能见度的环境和状况的安全航速航行。动力驱动的船舶应能使其主机随时准备机动。

(3)当履行《避碰规则》第 4～10 条内容时,每艘船都应关注当时不良能见度的环境和状况。

(4)在一艘船上仅凭雷达检测到他船时,应确定是否正在形成紧急局面或存在碰撞危险。如果存在,应在足够的时间内采取避让动作,如果避让动作包括转向,应尽可能避免下列情况:

①与正在超越的船不同,对朝着正横而来的船,向左舷转向。

②朝一艘船的正横或正横后的方向转向。

(5)除了已经确定不存在碰撞危险的场合之外，如果用户明显地听到来自横向另一艘船舶的雾号，或与另一艘横向驶来的船舶不能避免紧急局面时，必须将船速减至最低才能保持其航向。如果需要，应采取一切可能的方法，并在任何情况下极度谨慎地航行，直至碰撞的危险消失。

在目标是由雷达单独检测到的情况下，本条规则规定由用户来判断是否存在碰撞危险。为履行这个要求，必须对目标进行标绘，并确定目标的 CPA 和 TCPA。在雷达具有 TT/ARPA 功能的情况下，如果选定了目标，就能得到该目标以字母数字形式表示的信息。这时，值班用户的责任就是根据 CPA 判断是否存在碰撞危险。

如果已判定存在碰撞危险，那么用户必须在足够的时间内采取措施来避免这种危险，推荐的操作以本条规则第 4 款的规定为前提。

当用户使用雷达 TT/ARPA 功能时，真矢量数据可能以字母数字的形式得到，而且利用真矢量近期的变化可判断目标是否发生机动。

8.2 船舶在互见中使用雷达进行避让的要领

船舶互见，包括能见度良好时的互见和能见度不好时的互见。机动船之间的避让关系应根据会遇局面而定。根据《避碰规则》，互见中的两船会遇主要分为三种类型：追越、对遇和交叉。《避碰规则》第 13、14、15 条分别定义了这几种局面：

(1)追越。一船从他船正横后大于 22.5°的某一方向上赶上他船时，即该船对其所追越的船所处的位置，在夜间只能看见被追越船的尾灯而不能看见它的任一舷灯时，应认为是在追越中。追越船应给被追越船让路。

(2)对遇。对遇局面是指两艘机动船在相反或接近相反的航向上相遇致构成碰撞危险的一种会遇局面，此时，两船各应向右转向避让。《避碰规则》还对其判断方法作了进一步的规定：当一船看见他船在正前方或接近正前方，并且，在夜间能看见他船的前后桅灯成一直线或接近一直线和(或)两盏舷灯；在白天能看到他船的上述相应形态时，则应认为存在这样的局面。

(3)交叉。交叉相遇局面是指两机动船在上述两种局面以外的航向交叉致形成碰撞危险的局面。此时，有他船在本船右舷的船应给他船让路。

关于追越和对遇局面，《避碰规则》还规定当一船对是否处于该种局面有怀疑时，应假定是处于该局面并采取相应行动。从上面的描述看，《避碰规则》并未对三种局面下严格的定义，只是对其做了定性的描述，其中使用了“相反或接近相反”和“正前方或接近正前方”等模糊的概念。

图 8.2-1 所示为两船之间的会遇关系示意。

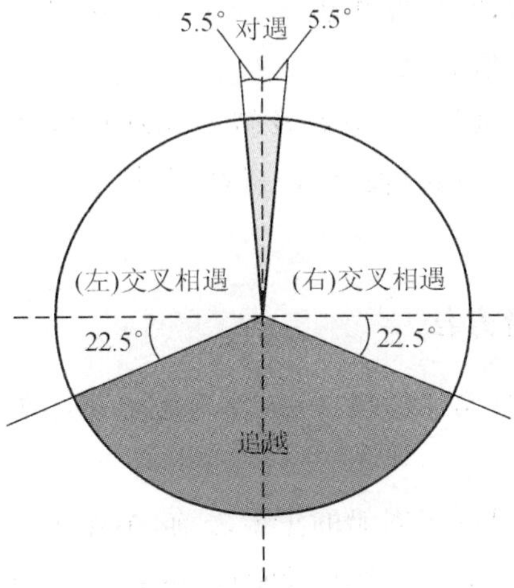

图 8.2-1　两船之间的会遇关系示意

8.3　船舶在能见度不良时使用雷达进行避让的要领及方法

8.3.1　避让行动要领

(1)避让责任

在能见度不良的水域中或在其附近不互见的船舶存在碰撞危险时,两船均属于“负有同等的避让责任和义务”的船舶,简称“同等责任船”,双方均应按相关要求采取让路行动。

(2)避让方法

根据《避碰规则》第 19 条第 4 款规定,一船仅凭雷达测到他船时,应判定是否正在形成紧迫局面和(或)存在碰撞危险。若是存在碰撞危险,应及早地采取避让行动。

本款规定的避让行动适用于仅凭雷达发现来船,并且正在形成紧迫局面和(或)存在碰撞危险的情况。如果仅凭雾号发现来船,或者虽然使用雷达发现来船但紧迫局面已经形成,则应遵守第 5 款的避让行动规定,本款不再适用。

通常认为,两船接近到仅凭一船的避碰行动不能保证两船在安全的距离上驶过时,则认为已形成了紧迫局面。在能见度不良的开阔水域中,船舶间的安全会遇距离一般应保持在 2 n mile 左右。因此,在正横前的任何方向上,当两船接近到 4 n mile,且不能保证在安全距离(可以通过雷达标绘得到)上驶过时,则可以认为紧迫局面正在形成。驾驶员对来船进行雷达标绘等系统观察后,若判定正在形成紧迫局面和(或)存在着碰撞危险,则应及早地采取避让行动。行动应符合“及早”要求:在能见度不良的开阔水域中,一般认为，对正横及正横前的来船应在相距 4～6 n mile 的范围内采取行动，对正横后的来船应在相距 3 n mile 左右采取行动。

及早地采取避让行动包括转向、减速及转向与减速两者结合，在有足够水域的情况下，单凭转向通常是最有效的避碰行动(《避碰规则》第 8 条第 3 款)。

8.3.2 避让正横前来船方法

根据《避碰规则》第 19 条第 4 款第 1 项，除对被追越船外，对正横前的船舶避免向左转向。

当正横前有来船时，来船位于本船的正横之前，本船也位于来船正横之前，只是舷侧相反，如图 8.3-1 和图 8.3-2 所示。无论来船在本船的右正横前、左正横前还是正前方，本船均应向右转向避让。

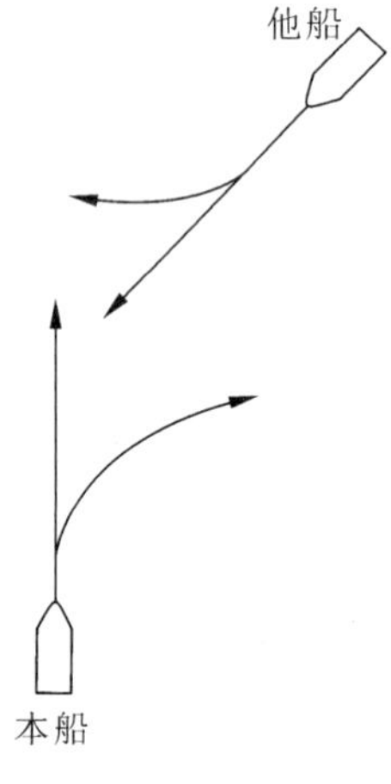

图 8.3-1 避让正横来船

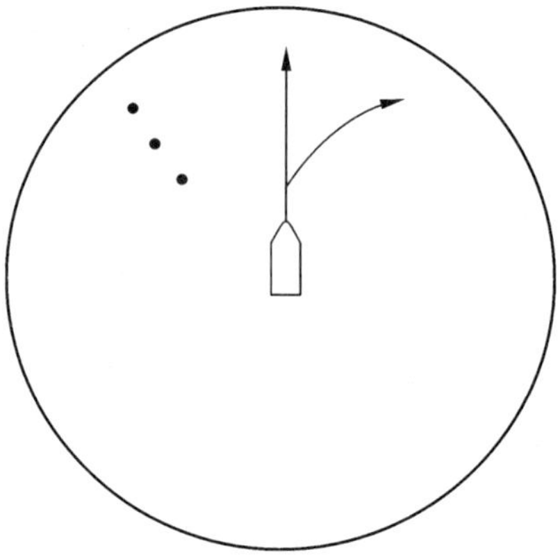

图 8.3-2 雷达避让正横来船

《避碰规则》中对遇局面中的两船(第 14 条)，以及如当时环境许可时交叉局面中的让路船(第 15 条)和直航船独自行动时(第 17 条第 3 款)均规定向右转向。因此，能见度不良时避让正横前来船采用向右转向的措施与《避碰规则》中上述避让规定相似，“向右转向”可以避免会遇中两船产生不协调行为。根据有关统计资料，能见度不良时，就转向避让的方向而言，在对遇和小角度交叉态势下所发生的碰撞事故占总数的 88%左右，其中 55%以上是向左转向所引起的。

《避碰规则》第 19 条所指的“被追越船”与第 13 条追越局面中的“被追越船”具有本质上的区别。第 19 条的“被追越船”仅指在相对位置上逐渐被本船赶上的船，即几何意义上的被追越船。因此，不应认为第 19 条的“被追越船”是直航船，而仍然是“同等责任船”。对于正横前的“被追越船”而言，根据两船之间的相对位置关系，可以选择向左转向从前船的左舷赶上，也可以选择向右转向从前船的右舷赶上，通常认为向右转向更好一些。

8.3.3　避让正横及正横后来船方法

根据《避碰规则》第 19 条第 4 款第 2 项，对正横或正横后的船舶避免朝着它转向。对于从正横及正横后驶近的来船，如果朝着它转向，会使两船航向更加收敛，两船逼近的速度变快，使两船处于不协调的境地。因此，对正横或正横后的来船应该背着它转向。如图 8.3-3、图 8.3-4 所示，本船对右正横或右正横后的来船应向左转向，对左正横或左正横后的来船应向右转向。

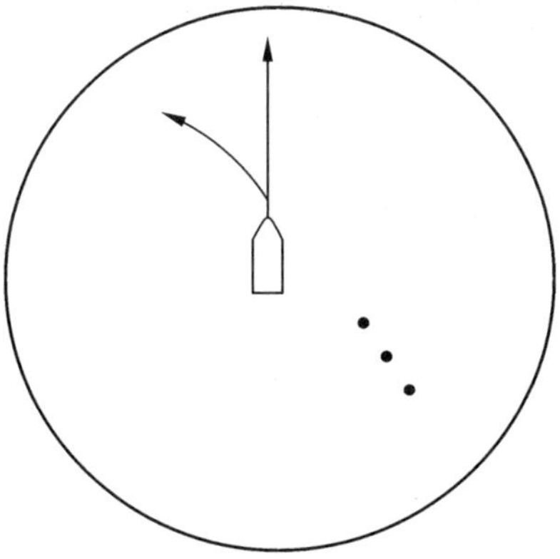

图 8.3-3　雷达避让正横后来船(右)

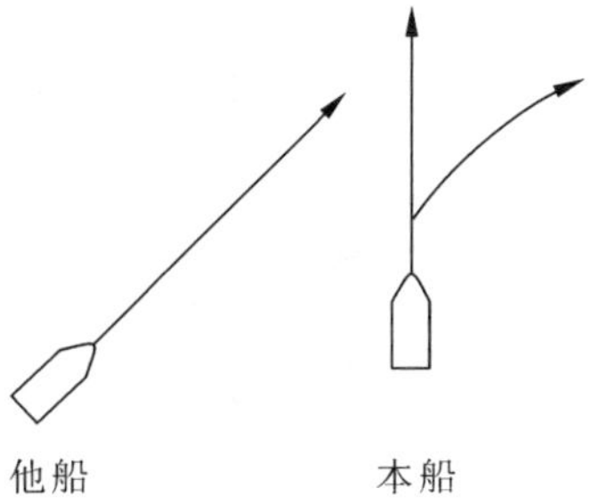

图 8.3-4　避让正横后来船(左)

对于船尾附近的来船，从几何原理上说，本船向左、向右转向均可以，通常对船尾左右各 30°范围内来船，本船应向左转向 30°。

转向时应注意以下几点：

(1)背着来船转向并不一定是避让来船的最终措施。如果恢复航向过早，两船将再次构成碰撞危险。

(2)此处的“正横”不是一个确定的方位，而是一个范围。一般认为，为避让一艘从右正横约两个罗经点(22.5°)范围以内的来船而采取向左转向，将不会被认为明显违反本款的规定。

(3)在转向和变速同时进行时，转向的方向仍应遵守上述条款中对转向避让的规定。

在没有足够水域或存在第三船致使无法大幅度转向避让的情况下，船舶应考虑采用变速的避让措施。究竟应采取哪一种变速行动为妥，通常应根据两船的相对位置、航向、船速比、两船所构成的会遇态势、相对运动速度而定。

8.3.4 雷达避碰操纵示意图

目前，国内外船舶避碰领域中使用的“雷达避让操纵示意图”有不同的版本，各版本中的避让方法基本相同，仅在本船右正横附近来船时的避让方法描述上有所不同。

图 8.3-5 系英国航海学会依据《避碰规则》第 19 条第 4 款的规定所绘制的雷达避碰操纵示意图。该图适用于“一船仅凭雷达探测到他船，并已判断存在碰撞危险和(或)正在形成紧迫局面”。鉴于该图仅是一种“推荐的避碰操纵示意图”，它并不具有任何的法律约束力。建议在使用该图所述的避让方法实施避让行动时，以《避碰规则》第 19 条第 4 款确定的原则为准。

该图中所提及的“来船方向”均指来船的相对运动方向，而并非来船的真航向。

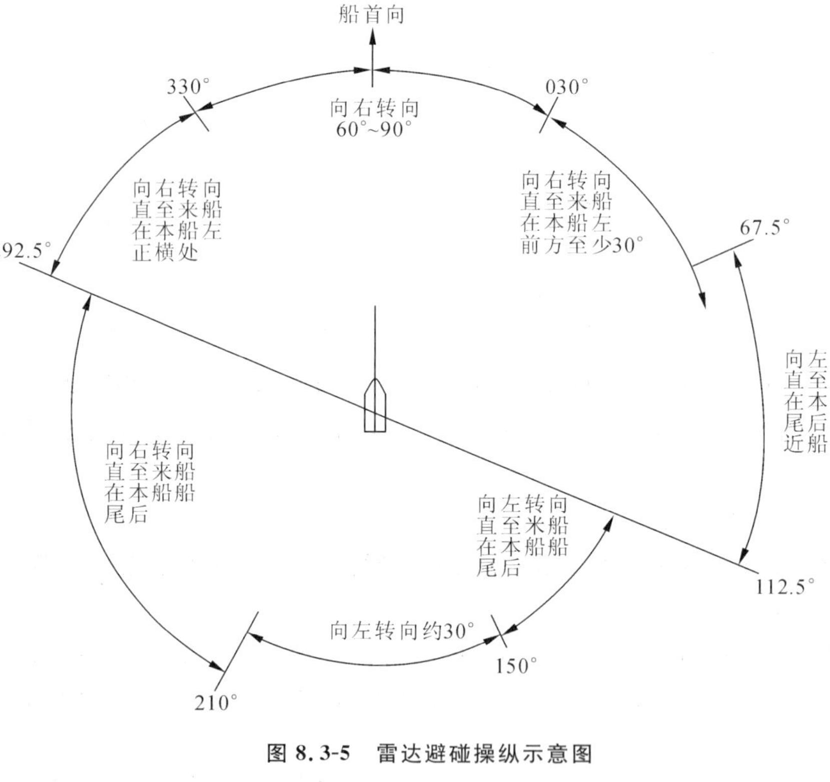

图 8.3-5 雷达避碰操纵示意图

8.4 雷达减速和转向避让

避让行动可以分为转向、减速(包括停车)及转向与减速相结合三种。对避让行动的要求可以归纳为“早、大、宽、清”。不论船舶是否装备并使用雷达，都必须遵循上述原则，而对于使用雷达的船舶，在确定和采取避让行动时应考虑其自身条件以及当时能见度情况。

8.4.1　单用转向避让

《避碰规则》第 8 条第 3 款指出，如有足够（大）的水域，则单用转向可能是避免紧迫局面的最有效行动，倘若这种行动是及时的、大幅度的并且不致形成另一紧迫局面。在满足上述条件下，单用转向通常是较为有效的避让措施，在航海实践中也是如此。

转向避让行动的幅度：互见中，转向 30°或以上，视两船距离及相对速度大小，转向对准另一船的船尾或船尾后方。能见度不良时，对于正横前来船，在相距 4 n mile 或更远处转向 30°以上，必要时转向 60°～90°。

8.4.2　单用减速避让

变速包括减速和增速，理论上在某些情况下增速也可能避免碰撞，增速也为安全航速的规定所允许。但增速往往弊大于利，在海上实践中，船舶增速的可操作性不强，往往不被驾驶员采用。绝大多数情况下，船舶变速避让采用的是减速避让。

减速、停车、倒车、停船是为了留有更多的时间来估计局面或避免碰撞的发生。当水域宽度受限时，减速通常是避免碰撞的有效方法。

当使用雷达的船在近距离发现来船回波而不知其动态时，切不可盲目转向避让，而应停车减速，谨慎驾驶。然而，若已经过雷达观测发现目标并断定不存在碰撞危险，就不必一定要采取减速避让措施。但无论如何，减速行动能够为船舶提供更多观测和判断时间，这对于需要花费时间进行雷达标绘或系统观察的船来说是有利的。当碰撞不可避免时，碰撞所造成的损失也会在一定程度上减小，所以，来船从正横前任何方向逼近时，减速行动均是一项保护性措施。需注意的是，减速行动应及时进行，因为降速过程要比转向过程所需时间长。

转向与变速的避让效果比较如表 8.4-1 所示。

表 8.4-1　转向与变速的避让效果比较

比较项目	转向	变速
执行任务	简单	复杂，如不备车，无法或难以执行
所需时间	短，6 min 左右	长，全速倒车、停车需十几分钟
效果	迅速增大 DCPA	DCPA 变化不明显，但 TCPA 延长
适用水域	开阔水域	受限水域

8.4.3 转向和变速避让相结合

为达到最佳的避让效果，迅速消除碰撞危险，摆脱不利局面，船舶通常也可采用转向、变速相结合的避让方法。为使一船所采取的转向与变速的行动效果不至于相互抵消，这不但要遵守《避碰规则》的有关规定，还要熟悉各种避让行动所产生的效果，尤其是要熟练地掌握回波的相对运动变化的规律。同时，应考虑到他船可能采取的行动与本船所采取转向、变速组合行动的效果协调性。

(1)避让第Ⅰ象限来船(右舷正横前来船)

本船宜采用“右转结合减速”，“右转”与“减速”两种行动，均导致回波的相对运动方向呈顺时针方向转动，这与来船可能采取的“右转”(其效果也将使回波的相对运动方向呈顺时针方向转动)行动相协调。

(2)避让第Ⅱ象限来船(左舷正横前来船)

本船宜采用“右转”为妥。若当时环境许可，在安全航速的范围之内，可同时结合“增速”。本船“右转结合增速”与来船可能采取的“右转”或“减速”或“右转结合减速”的避让效果将趋于一致。在雷达上，均可发现回波的相对运动方向呈顺时针方向转动。若本船在右转的同时辅以减速，则两种行动将相互抵消(右转将导致回波呈顺时针方向转动，减速将导致回波呈逆时针方向转动)，甚至完全抵消。因而，避让该象限来船，本船一般不宜随意减速，除非对来船的动态已完全掌握或已判定来船正在向左转向或正在增速并企图穿越本船船首。

(3)避让第Ⅲ象限来船(左舷正横后来船)

本船应以“右转”为主。若当时环境和情况许可，也可同时结合“增速”。应注意的是，若在本船采取右转之后，发现回波呈顺时针方向转动，则表明来船正在“右转”或正在“减速”或两者组合行动，这就意味着两船的行动将产生不协调的情况。因为本船“右转”将导致回波呈逆时针方向转动。若发现回波的这一变化，本船应终止右转，改用“适当左转并结合增速”为妥；反之，本船则应采用“适当右转结合增速”为妥。

(4)避让第Ⅳ象限来船(右舷正横后来船)

如当时环境和情况许可，本船宜采用“左转”并结合“增速”为妥，若发现在本船实施左转之后来船也在向左转向，则宜终止左转，并采用“适当右转结合增速”。

8.4.4 停车避让

停车是减速的一种特殊情况，即速度减至0。停车避让分两种，一种是理想状况下的停车，即不考虑本船的停车冲程，另一种是考虑本船的停车冲程。

8.5 试操船

8.5.1 概述

当相遇船和本船出现碰撞危险报警时，首先应从屏幕上确认哪一艘船是危险的，然后考虑本船是权利船还是义务船。如果本船是义务船，则必须根据避碰规则采取相应的避碰措施。

在本船采取实际避让机动之前，观察借助电子计算机判断、预测用人工输入的模拟航向和/或航速而进行模拟避让行动的效果。如果碰撞危险报警解除，则表明该模拟航向和/或航速可作为安全航向或安全航速，然后可正式叫舵或叫车。雷达的这种功能称为“试操船”或“试操纵”(Trial Maneuver)。

对于大型船舶而言，特别是处在船舶交通密集、狭窄的水域或渔区，运用这种试操船功能，尽早地作出避让计划对保证船舶航行安全尤为重要。

8.5.2 试操船的方法

以模拟航向代替罗经航向的试操船称为航向试操船。航向试操船时，可先用电子方位线(EBL)指示模拟航向，然后使本船模拟航向线与 EBL 重合。以模拟航速代替计程仪航速的试操船称为航速试操船。航速试操船时，可用面板上的模拟航速按键(或控钮)调节输入的模拟航速值。

以下针对雷达不同的显示模式，分别介绍试操船的方法。

(1)矢量型雷达试操船(采用 RM 显示模式)

①相对矢量(RV)模式试操船

如图 8.5-1(a)所示，目标 T_2 的 RV 线与 MIN CPA 圆相交，因而可确认目标 T_2 是引起危险报警的必须避让的目标。

本船作模拟(此处是改向)机动，使目标的 RV 线不通过本船或不和 MIN CPA 圆相交，如图 8.5-1(b)所示，则危险报警解除。于是，驾驶员可按图 8.5-1(b)所示的安全航向下达改向指令。

②真矢量(TV)模式试操船

如图 8.5-2(a)所示，目标 T_1 TV 线前方出现的 PPC 圆圈“○”已落在本船现航向线上，因而可确认 T_1 是危险目标。

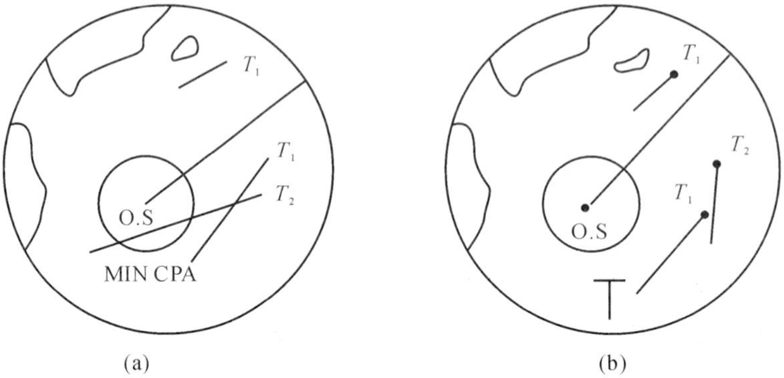

图 8.5-1　改向试操船(RM/RV 模式)

(a)危险报警;(b)本船模拟改向,危险报警解除

本船作模拟(此处是减速,12 kn 减为 8 kn)机动,使目标 TV 与本船 TV 矢端不重叠或不靠近。当显示 PPC 时,使 PPC 不出现在本船首线上或首线附近,如图 8.5-2(b)所示,则危险报警解除。

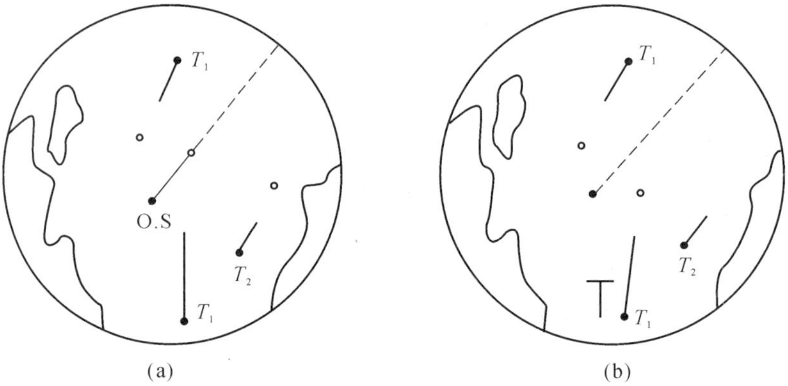

图 8.5-2　减速试操船(RM/TV 模式)

(a)危险报警;(b)本船模拟减速,危险报警解除

因此,通过观察本船 TV 及 PPC 变化可看出试操船的效果。于是,驾驶员可将试验得到的模拟航速作为安全航速下达减速指令。当采取 TM 显示模式,本船作模拟机动时,在屏上只看到本船参数的变化,试操船一直进行到目标船危险报警解除,则可获得安全航向或航速。

(2)PAD 型雷达试操船

如图 8.5-3 所示,当本船首线和目标 1 真矢量前方的 PAD 相交,则激发碰撞危险报警。试操船时,先让 EBL 不和 PAD 相交,然后本船模拟改向使船首线移至 EBL 方位,危险报警解除,EBL 方位或即本船模拟航向即可作为安全航向。具有显示矢量功能的 PAD 型雷达,当采用矢量显示模式进行试操船时,方法同矢量型雷达试操船。

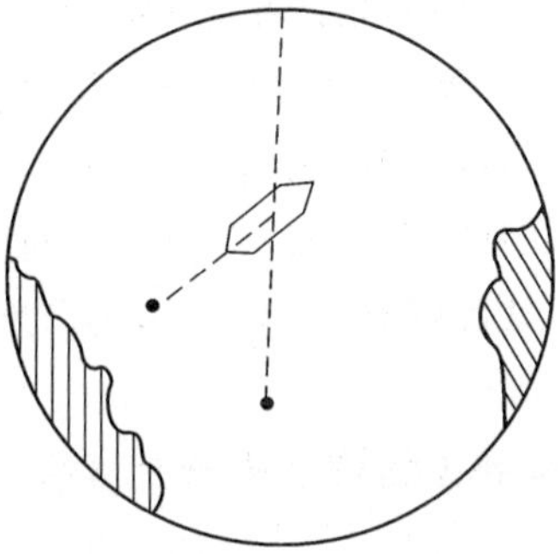

图 8.5-3　用 PAD 判断危险

8.5.3　试操船显示特征

(1)雷达在执行试操船功能时,屏幕下方显示英文大写字母“T”(Trial 的词首)或直接显示“TRIAL”或“SIM”(Simulation),以提醒驾驶员现在显示的是模拟画面。

(2)模拟画面区别于不断变化着的海面实情,不宜停留太长时间。因此,有的雷达规定模拟显示只保留 30 s,而后自动返回到正常的综合显示。

(3)从模拟显示屏上观察到的是本船和已跟踪的目标船以几十倍的正常速度进行的模拟运动,以便快速显示出模拟的结果。

(4)执行试操船功能时,雷达不中断对所有已跟踪目标的跟踪、计算及报警等工作。

8.5.4　使用试操船功能应注意的事项

(1)应根据《避碰规则》来选择试操船模拟航向和速度。一般都用改向(较简单,又符合操作习惯)。如果现场的航道较窄或两侧有其他相遇船而使改向机动受到限制时,也可用变速,应注意本船从现航速减至安全航速所需要的时间。

(2)试操船后,原先未被录取跟踪的目标可能形成对本船新的碰撞危险。因此,应及时补充录取这些目标并指定读数,以核实其态势。

(3)试操船后,危险的目标不再危险,但其他已跟踪目标可能因本船机动而出现新的潜在碰撞危险,驾驶员应注意观察、核实与判断。

(4)对危险目标进行试操船时,驾驶员应遵守《避碰规则》并应综合考虑本船的操纵性能,本人的操船经验及当时当地的海上实态等多种因素。

(5)考虑到海面实情在不断变化,模拟显示不可持续太长时间,并且试操船时从输入模拟航向和/或模拟航速到显示出试操船执行的模拟态势图需要经过一段时间延时,所以试操船驾驶员应该把握时机,迅速完成,以免因误时而酿成碰撞海事。此外,为节省航行时间及燃料消耗，在避让后要不失时机地恢复原航向。

有的雷达具有试操船“延迟时间”(Delay Time)功能。延迟时间指设置好试操船模拟数据后，转到模拟开始至实际采取模拟避让行动之前的一段时间。延迟时间可人工设置，并在模拟过程进行倒计时。例如，从设置的延时 5 min 开始倒计时，减至 1 min 时，发出声、光报警；减至 1 min 时，即执行试操船命令；减至 0 时，屏上显示试操船执行结果的模拟态势图。

(6)雷达、陀螺罗经及计程仪等传感器和雷达本身均可能有误差，使雷达显示的态势与海面上实际情况可能有差别。因此，驾驶员任何时候不可忽视瞭望，不可盲目信赖雷达。

复习思考题

(1)根据《1972 年国际海上避碰规则》，什么是安全航速？船舶在决定安全速度时，应考虑哪些因素？

(2)根据《1972 年国际海上避碰规则》，什么情况下船舶被认为存在碰撞风险？可以采取什么避让措施？

(3)船舶在互见中使用雷达有什么避让要领？

(4)船舶在能见度不良时使用雷达进行避让行动有什么要领？

(5)船舶在能见度不良时如何使用雷达避让正横前来船？

(6)船舶在能见度不良时如何使用雷达避让正横及正横后来船？

(7)使用雷达进行转向避让行动，其避让幅度有什么要领？

(8)使用雷达进行减速避让行动，其避让幅度有什么要领？

(9)使用雷达进行减速和转向相结合的避让行动，有什么具体考虑？

(10)什么是试操船？试操船有什么方法？

(11)试操船时，雷达有什么显示特征？

(12)雷达使用试操船功能时有什么注意事项？

第9章

船用雷达操作、维护保养与安装

9.1 雷达操作控制主要要领

9.1.1 开机

雷达开机前，必须确保天线周围无遮拦，尤其要确认无人在天线平台上或天线附近，没有解开的绳索和其他帆缆等可能缠住天线的东西。同时要确保船电供电开关已接通，该开关可能不在驾驶室。

开机应完成三个不同的功能，即向天线供电，向收发机和显示器供电，使雷达从等待状态转换到工作(发射)状态。

(1)磁控管雷达

雷达电源的开启使得系统进入预热阶段。基于磁控管的雷达中，某些元器件是否工作与超高压(Extra High Tension，EHT)和工作温度的高低有关，尤其是发射机。要使雷达能正常工作，则要求这些元器件在未加高压之前就逐步升温至工作温度。预热期间，雷达通常采用延迟定时器的形式，将这些元器件与超高压断开。预热时间可能会超过 1.5 min。IMO 规定了预热时间的最大值，即要求冷开机的情况下，雷达应在 4 min 内全面投入使用；非冷开机的情况下，雷达必须在 5 s 内从等待状态进入工作(发射)状态。

等待状态下，雷达的状态可能因制造商的不同而有所不同。不管怎样，在等待状态下，发射机都处于“静默”状态，即保持或接近工作温度，但不发射脉冲。如果开机时选择了工作(发射)状态，那么当预热时间结束以后，系统将自动从等待状态转换到工作(发射)状态。

等待状态的使用使连续工作对元器件寿命和雷达可靠性的影响极大地小于频繁开关机时的影响。

对于磁控管雷达而言，如果雷达需要长时间地处于等待状态，那么需要将增益、控制、雨杂波控制等调节到最小作用的位置，并关闭所有信号处理装置。当返回工作状态时，需要重新调整所有的控制器。

(2)固态雷达

固态雷达技术的引入意味着雷达不再有高压，实际上可以称之为低压(发射机/接收机中电压一般在 50 V 以下)。因此，不再存在明显的元器件预热时间问题。唯一的延迟在于数字信号处理技术处理雷达信号并提供给显示器的启动时间。

9.1.2 雷达显示器设置

(1)屏幕亮度设置

光栅扫描显示器的亮度调整标准与传统的径向圆扫描显示器的亮度调整标准存在根本区别。

传统的径向圆扫描显示器的亮度控制是通过调整慢慢旋转的扫描线的亮度实现的，开关机前或转换量程前应先关至最小，开机后调整至扫描线刚见未见。

现代高刷新率的电视型光栅扫描显示器的亮度控制是通过调整整幅画面的亮度实现的。因此，对亮度设置的要求不像对雷达性能的要求那么苛刻。屏幕亮度的调节主要取决于用户对周围光照环境的感觉。屏幕亮度也受屏幕对比度的影响，对比度决定了图形和回波亮暗间的差别。

用户对屏幕对比度的感觉在某种程度上取决于屏幕亮度的设置。亮度设置较高时，亮与暗之间的绝对差别较大；亮度设置较低时，亮电平与暗电平都比较暗，用户很难区分。屏幕亮度与屏幕对比度之间互相制约，它们都将影响用户对画面总体亮度的感觉，因此必须交替调节，直到调整到最佳状态(依靠主观判断，无法给出具体标准)。

如果画面整体亮度太高，那么用户观察画面时会很不舒适，可能感到疲劳、头疼和紧张。夜间，显示器亮度较高会削弱用户视力，驾驶室舷窗内表面和其他物体表面反射的光也会分散用户注意力。屏幕亮度太高时，即使对比度调节到最高，用户也很难区分背景与画面内容，因为两者都非常亮。

如果画面整体亮度太低，那么用户在强烈日光下观察显示器、辨别画面的细节会很困难，尤其是用户距离雷达较远时更是如此。屏幕亮度太低时，即使对比度调节到最高，用户也很难区分背景与画面内容，因为两者都非常暗。

在屏幕亮度调节到使用户眼睛舒适的情况下，如果屏幕对比度调节得过高，也会使用户觉得画面刻板、刺眼。

屏幕对比度不足会让画面轮廓不清晰、没有特征。

大多数情况下，如果开机时屏幕的亮度和对比度维持上一次使用时的状态，那么它们的状态已接近最佳，只需要进行微量调整，就能适应当前的周围光线环境。

(2)默认状态与启动

现代雷达中，定向模式、运动和稳定显示模式、量程、脉冲宽度和信号处理等，通常在开机时已自动选择好。自动选择的状态称为默认状态，可能也包括活动距离标志控制器的状态等。如果用户不希望采用默认设置，开机后可以进行适当调整。

现代屏幕控制器在处理器上的应用使雷达默认状态的使用成为可能。传统的导航雷达控制器通常采取旋钮和多位机械开关的形式，现代雷达中大多采用电子开关。当接触或按下电子开关时，它们向显示单元处理器送出一个数字信号。电子开关包括按键、触摸开关和轨迹球等多种形式。

显示控制器可以被配置和编程，以进行多种方式的操作。它们可以以交替或切换的方式工作，即用户按或触摸一下控制器选择一个功能，再次按或触摸解除该功能。控制器也可以控制多种功能，如第一次按选择功能 1，第二次按选择功能 2，第三次按解除这两种功能。控制器也可以成对使用，实现逐步递增的动作。例如，其中一个控制器，每按一次，选择下一个更大的量程；另一个控制器，每按一次，选择下一个更小的量程。

如果用户不希望使用系统的默认状态，可在开机后通过适当的按键进行选择。用户可以做以下选择：

①显示模式。这个选择取决于个人喜好和导航环境。

②量程。海上航行时，最好选择中间的量程，如 12 n mile，这样的量程最适合判断画面质量。当本船在港内被大型的陆上建筑物和大型船舶包围时，大型陆上建筑物和大型船舶会阻碍雷达电磁波的传播，因此通常使用较小的量程。

③脉冲宽度。脉冲宽度应与选择的量程匹配。例如，中量程建议使用中脉冲宽度。

(3)画面定向设置

雷达画面必须正确定向，这样才能使船首标志指向方位刻度的对应位置。在现代雷达中，因为方位刻度是图形的一部分，所以这项工作是自动完成的。但是，用户仍然需要观察显示器，以确保船首标志正确地指向罗经指示值所对应的方位刻度，并且检查雷达显示器上的数值与实际的罗经指示值是否相同。

校正船首标志后，应短暂观察显示器，以确保船首标志能够随船舶的航向变化而变化。用户必须在船首向上模式(不稳定)、真北向上模式(稳定)和航向向上模式(稳定)三个选项中选择一个。现代雷达通常提供三按键切换控制。如果使用雷达 TT/ARPA 功能，则罗经的输入必不可少，不过必须定期检查雷达上的罗经航向值是否与主罗经的指示值一致。

在使用航向向上模式时，每当船舶持续改变航向，必须复位基准航向。现代雷达中，当船舶稳定在新航向时，只需按下某种形式的复位控制器即可。

船首标志在方位刻度盘上指示位置的调整不应同船首标志与船舶的首尾线的对准相混淆。后者关注的是雷达波束扫过船舶的首尾线的正前方的瞬间确保船首标志触点闭合，并产生船首位置信号。这种校正只能在视觉观察和雷达观察两种基准同时具备时才能进行。

(4)最佳画面获得(磁控管雷达)

雷达的最佳画面是通过调整接收机控制器，使微弱回波的检测概率最大化而获得的。某些现代雷达中，这项工作大多是自动控制的，但磁控管雷达可以进行手动控制，手动控制要求先进行增益控制，然后进行调谐控制。

在开机时，增益、海杂波控制和雨杂波控制应设置为最小，尤其是要确保信号处理装置(如干扰抑制、回波展宽、自适应增益和天线扫掠相关等控制器)关闭。在某些光栅扫描系统中，这些控制器在开机时默认为关闭状态。

在开机后，增益应调到屏上杂波斑点刚见未见，但在观察远距离弱回波时可适当增大。

9.1.3 雷达性能监视

显示器的初始设置完成之后，应尽快进行系统性能监视。对于岸基雷达，如果系统安装时性能已由制造商测试并调整到最佳，那么用户可以通过了解检测范围内目标的特性来评估系统性能。然而，在海上，用户通常不能仅通过观察显示画面来鉴别系统性能是否达到最佳，因为用户通常无法确切了解哪些目标应该被看到。尽管画面可能看起来很好，用户还是不能确认系统性能是否达到最佳。在雾天的开阔平静海面上，尽管存在接收机噪声，也可能因为系统性能的下降，导致显示界面上没有回波显示，但这并不代表海面上没有目标。不了解这个基本原理，可能带来危险。回波的缺失使用户无法应用前面讲述的标准来判断调谐控制器的调整程度。

IMO相关性能标准要求雷达具备性能监视器，当雷达正确调谐又没有目标显示时，能够快速确定雷达性能是否显著下降。

根据监视器结构组成和安装位置，雷达性能监视器可分为辐射接收总性能监视器、收发机性能监视器和辐射功率监视器三种。

(1)辐射接收总性能监视器

这种性能监视器由角状喇叭天线和回波箱组成，装于天线底座上，角状喇叭天线辐射口面对雷达天线方向，其下端与回波箱通过一段短波导相接，回波箱是一个空腔谐振器，其固有谐振频率可由调谐装置调谐到发射信号频率上。平时有一螺杆插入谐振腔内，使它处于失谐状态；当打开显示器面板上的监视器开关时，由继电器控制拉出上述螺杆，谐振腔会处于谐振状态。辐射接收总性能监视器组成如图 9.1-1 所示。

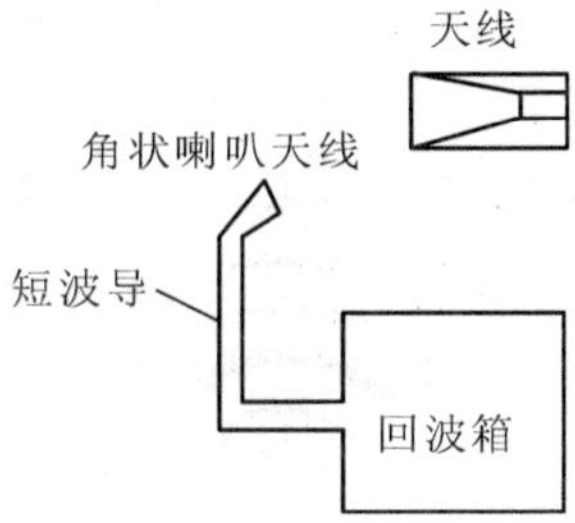

图 9.1-1　辐射接收总性能监视器组成

雷达工作并接通监视器开关后，雷达天线转到角状喇叭天线辐射口方向时，便有一小部分辐射能量进入谐振腔并激起谐振，振荡频率与发射频率相同（在安装时调妥），持续时间约为 10 μs（发射脉冲宽度的 10～100 倍甚至更大）。该振荡能量又从喇叭口辐射，并被雷达天线接收，经波导送接收机变频、放大、检波及视频放大后送显示器显示。送给显示器显示的视频信号幅度显然与发射机的发射功率、波导、天线的损耗及接收机的灵敏度等有关，所以这种显示器的监视对象为发射机、接收机及波导、天线系统。

这类性能监视器的图像有两种。

一种是在监视器天线所在方向，荧光屏上呈扇形波瓣，如图 9.1-2(a)所示。一般在安装、检修后或每隔一年要调整、测量一次。测量在最小量程或说明书规定的量程上进行，并把测量值（波瓣长度）作为标准记入雷达日志。平时检查时，雷达工作 10 min 以上，量程按说明书要求放置，“调谐”钮调到最佳位置，“增益”钮调至最大，“STC”钮关到最小，接通监视器并测量波瓣长度。将此长度除以标准长度求得相对长度，再以相对长度为引数查图 9.1-2(b)，则可查得总的性能衰减值。

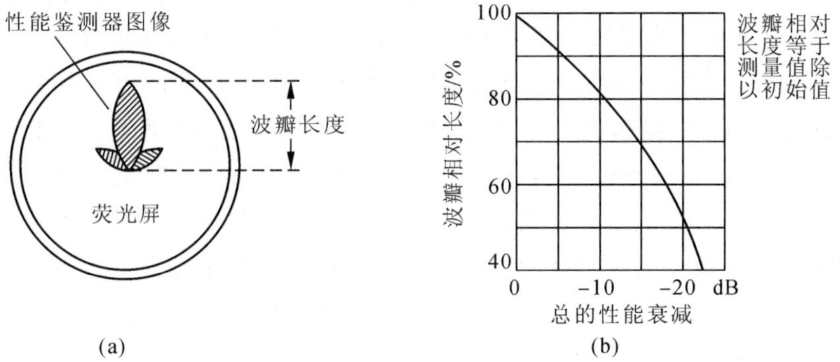

图 9.1-2　辐射接收总性能监视器图像及性能判断

(a)性能监视器图像；(b)测量校正曲线

另一种图像如图 9.1-3 所示。在 24 n mile 或 48 n mile 内测量，若第 6 圈无弧线，则性能衰减－5 dB；若第 5、6 圈均无弧线，则性能衰减－10 dB。性能衰减的原因可大致判断如下：若第 2 圈圆弧的同心角等于初始安装调试后所记下的原始同心角 θ_1，则性能衰减主要由接收机引起；若小于 θ_1，则性能衰减主要由发射机引起。

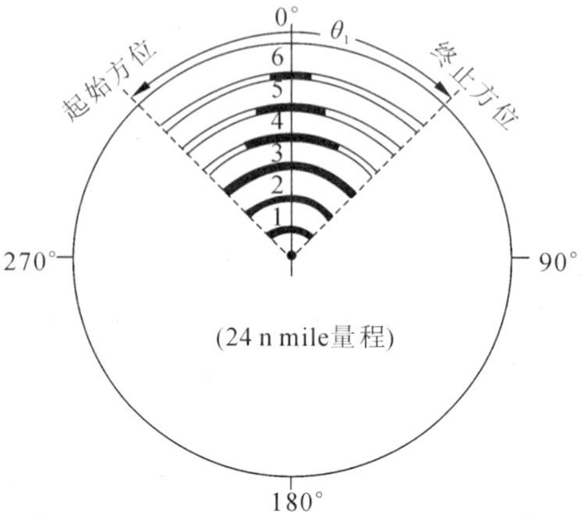

图 9.1-3　另一种性能监视器图像

(2)收发机性能监视器

许多雷达将回波箱安装在收发开关(T/R)管接近天线一端的波导上。它不需要回波箱安装在甲板以上，因此，结构更紧凑、成本更低。但是，这种方式无法监视天线和波导的性能。安装在这个位置的回波箱与相关电路一起组成收发机监视器。这种情况下，系统必须再增加其他电路来监视天线的辐射，这种电路一般称为功率监视器或输出监视器。

在收发机性能监视器中，腔体是圆柱形的，其容积可以通过调节短路活塞来改变。这使得维修人员能够调节谐腔体的容积，使它在磁控管的频率上振铃。用户可以通过显示器上的按键，以电磁控制的方法接通或切断监视器，当不需要性能监视信号时，可以使腔体失谐。因为回波箱是安装在波导上的，它对天线的方向不敏感，所以性能监视信号可以扩至 360°，形成的图形称为“阳光”图形，如图 9.1-4(a)所示。有些用户可能不希望打开监视器产生如此大范围的图形，认为“阳光”图形的长度比“羽毛”状图形更难辨别，“羽毛”状图形两边的对比有助于图形的识别。有些制造商通过驱动调谐短路活塞在腔体内的进和出，把“阳光”图形分裂成如图 9.1-4(b)所示的样子。短路活塞每经过调谐位置一次，回波箱就振铃一次，产生一“簇”羽毛，它的旋转速度由短路活塞的摆动周期与天线旋转周期之间的关系控制。短路活塞使腔体作单一的扫频，天线每扫过一次，它就被触发一次，天线的旋转将形成“羽毛”。

(3)辐射功率监视器

辐射功率监视器一般与收发机监视器配套安装，这是因为安装收发机监视器之后，系统的性能只能监视到回波箱的位置。此时，显示器上显示的规定长度的性能监视信号

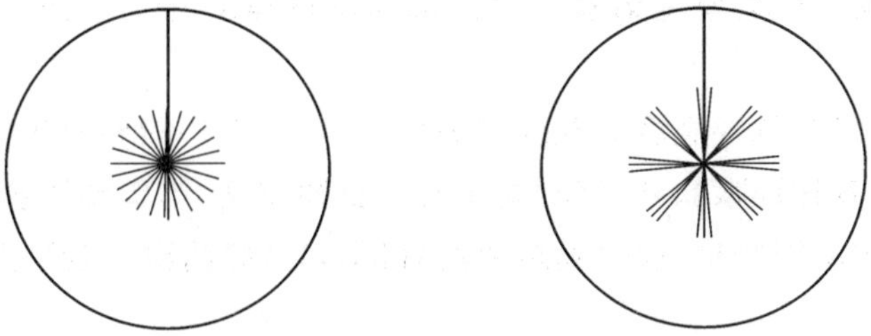

(a)　　　　(b)

图 9.1-4　收发机性能监视器

不能保证是来自天线的最佳辐射，它可能由于各种原因而减小。这些原因包括波导开裂、变形带来的损伤，波导内部空间有水分和灰尘，天线受到了损伤或天线的玻璃增强型塑料(GRP)防护罩上积有灰尘和冰，等等。

功率监视器内通常使用的敏感器件是氖管——一个里面充满了惰性气体(氖气)和装有两个分开的金属电极的玻璃管。氖气平时表现为绝缘体，但受到足够强度的射频辐射时，被电离并呈现为导体。因此，在管内静态的情况下，两个电极互相绝缘，而在氖气电离发光时，两个电极由导电介质连接起来。氖管一般安装在接近天线扫掠器的位置，天线扫掠器每旋转一转，波束辐射的能量就照射到它上面。氖管与一些电路串联，这些电路就在显示器的某一位置产生一个视觉指示。辐射功率不够时，未电离的氖管将与这些电路断开，并给出没有功率的视觉指示。如果天线输出的功率足够大，电离的氖管将以低阻的状态接通电路，给出存在天线辐射输出的视觉指示(氖管的特性能由电离的电平非常精确地固定)。

视觉指示的形式可以因制造商的不同而明显不同。它可以采用简单的光的形式，功率足够时就发光；也可以用氖管发出信号来指示仪表测到的输出功率。仪表刻度以一条红色的弧线或某些其他特征来指示不可接受的低输出功率。这两种情况下，系统可能是将一个天线旋转周期内的这种指示进行平滑，否则，光或仪表的读出可能随波束扫过氖管传感器而产生波动。有些系统使用氖管检测的信号，在显示器上产生"羽毛"，"羽毛"的径向长度代表输出功率。

9.1.4　量程或脉冲宽度调整

当导航雷达正常工作时，因各种原因需要不时地改变量程。这些原因与交通密度、本船速度及频繁地观察等有关。用户可能选择了一个合适的量程，并在该量程进行雷达标绘，但为了每隔一段时间对船舶定位或者获得接近船舶的早期报警，可能需要变换到较大的量程。当导航雷达用于定位或航程监视时，为了获得距离和方位的最高测量精度，可能也需要改变量程；日常观察时也需要选择合适的量程，以便于在该量程内搜索海杂波中的目标；还有一些为监视某些方面而选择的量程不适合于其他方面的情况，也必须改变量程。

量程的改变可能与脉冲宽度的改变有关（见2.5.7节），有些脉冲宽度不是所有的距离量程都具有。受各种因素影响，有时需要改变脉冲宽度，如需要改善距离分辨率、最小作用距离、海杂波中检测目标、检测远距离的目标，以及检测雨区范围内外的目标等时。

9.1.5 距离和方位测量控制

雷达提供了各种各样的可供用户测量目标距离和方位的装置。有些装置可以同时测量距离和方位，有些装置只能测量其中一个。现代雷达使用操纵杆/轨迹球和图表来读出测量的距离和方位。由不同制造商提供的装置，细节上差异较大，但其原理基本相同。

根据MSC.192(79)决议，所有雷达显示都应提供对天线位置偏心的补偿功能，这样，所有的位置数据都相对于一致的统一公共基准点（CCRP，通常是驾驶位置），这在安装多天线的情况下非常有用。

(1)固定距标圈

根据MSC.192(79)决议，雷达必须提供固定距标圈，距标圈的数量取决于选择的量程。对于1 n mile以上的量程而言，典型的是6个距离圈；但对于1 n mile以下的量程而言，可以减少到2个距离圈。另外，IMO还要求雷达必须始终清晰地指示当前的量程、距标圈之间的距离间隔。

固定距标圈采取的是以屏幕原点为圆心的等间隔同心圆的形式。

光栅扫描显示器上，由于扫描变换数字化的作用，距标圈上存在轻微的“阶梯”现象。这种现象在接近0°和180°方位处最突出，因为在这部分区域，距标圈的走向与光栅扫描线平行或近似平行。“阶梯”现象可能使用户感到刺眼，但它本身并不表示测距误差。

雷达提供了开启/关闭距离圈的控制器，并且可以调节距标圈的亮度。可以采用单个控制器，也可以采用两个独立的控制器。一般情况下，控制器只能调节2个或3个不同等级的亮度。通常，较亮的亮度将使距标圈的线条变得较粗，且模糊不清，使得精确测量距离变得困难。距标圈的亮度还有可能使微弱目标变得模糊不清。

根据MSC.192(79)决议，固定距标圈应能使目标距离的测量误差不超过当前量程的1%或30 m中的较大者。因此，使用固定距标圈测量目标距离时，应选择适当开阔的距离量程，以达到最高的测量精度。

测量目标距离时应该读取回波的前沿。因为测量是从发射脉冲的前沿开始的，所以接收脉冲也应该取前沿处。需要注意的是，回波的前沿表示能检测到的目标最接近面的距离，并不一定是目标最接近本船的部分（例如，可能是迎面接近船舶的船桥，而不是船头）。

只有当船舶横靠在泊位边时，用户才能够方便地以足够精度确定船舶的位置，并能检查固定距标圈的精度。当已知目标在海图上的位置可靠时，用户可以通过观察一个已知孤立且边缘陡峭的小目标来检查固定距标圈的精度。

固定距标圈非常适合测量那些位于距离圈上的目标距离，如果目标正好与距离圈相切，那么就能方便地测量目标的距离。通常，最好的做法是在两个距离圈之间插入活动距标圈或借助操纵杆/轨迹球控制。

如果用眼睛估计内插的距离，必须确保在距标圈之间的间隔相等的情况下做视觉检查。

(2)活动距标圈

根据 MSC.192(79)决议，雷达应提供带有数字读出功能的两个 VRM。每个激活的 VRM 应有数字示值且分辨度与所用量程相适应。要求的精度为当前量程的 1%或 30 m 中的较大者，这与固定距标圈的精度要求相同。

VRM 同样会出现类似于固定距标圈的“阶梯”现象，应定期将 VRM 置于某个固定距标圈上面，比较读出数值与固定距标圈的数值，是校正 VRM 的一种很好的方法。为了使 VRM 测量距离的精度最高，应选择适当的量程。VRM 的亮度也应能调节。用户通过 VRM 测距时应采取最细的线条，并且读取回波前沿。

(3)电子方位线

电子方位线(EBL)也可以称为电子方位标志(EBM)，它是以电子方法产生的线，起始于原点(原点可不在屏幕中心)。EBL 也可以作为电子游标线(又称电子距离方位线，ERBL)使用，这时它的起点、方向和长度均可由用户控制，如图 9.1-5 所示。

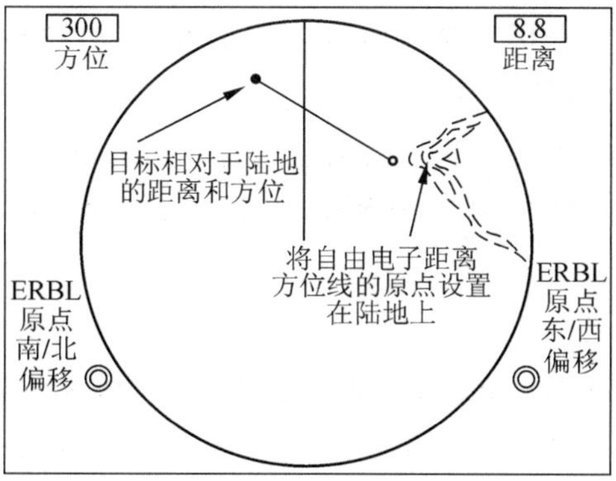

图 9.1-5　电子游标线

电子方位线和电子游标线都可以通过递增的触摸控制器、操纵杆或轨迹球来控制。利用电子方位线读出的方位类型(相对方位或真方位)，取决于所选择的定向模式。读取方位时，应选择适当的量程。

在使用上述各种测量装置时，需要确保测量精度，相关要求如下：

①定期检查船首标志，使其精确表示船舶首尾线；

②选用正确的定向模式；

③使用合适的量程，使目标处于屏幕的1/2～2/3量程区域；

④将EBL、ERBL或光标重叠在船首标志上，对其进行检查，确保方位和船首一致；

⑤如果目标回波较为清晰饱满，暂时降低增益。

要求①的实现方法如下：首先，切断罗经信号输入，并确保船首标志校准到方位刻度的0°；其次，选择一个显著且肉眼可见的小目标，使其回波尽可能接近使用量程的最大距离处，同时测量该目标的相对视觉方位和在雷达显示的方位。需要注意的是，视觉方位要在接近雷达天线所在平面的位置上取得，至少重复两次，并计算视觉方位和雷达显示方位之间的平均差。如果存在方位误差，可调节船首标志的触点以减少误差。

9.1.6 杂波和干扰抑制控制

(1)海浪干扰抑制

如2.6.2节所述，该电路用来调整一个随时间按指数规律变化的脉冲电压的幅度，以控制中放增益(灵敏度)，使中放的近距离增益逐渐减小，而随着距离的增加便逐渐恢复正常，达到抗海浪干扰的目的。海浪干扰抑制的范围和深度由该控钮控制，一般范围可达6～8 n mile，有的可达8～10 n mile。注意：该控钮应酌情调节，力求达到既抑制海浪干扰，又不丢失近距离海浪中的小物标回波的目的。

(2)雨雪干扰抑制

如2.6.2节所述，该电路可用来抑制雨雪等大片连续的干扰回波，也可增加距离分辨力。该控钮有开关式和旋钮式两种。

因为微分处理对回波信号有损失，会引起失真，所以开关式“FTC”控钮在雨雪天开，晴天时关；旋钮式“FTC”应酌情调节，达到既去除雨雪干扰杂波，又不丢失雨雪中物标回波的目的。

(3)极化选择

极化选择开关用来选择雷达天线发射波极化方式，它有三个位置：水平(HOR)—准备(READY)—圆极化(CIR)。在“准备”位置时，发射机停止发射。在转换极化方式时，开关应先在“准备”位置停一下，然后再拨到“圆极化”位置。因为圆极化天线对灵敏度是有损失的，所以好天气宜用水平极化，只在雨天才用圆极化。

(4)同频干扰抑制

同频干扰抑制开关用来控制同频干扰抑制电路的电源通断。开关接通时，可去除同频雷达干扰。有的雷达还设有“门限电平”控钮，可稍加调节，使干扰消除而不丢失物标回波。使用该开关时应注意:适当调节“增益”控钮,以获得去干扰保物标的最佳效果;不可同时使用“FTC”控钮,以防小物标回波丢失。

9.1.7　雷达 ARPA/AIS 目标跟踪

(1)雷达 ARPA/AIS 目标跟踪信息显示的内容

雷达目标跟踪系统集成了雷达 ARPA 和 AIS 的数据。AIS 数据由独立的设备提供,可叠加在雷达 ARPA 数据的上层显示。用户可以选择是否显示附加的 AIS 矢量数据,也可以选择一个特定的 AIS 目标,并获得以下信息:

①雷达跟踪目标的相关信息(距离、方位、航向、航速、CPA、TCPA)以及目标的真实名称。这些信息通常显示在 AIS 数据旁边,类似于雷达目标数据的文本显示。

②与跟踪目标有关的 AIS 详细信息(IMO 号、MMSI 码、航行状态、船型、ETA、目的港等),这些信息通常是用户通过访问菜单页获取的。

因此,通过本船显示的 AIS 信息可以在雷达 ARPA/AIS 目标跟踪系统上进行检查;本船的部分 AIS 信息也可以在雷达 ARPA/AIS 目标跟踪系统上进行更新,再发送到 AIS 设备。

(2)AIS 休眠目标与激活目标

用户除了可以在雷达显示器上删除所有的 AIS 目标,还可以过滤正在显示的目标。被过滤的目标并不是说从显示器上完全删除,而是被设定为休眠目标,通常以很小的等腰三角形显示,没有矢量或目标识别细节。但是,三角形的锐角仍然指示为 AIS 目标的航向,其相关显示符号特点见 7.4.4 节。

目标被指定为休眠目标的准则可能随制造商的不同而有所不同。有些制造商允许个人选择,但给用户提供一些过滤目标的依据,如距离、CPA/TCPA 或者目标类别(A 类、B 类等)。大多数制造商还通过某种类型的区域控制进行操作,如指定区域外的目标为休眠目标,而区域内的目标被指定为激活目标,并在显示屏上显示其名称和矢量。AIS 目标的过滤状态必须明确指示。

根据 MSC.192(79)决议,在大比例尺和近距离雷达显示器上,应提供激活 AIS 目标真实比例轮廓显示,应能显示激活目标的过去航迹。

(3)数据融合

根据 MSC.192(79)决议,当跟踪的雷达目标和 AIS 目标是同一个目标时,应显示为一个目标,且默认显示 AIS 的符号和字母、数字、文本。这被称为数据融合,可以避免显示画面杂乱无章。但是,用户可以改变显示目标的符号和字母、数字、文本,这些符号和数据由雷达或 AIS 提供。

每个制造商判断 AIS 目标和雷达目标是不是同一个目标的算法是特定的。菜单系统的 AIS 部分通常有用于做出这个决定的用户可以调整的准则。例如，可以规定两者之间的最大差异：

①AIS 和雷达位置之间的距离。

②航向。

③航速。

这种情况下，如果 AIS 和雷达目标之间的对应差异均小于上述三个极限，那么将显示为一个目标。

需要强调的是，用户需要理解显示器是如何决定显示哪些信息的。

9.2 雷达设备使用实例

本节以某型雷达(图 9.2-1)为例来说明雷达的具体操作使用方法。

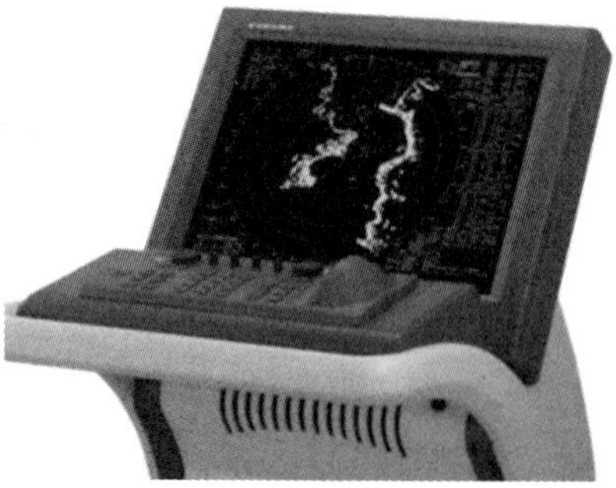

图 9.2-1 雷达设备外观

9.2.1 雷达观测基本操作

(1)打开电源，开启发射

POWER 开关位于控制单元的左角。打开 POWER 开关护盖，按开关开启雷达系统，再次按开关可关闭雷达。打开电源后大约 30 s 内，屏幕上会显示方位刻度和数字计时器。计时器将倒计时 3 分钟，此即为预热时间。磁控管(即发射管)将在这段时间内预热，以备发射。当计时器数到“0:00”时，屏幕中间会显示“STBY”(待机)，表示雷达随时可以发射脉冲。如图 9.2-2 所示，在键盘上按下“STBY/TX”键，或者转动跟踪球在显示屏左下角处选择 TX STBY 方框并按左按钮(跟踪球上)，则雷达开始发射脉冲。最初，雷达会沿用先前使用的量程和脉冲长度，而亮度水平、VRM、EBL 和菜单选项的选择也会使用先前的设置。

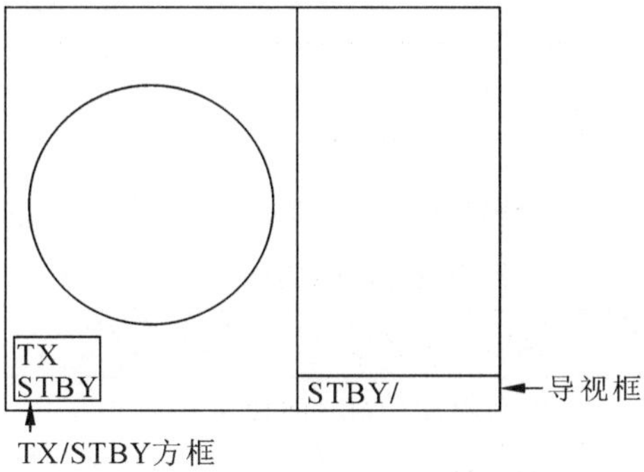

图 9.2-2　雷达显示器发射控件

在待机状态中，天线停转；在发射状态中，天线转动。磁控管会随时间推移逐渐老化，导致输出功率降低。建议用户在雷达短时间内不需使用时，将其设置为待机，以延长使用寿命。

(2)使用控制键盘

用户可通过控制键盘对雷达进行设置和调整，如图 9.2-3 所示。

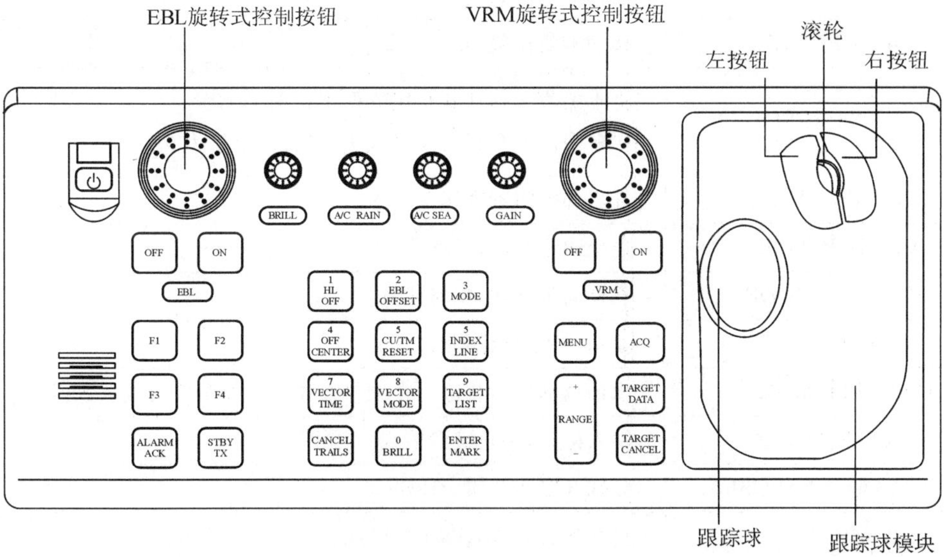

图 9.2-3　雷达完全控制键盘

表 9.2-1 所示为雷达控制键盘上各按钮的作用。

表 9.2-1　雷达控制键盘上各按钮的作用

按钮	作用
POWER	开启和关闭系统
EBL 和 VRM(旋转式控制按钮)	分别调整 EBL 和 VRM

续表 9.2-1

按钮	作用
POWER	开启和关闭系统
EBL ON，EBL OFF	分别开启和关闭 EBL
F1～F4	执行快捷分配的菜单
ALARM ACK	消除声音警报
STBY TX	在待机和发射之间切换
BRILL	调整显示亮度
A/C RAIN	抑制雨滴杂波
A/C SEA	抑制海浪杂波
GAIN	调整雷达接收器的灵敏度
HL OFF	按下时暂时清除首线
EBL OFFSET	启用、禁用 EBL 偏移。在菜单操作中，在北南及东西之间切换极性
MODE	选择显示模式
OFF CENTER	移动本船位置
CU/TM RESET	将本船位置移动到船尾方向半径的 75%处； 在航向向上和真运动模式中，将首线重置为 0°
INDEX LINE	开启和关闭刻度线
VECTOR TIME	选择向量时间（长度）
VECTOR MODE	选择向量模式，相对或真
TARGET LIST	显示 ARP 目标列表
CANCEL TRAILS	取消全部目标轨迹。在菜单操作中该控制按钮清除数据行
ENTER MARK	输入标记，终止键盘输入
VRM ON，VRM OFF	分别开启和关闭 VRM
MENU	打开和关闭 MAIN（主）菜单；关闭其他菜单
ACQ	操纵跟踪球选择目标后，探测 ARP 目标； 操纵跟踪球选择目标后，将休眠中的 AIS 目标更改成激活的目标
RANGE	选择雷达距离
TARGET DATA	显示使用跟踪球选择的 ARP 或 AIS 目标的目标数据
TARGET CANCEL	取消跟踪使用跟踪球选择的 ARP、AIS 或参照目标

(3)使用主菜单和光标菜单

使用完全控制键盘或者操纵跟踪球可以进入主菜单(MAIN MENU)。按“MENU”键,主菜单显示在屏幕右边的文本区域,其包含的功能如图 9.2-4 所示。

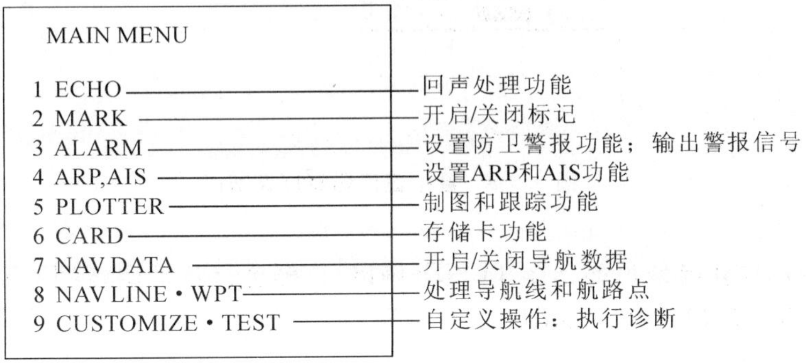

图 9.2-4　雷达主菜单

对于要求使用光标的功能,如 EBL 偏移和缩放可以应用一种在有效显示区域内使用光标的方法,直接从导视框或从光标菜单(表 9.2-2)激活功能。

表 9.2-2　雷达光标菜单

Cursor Menu(光标菜单)项目	说明
TARGET DATA & ACQ	ARP:探测 ARP 目标,显示所选 ARP 目标的数据; AIS:激活休眠中的 AIS 目标,显示所选 AIS 目标的数据
TARGET CANCEL	ARP:取消跟踪所选的 ARP 目标; AIS:休眠所选的 AIS 目标
ARP TGT DATA & ACQ	探测所选回波作为 ARP 目标
TARGET TRACK ON	打开 ARP 目标跟踪(类型 A、B、C 和 W)
TARGET TRACK OFF	关闭 ARP 目标跟踪(类型 A、B、C 和 W)
REF MARK	为目标相关的速度输入记下参照标记
EBL OFFSET	偏移 EBL 测量两个目标之间的距离和方位
OFF CENTER	从屏幕中央切换到所选位置
ZOOM	缩放所选的位置
MARK DELETE	删除所选标记(测绘仪标记、原点标记或航路点标记)
CHART ALIGN	将航海图和雷达画面对齐

(4)显示器亮度调节

整个屏幕的亮度应根据照明条件进行调整。首先应在控制面板上操纵“BRILL”按钮调节显示器亮度,其次应在 BRILL(亮度)菜单上调整相对亮度级别,如图 9.2-5 所示。

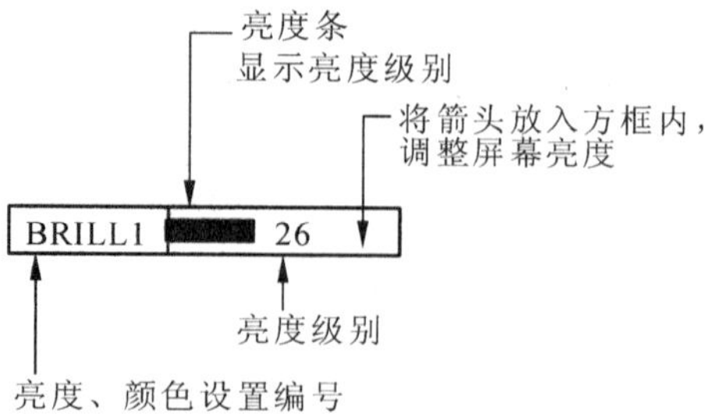

图 9.2-5 雷达显示器亮度调节

(5)调谐

可转动跟踪球在屏幕顶部选择 TUNE(调谐)方框进行自动调谐(TUNE AUTO)或者手动调谐(TUNE MANU)，如图 9.2-6 所示。

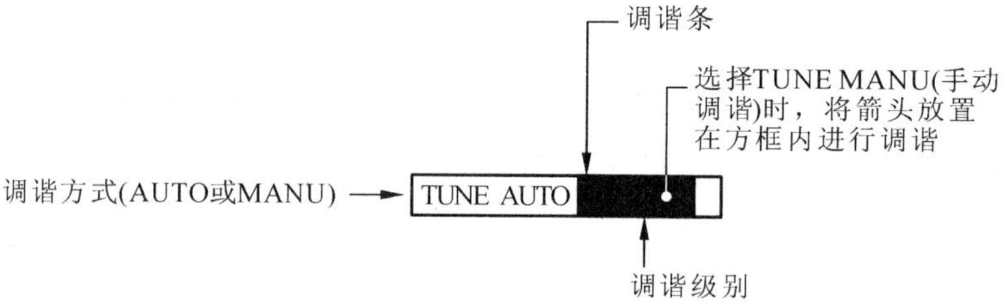

图 9.2-6 雷达调谐方框

(6)显示模式选择

某型雷达提供了以下显示模式：

①相对运动(RM)

船首向上：不稳定。

船首向上 TB(真方位)：船首向上，并以罗经稳定方位刻度(真方位)，方位刻度随罗经读数旋转。

航向向上：在选择航向向上时相对船只方向的罗经稳定。

真北向上：罗经稳定，并参照真北方向。

船尾向上：雷达图像旋转 180°。

②真运动(TM)

真北向上：以罗经和速度输入值稳定地面或海面。

船尾向上：同相对运动。

连续按"MODE"(模式)键选择所需的显示模式。PRESENTATION MODE(显示模式)方框显示当前显示模式。

(7)本船速度输入

雷达 ARPA 功能和方位角稳定显示模式都需要本船速度输入和罗经信号，用户可以用 STW 或 GNSS(SOG)或用手动方式从菜单输入速度。

(8)量程选择

屏幕左上角显示已选定的量程、距离圈间隔和脉冲长度(图 9.2-7)。当关注目标逼近或远离时,可以减小或扩大量程,使目标始终位于显示屏半径的 50%~90%处。一方面,用户可操纵控制面板上的"RANGE"键选择所需量程,点击"+"增加量程,点击"-"减小量程;另一方面,用户也可转动跟踪球,在屏幕左上角选择 RANGE(距离)方框进行量程选择。

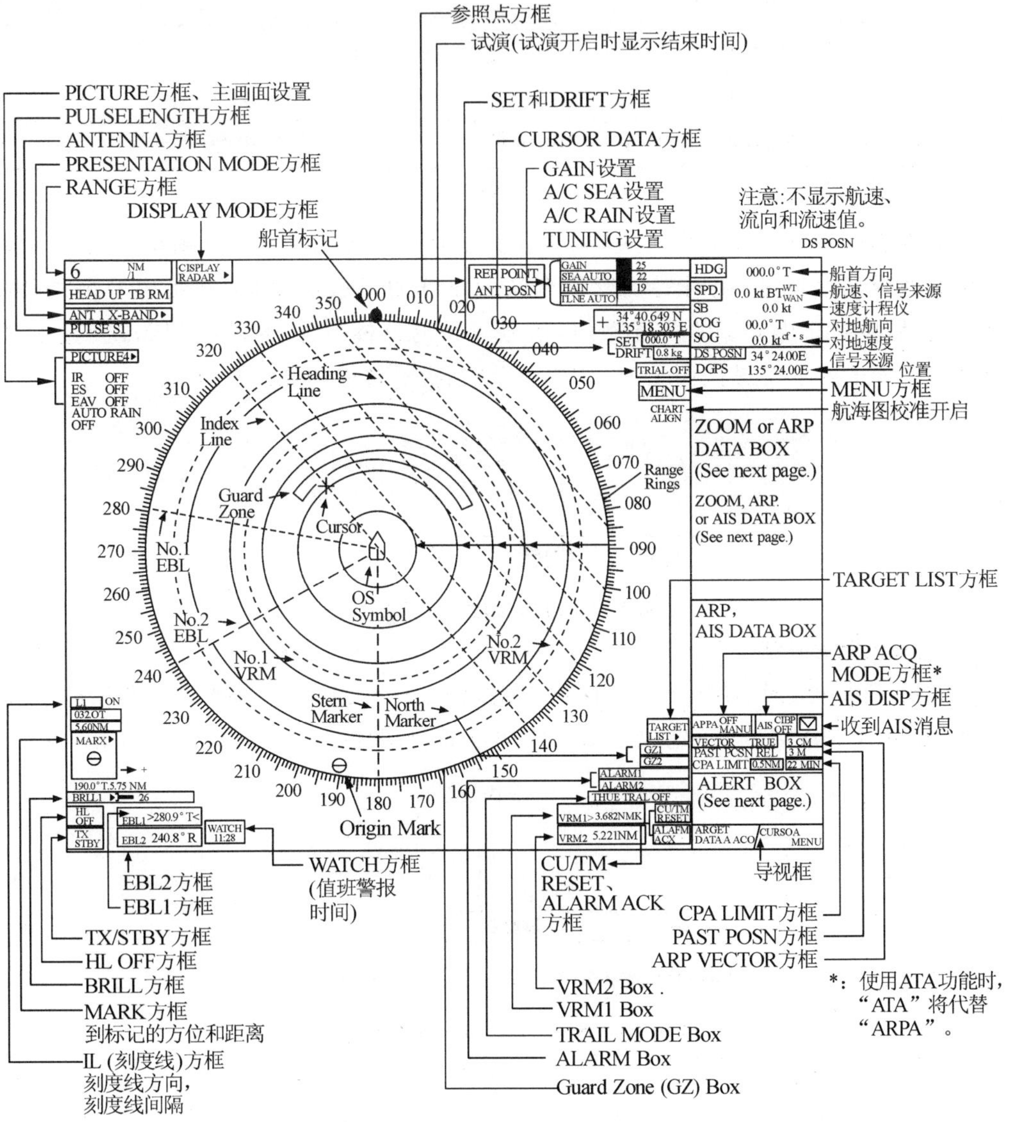

图 9.2-7 雷达显示屏幕

(9)脉冲长度选择

雷达使用的脉冲长度以指示符形式显示在屏幕左上方(表 9.2-3),可转动跟踪球,在屏幕左边选择 PULSE LENGTH(脉冲长度)方框。

表 9.2-3 雷达脉冲宽度的指示符

指示符	脉冲长度/μs
S1(短脉冲 1)	0.07
S2 (短脉冲 2)	0.15
M1 (中脉冲 1)	0.3
M2 (中脉冲 2)	0.5
M3 (中脉冲 3)	0.7
L(长脉冲)	1.2

(10)灵敏度调节

增益控制按钮可调节接收机的灵敏度,使背景噪声刚好在屏幕上刚见未见。当背景噪声刚好在屏幕上可见,此时的设置最合适。设置的灵敏度太低,会丢失较弱的回波。灵敏度过高,则会产生太多的背景噪声,信号较强的目标可能会因所需回波和显示屏上背景噪声之间的对比度过低而丢失。“增益”级别指示符如图 9.2-8 所示。

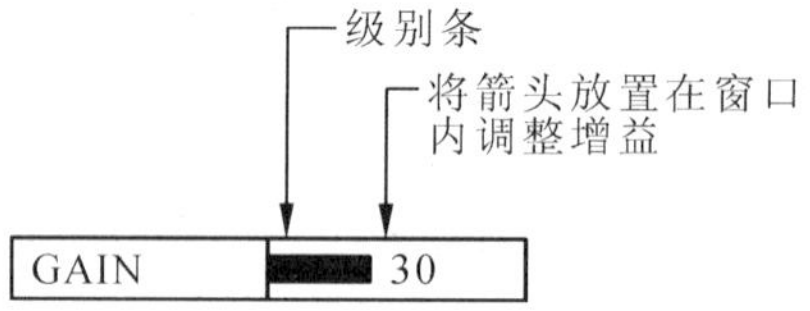

图 9.2-8 雷达“增益”级别指示符

(11)海浪杂波抑制

当海浪杂波较大时,使用 A/C SEA 控制按钮或转动跟踪球,选择显示器顶部的 SEA AUTO 或 SEA MANU 以手动或自动方式进行抑制,如图 9.2-9 所示。

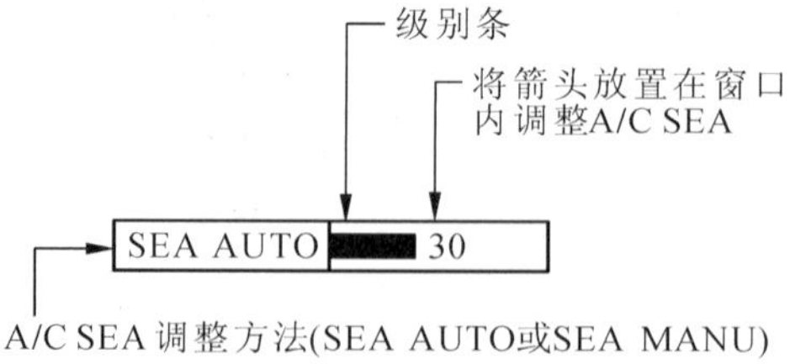

图 9.2-9 雷达 A/C SEA 级别指示符

(12)雨雪杂波抑制

使用 AUTO RAIN 和 A/C RAIN 抑制雨雪杂波。AUTO RAIN 用于抑制屏幕画面上的雨雪杂波,A/C RAIN 用于抑制天线接收的雨雪杂波,如图 9.2-10 所示。

可转动跟踪球滚轮,选择所需 AUTO RAIN 设置雨雪抑制程度。数值越大,雨雪杂波抑制的级别就越高。OFF 可关闭 AUTO RAIN 功能。

与 A/C SEA 控制按钮一样，A/C RAIN 控制按钮也可以调整接收器灵敏度，但调整时间更长(距离更远)。设置值越高，抑制海浪杂波效果就越好。

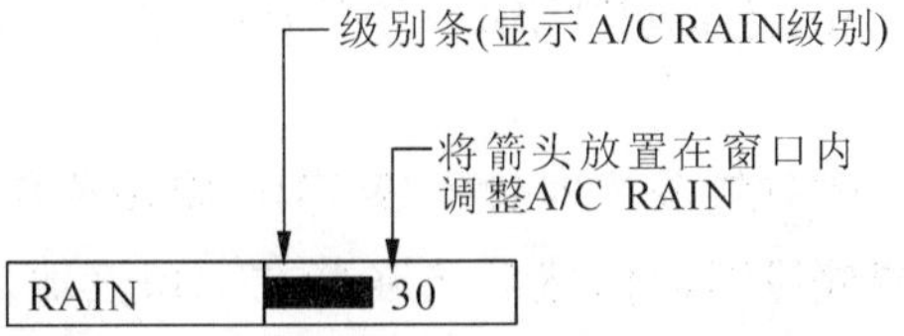

图 9.2-10　雷达 A/C RAIN 级别指示符

(13)雷达同频干扰抑制

当一艘船靠近另一艘航船时，若其雷达使用了相同的频率波段，就会出现相互干扰的情况。屏幕上会出现若干明亮的干扰信号，这些信号或呈不规则形状，或为辐条状弯曲虚线，从画面中心延伸到画面边缘。启用干扰抑制器电路可减少此类干扰。

干扰抑制器是一种信号相关电路。它将接收的信号与连续发射信号进行比较，然后抑制那些随机产生的信号。干扰抑制分 3 个等级，具体取决于所关联的发射信号数量。

(14)距离和方位测量

可通过三种途径测量目标距离，即使用固定距标圈、使用光标或使用活动距标圈(VRM)。

使用固定距标圈粗略估计离目标的距离。距标圈是围绕本船(或扫描原点)的实线同心圆。选定量程时会自动确定距离圈的数量，屏幕左上方显示距标圈的间隔。通过查看距标圈间隔，从最近圈的内缘确定回波的距离。

雷达提供两条 VRM：No. 1 和 No. 2，按控制面板上的按“VRM ON”(可变距标圈开)键显示任意一条 VRM。连续按“VRM ON”键可在 No. 1 和 No. 2 之间切换活动的 VRM。操纵 VRM 旋转式控制按钮，将可变距标与关注目标的内边缘对齐，就可于屏幕右下角读取距离值，如图 9.2-11 所示。

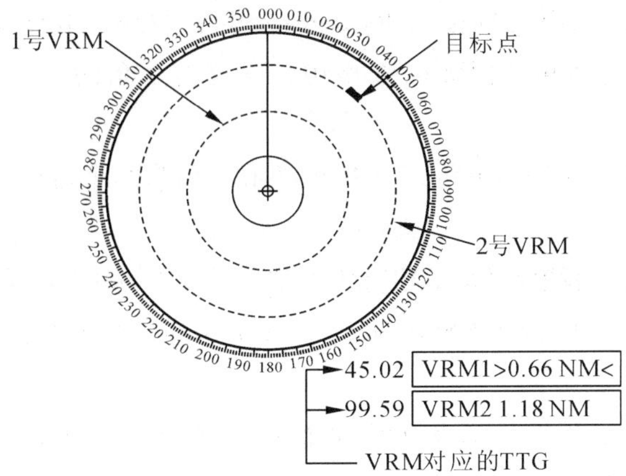

图 9.2-11　通过 VRM 测距

测量目标方位使用电子方位线(EBL),雷达提供两条 EBL:No. 1 和 No. 2。每条 EBL 均是一根直虚线,从本船位置最远延伸到雷达屏幕边缘。在控制面板上按“EBL ON”键会显示任意一根 EBL,连续按“EBL ON”键可在 No. 1 和 No. 2 之间切换活动的 EBL。

为测关注的目标方位,顺时针或逆时针操纵 EBL 旋转式控制按钮,直到活动的 EBL 与目标回波边缘进行“同侧外缘”重合,然后从屏幕左下角读取方位值,如图 9.2-12 所示。按“EBL OFF”键可清除全部 EBL。

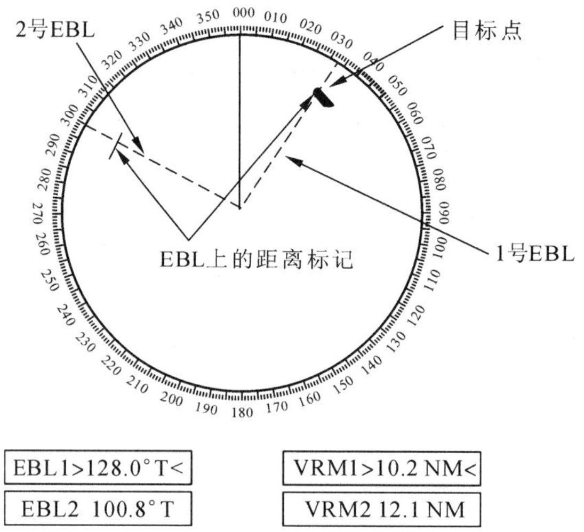

图 9.2-12 通过 EBL 测方位

(15)测量两个目标之间的距离和方位

先操纵控制键盘,按“EBL OFF SET”(EBL 偏移)键,然后操纵跟踪球,将 No. 1 EBL 的原点放在关注目标(图 9.2-13 中为目标 1)上;操纵 EBL 旋转式控制按钮,直到 EBL 与另一关注目标(图 9.2-13 中为目标 2)同侧外缘相切;操纵 VRM 旋转式控制按钮直到 EBL 上的距标圈内缘与目标 2 回波内缘相切。屏幕右下角的活动 VRM 读数显示了两个目标之间的距离。

用户也可使用 No. 2 EBL 和 No. 2 VRM 对第三和第四个目标(图 9.2-13 中为目标 3 和 4)重复同样的操作。

读取 EBL 数值时,后缀“R”表示相对于本船的方位,后缀“T”表示真方位,这取决于 MARK(标记)菜单上 EBL CURSOR BEARING(EBL 光标方位)中 EBL 相对/真的设置。

要将 EBL 原点返回到屏幕中央位置,再次按“EBL OFF SET”键即可。

(16)目标报警设置

当船只、陆地等进入设置区域时,会触发视觉和声音警报。

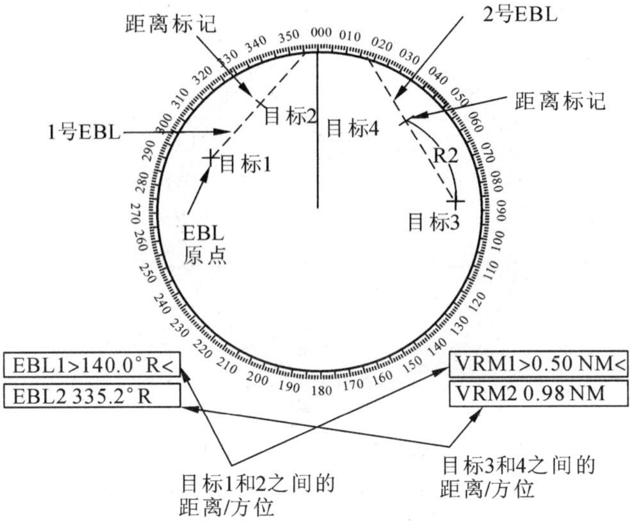

图 9.2-13　测量两个目标之间的距离和方位

雷达报警区沿径向(深度)的固定宽度为 0.5 n mile,且可在 3.0～6.0 n mile(警戒区 1)以及任意距离(警戒区 2)内进行调整。对于非 IMO 雷达而言,边界可以设置成任意距离。对于全部类型的雷达而言,报警区的扇区都可沿任意方向设置为 0°到 360°。

以下以图 9.2-14 及图 9.2-15 为例介绍如何设置目标警报区。

①转动跟踪球,从 ALARM 1 或 ALARM 2(警报)方框中选择希望设置的一个。

ALARM 1
ALARM 2

图 9.2-14　警报方框

②按左按钮。光标跳入有效显示区域,"SET"(设置)出现在选择的 ALARM 方框中。

③转动跟踪球,将光标放置在"A"点上,然后按左按钮。

④转动跟踪球,将光标放置在"B"点上,然后按左按钮。在 ALARM 方框内,"WORK"代替了"SET"。报警区的线是蓝色的虚线。

目标警报区中的目标会触发视觉(闪烁)和声音(蜂鸣声)警报。要消除声音警报,按下完全键盘上的"ALARM ACK"(确认警报)键,或者选择合适的 ALARM 方框,然后按下左按钮,ALARM 方框显示"ALARMx ACK"。这只能停止声音警报,而危险目标仍不停地闪烁。要重新启用声音警报,应再次按下"ALARM ACK"键,或者选择 ALARM 方框,然后按下左按钮。如果连接了外部蜂鸣器,那么只有关闭警报区后,声音警报才会停止。

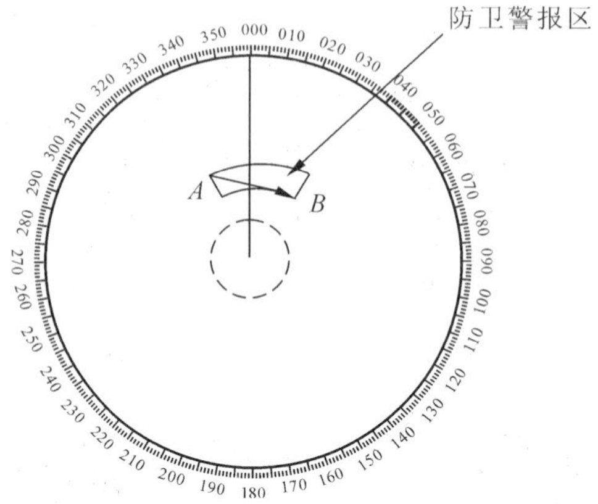

图 9.2-15 目标警报区

注意，如果想要创建一个覆盖本船的 360°范围的目标警报区，可以将“B”点设置在与“A”点几乎相同的方向上，也可以设置两个目标警报区，只有当第一个目标警报区处于活动状态时才可以使用第二个目标警报区。

(17)屏幕画面偏移

此功能可以在不增加距离的情况下通过改变本船位置(或扫描原点)来扩展视域。扫描原点可以偏移到光标位置，但是不能超过当前量程的 75%；如果光标设置在超出量程 75%的位置，扫描原点将偏移到当前量程的 75%处。不过，这项功能不适用于 72 n mile(仅非 IMO 类型)或 96 n mile 的量程，也不适用于真运动模式。

要偏移雷达画面，可执行以下操作：

①操纵键盘上的跟踪球，将光标放置在扫描原点需要移动到的位置；

②按“OFF CENTER”键，扫描原点偏移到光标位置，如图 9.2-16 所示；

③再次按“OFF CENTER”键取消偏移。

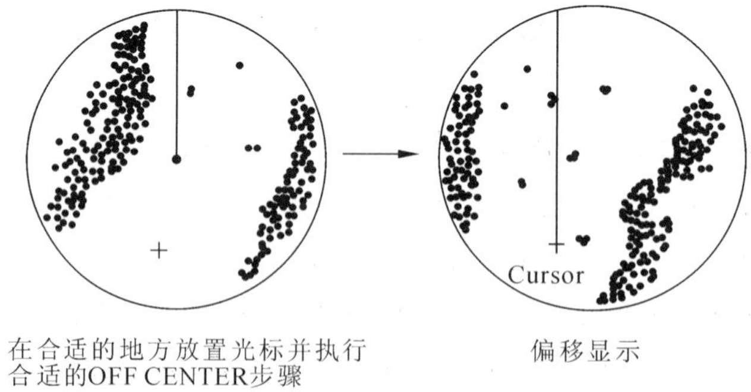

图 9.2-16 屏幕画面偏移

(18)回波伸展和回波平均

回波伸展功能用于放大距离及方位方向上的目标，更便于查看，且在任何距离上均可使用。回波伸展有三种类型(类型 1、2 和 3)，数字越大，伸展功能越强。

需要说明的是，回波伸展不仅能够放大目标回波信号，还能放大海面、雨滴和雷达干扰信号（杂波）。因此，必须确保在启用回波伸展功能前，已经充分抑制了这些干扰。具体操作步骤如下：

①转动跟踪球，在显示器左边选择 PICTURE（画面）方框。

②按右按钮显示 PICTURE 菜单，如图 9.2-17 所示。

```
[PICTURE MENU]
1 INT REJECT
  OFF/1/2/3
2 ECHO STRETCH
  OFF/1/2/3
3 ECHO AVERAGE
  OFF/1/2/3
4 NOISE REJ
  OFF/ON
5 AUTO STC
  OFF/ON
6 AUTO RAIN
  OFF/1/2/3/4
7 VIDEO CONTRAST
  1/2/3/4/
  A/B/C
8 [PULSE]
9 [CONDITION]
0 DEFAULT (ENTERX3)
```

图 9.2-17　PICTURE 菜单

③转动滚轮，选择 2 ECHO STRETCH（回波伸展），然后按下滚轮或左按钮。

④转动滚轮，选择所需回波伸展，并按下左按钮。选择的设置出现在菜单左上角。

⑤按右按钮关闭菜单。

回波平均功能可以有效抑制海浪杂波。天线每旋转一周，来自稳定目标（例如船只）的回波将显示在屏幕的同一位置；此外，不稳定的回波（例如海浪杂波）则会随机显示在任意位置。为了将真正目标回波与海浪回波区分开来，回波会平均分布在连续的图像帧上，分布在连续帧上的稳固回波会以正常强度显示。海浪杂波会在连续扫描中平均分布，并且亮度较低，因此很容易区分真实目标和海浪杂波。回波平均使用“扫描到扫描”（Scan-To-Scan）信号相关技术，该技术可以抑制随机回波（例如海浪杂波）并显示静止的小目标（例如浮标等），但在探测相对地面高速运动的小目标方面，并不那么有效。

需要说明的是，船只颠簸摇晃时不要使用回波平均功能，这样做可能会丢失目标。

为正确使用回波平均功能，建议先使用 A/C SEA 控制按钮抑制海浪杂波，然后执行 PICTURE 菜单中的 3 ECHO AVERAGE（回波平均），并选择所需类型 1、2 或 3。在探测隐藏在强海浪杂波里的目标时，“2”比“1”有效；然而，在显示高速目标时，“1”比“2”有效;“3”用于稳定地显示不稳定目标。

(19)平行刻度线

借助平行刻度线(图 9.2-18),本船可以在航行时与邻船保持相同的距离。方位与刻度线间隔均可自由设置。

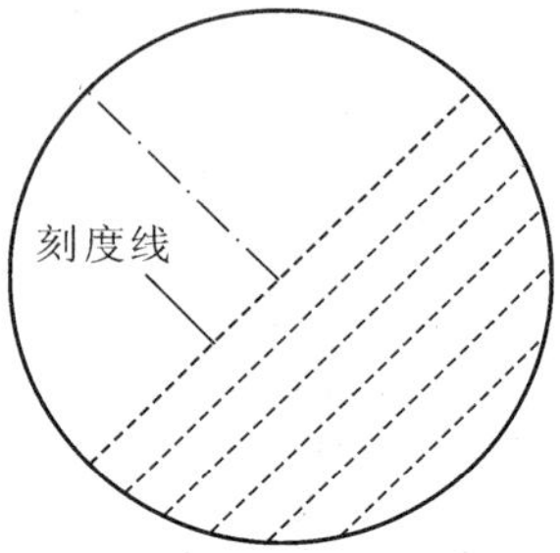

图 9.2-18 平行刻度线

菜单关闭时,可在控制面板上按“INDEX LINE”(刻度线)键,导视框显示内容为“DISPINDEX LINE/”(显示刻度线)。观察屏幕左下角的 IL(刻度线)方框(图 9.2-19)的同时,按住“INDEX LINE”键开启或关闭适用的刻度线,再次按下该键显示(或清除)选择的刻度线。

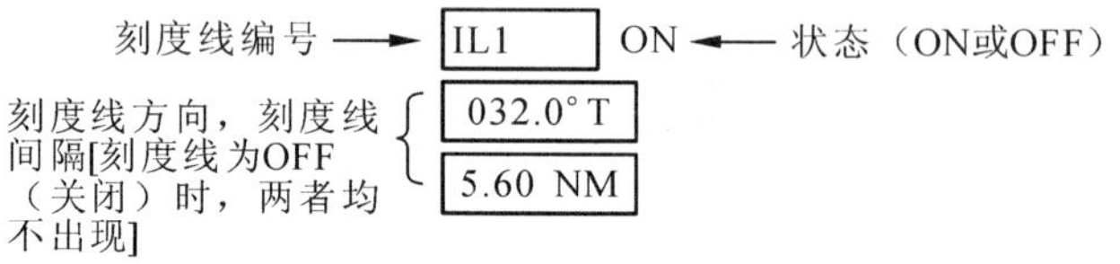

图 9.2-19 IL 方框

(20)标记点设置

可使用标记点设置功能来标注主要目标或特别关注点。可以输入 20 个标记点进行标记:10 个标准的标记点(数字)和 10 个符号标记点。标记可以是地理上固定(对地稳定)或对水稳定。要显示标记点,需要船首方向信号和本船位置数据,其步骤如下:

①先转动控制面板上的跟踪球,在屏幕左边选择 MARK(标记)方框(图 9.2-20),此时导视框显示“MARK SELECT/MARK MENU(标记选择/标记菜单)”,然后按右按钮打开 MARK(标记)菜单(图 9.2-21)。

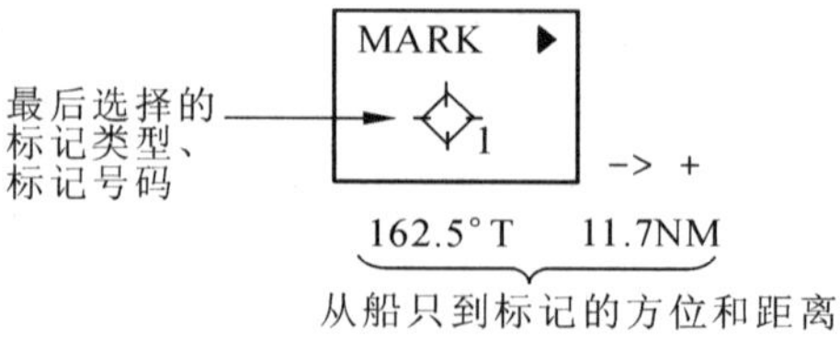

图 9.2-20 MARK 方框

```
[MARK MENU]

1 ORIGIN MARK STAB
  GND/SEA
2 MARK KIND
  ORIGIN MARK(No. )/
  ORIGIN MARK(SYM)/
  MAP MARK/
  WP 1～50/
  WP 51～100/
  WP 101～150/
  WP 151～200/
  OWN SHIP SHAPE
8 MARK POSN
  CURSOR/OS/L/L
  000° 000.00 N
  000° 000.00 E
9 MAP DISPLAY
  OFF/ON
0 MAP MARK COLOR*
  RED/GRN/BLU/YEL /
  CYA/MAG/WHT
```

图 9.2-21　MARK 菜单

②转动滚轮，选择 2 MARK KIND(标记种类)，然后按下滚轮或左按钮。

③根据需要，转动滚轮选择 ORIGIN MARK(No.)(数字原点标记)或 ORIGIN MARK(SYM)(符号原点标记)，然后按下滚轮或左按钮。选择 ORIGIN MARK(No.)标出标准原点标记加上标记数字，选择 ORIGIN MARK(SYM)标出所需原点标记符号(无数字)。

④按右按钮关闭菜单。此时导视框显示内容为“MARK SELECT/MARK MENU”。

(21)根据导航目的自动设置画面

针对特殊航行需求，雷达的内部计算机中提供了多个画面设置选项分配给各个功能键。例如，某项功能键分配为浮标探测功能，并将 SHIP(船只)标注在 PICTURE 方框上。选择 SHIP，将立即按照船只的最优探测功能设置雷达。表 9.2-4 所示为雷达提供的预设画面设置选项。

表 9.2-4　雷达提供的预设画面设置选项

标签	说明	标签	说明
NEAR	适合平静海域上短量程(3 n mile 或更小)探测的最优设置	FAR	适合长量程(6 n mile 或更大)探测的最优设置

续表 9.2-4

标签	说明	标签	说明
NEAR BUOY	适合近距离探测浮标、小船和其他小型水面物体的最优设置	FAR BUOY	适合远距离探测导航浮标、小船和其他小型水面物体的最优设置
HARBOR	适合短量程(1.5 n mille 或更小)海港航行的最优设置	COAST	适合使用 12 n mile 或更小量程的海岸航行
ROUGH SEA	适合在大浪或大雨时航行的最优设置	SHIP	适合探测船只的最优设置
NEAR BIRD	适合近距离探测海鸟的最优设置	FAR BIRD	适合远距离探测海鸟的最优设置

(22)目标轨迹显示与清除

目标的雷达回波轨迹可以用余辉的形式显示。目标轨迹可以选择相对运动或真运动,并且可以是对水或对地稳定。真运动轨迹要求罗经信号和本船速度输入。

具体设置步骤如下:

①转动跟踪球,将箭头放置在屏幕右下角的 TRAIL MODE(轨迹模式)方框上,然后按下右按钮,打开 TRAIL(轨迹)菜单。

②转动滚轮,选择 1 TRAIL MODE,然后按下滚轮。

③转动滚轮,选择 TRUE(真)或 REL(相对),然后按下滚轮或左按钮。

也可转动跟踪球进行跟踪显示时间设置,先将箭头置于屏幕右下角的 TRAIL MODE(跟踪模式)方框内,按下左按钮,在 OFF、15 s、30 s、1 min、3 min、6 min、15 min、30 min 或 CONT(INUOUS)中选择时间间隔,然后按下滚轮。轨迹间隔越久,目标轨迹越长。持续跟踪显示的时间最大值是 99:59。

按住操作面板上的"CANCEL TRAIL"(取消轨迹)键直至轨迹消失,就可从显示屏上清除全部轨迹(包括存储器内的轨迹)。

9.2.2 雷达目标跟踪操作

雷达有关目标跟踪(TT/ARPA)的按键如图 9.2-22 所示。

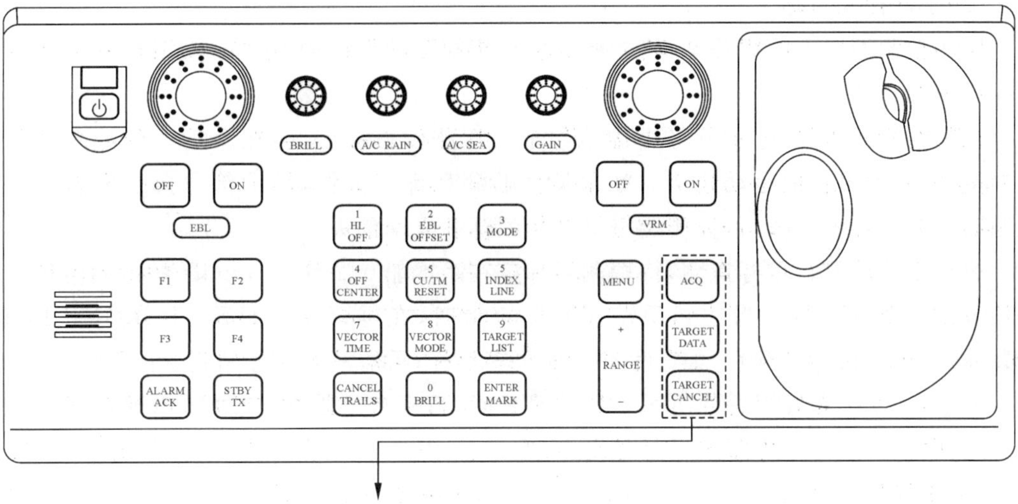

ACQ:　手动探测目标。
TARGET DATA:　显示关于使用跟踪球选择的ARP目标的数据
TARGET CALCEL:　终止跟踪使用跟踪球选择的ARP目标

图 9.2-22　雷达有关目标跟踪的按键

(1)自动探测目标

某型雷达最多可以探测 100 个目标,这是由 ARP TGT 菜单设置确定的自动或手动探测到的目标数量。

转动跟踪球,将箭头放置于屏幕右边的 ARP ACQ MODE 方框内,然后按下右按钮显示 ARP TARGET 菜单(图 9.2-23);转动滚轮,选择 1 ARP SELECT(ARP 选择),然后按下滚轮或左按钮;按右按钮关闭菜单。

```
[ARP TARGET MENU]

1  ARP SELECT
   MANUAL 100/
   AUTO 25/
   AUTO 50/
   AUTO 75/
   AUTO     100
2  ALL CANCEL
3  REF TARGET VECTOR
   OFF/ON
```

图 9.2-23　ARP TARGET 菜单

注意:当达到自动探测目标的菜单设置数量时,在屏幕的右边显示“TARGET FULL (AUTO)”(自动目标已满)。

(2)手动探测目标

转动控制面板上的跟踪球,将光标放置于想探测的目标上,按"ACQ"键,即可开始手动探测目标。

在最初探测阶段,图示符号由虚线组成。探测到目标后,会在大约一分钟内显示一个向量,并指示目标的运动趋势。如果持续监测目标三分钟,图示符号会改变为一个实线圆圈。如果探测失败,目标测绘符号开始闪烁并立即消失。

为了成功地进行目标探测,待探测目标应在距本船 0.2 到 32 n mile 的范围内且未受海浪或雨雪杂波干扰。当达到手动探测的容量时,在屏幕底部显示"TARGET FULL (MAN)"(手动目标已满)。如需手动探测更多目标,需取消对无威胁目标的跟踪。

注意:当某一跟踪目标靠近另一跟踪目标时,目标有可能被"交换",出现目标交换现象。当两个手动或自动探测目标彼此靠近时,其中一个可能变为 Lost Target(丢失目标)。如果发生这种情况,就必须将两个目标分开重新手动探测 Lost Target。表 9.2-5 所示为雷达的 ARPA 符号和符号属性。

表 9.2-5 雷达的 ARPA 符号和符号属性

项目	符号	状态	备注
自动探测目标		初始阶段	在跟踪状态稳定前,回波由虚线方框圈住,表示正在探测的目标
	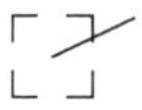		探测后在天线扫描 20～60 次(向量仍然不可靠)
	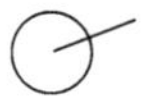	稳定跟踪	带向量的实线圆表示跟踪状态稳定(探测后 60 次扫描)
	 (闪烁)	CPA 警报	测绘符号变为闪烁的等边三角形,表示预计目标将进入 CPA (最接近点)或 TCPA (抵达最接近点时间)
		CPA 警报确认	确认 CPAVTCPA 警报后,闪烁停止
	 (闪烁)	丢失的目标	闪烁的菱形符号表示丢失目标。两个等边三角形组成一个菱形。确认丢失目标警报后,闪烁停止
手动探测目标		初始阶段	为手动探测目标选定的标绘符号显示为粗线条
	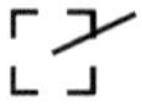		探测后天线 20～60 次扫描(对于 HSC 为 3 次扫描而言)的粗体虚线方框
		稳定跟踪	用粗体实线圆表示的手动测绘符号(探测后 60 次扫描)

续表 9.2-5

项目	符号	状态	备注
手动探测目标	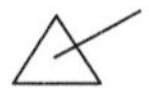 (闪烁)	CPA 警报(碰撞航向)	如果预计目标将进入预设的 CPA 或 TCPA，测绘符号变为闪烁的等边三角形
	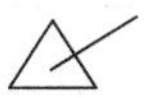		确认 CPAVTCPA 警报后，闪烁停止
	 (闪烁)	丢失的目标	闪烁的菱形符号表示丢失目标。两个等边，三角形组成一个菱形。确认丢失目标警报后，闪烁停止
	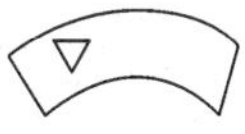 (闪烁)	目标经过操作员设置的警戒区	如果目标进入警戒区，测绘符号变为顶点向下的等边三角形，与向量一起闪烁
	 01	在选定的目标上	目标数据(距离、方位、航向、速度、CPA 和 TCPA)
	 R 扫描60次内变为  R	在参照目标上	用于计算本船的地面稳定对地速度(参照回波的速度)

(3)跟踪目标数据显示

雷达目标跟踪提供 IMO A. 823(19)决议和 IEC 60872-1 所要求的 ARPA 完整功能，包括所有跟踪目标的距离、方位、航向、速度、CPA 和 TCPA 显示。

在船首向上显示模式中，根据真/相对矢量设置，屏幕右上方目标数据区显示的目标方位、航向和速度会变为相对本船的真值(后缀为“T”)或相对值(后缀为“R”)。在真北向上、航向向上和真运动模式中，目标数据区将始终显示真方位、真航向和对地速度。

若要显示单个目标数据，转动键盘上的跟踪球，将光标放置在所需 ARPA 目标上，然后按“TARGET DATA”(目标数据)键，目标的形状变成方形。若要从数据方框清除目标的数据，则再次按下该键。

目标数据显示如下：

RNG/BRG——从本船到选定目标的距离和方位，后缀为“T”(真)或“R”(相对)。

COG/SOG(如果是 GPS)——显示选定目标的航向和航速，后缀为“T”(真)或“R”(相对)。对于手动速度输入，显示 CSE/STW。

CPA/TCPA——目标接近本船的最近距离和到达 CPA 的时间。CPA 和 TCPA 都是自动计算的。当本船彻底驶过 CPA，CPA 用带负号的 TCPA 表示。TCPA 可计数到 99.9 min，超过该值后将显示为 TCPA＞－99.9 min。

BCR/BCT:选定目标穿过本船船首的最近距离和目标穿过本船船首的时间。

图 9.2-24 所示为雷达跟踪目标数据显示。

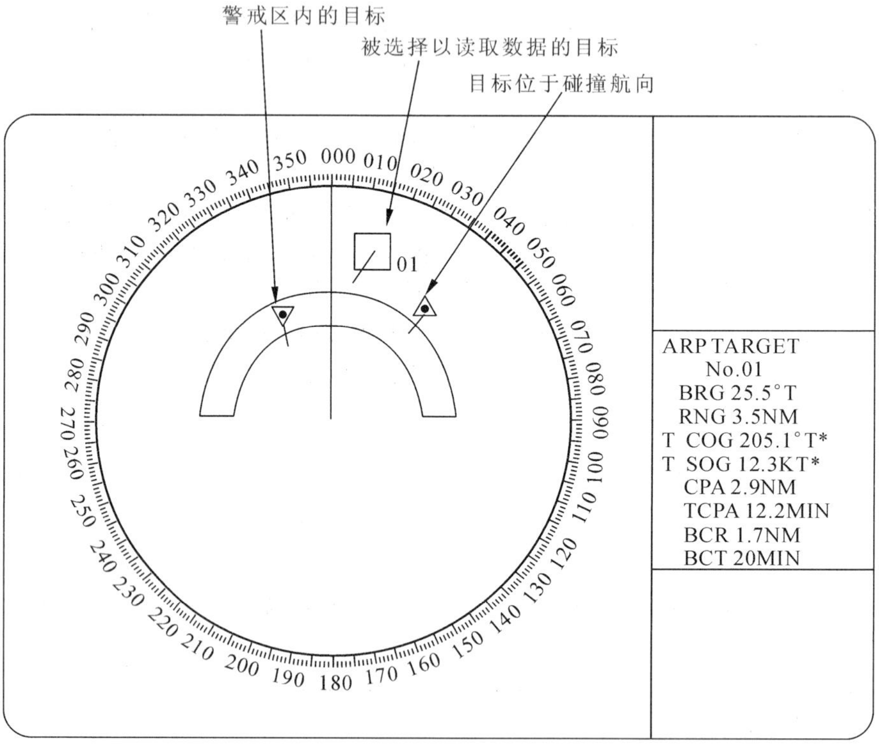

图 9.2-24 雷达跟踪目标数据显示

每个数据方框可显示两个目标的目标数据,一共可显示六个目标的数据。

(4)跟踪目标列表

目标列表全面显示所有被跟踪的雷达和 AIS 目标数据。要显示目标列表,可执行下列操作:

①转动跟踪球,在屏幕右边选择 TARGET LIST(目标列表)方框(图 9.2-25)。

图 9.2-25 TARGET LIST 方框

②按左按钮显示 TARGET LIST 菜单(图 9.2-26)。TCPA 中的“>”表示时间大于 99:59。

③当有三个以上目标,需要翻动列表时,选择 0 NEXT,然后按下滚轮或左按钮;要刷新数据,则选择 9 REFRESH DATA,然后按下滚轮。

④按右按钮关闭列表。

```
[TARGET LIST(1/1)]
SORT BY CPA

1 BACK
2 ARP TARGET
  No: 001
  BRG 16.5°T RNG 2.05 NM
  CPA 0.17NM TCPA>99.59M
3 ARP TARGET
  No: 002
  BRG 19.0°T RNG 2.49 NM
  CPA 0.29NM TCPA>99.59M




9 REFRESH DATA
```

图 9.2-26　TARGET LIST 菜单

(5)矢量显示模式

目标矢量可显示为相对矢量或真矢量，可以是对水稳定矢量，也可以是对地稳定矢量。在对水稳定模式下，本船和所有目标均以水面为参照，所使用输入数据为真运动模式中的罗经船首方向和相对计程仪输出的水面航速。在对地稳定模式中，所有目标以地面为参照，所使用的输入数据为地面跟踪或流速、流向数据。如精度不够，则输入流速或流向校正值。

真矢量：在真运动模式下，所有固定目标如陆地、导航标记和抛锚船只在雷达显示屏上仍然保持静止，矢量长度为 0。

相对矢量：所有固定目标（如陆地、导航标记和抛锚船等）都显示相对矢量。如果目标的相对矢量线延伸穿过本船，则目标处于碰撞航向。

矢量可按真方向或相对方向运动显示，矢量时间（或矢量长度）可以设置为 30 s、1～15 min（间隔为 1 min）、20 min 和 30 min。

具体操作是按下控制面板上的“VECTOR MODE”（矢量模式）键，选择相对或真矢量模式，然后按“VECTOR TIME”（矢量时间）键，最后选择矢量时间。所做选择出现在矢量方框内（图 9.2-27）。

(6)历史位置显示

雷达 ARPA 功能可以显示相等时间间隔的点，这些点是被跟踪目标的历史位置。如果目标改变了速度，点间隔将会不平均；如果目标改变航向，标绘显示的航向将不是一条直线，如图 9.2-28 所示。

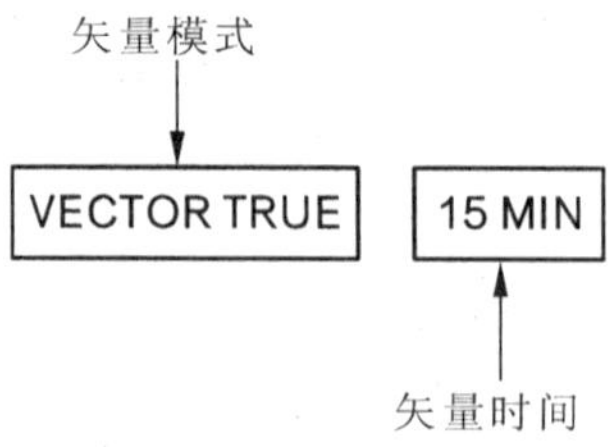

图 9.2-27 目标跟踪矢量方框

(a) (b) (c) (d)

图 9.2-28 历史位置显示

(a)船只转向;(b)船只直行;(c)船只减速;(d)船只加速

具体操作如下:

①转动跟踪球,在屏幕右边选择 PAST POSN(历史位置)方框(图 9.2-29)。

PAST POSN REL | 2MIN |

图 9.2-29 PAST POSN 方框

②按左按钮选择所需测绘间隔:OFF、30 s,1、2、3 或 6 min。选择 OFF 清除所有历史位置点并关闭历史位置显示。

也可以转动跟踪球选择位于屏幕右边的 MENU(菜单)方框,按左按钮后转动滚轮,选择 4 ARP · AIS,对显示的位置点数量、时间间隔和位置点的颜色进行选择、设置,如图 9.2-30 所示。

```
[ARP · AIS]

1 BACK
2 GUARD ZONE STAB
  STAB HDG/STAB NORTH
3 GUARD POLYGON
  OFF/STAB GND/
  STAB HDG/STAB NORTH
4 [TRIAL MANEUVER]
5 [ARP SYMBOL]
6 [AIS SYMBOL]
7 [FUSION]
8 AIS FUNCTION
  OFF/ON
9 AIS LOST ALARM
  ACTIVATED TARGET/
  ALLTARGET/
  RANGE
  0nm
```

图 9.2-30 ARP · AIS 菜单

(7)流速、流向输入

使用水面跟踪计程仪时可以使用流向和流速。流向就是水流方向,可以 0.1 为步阶人工输入;流速,即水流速度,也可手动输入,步幅为 0.1 kn。流向和流速校正对提高矢量和目标数据的精度是非常有用的。在真矢量显示模式下,如果静态目标具有矢量,应调整流向和流速值,使其失去矢量。

要输入流向和流速,可执行下列操作:

①转动跟踪球，选择 SPEED（速度）方框，然后按下右按钮，出现 SPEED 菜单（图 9.2-31）。

```
[SPEED MENU]

1 SHIP SPEED
  LOG(BT)/LOG(WT)/
  GPS/MANUAL /REF
2 MANUAL SPEED
  0.0kt
3 SET DRIFT
  OFF/ON
```

图 9.2-31　SPEED 菜单

②转动滚轮，选择 3 SET DRIFT（设置流速），然后按下滚轮或左按钮。

③转动滚轮，选择 ON（开），然后按下滚轮或左按钮。

④按右按钮关闭菜单。此时，SET（流向）和 DRIFT（流速）方框出现在显示屏的右上角。

⑤转动跟踪球，在屏幕右边选择 SET 方框（图 9.2-32），转动滚轮并按下设置数字（设置范围：000.0～359.9°T）。

SET [66.8° T]

图 9.2-32　SET 方框

⑥转动跟踪球，在屏幕右边选择 DRIFT 方框（图 9.2-33），转动滚轮并按下设置数字（设置范围：00.0～19.9kn）。

DRIFT [7.2 kn]

图 9.2-33　DRIFT 方框

(8)CPA/TCPA 报警距离设置

雷达可连续监视每个跟踪目标在预计最接近点（CPA）与本船的距离，以及到达 CPA 的预计时间（TCPA）。当任何目标的预计 CPA 小于预设 CPA 报警距离，且预计 TCPA 小于预设 TCPA 报警时限时，雷达就会响起声音警报，并在屏幕上显示"COLLISION"（碰撞）警告。另外，雷达 TT/ARPA 符号变为三角形并与矢量一起闪烁。

CPA/TCPA 报警距离必须正确设置，并应该考虑到本船的尺寸、吨位、航速、转向性能和其他特性。

要设置 CPA/TCPA 报警距离，操作步骤如下：

①转动跟踪球，选择 CPA LIMIT 方框。如果只出现"CPA LIMIT OFF"，按左按钮显示 CPA LIMIT 和 TCPA LIMIT 方框（图 9.2-34）。

CPA LIMIT方框
↓
CPA LIMIT [0.5NM] [10MIN] ←— TCPA LIMIT方框

图 9.2-34　CPA LIMIT 和 TCPA LIMIT 方框

②按下左按钮或转动滚轮，选择 CPA LIMIT 方框，然后按下滚轮。左按钮调节刻度为 0.5 n mile、1 n mile、1.5 n mile、2 n mile、3 n mile、4 n mile、5 n mile、6 n mile。滚轮调节范围为 0.5～20 n mile，0～20 n mile 增量为 1 n mile，此后增量为 0.5 n mile。

③转动跟踪球，选择 TCPA LIMIT 方框。

④按下左按钮或转动滚轮，选择所需 TCPA 值，然后按下滚轮。左按钮调节刻度为 1 min、2 min、3 min、4 min、5 min、6 min、12 min、15 min。滚轮调节范围为 1～60 min，增量为 1 min。

要确认并消除 CPA/TCPA 警报，可按键盘上的"ALARM ACK"键，或使用跟踪球选择 ALARM ACK 方框，然后按左按钮。除非危险状况解除或有意停止跟踪该目标，否则屏幕上会一直显示 COLLISION（碰撞）警告，三角形测绘符号和向量也会一直闪烁。需要注意的是，生成 COLLISION 警报时，将自动打开 AIS 显示。

（9）警戒区设置

当目标经过操作设置的警戒区时，蜂鸣器发出声音并且在屏幕底部 GUARD 指示呈红色。启动警戒区可按如下步骤进行：

①转动跟踪球，在屏幕右边选择 GZ（警戒区）方框（图 9.2-35）。

图 9.2-35 GZ 方框

②按左按钮。此时警戒区方框的内容为"GZx SET"。

③转动跟踪球，将光标放置在 A 点上，然后按左按钮（图 9.2-36）。

④转动跟踪球，将光标放置在 B 点上，然后按左按钮。此时警戒区方框的内容为"GZx WORK"（GZx 工作）。

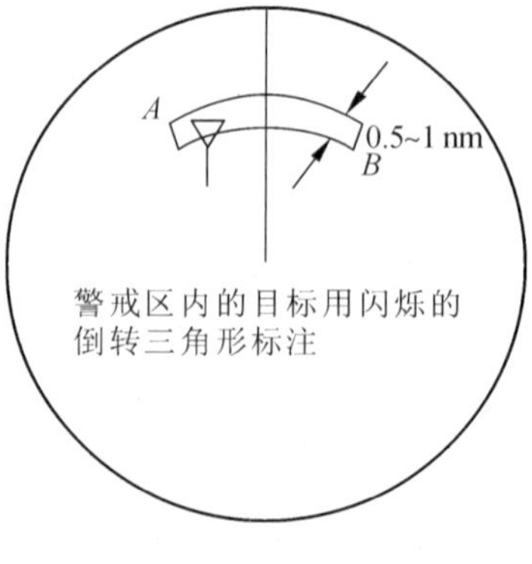

图 9.2-36 启动警戒区

如果通过 GZ 2 设置一个多边形警戒区，至少应设置三个点，按右按钮结束操作。

如果要休眠警戒区，则转动跟踪球，选择 GZ 方框，点按左按钮，从屏幕上清除警戒区。警戒区方框内的指示从“GZx WORK”(GZx 工作)变为“GZx SLEEP”(GZx 休眠)。要重新启用和显示警戒区，重复此步骤以显示“GZx WORK”。

如果要关闭警戒区，则转动跟踪球，选择 GZ 方框，按住左按钮，直到警戒区方框变为空白。

要确认和消除警戒区声音警报，按下“ALARM ACK”键，或者选择 ALARM ACK 方框，然后按下左按钮。

(10)试操船

试操船可观察本船进行模拟避让行动的效果，模拟过程中不会中断对跟踪目标信息的更新。雷达的试操船功能分为两种：动态试操船和静态试操船。动态试操船显示跟踪目标和本船的预测位置。静态试操船仅显示模拟的最后状态。

执行以下步骤进行试操船：

①转动跟踪球，选择位于屏幕右边的 MENU 方框，然后按左按钮后转动滚轮，选择 4 ARP · AIS，再按下滚轮或左按钮，出现 TRIAL MANEUVER 菜单(图 9.2-37)。

```
[TRIAL MANEUVER]

1 BACK
2 TRIAL
  OFF/STATIC/DYNAMIC
3 TRIAL SPEED RATE
  0kt    0.00kt/s
  0kt    0.00kt/s
4 TRIAL  TURN RATE
  0kt    0.0°/s
  0kt    0.0°/s
```

图 9.2-37 TRIAL MANEUVER 菜单

②转动滚轮，选择 2 TRIAL(试操船)，然后按下滚轮或左按钮，根据需要选择 STATIC(静态)或 DYNAMIC(动态)，然后按下滚轮或左按钮。

③转动滚轮，选择 3 TRIAL SPEED RATE(试操船速率)并进行设置(图 9.2-38)。

④转动滚轮，选择 4 TRIAL TURN RATE(试操船转向率)并进行设置。

⑤按三次右按钮关闭菜单。TRIAL 方框出现在显示屏的右边。

⑥转动跟踪球，选择 TRIAL 方框，然后按下滚轮或左按钮显示 TRIAL SET(试操船设置)。

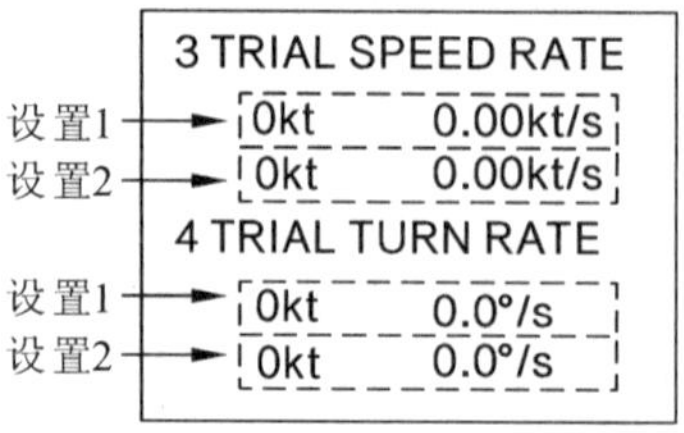

图 9.2-38 试操船速率和转向率设置方框

⑦使用滚轮在 DELAY(延迟)处设置延迟时间(图 9.2-39)。在此时间之后,本船进入新的状态,它并不是模拟开始的时间,而是模拟行动开始的时间。

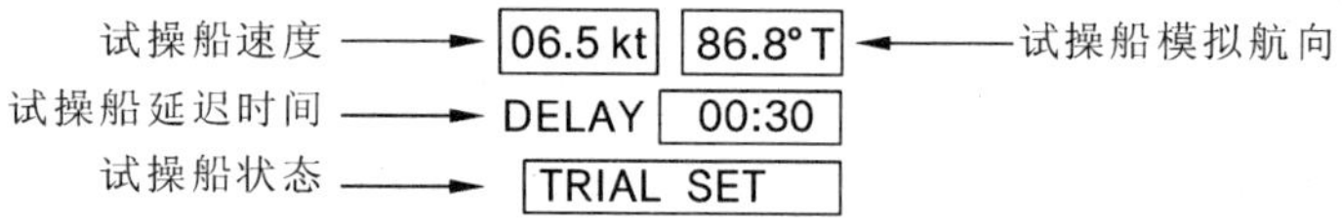

图 9.2-39 试操船参数设置方框

⑧转动滚轮选择航向设置和航速设置方框进行航向和航速设置。

⑨转动滚轮选择 TRIAL SET。按下左按钮或滚轮显示 TRIAL WORK,试操船将持续 3 min,这时,屏幕底部会显示字母“T”。如果预计任何跟踪目标将处于本船的碰撞航向(即目标船只进入预设的 CPA/TCPA 限制范围),目标测绘符号就会变为三角形,并开始闪烁。如果发生这种情况,可改变本船的试操船速度、航向或启航时间,以获取安全操纵状态。3 min 后,试演会自动终止,并恢复正常雷达画面。

⑩要手动终止试演,则需转动跟踪球,在屏幕右边选择 TRIAL 方框,按住左按钮显示 TRIAL OFF(试操船关闭)。

9.2.3 AIS 操作

(1)启用/禁用 AIS 功能

当光标在有效显示区域内时,可以通过转动滚轮访问 AIS 功能控制按钮页面(图 9.2-22)或从 MENU 菜单中选择 4 ARP · AIS,然后按下滚轮或左按钮,选择 OFF 或 ON。

当启用 AIS 功能时,“AIS”出现在屏幕的右下角。

(2)打开/关闭 AIS 显示

转动跟踪球,在屏幕右边选择 AIS DISP 方框(图 9.2-40),按左按钮显示相应的 AIS ON 或 AIS OFF。

图 9.2-40 AIS DISP 方框

ON(打开):从 AIS 雷达应答器接收的全部目标和符号一起显示。

OFF(关闭):所有 AIS 符号消失。

当开启 AIS 时,AIS 目标标有合适的 AIS 符号,如图 9.2-41 所示。

图 9.2-41　AIS 目标符号

(3)启用/停用 AIS 目标

转动控制面板上的跟踪球,将光标放置在希望启用的 AIS 目标上,按“ACQ”键就可启用目标。

也可转动跟踪球,在屏幕右边选择 AIS DISP 方框,按右按钮打开 AIS TARGET 菜单(图 9.2-42),转动滚轮,选择 2 ACTIVATE ALL TRGTS(启用全部目标),然后按下滚轮左按钮即可启用所用 AIS 目标。

```
[AIS TARGET MENU]

1 SLEEP ALL TRGTS
2 ACTIVATE ALL TRGTS
3 AUTO DISP MESSAGES
  OFF/ON
4 [RECEIVED MESSAGES]
5 [TRANSMIT MESSAGE]
6 [VOYAGE DATA]
7 [STATIC DATA]
9 [AIS ALM MESSAGES]
```

图 9.2-42　AIS TARGET 菜单

当屏幕上充满目标并可能会阻止确认重要的雷达和 AIS 目标显示时,可“休眠”一个 AIS 目标,具体步骤如下:

①将光标放置在有效显示区域内,转动滚轮在导视框中显示“TARGET CANCEL/EXIT”(目标取消/退出)。

②转动跟踪球,将光标放置在已启用的 AIS 目标符号上,按左按钮即可。

注意:已经自动启用的目标无法被“休眠”。

图 9.2-43 所示为 AIS 休眠目标符号。

若要停用全部 AIS 目标,则转动跟踪球,在屏幕右边选择 AIS DISP 方框,按右按钮打开 AIS TARGET 菜单(图 9.2-44),再转动滚轮选择 1 SLEEP ALL TRGTS(停用全部目标),按下左按钮或者滚轮停用全部目标。

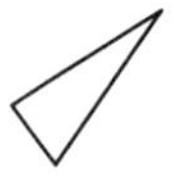

图 9.2-43 AIS 休眠目标符号

[AIS TARGET MENU]

1 SLEEP ALL TRGTS
2 ACTIVATE ALL TRGTS
3 AUTO DISP MESSAGES
OFF/ON
4 [RECEIVED MESSAGES]
5 [TRANSMIT MESSAGE]
6 [VOYAGE DATA]
7 [STATIC DATA]
9 [AIS ALM MESSAGES]

图 9.2-44 AIS TARGET 菜单

(4)显示目标数据

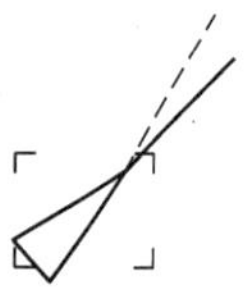

图 9.2-45 选定的 AIS 目标

用户可以在显示屏上选择并显示 AIS 目标的数据。转动跟踪球,将光标放置于想要了解数据的 AIS 目标符号上,按"TARGET DATA"(目标数据)键即可。选择的目标用虚线方框标记(图 9.2-45),当目标选择正确时,AIS 数据显示在 AIS 数据方框内,如图9.2-46所示。船只名称显示在目标附近。

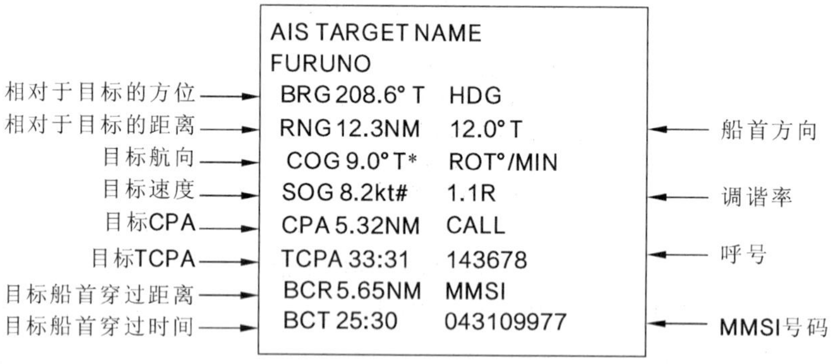

*=雷达选择水面跟踪模式时的CSE(航向);
#=雷达选择水面跟踪模式时的STW(对水速度)。

图 9.2-46 AIS 数据显示

用户也可转动滚轮,将光标放置于屏幕右侧的数据方框中所需的 AIS 目标上,按下左按钮,显示详细数据,如图 9.2-47 所示。

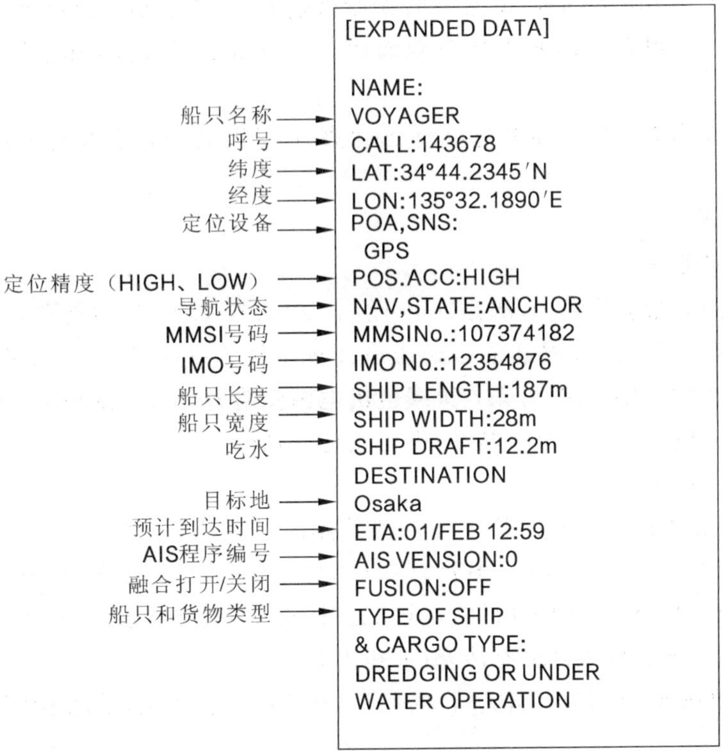

图 9.2-47　AIS 目标详细数据

9.3　雷达维护保养

9.3.1　天线及波导维护保养

(1)天线及波导维护保养要点

①隙缝天线辐射面罩(或抛物面及辐射窗口)上的油烟灰尘应至少每半年清除一次。清除时应用软湿布、软毛刷、清水洗净,禁止加涂油漆。

②波导法兰(扼流关节)和波导支架紧固情况至少应每半年检查一次。检查波导是否开裂(如有开裂,必须立即更换),检查波导法兰连接处的密封情况和波导、电缆穿过甲板的水密情况等。

③天线基座(减速齿轮箱)每半年油漆一次,并对固定螺栓的锈蚀情况做仔细检查,以免因锈蚀严重而降低其强度,损坏天线部件。

④每年按说明书规定对天线基座内各齿轮涂一次油脂或更新天线齿轮箱润滑油,并紧固基座内部的螺栓(当直流驱动机电刷磨损严重时需及时修整或更换)。

在天线基座内发现水迹时，必须及时采取措施消除，并通知专业修理人员找出原因，予以解决。当收发机及显示器工作正常而回波明显减弱时，应检查波导管内有无积水现象。

⑤对安装在露天的波导和电缆，应仔细检查其是否紧固牢靠及有无损坏情况，并经常涂漆。

(2)状态判断

①天线传动系统

当雷达接通天线电源后[有的是在开“预备”时天线就转，有的是在开“工作(发射)”时天线才转，有的有专用天线开关]，天线应按规定转速顺时针(从空中向下看)匀速转动，否则，为不正常。如不转，可先查天线电机电源保险丝及过载继电器，再查电源，查有关供电电路及电机本身。如电机转动，则可查传动系统。

②微波传输通路(波导)

关掉高压，在天线入口处断开波导并视具体情况断开固定波导的螺丝，将波导移开(出口不应有阻挡)，然后开高压，用氖灯在波导出口处检查。若发亮，说明有电磁波送出；若不亮，则在收发机口用同样的方法再试。如收发机波导口有电磁波送出，而在天线入口处没有，则说明波导某部分有堵塞(如积水等)。

波导中有积水时，在雷达工作一段时间后，积水部分会发热，手感很明显。

9.3.2 收发机维护保养

(1)收发机维护保养要点

①每三个月检查一次各种电缆接头和连接器是否牢固可靠。

②至少每三个月检查一次雷达测试电表各项指示是否在正常范围内。每次测试应在雷达工作半小时后进行。

③每半年用软毛刷清除一次收发机的灰尘。

④当更换磁控管后，应“预热”半小时以上再加高压，或按该磁控管的技术要求进行“老练”。

⑤当更换磁控管、调制管、速调管等主要器件后，应按技术说明书要求对收发机进行重新调试，并将器件的更换日期、更换人员及各测试数据重新记入雷达使用记录本(雷达日志)。

(2)发射机状态判断

发射机工作正常时应该输出额定的大功率超高频脉冲。因为这种脉冲是由磁控管产生、输出的，所以发射机正常与否，实际上只要判断磁控管工作是否正常。如前所述，检查磁控管工作是否正常有两种方法：一是查磁控管电流，二是用氖灯在收发机波导口检查是否发亮，具体方法见第2.3.3节。

9.3.3　显示器维护保养

(1)显示器维护保养要点

①每半年用软毛刷清除一次显示器内的灰尘。

②应定期用软布蘸酒精或清水轻轻地擦抹安全保护玻璃罩和标绘玻璃罩。绝不能用苯类、薄漆、汽油或其他有害品作清洁剂。

③应小心地按照雷达说明书的规定打开显示器面罩,用蘸有酒精或清水的软布轻轻擦抹方位标尺表面,绝不能用苯类、汽油、薄漆或其他有害品作清洁剂。

④用干的软布轻轻抹去荧光屏表面的灰尘。

⑤检查各连接电缆和插头是否牢固可靠和接触良好。

⑥对旋转式扫描线圈的显示器应定期按照说明书规定对转动部分加油,并用无水酒精除去集流环上的尘污等。

⑦当发现显像管高压帽的周围打火时,应在对地充分放电后,再用蘸有无水酒精的软布清除高压帽周围的尘污。

(2)显示器的调整和状态判断

这里仅介绍船舶驾驶员常用的几种显示器调整。

①延时线调整(触发脉冲延时调整)

调整的目的是使扫描起始时间与发射脉冲离开天线的时间严格对应,以消除固定测距误差。

调整的方法是:选一个 2 n mile 以内、位置在海图上精确标明且轮廓清楚的物标,在海图上量出或用其他精确方法测出它的实际距离,然后与用雷达近量程挡测出的距离比较。若不相符,就调节延时线上抽头位置,直到两者距离相等为止。有的机器,触发脉冲的延时是用单稳态电路实现的,则它的延时调整更方便,调整此电路延时电位器即可。

②方位误差的调整

a. 选一个 2 n mile 以外的目标,用其他航海方法测定它的准确舷角再与雷达测得的以船首线为基准的舷角比较,如不一致,即存在方位误差。

b. 选船首向上相对运动显示方式,扫描中心对准屏中心。

c. 移动天线上的微动开关位置,使屏上船首线移动直至船首线与物标回波的夹角准确为止。

d. 调显示器方位同步接收机定子,使屏上船首线与图像一起转动,直到船首线准确指向固定方位圈 0°。

注意:显示器操作人员与天线上的操作人员必须保持密切联系,确保人身安全。另外,调整前松开的所有螺丝、螺母等,调整后必须全部恢复拧紧,必须按说明书操作步骤进行。

③真方位调整

如果真方位部件罗经复示器与主罗经不一致，则仅须关掉真方位部件，拨动复示器度盘，使指示值与主罗经航向一致，然后接通真方位部件即可。

下面按操作步骤逐步说明显示器的状态判断方法：

①将“雷达电源”开关开到“预备”位置，增大面板“照明”钮，面板照明灯应该亮。如果一个灯也不亮，应查显示器保险丝或中频电源输出总保险丝。如果保险丝均好，查中频电源的输出。

②3 min 后，“预备”指示灯应亮。如不亮，按“紧急”按钮，若雷达正常了，则是 3 min 延时电路故障；若仍不工作，查电源。

③3 min 后，预备灯亮，将“雷达开关”放“工作”位置，增大“扫描亮度”钮，一般旋到 4～5 的位置，屏上应能见到扫描线在匀速旋转。如果“亮度”钮旋到 4～5 位置，屏上有中心亮点出现，而无扫描线，说明 CRT 及 CRT 有关电路是好的，可能是扫描电路（梯形电压产生器，锯齿电流产生器及其负载偏转线圈、电刷、滑环等）有问题。一般雷达，锯齿电流产生器电源有保险丝，可先检查一下此保险丝。如果“亮度”钮扭转到底，屏上才有亮点（有些机器要将 HL、VRM、EBL 及固定距标圈亮度均开大才能见到），则说明 CRT 及 CRT 电路是好的，问题可能出在触发脉冲或方波产生器。若“亮度”钮扭转到底，屏上什么也看不见，则说明 CRT 各供电电路或 CRT 本身有问题。

④“雷达电源”开到“工作”，“扫描亮度”钮旋到 4～5 的位置，屏上应有扫描线，且匀速顺时针方向旋转。转速与天线转速同步。具体转速可查说明书（有的机器天线转速在近距挡是快速的，远距挡是慢速的）。如果扫描线不转，则看一下天线是否转。若天线不转，则查天线驱动系统及电源电路。若天线转，则查方位同步传送系统。

⑤此时应能见到船首线，如果在船首向上相对运动显示方式，扫描中心在屏中心，则船首线应指向固定方位圈 0°。如果无船首线，则可再增大固定距标圈亮度，电子方位线亮度等。若屏上有固定距标圈或电子方位线等标志，则说明船首线电路有问题。若各种标志均不出现，则可能是视频混合放大器及有关信号通路有问题。如果船首线不指 0°，应调整。

⑥旋大“固定距标圈亮度”钮，屏上应该出现等间隔距离圈。按相关标准规定，1.5 n mile及以上各量程距离圈应为 6 圈，1.5 n mile 以下量程距离圈为 2～3 圈，最外圈应离屏边缘 2～3 mm。如果间隔不等，说明扫描线性不好。若距离圈太多，则说明扫描速率太慢。若距离圈太少，但间隔大，扫描线看不到头，则说明扫描速率太快。如果在屏上可见到扫描线末端，此时数固定距离圈圈数，如多于 6.5 圈，说明方波宽度太宽；如少于 6.5 圈，则说明方波宽度太窄。

⑦旋大“活动距标亮度”钮，调测距器，使活动距标圈与各量程挡、各固定距标圈（一般可查最里面一圈和最外一圈）重合时，读数应和该距标圈代表的距离相等。如不等，应调整或修理。

⑧旋大“增益”钮，屏幕上应有噪声斑点，调节“调谐”钮，应有回波出现。至此，可测目标方位、距离，校核雷达有无方位误差和距离误差。

⑨显示方式置“真北向上”显示方式，船首线应指航向值。如不对，应调整。

⑩检查各杂波抑制钮（如 STC、对数放大器、圆极化天线、FTC、CFAR、RIC 等）作用是否正常。

此外，显示器工作时，机内不应有异常噪声和气味等。

9.3.4　中频逆变器维护保养

（1）中频逆变器维护保养要点

目前，船用雷达主要使用中频逆变器作为专用电源，其目的是避免船上低频电源或其他各种高频用电设备对雷达产生干扰，为雷达提供稳定、可靠的电源，相关技术要求如下：

①电压要稳定，即要求在船电变化±20%或负载变化±20%的情况下，保持输出的中频电压变化小于±5%。

②保持中频频率稳定。

③有短路、过流、过压等各种保护措施。

④操作、维护简便，使用可靠，寿命长。

⑤能适应长期 24 h 连续工作。

⑥能适应海上温差大、湿度高、盐雾重等工作环境。

⑦噪声和振动要小，换能效率要高。

基于以上技术要求，为使中频逆变器能保持良好的工作状态，其维护保养要点如下：

①每三个月应检查一次各种电缆接头是否牢固可靠。

②定期用软毛刷去除逆变器内的尘灰。

（2）中频逆变器工作状态判断

逆变器正常工作时，一般能听到清晰均匀的振荡声，输出正确的电压值和频率值。若逆变器发出时断时续的叫声，则说明逆变器有过荷现象，工作不正常，应关机检查。

9.4 雷达安装注意事项

9.4.1 天线的安装

天线安装时有以下注意事项：

①天线的安装位置应不使船舶右舷出现阴影扇形区，并尽量避免产生假回波，不要靠近烟囱，以免产生遮挡角，此外，天线不应处于高热和有腐蚀作用的不良环境中。

②天线的高度应兼顾观测远距离物标和减少最小作用距离这两方面的要求。天线基座应尽量装在与船舶中纵剖面重合的驾驶室顶桅上，并且应避免烟囱、大桅等遮挡。

③天线基座周围除应有足够的供天线旋转的空间外，还应有供安装和维修工作必需的环境条件，天线安装高度超过安全工作高度(约 1.5 m)时，应有足够大的工作平台和不低于 1 m 的保护栏杆。

④天线基座的安装得使天线旋转平面与主甲板平行。基座前方标志应在船首线$\pm 5°$以内。

⑤如果需要架设单独的雷达天线桅杆，桅杆应有适当的支撑或拉索固定，使其振动最小。

⑥天线安装位置应满足天线与其他设备的兼容要求。

⑦天线基座的安装钢板与基座铸件的接触面要涂一层硅化物，以防止发生不同金属之间电化学腐蚀作用而加速损坏，同时要使用抗腐蚀的螺栓、螺母、垫片等(如不锈钢)。

⑧舱室外波导易碰撞部分应加装防护硬罩，以免受外力作用使其出现机械损伤。波导与防护硬罩之间应留有大于 2.5 cm 的间隙。

⑨连接波导管的螺栓、螺母应用防锈的材料制作。波导连接处要用说明书要求的密封胶密封，装妥后需经 202.450 kPa 的气密试验不漏气，然后对其进行涂漆保护处理。

⑩当安装两部同频段雷达时，两部天线最好上、下安装在同一垂直线上，否则应满足下式要求

$$L<\frac{1}{2}H\tan\frac{\theta_V}{2} \tag{9.4-1}$$

式中：L 为两部天线的间距(m)；H 为两部天线的高度差(m)；θ_V 为天线垂直波束宽度(°)。

9.4.2 雷达收发机的安装

雷达收发机应尽可能装在天线的正下方，并且满足雷达收发机与其他设备的兼容要求：

①天线与收发机之间的波导应尽可能地短，最好呈直线通向收发机，尽量减少使用波导弯头，后者一般不应超过 5 个。软波导不能作扭波导或波导弯头使用。与软波导对接的普通波导，在靠近法兰端处必须特别注意固定牢靠，不得晃动。接软波导时不能拉得过紧。S 波段雷达的微波同轴电缆的弯曲程度，应严格符合说明书要求。

②收发机与显示器之间的距离应在 1 m 以上，当有钢质舱壁遮挡时，可适当减小。

③收发机与磁罗经的间距应大于说明书规定的磁罗经安全距离。

④收发机应装在通风良好的干燥舱室内，安装高度及周围空间要便于维修。

⑤天线与收发机之间所需要的波导尺寸，必须精确测量，以保证波导与收发机出口端妥善连接，收发机出口波导端面应加专用的隔水薄膜。

⑥收发机至显示器的同轴电缆长度不应超过说明书的要求。

9.4.3　显示器的安装

显示器的安装有如下要求：

①显示器装在驾驶室的位置，应便于驾驶员观察和不影响瞭望，荧光屏的朝向应使观察雷达图像者面向船首，显示器的安装高度应使驾驶员易于操作使用。

②显示器与磁罗经之间距应大于说明书规定的磁罗经安全距离。

③显示器应装在干燥、通风良好、远离热源的地方。

④显示器周围应留有足够的空间以便于维修。

9.4.4　中频逆变器的安装

中频逆变器的安装要求如下：

①雷达电缆不应经过无线电室，也不允许与通信用的电源电缆绑扎在一起或平行敷设，以免出现干扰。

②中频逆变器的安装位置应尽量远离驾驶舱和船员舱室，并要求安装在与船员舱室隔音较好的部位。要设法减小其噪声干扰，以免影响驾驶员的值班和船员休息，并应根据说明书要求采取避振减噪措施。

③安装中频逆变器的舱室和驾驶室内都应设有雷达电源总开关。

9.4.5　雷达安装后的通电检查验收

①启动天线前，应检查天线平台上是否有人和有无绳索等缠住天线转动系统的可能。天线启动后，检查天线是否以额定的转速（一般 15～30 r/min）顺时针向均匀旋转。

②对收发机和显示器进行必要的调整，使显示器上回波饱满。

③雷达安装后应进行方位调整，使方位误差不大于1°。

④对雷达进行测距调整，使测距误差符合雷达技术说明书的要求。

⑤测定阴影扇形区和最小作用距离。

⑥将上述测量和检查结果如实地记录在雷达日志上。

⑦雷达安装完工后，应由船方或主管部门验收并在安装工程报告上签字。

⑧安装完工后，主管工程师应主动向船方介绍雷达设备的实际性能、操作使用方法和一般维修保养要求。

⑨安装完工后，应根据要求填写雷达安装证书，以启用保修期。

复习思考题

(1)分别叙述“调谐”“亮度”和“增益”旋钮的主要作用及其最佳调整的标志。

(2)分别叙述“海浪干扰抑制”和“雨雪干扰抑制”旋钮的主要作用及其使用注意事项。

(3)雷达开机前应检查哪些主要项目?

(4)试说明雷达的正确开关机步骤。

(5)雷达显示器该如何设置以获得最佳画面?

(6)雷达在工作时该如何根据实际使用需求调节量程?

(7)如何检查固定距标圈的精度? 如何校准活动距标圈 VRM?

(8)为确保雷达测方位精度，在使用雷达时有什么具体要求?

(9)雷达采用什么样的设计可抑制海浪干扰? 在使用海浪抑制功能时有什么注意事项?

(10)雷达采用什么样的设计可抑制雨雪干扰? 在使用雨雪抑制功能时有什么注意事项?

(11)雷达有哪几种极化形式? 使用雷达时该如何选择?

(12)雷达如何进行同频干扰抑制? 在使用时有什么注意事项?

(13)在使用雷达 ARPA/AIS 目标跟踪时，雷达屏幕上显示哪些种类信息?

(14)什么是 AIS 休眠目标? 什么又是 AIS 激活目标?

(15)试述雷达各分机的维护保养项目及方法。

(16)试述雷达各分机的安装注意事项。

(17)试述雷达安装完工后的验收要求。

第 10 章

雷达辅助设备

在现代综合雷达系统中，除陀螺罗经、计程仪等传统设备向雷达提供数据来源外，GNSS、ECDIS、VDR 等系统也可作为雷达输入数据的辅助来源。

10.1 GNSS 系统

10.1.1 GNSS 系统概述

GNSS 是一种以空间卫星为信息转发台的无线电导航系统，可提供高精度、全天时、全天候的导航、定位和授时信息，是一种可供海陆空领域的军民用户共享的信息资源。GNSS 在与雷达一起使用时，可以向雷达输入经度/纬度的坐标。

世界上最早的卫星导航系统是美国的子午仪导航系统（1964 年开始运行）。该系统的空间段由 5～6 颗卫星组成，采用多普勒定位原理，主要服务对象是北极星核潜艇，并逐步应用于各种海面船舶。该系统可在全球范围内提供全天候断续的二维定位。

为满足日益增长的军事需要，20 世纪 70 年代，美国开始研制全天候、全天时、连续实时提供精确定位服务的新一代全球卫星导航系统（Navigation Satellite Timing And Ranging/Global Positioning System，GPS），该系统由空间星座、地面监控和用户设备三部分组成。经过 20 余年的研究实验，美国于 1994 年完成了 24 颗卫星星座的布设，并将整个系统投入运行，实现了在全球海、陆、空全方位的三维、实时、连续导航与定位服务。1999 年，为了保持 GPS 定位系统以及 GPS 产业的领先地位，美国提出了 GPS 现代化计划。当前，经过三个阶段的现代化建设，与原 GPS 相比，GPS Ⅲ采用全新的 33 颗高轨道加静止轨道卫星组成系统，其信号发射功率和信号抗干扰能力分别提高了 100 倍和 1000

倍，授时精度达到了 1 ns，且定位精度提高到了 0.2～0.5 m。

20 世纪 80 年代，苏联开始建设与美国 GPS 相似的卫星导航系统，称为 GLONASS 系统。该系统也由空间星座、地面监控和用户设备三部分组成，并于 1982 年成功发射了第一颗卫星，但整个系统建设进程速度缓慢，直至 1996 年初俄罗斯才完成整个系统的建设和组网运行。

北斗卫星导航系统(BeiDou Navigation Satellite System，BDS)是我国自行研制的全球卫星导航系统，是继美国 GPS、俄罗斯 GLONASS 系统之后第三个成熟的全球卫星导航系统。从 20 世纪 80 年代我国开始研制北斗一号卫星导航系统起，我国北斗卫星导航系统的建设历经三步：2000 年年底建成了北斗一号系统，向中国提供服务；2012 年年底建成了北斗二号系统，向亚太地区提供服务；2020 年建成了北斗三号系统，向全球提供服务。当前北斗卫星导航系统已成为我国面向全球用户提供全天候、全天时、高精度的定位、导航和授时服务的重要时空基础设施，具备定位导航授时、星基增强、地基增强、精密单点定位、短报文通信和国际搜救等服务能力。

1999 年 2 月，欧洲委员会公布了伽利略卫星导航系统建设计划。伽利略卫星导航系统是欧洲筹建的自主、独立的民用全球多模卫星导航系统，原计划于 2020 年完成卫星发射，但由于一些客观因素，系统还在建设中。

GNSS 系统的出现，解决了全球性、高精度、实时定位的需求，除了广泛应用于测绘、授时、车辆监控、汽车导航和信息服务等相关领域，在航海、航空等领域也得到了非常广泛的应用。

10.1.2 北斗卫星导航系统

(1)北斗卫星导航系统建设现状

全球卫星导航系统能够为地球表面和近地空间的广大用户提供全天时、全天候、高精度的定位、导航和授时服务，是拓展人类活动、促进社会发展的重要空间基础设施，为人类带来了巨大的社会和经济效益。

1994 年，中国启动了北斗卫星导航试验系统的工程建设，开始了我国全球卫星导航系统自主创新、分步建设、不断完善的“三步走”建设历程。

①北斗一号系统(也称北斗卫星导航试验系统)

1994 年，我国启动北斗一号系统工程建设。2000 年，发射两颗地球静止轨道卫星，建成系统并投入使用，采用有源定位体制，为中国用户提供快速定位、授时、广域差分和短报文通信服务。2003 年，发射第 3 颗地球静止轨道卫星，进一步增强系统性能。北斗一号系统覆盖北纬 5°～55°，东经 70°～140°地区，其定位精度为水平精度 100 m(1σ)，设立标校站之后为 20 m。

②北斗二号系统

2004 年，我国启动北斗二号系统工程建设。2012 年年底，完成 14 颗卫星（5 颗地球静止轨道卫星、5 颗倾斜地球同步轨道卫星和 4 颗中圆地球轨道卫星）发射组网。北斗二号系统在兼容北斗一号技术体制基础上，增加无源定位体制，采取广播式服务也保留了位置报告、短报文通信服务，为亚太地区用户提供定位、测速、授时、广域差分和短报文通信服务。北斗二号系统突破了区域混合导航星座构建、高精度时空基准建立的关键技术，实现了星载原子钟国产化，在国际上首次实现了混合星座区域卫星导航系统，其各项技术指标均与 GPS 系统大致相当。

③北斗三号系统（BDS）

2009 年，我国启动北斗全球系统建设，继承北斗有源服务和无源服务两种技术体制；2018 年 12 月，北斗三号基本系统开始提供全球服务；2019 年 9 月，北斗系统正式向全球提供服务；2020 年 6 月，北斗系统第 55 颗导航卫星成功发射，至此北斗三号系统完成了 30 颗卫星发射组网，免费为全球用户提供服务。2023 年 12 月 26 日，我国在西昌卫星发射中心用长征三号乙运载火箭与远征一号上面级，又成功发射第 57、58 颗北斗导航卫星。该组卫星属中圆地球轨道卫星，是我国北斗三号全球卫星导航系统建成开通后发射的首组 MEO 卫星，入轨并完成在轨测试后接入北斗卫星导航系统，有助于进一步提升北斗系统可靠性和服务性能。

目前，全球范围内已经有 137 个国家与北斗卫星导航系统签下了合作协议。与世界上其他全球卫星导航系统相比，北斗卫星导航系统具有以下主要优势：

①北斗卫星导航系统是世界上第一个采用三频定位的卫星导航系统，通过三个不同频率的信号可以有效减小定位误差，并且多个频率的信号可以在某一个频率信号出现问题的时候改用其他信号，提高了定位系统的可靠性和抗干扰能力。

②北斗卫星导航系统具有短报文功能。通过这项功能，人们不仅可以知道自己在哪里，还可以告诉其他人自己在哪里。

③安全、方便。北斗卫星导航系统为中国人独立自主研发，使中国无论是在军事领域或是民用领域不再依赖 GPS 服务，极大满足了中国国家安全与经济社会发展需求。

（2）BDS 组成

BDS 基本组成包括空间段（卫星星座）、地面控制段（地面监控）和用户段（接收机）。

①空间段

BDS 采用三种轨道卫星组成的混合星座，由 24 颗中圆地球轨道卫星（MEO）、3 颗地球静止轨道卫星（GEO）和 3 颗倾斜地球同步轨道卫星（IGSO），共 30 颗卫星组成。GEO 卫星轨道高度为 35786 km；IGSO 卫星轨道高度为 35786 km，轨道倾角为 55°，分布在 3 个轨道面内，升交点赤经分别相差 120°；MEO 卫星轨道高度为 21528 km，轨道倾角为 55°，回归周期为 7 天 13 圈。

北斗卫星星座与其他卫星导航系统相比，高轨卫星更多，抗遮挡能力更强，尤其在低纬度地区特点更为突出。为保证在国内地面站也能对境外卫星进行操控，卫星星座首次配备了相控阵星间链路(在卫星之间搭建的通信测量链路)，解决了境外监测卫星的难题，这样能实现对运行在境外的卫星进行监测、注入功能，并可实现卫星之间的双向精密测距和通信，从而能够进行多星测量，自主计算并修正卫星的轨道位置和时钟系统，极大减少了对地面站的依赖，提高了整个系统的定位和服务精度。

②地面控制段

地面控制段负责系统导航任务的运行控制，主要由主控站、时间同步注入站、监测站等组成。主控站是北斗系统的运行控制中心，主要任务包括以下几方面：

a. 收集各时间同步/注入站、监测站的导航信号监测数据，进行数据处理，生成导航电文等；

b. 负责任务规划与调度和系统运行管理与控制；

c. 负责星地时间观测比对，向卫星注入导航电文参数；

d. 卫星有效载荷监测和异常情况分析等。

时间同步注入站主要负责完成星地时间同步测量，向卫星注入导航电文参数。监测站对卫星导航信号进行连续观测，为主控站提供实时观测数据。

③用户段

用户段为多种类型的北斗用户终端，包括与其他导航系统兼容的终端。

用户设备部分主要功能是能够捕获按一定卫星截止角所选择的待测卫星，并跟踪这些卫星的运行。当接收机捕获到跟踪的卫星信号后，即可测量出接收天线至卫星的伪距离和距离的变化率，解调出卫星轨道参数等数据。根据这些数据，接收机中的微处理计算机就可按定位解算方法进行定位计算，计算出用户所在地理位置的经纬度、高度、速度、时间等信息。

(3)BDS 卫星信号及导航电文类型

在 BDS 中，BDS 用户接收机接收到 BDS 卫星播放的信号，经过相关处理就能测定由卫星到接收机的信号传播时间延迟，或测定卫星载波信号相位在传播路径上变化的周数，解算出由接收机到卫星之间的距离(因含误差而被称为伪距)，从而确定 BDS 接收机的位置。

北斗三号在 B1、B2 和 B3 三个频段提供的公开服务信号主要有 B1I、B1C、B2a、B2b 和 B3I 五个导航信号，见表 10.1-1。其中，B1 频段的中心频率为 1575.42 MHz，B2 为 1176.45 MHz，B3 为 1268.52 MHz，这些导航信号主要通过载波、扩频码、导航电文等以复包络的形式调制生成：

$$S(t)=A_dC_d(t)D(t)\cos(2\pi ft+\phi)+A_pC_p(t)\sin(2\pi ft+\phi) \tag{10.1-1}$$

式中：A_d 为数据信道的幅值；A_p 为导频通道的幅值；C_d 为数据信道的扩频码；C_p 为导频通

道的扩频码；D 为导航电文；f 为信号载波频率；ϕ 为信号载波初相。

表 10.1-1 BDS 频带信息

频段	中心频率/MHz	调制方式	测距码速率/Mcps	类型
B1I	1561.098	QPSK	2.046	公开
B1C	1575.42	数据分量 BOC 导频分量 QMBOC	1.023	授权
B2a	1176.45	BPSK	10.23	公开
B2b	1207.14	BPSK	10.23	授权
B3I	1268.52	BPSK	10.23	授权

BDS 现阶段公开服务提供 4 种导航电文类型，导航电文正常更新周期为 1 h。卫星类型、播发信号及导航电文类型的对应关系见表 10.1-2。

表 10.1-2 BDS 在轨工作卫星类型、播发信号及导航电文类型的对应关系

卫星类型	播发信号	导航电文类型
BDS-2M BDS-21	B1I、B3I	D1
BDS-2G	B1I、B3I	D2
BDS-3M	B1I、B3I	D1
	B1C	B-CNAV1
	B2a	B-CNAV2

根据信息速率和结构不同，B1I 和 B3I 信号的导航电文分为 D1 导航电文和 D2 导航电文。D1 导航电文速率为 50 bits/s，D2 导航电文速率为 500 bits/s。导航信息帧格式详细参见北斗卫星接口控制文件 BDS-SIS-ICD-3.0 和 BDS-SIS-ICD-B3I-1.0 的规定。

B1C 信号采用 B-CNAV1 电文格式，电文数据调制在 B1C 上，每帧电文长度为 1800 符号位，符号速率为 100 sps，播发周期为 18 s。导航信息帧格式详细参见北斗卫星接口控制文件 BDS-SIS-ICD-B1C-1.0 的规定。

B2a 信号采用 B-CNAV2 电文格式，电文数据调制在 B2a_data 上，每帧电文长度为 600 符号位，符号速率为 200 sps，播发周期为 3 s。导航信息帧格式详细参见北斗卫星接口控制文件 BDS-SIS-ICD-B2a-1.0 的规定。

(4)BDS 卫星导航定位原理

BDS 的定位原理(图 10.1-1)就是利用空间分布的卫星以及卫星与地面点的距离交会得出地面点位置。简言之，BDS 定位原理是一种空间的距离交会原理。

设想在地面待定位置上安置 BDS 接收机，同一时刻接收 4 颗以上 BDS 卫星发射的信号。通过一定的方法测定这些卫星在此瞬间的位置以及它们分别至该接收机的距离，据此利用距离交会法解算出测站 P 的位置及接收机钟差 δt。

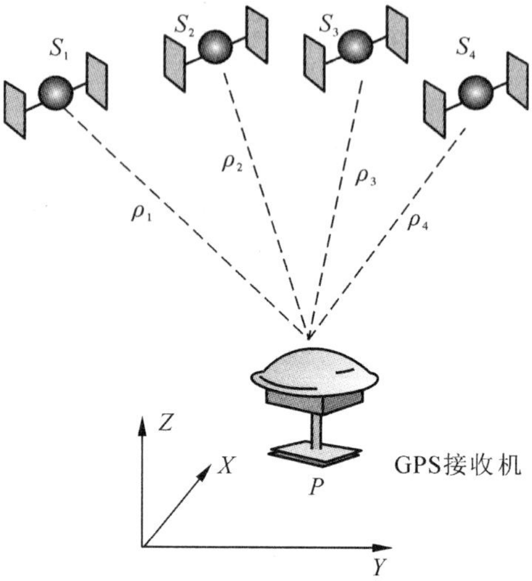

图 10.1-1　BDS 定位原理

根据图 10.1-1，设在时刻 t_i 用 BDS 接收机同时测得 P 点至四颗 BDS 卫星 S_1、S_2、S_3、S_4 的距离 ρ_1、ρ_2、ρ_3、ρ_4，通过 BDS 电文解译出四颗 BDS 卫星的三维坐标（X^j，Y^j，Z^j），$j=1,2,3,4$，则求解 P 点的三维坐标（X，Y，Z）的观测方程为

$$\begin{cases}\rho_1^P=(X-X^1)^2+(Y-Y^1)^2+(Z-Z^1)^2+c\delta t\\ \rho_2^P=(X-X^2)^2+(Y-Y^2)^2+(Z-Z^2)^2+c\delta t\\ \rho_3^P=(X-X^3)^2+(Y-Y^3)^2+(Z-Z^3)^2+c\delta t\\ \rho_4^P=(X-X^4)^2+(Y-Y^4)^2+(Z-Z^4)^2+c\delta t\end{cases} \tag{10.1-2}$$

式中：c 为光速；δt 为接收机钟差。

由此可见，BDS 定位中，要解决的问题有两个：一是观测瞬间 BDS 卫星的位置。从前述可知，BDS 卫星发射的导航电文中含有 BDS 卫星星历，可以实时确定卫星的位置信息。二是观测瞬间测站点至 BDS 卫星之间的距离。站星之间的距离是通过测定 BDS 卫星信号在卫星和测站点之间的传播时间来确定的。

BDS 卫星到用户接收机的观测距离，由于各种误差源的影响，并非真实地反映卫星到用户接收机的几何距离，而是含有误差，这种带有误差的 BDS 观测距离称为伪距。由于卫星信号含有多种定位信息，根据不同的要求和方法，可获得不同的伪距观测量。目前，在 BDS 定位测量中，广泛采用的伪距观测量为码相位观测量和载波相位观测量。不过，在航海中，BDS 利用码相位观测量进行定位更为普遍。

①测码伪距观测方程

测码伪距测量是通过测量 BDS 卫星发射的测距码信号到达用户接收机的传播时间，

从而计算出接收机至卫星的距离，即

$$\rho=\Delta t\cdot c \tag{10.1-3}$$

式中：Δt 为传播时间；c 为光速。

为了测量上述测距码信号的传播时间，BDS 卫星在卫星钟的某一时刻 t^j 发射出某一测距码信号，用户接收机依照接收机时钟在同一时刻也产生一个与发射码完全相同的码(称为复制码)。卫星发射的测距码信号经过 Δt 时间在接收机时钟的 t_i 时刻被接收机收到(称为接收码)，接收机通过时间延迟器将复制码向后平移若干码元，使复制码信号与接收码信号达到最大相关(即复制码与接收码完全对齐)，并记录平移的码元数。平移的码元数与码元宽度的乘积，就是卫星发射的码信号到达接收机天线的传播时间 Δt，又称时间延迟。码相位测量示意如图 10.1-2 所示。

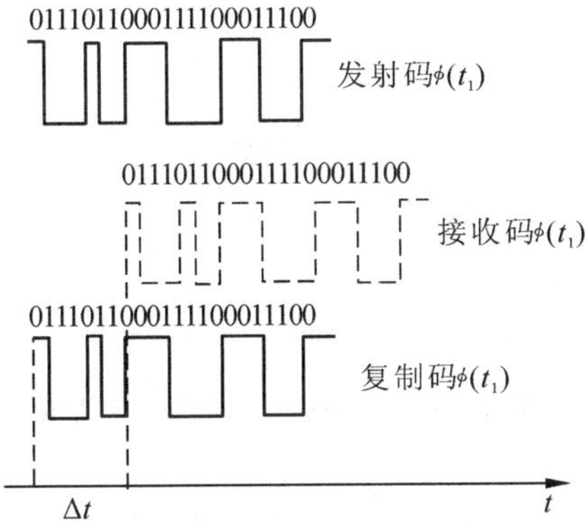

图 10.1-2　码相位测量示意

BDS 要准确地测定站星之间的距离，必须使卫星钟与用户接收机钟保持严格同步，同时考虑大气层对卫星信号的影响。但是，实践中由于卫星钟、接收机钟的误差以及无线电信号经过电离层和对流层中的延迟误差，导致实际测出的伪距 ρ' 与卫星到接收机的几何距离 ρ 有一定差值。二者之间存在的关系可用下式(测码伪距观测方程)表示

$$\rho'^j_i(t)=\rho^j_i(t)+c\delta t_i(t)-c\delta t^j(t)+\Delta^j_{i,I_p}(t)+\Delta^j_{i,T}(t) \tag{10.1-4}$$

式中：$\rho'^j_i(t)$为观测历元 t 的测码伪距；$\rho^j_i(t)$为观测历元 t 的站星几何距离，$\rho=\Delta t\cdot c=c[t_i(\mathrm{BDS})-t^j(\mathrm{BDS})]$；$\delta t_i(t)$为观测历元 t 的接收机(T_i)钟时间相对于 BDS 标准时的钟差，$t_i=t_i(\mathrm{BDS})+\delta t_i$；$\delta t^j(t)$为观测历元 t 的卫星(S^j)钟时间相对于 BDS 标准时的钟差，$t^j=t^j(\mathrm{BDS})+\delta t^j$；$\Delta^j_{i,I_p}(t)$为观测历元 t 的电离层延迟；$\Delta^j_{i,T}(t)$为观测历元 t 的对流层延迟。

BDS 卫星上设有高精度的原子钟，与理想的 BDS 时之间的钟差，通常可从卫星播发的导航电文中获得，经钟差改正后各卫星钟的同步差可保持在 20 ns 以内，由此导致的测距误差可忽略，则可得测码伪距方程的常用形式

$$\rho'^j_i(t)=\rho^j_i(t)+c\delta t_i(t)+\Delta^j_{i,I_p}(t)+\Delta^j_{i,T}(t) \tag{10.1-5}$$

在式(10.1-5)中,BDS 观测站 T_i 的位置坐标值隐含在站星几何距离 $\rho_i^j(t)$ 中

$$\begin{aligned}\rho_i^j(t) &= |\rho^j(t)-\rho_i(t)| \\ &= \{[X^j(t)-X_i(t)]^2+[Y^j(t)-Y_i(t)]^2+[Z^j(t)-Z_i(t)]^2\}^{\frac{1}{2}}\end{aligned} \tag{10.1-6}$$

式中:$\rho_i(t)=[X_i,Y_i,Z_i]^{\mathrm{T}}$ 为观测站 T_i 在协议地球坐标系中的坐标向量;$\rho^j(t)=[X^j,Y^j,Z^j]^{\mathrm{T}}$ 为卫星 S^j 在协议地球坐标系中的坐标向量。

$\rho_i^j(t)$、$\rho^j(t)$、$\rho_i(t)$的几何关系如图 10.1-3 所示。

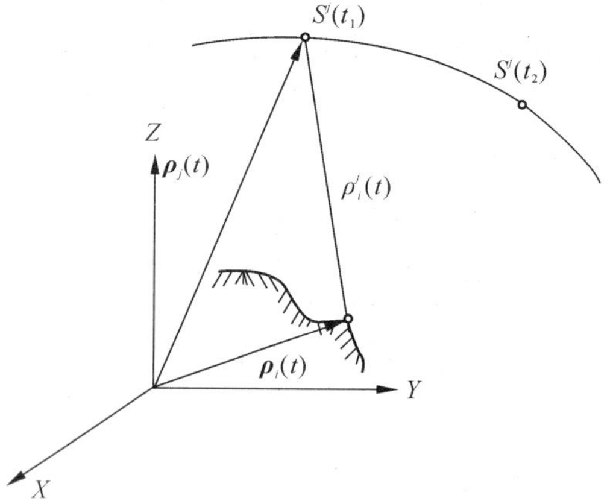

图 10.1-3 BDS 定位中的几何关系

②测相伪距观测方程

载波相位测量是通过测量 BDS 卫星发射的载波信号从 BDS 卫星发射到 BDS 接收机的传播路程上的相位变化来确定传播距离的,因而又称为测相伪距测量。

载波信号的相位变化可以通过如下方法测得:某一卫星钟时刻 t^j 卫星发射载波信号 $\varphi^j(t^j)$,与此同时接收机内振荡器复制一个与发射载波的初相和频率完全相同的参考载波 $\varphi_i(t^j)$,在接收机钟时刻 t_i 被接收机收到的卫星载波信号 $\varphi_i(t_i)$与此时的接收机参考载波信号的相位差,就是载波信号从卫星传播到接收机的相位延迟(载波相位观测量)。测量过程见图 10.1-4。

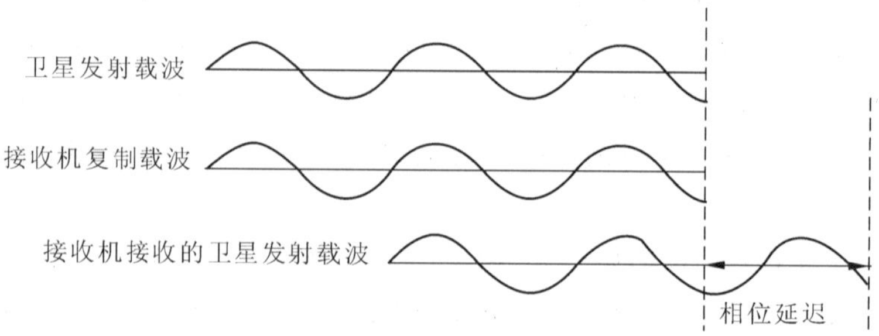

图 10.1-4 载波相位测量示意

因此，接收机 T_i 在接收机钟时刻 t_i 观测卫星 S^j 的相位观测量可写为

$$\Phi_i^j(t_i)=\varphi_i(t_i)-\varphi^j(t^j)=\varphi_i(t_i)-\varphi_i(t^j) \tag{10.1-7}$$

根据简谐波的物理特性，上述的载波相位观测量 $\Phi_i^j(t_i)$ 可以看成整周部分 $N_i^j(t_i)$ 和不足一周的小数部分 $\delta\varphi_i^j(t_i)$ 之和，即

$$\Phi_i^j(t_i)=N_i^j(t_i)+\delta\varphi_i^j(t_i) \tag{10.1-8}$$

实际上，在进行载波相位测量时，接收机只能测定不足一周的小数部分 $\delta\varphi_i^j(t_i)$。因为载波信号是一单纯的正弦波，不带有任何标志，所以无法确定正在量测的是第几个整周的小数部分，于是便出现了一个整周未知数 $N_i^j(t_i)$，或称整周模糊度。如何快速而正确地求解整周模糊度是 BDS 测相伪距观测中要研究的一个关键问题。

当锁定(跟踪)到卫星信号后，在初始观测历元 t_0，有

$$\Phi_i^j(t_0)=N_i^j(t_0)+\delta\varphi_i^j(t_0) \tag{10.1-9}$$

卫星信号在历元 t_0 被跟踪后，载波相位变化的整周数便被接收机自动计数。所以，对其后的任一历元的总相位变化，可用下式表达

$$\Phi_i^j(t_i)=N_i^j(t_0)+N_i^j(t_i-t_0)+\delta\varphi_i^j(t_i) \tag{10.1-10}$$

式中：$N_i^j(t_0)$ 为初始历元的整周未知数，在卫星信号被锁定后就确定不变，是一个未知常数，是通常意义上所说的整周待定值(整周未知数)；$N_i^j(t_i-t_0)$ 为从初始历元 t_0 到后续观测历元 t_i 之间载波相位变化的整周数，可由接收机自动连续计数来确定，是一个已知量，又叫整周计数；$\delta\varphi_i^j(t_i)$ 为后续观测历元 t_i 时刻不足一周的小数部分相位，可测定，是观测量。

上述载波相位观测量的几何意义，可见图 10.1-5。

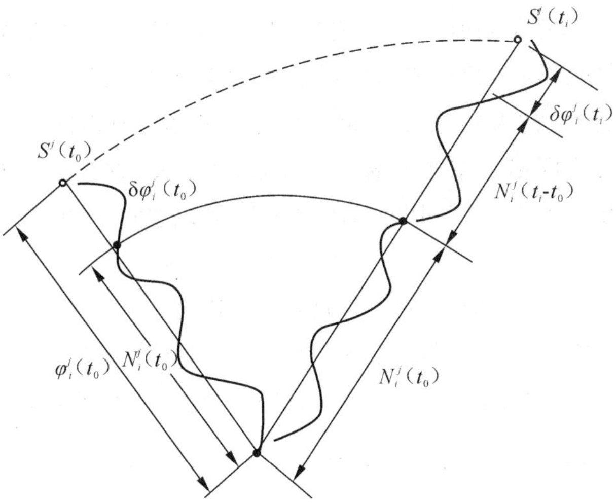

图 10.1-5　载波相位观测量

若取

$$\varphi_i^j(t_i)=N_i^j(t_i-t_0)+\delta\varphi_i^j(t_i) \tag{10.1-11}$$

则 $\varphi_i^j(t_i)$是载波相位的实际观测量，即用户 BDS 接收机相位观测输出值。

因此，式(10.1-11)可写为

$$\Phi_i^j(t_i)=N_i^j(t_0)+\varphi_i^j(t_i) \tag{10.1-12}$$

设载波信号的波长为 λ，则卫星到测站点的几何距离为

$$\rho_i^j(t_i)=\lambda\Phi_i^j(t_i) \tag{10.1-13}$$

载波相位观测量是依据 BDS 标准时获得的，即卫星 S^j 在历元 t^j(BDS)发射载波信号 $\phi^j[t^j(\text{BDS})]$，在历元 t_i(BDS)被接收机 T_i 收到，此时的接收机参考载波信号为 $\phi_i[t_i(\text{BDS})]$，则相位差按式(10.1-12)可写为

$$\Phi_i^j[t_i(\text{BDS})]=\phi_i[t_i(\text{BDS})]-\phi^j[t^j(\text{BDS})] \tag{10.1-14}$$

一般说来，若一个振荡器的振荡频率非常稳定，则相位与频率之间存在如下关系

$$\varphi(t+\Delta t)=\varphi(t)+f\Delta t \tag{10.1-15}$$

因为 BDS 接收机采用高质量的晶体振荡器，所以其频率的稳定度很高，由频率误差引起的相位误差是极微小的，可以忽略。

假设卫星的载波信号频率 f^j 和接收机振荡器的固有频率 f_i 相等，均为 f，则有

$$\phi_i[t_i(\text{BDS})]=\phi^j[t^j(\text{BDS})]+f[t_i(\text{BDS})-t^j(\text{BDS})] \tag{10.1-16}$$

将式(10.1-16)代入式(10.1-14)，可得

$$\Phi_i^j[t_i(\text{BDS})]=f[t_i(\text{BDS})-t^j(\text{BDS})]=f\Delta\tau_i^j \tag{10.1-17}$$

其中

$$\Delta\tau_i^j=t_i(\text{BDS})-t^j(\text{BDS}) \tag{10.1-18}$$

由上式可知，$\Delta\tau_i^j$ 是在卫星钟与接收机钟同步的情况下，卫星信号由卫星 S^j 到用户接收机 T_i 的传播时间。因为卫星和用户接收机的空间距离在不断变化，故传播时间也是变化的，它与卫星信号的发射历元以及该信号的接收历元有关。因发射历元是未知的，为了实际应用，需要根据已知的观测历元 t_i 来讨论一下载波信号的传播时间。

将站星之间的几何距离 $\rho_i^j[t_i(\text{BDS}),t^j(\text{BDS})]$除以光速 c，在忽略大气折光影响的情况下，可得到传播时间

$$\Delta\tau_i^j=\rho_i^j[t_i(\text{BDS}),t^j(\text{BDS})]/c \tag{10.1-19}$$

几何距离 $\rho_i^j[t_i(\text{BDS}),t^j(\text{BDS})]$是发射历元 t^j(BDS)和接收历元 t_i(BDS)的函数，且 $t^j(\text{BDS})=t_i(\text{BDS})-\Delta\tau_i^j$，将式(10.1-19)在 t_i(BDS)处按泰勒级数展开，可得

$$\Delta\tau_i^j=\frac{1}{c}\rho_i^j[t_i(\text{BDS})]-\frac{1}{c}\dot{\rho}_i^j[t_i(\text{BDS})]\Delta\tau_i^j+\frac{1}{2c}\ddot{\rho}_i^j[t_i(\text{BDS})]\cdot(\Delta\tau_i^j)^2-\cdots \tag{10.1-20}$$

对于 BDS 卫星来说，上式中的二次项及其后的高次项影响极微小，可以略去。

进一步考虑接收机钟差。实际上接收机钟相对于 BDS 时存在误差 δt_i，且有

$$t_i(\mathrm{BDS}) = t_i - \delta t_i(t_i) \tag{10.1-21}$$

将式(10.1-21)代入式(10.1-20)，再次在 t_i 处按泰勒级数展开，并且略去其中影响微弱的高次项，整理后可得

$$\Delta\tau_i^j = \frac{1}{c}\rho_i^j(t_i) - \frac{1}{c}\dot{\rho}_i^j(t_i)\delta t_i(t_i) - \frac{1}{c}\dot{\rho}_i^j(t_i)\Delta\tau_i^j \tag{10.1-22}$$

对于 $\Delta\tau_i^j$ 采用迭代法，因为系数项 $\frac{1}{c}\dot{\rho}_i^j(t_i)$ 很小，故收敛很快，取一次迭代即可。这里取一次迭代，并略去 $\frac{1}{c}\dot{\rho}_i^j(t_i)$ 的平方项，可得

$$\Delta\tau_i^j = \frac{1}{c}\rho_i^j(t_i)\left[1 - \frac{1}{c}\dot{\rho}_i^j(t_i)\right] - \frac{1}{c}\dot{\rho}_i^j(t_i)\delta t_i(t_i) \tag{10.1-23}$$

最后，考虑到观测历元 t_i 大气电离层和对流层对卫星信号的延迟影响 $\Delta_{i,I_p}^j(t_i)$ 和 $\Delta_{i,T}^j(t_i)$，将卫星信号的实际传播时间表示为

$$\Delta\tau_i^j = \frac{1}{c}\rho_i^j(t_i)\left[1 - \frac{1}{c}\dot{\rho}_i^j(t_i)\right] - \frac{1}{c}\dot{\rho}_i^j(t_i)\delta t_i(t_i) + \frac{1}{c}\left[\Delta_{i,I_p}^j(t_i) + \Delta_{i,T}^j(t_i)\right] \tag{10.1-24}$$

对于载波信号传播路径上的相位变化 $\Phi_i^j(t_i)$ 而言，若考虑到卫星钟差 $\delta t^j(t_i)$ 和接收机钟差 $\delta t_i(t_i)$，同时考虑到相位与频率之间的关系式(10.1-15)，可将式(10.1-7)化为

$$\Phi_i^j(t_i) = \Phi_i^j\left[t_i(\mathrm{BDS})\right] + f\left[\delta t_i(t_i) - \delta t^j(t_i)\right] \tag{10.1-25}$$

将式(10.1-17)代入式(10.1-25)，则有

$$\Phi_i^j(t_i) = f\Delta\tau_i^j + f\left[\delta t_i(t_i) - \delta t^j(t_i)\right] \tag{10.1-26}$$

将式(10.1-20)代入式(10.1-22)，并略去观测历元的下标 i，则得到以任意观测历元 t 为自变量的载波相位差的表达式

$$\begin{aligned}\Phi_i^j(t) = {} & \frac{f}{c}\rho_i^j(t)\left[1 - \frac{1}{c}\dot{\rho}_i^j(t)\right] + f\left[1 - \frac{1}{c}\dot{\rho}_i^j(t)\right]\delta t_i(t) \\ & - f\delta t^j(t) + \frac{f}{c}\left[\Delta_{i,I_p}^j(t) + \Delta_{i,T}^j(t)\right]\end{aligned} \tag{10.1-27}$$

考虑到式(10.1-12)，可以将上式表示为载波相位实际观测量 $\varphi_i^j(t)$ 的形式，即

$$\begin{aligned}\varphi_i^j(t) = {} & \frac{f}{c}\rho_i^j(t)\left[1 - \frac{1}{c}\dot{\rho}_i^j(t)\right] + f\left[1 - \frac{1}{c}\dot{\rho}_i^j(t)\right]\delta t_i(t) \\ & - f\delta t^j(t) - N_i^j(t_0) + \frac{f}{c}\left[\Delta_{i,I_p}^j(t) + \Delta_{i,T}^j(t)\right]\end{aligned} \tag{10.1-28}$$

式(10.1-28)即为载波相位的观测方程。

考虑到关系式 $\lambda = \frac{c}{f}$，则可由上式得到测相伪距观测方程

$$\lambda\varphi_i^j(t)=\rho_i^j(t)\left[1-\frac{1}{c}\dot{\rho}_i^j(t)\right]+c\left[1-\frac{1}{c}\dot{\rho}_i^j(t)\right]\delta t_i(t) \\ -c\delta t^j(t)-\lambda N_i^j(t_0)+\Delta_{i,I_p}^j(t)+\Delta_{i,T}^j(t) \tag{10.1-29}$$

式中含有$\frac{1}{c}\dot{\rho}_i^j(t)$的项对伪距的影响为米级。在相对定位中，如果基线较短（20 km 以内），则有关项可以忽略，则式（10.1-28）和式（10.1-29）可简化为

$$\varphi_i^j(t)=\frac{f}{c}\rho_i^j(t)+f[\delta t_i(t)-\delta t^j(t)]-N_i^j(t_0)+\frac{f}{c}[\Delta_{i,I_p}^j(t)+\Delta_{i,T}^j(t)] \tag{10.1-30}$$

$$\lambda\varphi_i^j(t)=\rho_i^j(t)+c[\delta t_i(t)-\delta t^j(t)]-\lambda N_i^j(t_0)+\Delta_{i,I_p}^j(t)+\Delta_{i,T}^j(t) \tag{10.1-31}$$

（5）BDS 单点定位误差

BDS 单点定位误差的大小与所选的卫星几何图形及测距误差的大小有关。BDS 卫星导航系统的测距误差主要来自卫星、信号传播和卫星导航仪。总的定位误差可以由几何精度因子和用户等效测距误差之积来确定。

①BDS 测距误差

BDS 测距误差包括卫星误差、信号传播误差以及卫星导航仪误差，下面分别进行介绍。

a. 卫星误差

卫星误差主要有卫星星历误差、星钟剩余误差等。

（a）卫星星历误差

由广播星历参数或其他轨道信息所给出的卫星位置与卫星的实际位置之差称为星历误差。

GPS 地面监测站所在的位置已知，且站内有原子钟，因此，可用分布在不同地区的几个监测站跟踪监测同一颗 GPS 卫星，进行距离测定，根据观测方程，确定卫星所在空间的位置。由已知测站的位置求卫星的位置的定位方式，又称为反向测距定位（或称定轨）。由主控站将监测站长期测量的数据经过最佳滤波处理，形成星历，注入卫星中去，再以导航电文发射给用户。

卫星在空中运行受到多种摄动力影响，地面监测站难以充分可靠地测定这些摄动力的影响，使测定的卫星轨道会有误差。同时，监测系统的质量，如跟踪站的数量及空间分布，轨道参数等的数量和精度，轨道计算时所用的轨道模型及定轨软件的完善程度，也会导致星历误差。此外，用户得到的卫星星历并非实时的，是由 GPS 用户接收的导航电文中对应于某一时刻的星历参数而推算出来的，也会导致计算卫星位置产生误差。

为了尽可能削弱星历误差对定位的影响，一般采用同步观测求差法或轨道改进法。显然，卫星星历误差对相距不太远的两个测站的定位影响大致相同，因此，采用两个或多个近距离的观测站对同一颗卫星进行同步观测，然后求差，就可以减弱卫星轨道误差的影响。这种方法就是同步观测求差法。另外，采用轨道改进法处理观测数据，其基本思

路是在数据处理中，引入表述卫星轨道偏差的改正数，并假设在短时间里这些改正参数为常量，将其作为待求量与其他未知参数一并求解，从而校正星历误差。

(b)星钟剩余误差

卫星上虽然使用了高精度的原子钟(铯钟和铷钟)，但是这些钟与 GPS 标准时之间会有频偏、频漂，并且随着时间的推移，这些频偏和频漂还会发生变化，会导致星钟与 BDS 标准时之间的不同步偏差——星钟钟差。因此，主控站应以 BDS 时间为基准，每天监测卫星上的时间，并产生时钟校正参数，发送给卫星，卫星又将含有时钟校正参数的导航信号发射给用户。用户 BDS 卫星导航仪根据误差修正模型和导航电文修正卫星的时钟误差，经修正后，还会有剩余的未经校正的星钟剩余误差对伪码测距和载波相位测量产生误差。

b. 信号传播误差

信号传播误差有时称信号传播异常误差。信号从卫星传播到用户设备的过程中，受电离层、对流层及传播介质的影响，使其传播路径和传播速度发生变化而产生的测距误差称为信号传播误差。信号传播误差有电离层折射误差、对流层折射误差和多路径效应等。

通常把地球周围的大气层分为 10～12 km 的对流层、从 10～12 km 到60 km的同温层和 60 km 以上的电离层。电离层的高度最高可达到 3000 km。对流层中有大量的水蒸气及水汽的凝结物；同温层中几乎没有水蒸气，但有臭氧，强烈地吸收太阳的紫外线，空气温度较高；电离层中有大量的电子和离子。卫星信号从几万千米的高空传播到地面，要经过电离层和对流层。卫星信号穿过电离层和对流层时会受到折射，传播路径和传播速度变化，产生相应的折射误差。

(a)电离层折射误差

卫星信号在电离层中传播时，传播速度发生变化，传播路径发生变化，产生电离层传播延迟，称为电离层折射误差。电离层处于大气的上层，它是受到太阳紫外线和 X 射线照射后发生大气的电离而形成的。电离层中除了中性气体分子和原子外，还有含正、负离子的气体层。卫星信号在电离层产生的传播延迟与信号的频率的平方成反比，使用双频 BDS 卫星导航仪可以精确地消除电离层船舶延迟。通常，船舶使用的 BDS 卫星导航仪为单频卫星导航仪。单频 BDS 卫星导航仪采用数学模型校正法，可使电离层传播延迟误差减少近一半。

(b)对流层折射误差

卫星信号在对流层中传播时，产生对流层传播延迟，称为对流层折射误差。对流层处于大气的下层，它受地面的影响。地面在阳光的照射下变热后，接近地面的空气也变热，其体积增大及密度下降，热空气上升而上面冷空气下降形成对流。对流层是一种不均匀介质，卫星信号在对流层中产生的传播延迟与大气温度、压力、卫星的仰角等因素有关，而且变化较大。双频道 BDS 卫星导航仪不能测定与校正对流层传播延迟。对流层层传播延迟误差与卫星的仰角有关仰角越小，误差越大，一般选用仰角≥5°的卫星。利用数学模型校正法可消除部分对流层传延迟。

(c)多路径效应

多路径效应是指 GPS 卫星导航仪接收到由一个以上的传播路径的信号的合成信号，使信号特性变化而产生测量误差，如图 10.1-6 所示。该误差的大小与 GPS 卫星导航仪天线位置及反射体的自然特性有关。

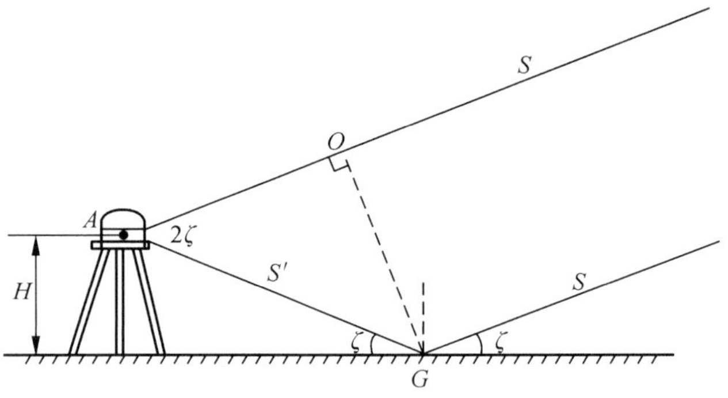

图 10.1-6 地面反射路径效应图

c. 卫星导航仪误差

卫星导航仪误差主要包括接收机钟差、天线相位中心位置偏差、载波相位观测的整周未知数等。

(a)接收机钟差

BDS 接收机内一般设有高精度的石英钟，其万秒频率稳定度为 $10^{-12} \sim 10^{-13}$。如果站钟与星钟的同步误差为 1 μs，由此引起的等效距离误差约为 300 m。

解决站钟钟差的方法一般有两种：一是在单点定位时，将钟差作为未知参数，在前述的观测方程中与观测站的位置参数一并求解。这时，假设在每一观测瞬间，钟差都是独立的，则处理较为简单。所以，这一方法广泛地应用于实时动态绝对定位中。二是在载波相位相对定位中，采用对观测值的求差(星间单差，星站间双差)的方法，可以有效地消除接收机钟差。

在定位精度要求较高时，还可采用外接频标(即时间标准)的办法，如铷原子钟或铯原子钟等，这种方法常用于固定观测法。

(b)天线相位中心位置偏差

对于 BDS 定位而言，无论是测码伪距或是测相伪距，其观测值都是测量卫星到 BDS 接收机天线相位中心间的距离。因为天线对中都是以天线几何中心为准，所以，对天线的要求是它的相位中心与几何中心应保持一致。可是，因为实际上天线的相位中心位置会随信号输入的强度和方向不同而发生变化，所以在观测时，相位中心的瞬时位置(称为视相位中心）与理论上的相位中心位置将有所不同。天线视相位中心与几何中心的差称为天线相位中心的偏差，这个偏差会造成定位误差，且受天线性能的影响，可达数毫米至数厘米。对于精密相对定位来说，这种影响也是不容忽视的。如何减小相位中心的偏移，是天线设计中一个迫切的问题。

（c）载波相位观测的整周未知数

采用载波相位观测法时，在观测历元 t，BDS 接收机只能提供载波相位非整周的小数部分和从锁定载波这一起始瞬时至观测历元 t 之间的载波相位变化的整周数，而无法直接获得载波相位于锁定时刻在传播路径上变化的整周数。因此，在测相伪距观测值中，需求出载波相位整周模糊数，整周模糊数计算值的精确度会对测距精度产生影响。

②观测卫星的几何分布对单点定位精度的影响

观测卫星的几何分布对单点定位精度具有显著影响。在进行 GPS 单点定位时，卫星的几何分布决定了卫星信号对接收机位置的几何精度因子（Geometric Dilution of Precision，GDOP）。GDOP 是一个衡量卫星几何分布对定位精度影响的指标，它反映了接收机位置误差与卫星几何分布之间的关系，它又包含以下 4 个因子：

PDOP——三维空间位置精度因子（Position DOP）；

HDOP——平面位置精度因子（Horizontal DOP）；

VDOP——高程精度因子（Vertical DOP）；

TDOP——接收机钟差精度因子（Time DOP）。

以下简要地介绍下几何精度因子对 BDS 定位精度的影响。

当 BDS 以测码伪距为观测量进行静态单点定位时，其解的精度可表示为

$$m_X = \delta_0 \sqrt{q_{ii}} \tag{10.1-32}$$

式中：δ_0 为测距误差；q_{ii} 为权系数矩阵 $\boldsymbol{Q}_Z$ 主对角线上的相应元素。

权系数矩阵 $\boldsymbol{Q}_Z$ 可表示为

$$\boldsymbol{Q}_Z = \begin{bmatrix} q_{11} & q_{12} & q_{13} & q_{14} \\ q_{21} & q_{22} & q_{23} & q_{24} \\ q_{31} & q_{32} & q_{33} & q_{34} \\ q_{41} & q_{42} & q_{43} & q_{44} \end{bmatrix} \tag{10.1-33}$$

其中，元素 q_{ij} 表达了全部解的精度及其间的相关性信息，是评价定位结果的依据。

以上权系数矩阵一般是在空间直角坐标系中给出的，而为了估算观测站的位置精度，通常采用其在大地坐标系中的表达形式。假设在大地坐标系统中，相应点位坐标的权系数阵为

$$\boldsymbol{Q}_B = \begin{bmatrix} g_{11} & g_{12} & g_{13} \\ g_{21} & g_{22} & g_{23} \\ g_{31} & g_{32} & g_{33} \end{bmatrix} \tag{10.1-34}$$

根据方差与协方差传播定律可得

$$\boldsymbol{Q}_B = \boldsymbol{H}\boldsymbol{Q}_X\boldsymbol{H}^{\mathrm{T}} \tag{10.1-35}$$

其中

$$\boldsymbol{Q}_X = \begin{bmatrix} q_{11} & q_{12} & q_{13} \\ q_{21} & q_{22} & q_{23} \\ q_{31} & q_{32} & q_{33} \end{bmatrix}$$

$$\boldsymbol{H} = \begin{bmatrix} -\sin B\cos L & -\sin B\sin L & \cos B \\ -\sin L & \cos L & 0 \\ \cos B\cos L & \cos B\sin L & \sin B \end{bmatrix}$$

为了评价定位的结果，在导航学中，一般采用有关精度衰减因子（Dilution of Precision，DOP）的概念，其定义如下

$$m_X = \delta_0 \cdot DOP \tag{10.1-36}$$

与式(10.1-32)相比可发现，实际上 DOP 和 $\sqrt{q_{ii}}$ 相对应，是权系数矩阵主对角线元素的函数。在实际应用中，可采用不同的几何精度评价模型和相应的精度因子，它们是

a. 平面位置精度因子 $HDOP$

$$HDOP = (g_{11} + g_{22})^{\frac{1}{2}} \tag{10.1-37}$$

相应的平面位置精度为

$$m_H = HDOP \cdot \delta_0 \tag{10.1-38}$$

b. 高程精度因子 $VDOP$

$$VDOP = (g_{33})^{\frac{1}{2}} \tag{10.1-39}$$

相应的高程精度为

$$m_V = VDOP \cdot \delta_0 \tag{10.1-40}$$

c. 空间位置精度因子 $PDOP$

$$PDOP = (q_{11} + q_{22} + q_{33})^{\frac{1}{2}} \tag{10.1-41}$$

相应的三维定位精度为

$$m_P = PDOP \cdot \delta_0 \tag{10.1-42}$$

d. 接收机钟差精度因子 $TDOP$

$$TDOP = (q_{44})^{\frac{1}{2}} \tag{10.1-43}$$

相应的钟差精度为

$$m_T = TDOP \cdot \delta_0 \tag{10.1-44}$$

e. 几何精度因子 $GDOP$

几何精度因子描述空间位置误差和时间误差综合影响，有

$$GDOP = (q_{11} + q_{22} + q_{33} + q_{44})^{\frac{1}{2}} = [(PDOP)^2 + (TDOP)^2]^{\frac{1}{2}} \tag{10.1-45}$$

相应的中误差

$$m_G = GDOP \cdot \delta_0 \tag{10.1-46}$$

利用以上各项精度衰减因子，便可以从不同的方面对单点定位的精度作出评价。

由前述可见，BDS 单点定位的误差与精度衰减因子(DOP)的大小成正比。因此，在伪距观测精度 δ_0 确定的情况下，如何使精度衰减因子的数值尽量减小，便是提高定位精度的一个重要途径。

在 BDS 单点定位中，因为精度因子仅与所测卫星的空间分布有关，所以精度因子也被称为观测卫星星座的图形强度因子。由于卫星的运动以及观测卫星的选择不同，所测卫星在空间的几何分布图形是变化的，因而精度因子的数值也是变化的。

假设由观测站与 4 颗观测卫星所构成的六面体的体积为 V，则分析表明，精度衰减因子 $GDOP$ 与该六面体体积 V 的倒数成正比，即

$$GDOP \propto \frac{1}{V} \tag{10.1-47}$$

一般来说，六面体的体积越大，所测卫星在空间的分布范围也越大(图 10.1-7)，$GDOP$ 值越小；反之，所测卫星的分布范围越小，则 $GDOP$ 值越大。

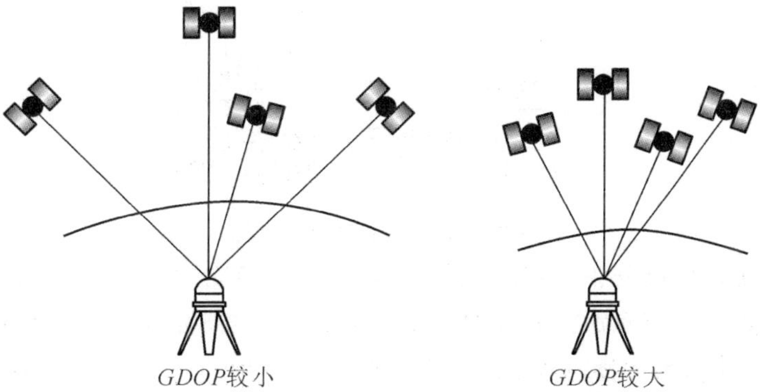

图 10.1-7　卫星的几何分布与 *GDOP* 值关系

理论分析表明，在由观测站至 4 颗卫星的观测方向中，当任意两方向之间的夹角接近 109.5°时，其六面体的体积为最大。但是，在实际的观测中，为了减弱大气折射的影响，所测卫星的高度角不能过低。所以，必须在这一条件下，尽可能使所测卫星与观测站所构成的六面体的体积接近最大。

一般认为，在高度角满足上述要求的条件下，当 1 颗卫星处于天顶，而其余 3 颗卫星相距约 120°时，所构成的六面体体积接近最大。实际工作中这可作为选择和评价观测卫星分布图形的参考。

(6)差分 BDS 定位

利用 BDS 进行定位的方法有很多种。若按参考点的位置不同，则定位方法可分为绝对定位和相对定位。若按用户接收机在作业中的运动状态不同，则定位方法可分为静态

定位和动态定位。BDS绝对定位和相对定位又各包含静态和动态两种方式,即动态绝对定位、静态绝对定位、动态相对定位和静态相对定位。其中,动态相对定位是将一台接收机设置在一个固定的观测站(基准站),基准站在协议地球坐标系中的坐标是已知的。另一台接收机安装在运动的载体上,载体在运动过程中,其上的BDS接收机与基准站上的接收机同步观测BDS卫星,以实时确定载体在每个观测历元的瞬时位置。在动态相对定位过程中,由基准站接收机通过数据链发送修正数据,用户站接收该修正数据并对测量结果进行改正处理,以获得精确的定位结果。用户接收基准站的修正数据,对用户站观测量进行改正,这种数据处理本质上是求差处理(差分),以达到消除或减少相关误差的影响,提高定位精度,因此BDS动态相对定位通常又称为差分BDS定位(图10.1-8)。

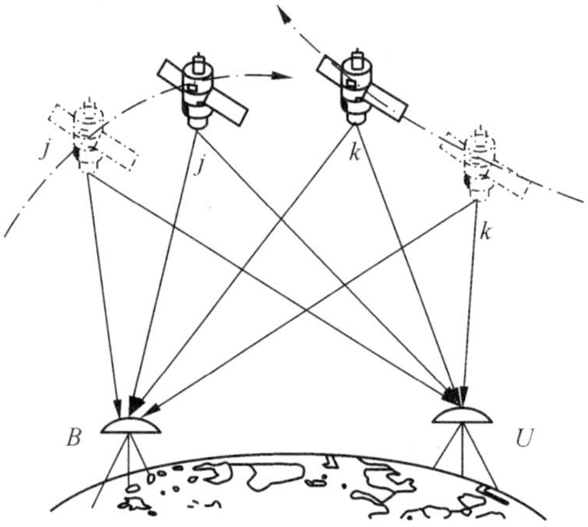

图 10.1-8 差分 BDS 定位

差分BDS在定位过程中存在着三部分误差:第一部分是对每一个用户接收机所公有的,包括卫星钟误差、星历误差、电离层误差、对流层误差等;第二部分为不能由用户测量或由校正模型来计算的传播延迟误差;第三部分为各用户接收机所固有的误差,包括内部噪声、通道延迟、多路径效应等。利用差分技术,第一部分误差几乎可以完全消除,第二部分误差大部分可以消除(主要取决于基准接收机和用户接收机的距离),第三部分误差则无法消除。

在差分BDS定位中,按照对BDS信号的处理时间不同,可划分为实时差分BDS和后处理差分BDS。实时差分BDS就是在接收机接收BDS信号的同时计算出当前接收机所处位置、速度及时间等信息;后处理差分BDS则是把卫星信号记录在一定介质(BDS接收机主机、电脑等)上,回到室内进行数据处理,获取用户接收机在每个瞬间所处理的位置、速度、时间等信息。

按照提供修正数据的基准站的数量不同,差分BDS定位又可以分为单基准站差分、多基准站差分。单基站差分根据基准站所发送的修正数据的类型不同,又可分为位置差分、伪距差分、载波相位差分。多基准站差分则包括局部区域差分、广域差分和多基准站

RTK 技术。

①单基站差分

a. 位置差分

位置差分的基本原理是使用基准站 T_0 的位置改正数去修正流动站 T_i 的位置计算值，以求得比较精确的流动站位置坐标。

由于相对定位中基准站 T_0 的坐标值预先采用大地测量、天文测量或 BDS 静态定位等方法精密测定，可视为已知的，设其精密坐标值为(X_0,Y_0,Z_0)。而在基准站上的 BDS 接收机利用测码伪距绝对定位法测出的基准站坐标为(X,Y,Z)，该坐标测定值含有卫星轨道误差、卫星钟和接收机钟误差、大气延迟误差、多路径效应及其他误差。可按照下式计算基准站的位置修正数

$$\left.\begin{aligned}\Delta X&=X_0-X\\\Delta Y&=Y_0-Y\\\Delta Z&=Z_0-Z\end{aligned}\right\}\tag{10.1-48}$$

基准站采用数据链将这些改正数发送出去，而流动站用户接收机通过数据链实时接收这些改正数，并在解算时加入。设流动站 T_i 通过用户接收机利用自身观测的数据采用测码伪距绝对定位法测定出其位置坐标为(X'_i,Y'_i,Z'_i)，则可按照下式计算流动站 T_i 的较精确坐标(X_i,Y_i,Z_i)

$$\left.\begin{aligned}X_i&=X'_i+\Delta X\\Y_i&=Y'_i+\Delta Y\\Z_i&=Z'_i+\Delta Z\end{aligned}\right\}\tag{10.1-49}$$

由于动态用户 T_i 和 BDS 卫星相对于协议地球坐标系存在相对运动，若进一步考虑用户接收机改正数的瞬时变化，则有

$$\left.\begin{aligned}X_i&=X'_i+\Delta X+\frac{\mathrm{d}(\Delta X)}{\mathrm{d}t}(t-t_0)\\Y_i&=Y'_i+\Delta Y+\frac{\mathrm{d}(\Delta Y)}{\mathrm{d}t}(t-t_0)\\Z_i&=Z'_i+\Delta Z+\frac{\mathrm{d}(\Delta Z)}{\mathrm{d}t}(t-t_0)\end{aligned}\right\}\tag{10.1-50}$$

式中：t_0 为校正的有效时刻。

位置差分的计算方法简单，只需要在解算的坐标中加进改正数即可，这对 BDS 接收机的要求不高，适合于航海中使用。

b. 伪距差分

伪距差分的基本原理：利用基准站的伪距改正数 T_0，传送给流动站用户 T_i，去修正

流动站的伪距观测量，从而消除或减弱公共误差的影响，以求得比较精确的流动站位置坐标。

设基准站 T_0 的已知坐标为 (X_0, Y_0, Z_0)。差分定位时，基准站的 BDS 接收机，根据导航电文中的星历参数，计算其观测到的全部 BDS 卫星在协议地球坐标系中的坐标值 (X^j, Y^j, Z^j)，从而由星、站的坐标值可以反求出每一观测时刻，由基准站至 BDS 卫星的真距离 ρ_0^j

$$\rho_0^j = [(X^j - X_0)^2 + (Y^j - Y_0)^2 + (Z^j - Z_0)^2]^{\frac{1}{2}} \tag{10.1-51}$$

另外，基准站上的 BDS 接收机利用测码伪距法可以测量星站之间的伪距 ρ'^j_0，其中包含各种误差源的影响。由观测伪距和计算的真距离可以计算出伪距改正数

$$\Delta\rho_0^j = \rho_0^j - \rho'^j_0 \tag{10.1-52}$$

同时，可以求出伪距改正数的变化率为

$$\mathrm{d}\rho_0^j = \frac{\Delta\rho_0^j}{\Delta t} \tag{10.1-53}$$

通过基准站的数据链将 $\Delta\rho_0^j$ 和 $\mathrm{d}\rho_0^j$ 发送给流动站接收机，流动站接收机利用测码伪距法测量出流动站至卫星的伪距 ρ'^j_i，再加上数据链接收到的伪距改正数，便可以求出改正后的伪距

$$\rho_i^j(t) = \rho'^j_i(t) + \Delta\rho_0^j(t) + \mathrm{d}\rho_0^j(t - t_0) \tag{10.1-54}$$

并按照下式计算流动站坐标 $[X_i(t), Y_i(t), Z_i(t)]$

$$\rho_i^j(t) = \{[X^j(t) - X_i(t)]^2 + [Y^j(t) - Y_i(t)]^2 + [Z^j(t) - Z_i(t)]^2\}^{\frac{1}{2}} + c\delta t(t) + V_i \tag{10.1-55}$$

式中：$\delta t(t)$ 为流动站用户接收机钟相对于基准站接收机钟的钟差；V_i 为流动站用户接收机噪声。

伪距差分时，只需要基准站提供所有卫星的伪距改正数，而用户接收机观测任意 4 颗卫星，就可以完成定位。与位置差分相似，虽然伪距差分理论上能将两测站的公共误差抵消，但是，随着用户到基准站距离的增加，系统误差又将增大，这种误差用任何差分法都无法消除，因此伪距差分的基线长度也不宜过长。

c. 载波相位差分

位置差分和伪距差分能满足米级定位精度，已经广泛用于导航、水下测量等领域。载波相位差分，又称 RTK 技术，通过对两测站的载波相位观测值进行实时处理，可以实时提供厘米级精度的三维坐标。载波相位差分的基本原理是，由基准站通过数据链将其载波相位观测量及基准站坐标信息一同实时发送到用户站，并与用户站的载波相位观测量进行差分处理，适时地给出用户站的精确坐标。

载波相位差分定位的方法又可分为两类：一种为测相伪距修正法，另一种为载波相位求差法。

测相伪距修正法的基本思想是基准站接收机 T_0 与卫星 S^j 之间的测相伪距改正数 $\Delta\rho_0^j$ 在基准站解算出，并通过数据链发送给流动站用户接收机 T_i，利用此伪距改正数 $\Delta\rho_0^j$ 去修正用户接收机 T_i 到观测卫星 S^j 之间的测相伪距 ρ'^j_i，获得比较精确的用户站至卫星的伪距，再利用它计算用户站的位置。载波相位求差法的基本思想是基准站 T_0 不再计算测相伪距修正数 $\Delta\rho_0^j$，而是将其观测的载波相位观测值由数据链实时发送给用户站接收机，然后由用户机进行载波相位求差，再解算出用户的位置。以上两种方法均较复杂，本书不做详细介绍。

②多基准站差分

a. 局部区域差分

在局部区域中应用差分 BDS 技术，应该在区域中布设一个差分 BDS 网，该网由若干个差分 BDS 基准站组成，通常还包含一个或数个监控站。位于该局部区域中的用户，接收多个基准站所提供的修正信息，采用加权平均法或最小方差法进行平差计算求得自己的修正数，从而对用户的观测结果进行调整，获得更高精度的定位结果。这种差分 BDS 定位系统称为局域差分 BDS 系统，其系统构成包括多个基准站，每个基准站与用户之间均有无线电数据通信链。用户站与基准站之间的距离一般在 500 km 以内才能获得较好的精度。

b. 广域差分

广域差分 BDS 的基本思想是对 BDS 观测量的误差源加以区分，并对每一种误差源分别加以模型化，然后将计算出的每种误差源的数值通过数据链传输给用户，以对用户 BDS 定位的误差加以改正，达到削弱这些误差源，改善用户 BDS 定位精度的目的。BDS 误差源主要表现在三个方面：星历误差，大气延迟误差，卫星钟差。

广域差分 BDS 系统就是为削弱这三种误差源而设计的一种工程系统，该系统的一般构成包括一个中心站、几个监测站及其相应的数据通信网络，覆盖范围内的若干用户。其工作原理是：在已知坐标的若干监测站上跟踪观测 BDS 卫星的伪距、相位等信息，监测站将这些信息传输到中心站；中心站在区域精密定轨计算的基础上，计算出三项误差改正模型，并将这些误差改正模型通过数据通信链发送给用户站；用户站利用这些误差改正模型信息改正自己观测到的伪距、相位、星历等，从而计算出高精度的 BDS 定位结果。

广域差分 BDS 系统将中心站、基准站与用户站间距离从 100 km 增加到 2000 km，且定位精度无明显下降；大区域内的广域差分 BDS 系统需要建立的监测站很少，具有较大的经济效益；广域差分 BDS 系统的定位精度分布均匀，且定位精度较局部区域差分 BDS 系统高，其覆盖区域可以扩展到远洋、沙漠等广域差分 BDS 系统不易作用的区域；广域差分 BDS 系统使用的硬件设备及通信工具昂贵，软件技术复杂，运行维持费用较局部区域差分 BDS 系统高得多，且可靠性和安全性可能不如单个的局部区域差分 BDS 系统。

c. 多基准站 RTK

多基准站 RTK 技术也叫网络 RTK 技术，是对普通 RTK 方法的改进。目前，应用于网络 RTK 数据处理的方法有虚拟参考站法、偏导数法、线性内插法、条件平差法，其中虚拟参考站法技术(Virtual Reference Station，VRS)最为成熟。

VRS RTK 的工作原理见图 10.1-9。在一个区域内建立若干个连续运行的 BDS 基准站，根据这些基准站的观测值，建立区域内的 BDS 主要误差(电离层、对流层、卫星轨道等误差)模型。系统运行时，将这些误差从基准站的观测值中减去，形成“无误差”的观测值，然后利用这些“无误差”的观测值和用户站的观测值，经有效地组合，在移动站附近(几米到几十米)建立起一个虚拟参考站，移动站与虚拟参考站进行载波相位差分改正，实现实时 RTK。

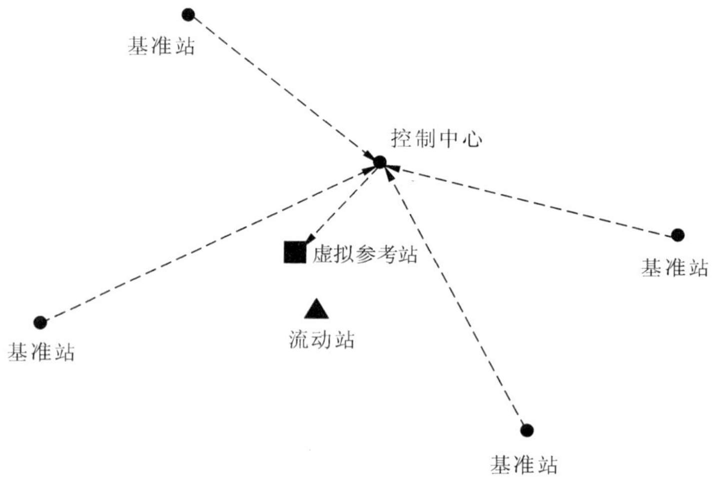

图 10.1-9　VRS RTK 工作原理

差分改正是经过多个基准站观测资料有效组合求出的，可以有效地减小电离层、对流层和卫星轨道等误差；哪怕用户站远离基准站，也能很快地确定自己的整周模糊度，实现厘米级的实时快速定位。

多基准站 RTK 系统基本构成：若干个连续运行的 BDS 基准站、计算中心、数据发布中心、用户站。连续运行的 BDS 基准站连续进行 BDS 观测，并实时将观测值传输至计算中心。计算中心根据这些观测值计算区域电离层、对流层、卫星轨道误差改正模型，并实时地将各基准站的观测值减去其误差改正，得到无误差观测值，再结合移动站的观测值，计算出在移动站附近的虚拟参考站的相位差分改正，并实时地传给数据发布中心。数据发布中心实时接收计算中心的相位差分改正信息，并实时发布。用户站接收到数据发布中心发布的相位差分改正信息，结合自身 BDS 观测值，组成双差相位观测值，快速确定整周模糊度参数和位置信息，完成实时定位。

(7)船载北斗卫星导航仪的主要功能及一般操作方法

①船载北斗卫星导航仪的主要功能

a. 船舶实时定位导航

船载北斗卫星导航仪可实时对船舶定位导航，对于船舶可以实时了解当前所处的位置并按照计划路线航行，对于 VTS 中心或港区调度指挥中心可以实时监控船舶行进的位置、速度、方向等信息，并在电子地图上显示船舶实时航行轨迹。

b. 航路点设置和航线生成

通过导航功能，设备可建立、存储、编辑、查阅航线和航路点，计算和显示下一个航路点及终点的方位、距离、航行时间和预计到达时间等，也可基于设置的航路点生成航线并能编辑。

c. 历史轨迹查询和显示

该功能可根据用户需要进行船舶历史轨迹查询和显示。

d. 船舶异常报警

船舶出现航线偏离、锚位偏离以及工作状态异常等情况时，能及时发出警报，用户可对报警事件和报警方式进行相应的处理。

e. 应急救援通信

在一些无网络覆盖区域，船舶通常无法及时与水上搜救指挥中心通信，水上搜救指挥中心不能及时掌握船舶当前的状态，遇到意外情况发生时无法得到及时的救援，就可能造成重大的安全事故。北斗卫星导航仪的短报文功能能够很好地解决这一问题，船舶能与水上搜救指挥中心双向通信，水上搜救指挥中心可及时获得船舶的当前状况并采取相应的救援措施。

不同型号的北斗卫星导航仪具有不同的导航功能，有些导航仪还具有电子围栏等功能，功能十分丰富。

②船载北斗卫星导航仪的一般操作方法

a. 启动

北斗卫星导航仪的启动通常分为日常启动、热启动和冷启动三种，近期生产的北斗卫星导航仪仅需按下电源键即可启动。

船舶在营运航行或停泊期间，日常的关机后的启动称为日常启动。北斗卫星导航仪已存储关机前的数据(包括经度、纬度、历书等)并且时钟在运行，日常启动时只需按下电源键，卫星导航仪即可自动定位。

我们把船位变化不大或短时间内进行过通电接收，卫星导航仪已收集历书后进行的启动，称为热启动。热启动时，只需按下电源键，短时间等待后，北斗卫星导航仪即可自动定位。

冷启动是指北斗卫星导航仪安装后第一次启动，或长期没有通电接收卫星信号进行定位，再进行的启动。冷启动时，有的接收机须进行初始化输入，主要包括核对年、月、日和时间（如与当时不符，应重新输入）、输入概略船位的经、纬度和置定测地系、置定所在区时，以及置定各种报警范围或距离等。

b. 定位

启动后，北斗卫星导航仪收到 3 颗有效卫星即进行定位计算，随即自动显示二维定位船位的经度和纬度；收到 4 颗有效卫星进行定位计算后，随即自动显示三维定位的经度、纬度和北斗卫星导航仪天线的高度。北斗卫星导航仪显示现时纬度、经度、高度、航迹向、对地航速等信息。

c. 航路点设置和航线生成

船舶欲到达的地理位置称为航路点，导航前先将航路点（经纬度）键入北斗卫星导航仪，船舶在航行过程中，依键令显示导航参数。航路点导航操作过程如下：

(a)按功能键，令北斗卫星导航仪进行输入航路点操作；

(b)键入航路点的编号和名称；

(c)键入航路点的纬度、经度；

(d)键入（或由北斗卫星导航仪自动记录）存储航路点的日期/时间；

(e)依次键入一系列航路点，查阅刚编制好的航路点表，并且确定当前使用的航路点；

(f)按功能键，令北斗卫星导航仪进行航路点导航并且进行显示，主要包括驶向航路点的编号、名称以及航路点的方位与距离、船舶至航路点的现时航迹向与对地速度。

若清除某一航路点，首先按功能键或代码，使北斗卫星导航仪显示航路点表，然后用移动键选出要清除的航路点后按 CLR 及 ENT 键。

把已选定的航线的起点、航路点及终点依次键入北斗卫星导航仪；船舶在航行过程中，依键令显示导航参数，每过一个航路点自动更换下一航路点导航，称之为航线导航。航线导航具有编辑功能，可灵活地对原存入的航线进行清除、插入、修改等编辑。将船舶定点位置键入北斗卫星导航仪，设定偏航的界线，船舶偏航时即报警；也可设定锚泊的界限，船舶走锚时北斗卫星导航仪也会发出报警。

③使用北斗卫星导航仪的注意事项

a. 北斗卫星导航仪可根据卫星电文定时更新历书。若提供的历书的时间已隔很久，或定位误差明显偏大，则应按操作步骤清除历书及内存，并且进行初始化操作。进行初始化输入时应输入时间、推算船位、HDOP 值、天线高度（二维定位时）、测地系（尽量接近所使用海图的测地系）、区时及各种报警范围或距离。

b. 不同的 HDOP 值，有不同的定位精度，应选择合适的 HDOP 值。若 HDOP 的实际值超限，则导航中断。利用北斗卫星导航仪进行二维定位，当 HDOP 太大时，误差有发散趋势。VDOP 的使用请参考所用导航仪的说明书。

c. 当有多颗卫星定位或 HDOP、PDOP 超限时，可自动或人工选择 BDS 星座。最佳选星原则是选择 4 颗空间几何图形能使几何精度因子 GDOP 值最小的一组卫星。

d. 选择合适的运动状态。定点定位时，工作状态置于“静止”；慢速航行时，工作状态置于“低动态”；高速航行或摇摆剧烈时，工作状态置于“高动态”。

e. 利用卫星状态显示(如信号强度)可自动或人工启用或停用某颗卫星。

10.1.3　GPS 系统

GPS 系统是 20 世纪 70 年代由美国陆海空三军联合研制的新一代空间卫星导航定位系统。

(1)GPS 系统组成

与 BDS 系统类似，GPS 系统由空间星座部分、地面监控部分和用户设备部分三大部分组成。

①GPS 空间星座

GPS 空间星座由 21 颗工作卫星和 3 颗在轨备用卫星组成。24 颗卫星均匀分布在 6 个轨道平面内，轨道平面的倾角为 55°，卫星的平均高度为 20200 km，运行周期为 11 h 58 min。卫星用 L 波段的两个无线电载波向广大用户连续不断地发送导航定位信号，导航定位信号中含有卫星的位置信息，使卫星成为一个动态的已知点。在地球的任何地点、任何时刻，在高度角 15°以上，平均可同时观测到 6 颗卫星，最多可达到 9 颗。GPS 卫星产生两组电码，一组称为 C/A 码(Coarse/Acquisition Code，11023MHz)，一组称为 P 码(Precise Code，10123MHz)。

②GPS 地面监控部分

GPS 的地面监控部分由 1 个主控站、3 个注入站和 5 个监测站组成。监测站均配装有精密的铯钟和能够连续测量到所有可见卫星的接收机。监测站将取得的卫星观测数据，包括电离层和气象数据，经过初步处理后，传送到主控站。主控站从各监测站收集跟踪数据，计算出卫星的轨道和时钟参数，然后将结果送到 3 个地面控制站。地面控制站在每颗卫星运行至上空时，把这些导航数据及主控站指令注入卫星。这种注入对每颗 GPS 卫星每天进行一次，并在卫星离开注入站作用范围之前进行最后的注入。如果某地面站发生故障，那么在卫星中预存的导航信息还可用一段时间，但导航精度会逐渐降低。

③GPS 用户设备

GPS 用户设备主要为 GPS 接收机，主要作用是从 GPS 卫星收到信号并利用传来的信息计算用户的三维位置及时间。

(2)GPS 的改进情况

在 GPS 系统运行之初，从基本的时钟频率 10. 23 MHz 得到 L 波段的两个频率

(L_1=1575.42 MHz和 L_2=1227.6 MHz,对非军事用户,只有 L_1 频率可用),所有 GPS 卫星都是在这两个波段上发射信号,两个频率都被唯一地编码,以提供卫星识别和轨道数据,并且还提供一个测量信号传输时间的信号。目前,美国除了为非民用用户提供新军事服务(M 码)外,还为民用用户提供了 3 项 GPS 服务的改进措施。

第一项改进是向民用用户开放 L_2 频率。民用用户是不允许使用 P 码的,因此,经改进后,在 L_2 频率上,除了发射 P 码外,还发射等效的 C/A 码,这就是 L_2C。这种方式增加了 GPS 用户在第二个频率上的观测,将能更好地模拟大气传输误差,实现更精确的定位。故 L_2C 码的精度将比使用 L_1 频率的 C/A 码的精度更高,在接收弱信号条件下更可靠。

第二项改进是增加了名为 L_5 的第三个频率(1176.45 MHz)。由于同时使用最多三个频率,可能要进行更复杂的大气误差建模,在 L_5 上可用的民用码将是更复杂的信号,它允许比 L_2C 码和 L_1 的 C/A 码更高的精度和可靠性。

第三项改进是在 L_1 频率上增加所谓的 L_1C 码,这种码将再次在微弱信号接收区域提供改进的检测能力和精度。

10.1.4 GLONASS 系统

GLONASS 是 Global'naya Navigatsionnaya Sputnikovaya Sistema(俄语)的字头缩写,意即全球卫星导航系统,是苏联从 20 世纪 80 年代初开始建设的与美国 BDS 系统相类似的卫星定位系统,也由卫星星座、地面监测控制站和用户设备三部分组成,现在由俄罗斯空间局管理。

20 世纪 70 年代初,苏联国防部提出了 GLONASS 的方案设想,1978 年开始系统设计,1996 年初 GLONASS 才真正实现了完整星座的部署,建设耗资 30 多亿美元。

GLONASS 的工作卫星有 21 颗,分布在 3 个轨道平面上,同时有 3 颗备份星。这 3 个轨道平面两两相隔 120°,同平面内的卫星之间相隔 45°。每颗卫星都在 19100 km 高、64.8°倾角的轨道上运行。每颗卫星需要 11 h 15 min 完成一个轨道周期。

地面控制部分全部都位于苏联领土境内,地面控制中心和时间标准位于莫斯科,遥测和跟踪站位于圣彼得堡、捷尔诺波尔、叶尼塞斯克和共青城。

GLONASS 设计可提供军民两种导航定位服务,民用精度 50 m 左右,军用精度 10 m 左右。GLONASS 的民用市场应用程度远不及 GPS,为开拓民用市场,俄罗斯对 GLONASS 系统采用了军民合用、不加密的开放政策,并通过技术更新实现更高的精度:位置精度提高到 10～15 m,定时精度提高到 20～30 ns,速度精度达到 0.01 m/s。

GLONASS 在系统组成、定位测速原理等方面类似于美国 GPS,但在一些具体技术上也与其存在一定的差别。GPS 是码分多址(CDMA),根据调制码来区分卫星,所有 GPS 卫星的载波的频率相同,均为 L_1=1575.42 MHz 和 L_2=1227.6 MHz。与 GPS 系统不同的是，GLONASS 系统采用频分多址（FDMA）方式，根据载波频率来区分不同卫星。每颗 GLONASS 卫星发播的两种载波的频率分别为 $L_1=1602+0.5625k$（MHz）和 $L_2=1246+0.4375k$（MHz），其中 $k=1\sim24$，为每颗卫星的频率编号。GLONASS 卫星的载波上也调制了两种伪随机噪声码：S 码和 P 码。

GLONASS 系统的主要用途是导航定位，当然与 GPS 系统一样，也可以广泛应用于各种等级和种类的测量应用、GIS 应用和时频应用等。

10.1.5　Galileo 系统

Galileo 系统是一个用于导航和通信的卫星系统，由欧盟（EU）规划和引领逐步完成。与北斗、GPS 和 GLONASS 不同，它是民用控制的项目，该项目还有许多非欧盟国家的合作伙伴，并计划向某些用户收费，以提供一些高质量和专业的服务。这个项目的基本设计是具有 30 颗卫星（27 颗卫星加 3 颗快速备用卫星），有 3 个与赤道成 56°倾斜、高度为 23616 km 的独立的轨道（每个轨道 10 颗卫星），轨道周期约为 14 h。每颗卫星将计划在 E5A（1176.45 MHz）、E5B（1207.14 MHz）和 E2（1575.42 MHz）几个共用的频率上发射。Galileo 系统的一个特点是设有大量的地面站，也就是比 GLONASS、GPS 和北斗提供更多的地面站，以控制和监视卫星。对于免费服务，Galileo 系统计划单频率接收机应达到 25 m（95％准确度）的精度，而双频率接收机应达到 5 m（95％准确度）的精度。对于更高精度的付费服务而言，Galileo 系统的工作与 GPS 一样使用卫星编码，因此它能使用与 GPS 非常相似的频率。不过，Galileo 系统采用与 GPS 不同的基准面和时间系统，但差异极小，两者具有一定程度的兼容性。

10.2　ECDIS 系统

电子海图显示与信息系统（ECDIS）是一种电子海图数据、显示、传输、性能和测试等符合国际海事组织（IMO）、国际海道测量组织（International Hydrographic Organization，IHO）和国际电工委员会（International Electrotechnical Commission，IEC）等相关标准要求的电子海图系统（Electronic Chart System，ECS）。

ECDIS 被认为是继雷达/雷达自动标绘仪之后在船舶导航方面又一项伟大的技术革命。从最初纸质海图的简单电子复制品到过渡性的电子海图系统，ECDIS 已发展成为一种新型的船舶导航系统和辅助决策系统。它能整合与航行有关的各种信息，可视化表达船舶的位置、海图对象、导航标志以及不可见的潜在危险，是综合船桥系统的核心。对于 SOLAS 船舶而言，随着各国官方电子海图的逐步完备，ECDIS 已逐步取代沿用了几百年的传统纸质海图。

10.2.1 电子海图定义与种类

电子海图(Electronic Chart,EC)是用数字形式以描述海域地理信息和航海信息为主的海图,其内容以海域要素为主,详细表示水深、碍航物、助航标志、港口设施、潮流、海流等要素,陆地着重表示沿海的航行目标和主要地貌、地物。电子海图可在屏幕上显示,所以也称为“屏幕海图”。由于电子海图在没有显示之前只是以一定格式存储的数据,所以电子海图又称为“电子海图数据”。

电子海图和其应用环境组成电子海图系统。由于人类长期使用纸质海图的习惯,这使得在航海实践中无论电子海图数据或电子海图系统都被称作电子海图,可以认为电子海图是一定程度的广义称谓,但严格定义的电子海图就是电子海图数据。

(1)电子海图

电子海图按其数据格式分为光栅电子海图和矢量电子海图两大类。

①光栅电子海图(Raster Charts)

光栅电子海图是指以栅格形式表示的数字海图,是通过对纸质海图的光学扫描形成的数据信息文件(也就是通常所说的图像方式如 TIF、JPG 等格式文件),是以像素点的排列反映出海图中的要素。一般情况下,如没有特殊处理可以用图像软件打开,依靠眼睛识别航海要素。因此光栅电子海图可以看作是纸质海图的复制品,包括的信息(如岸线、水深等)与纸质海图一一对应。光栅电子海图的制作原理决定了它在技术上和应用上的局限性,使用者不能对光栅电子海图进行查询式操作(如查询某一海图要素特征)、选择性显示或隐去某类海图要素等。因此,光栅电子海图常被称为“非智能化电子海图”。

②矢量电子海图(Vector Charts)

矢量电子海图是将数字化的海图信息分类存储的数据库,海域中的每个要素是以点、线、面等几何图元的形式存储在电子海图数据文件中,使用者可以选择性地查询、显示和使用数据,与其他船舶系统相结合提供诸如警戒区、危险区的自动报警等功能。因此,矢量电子海图常被称为“智能化电子海图”。

光栅电子海图与矢量电子海图对比见表 10.2-1。

表 10.2-1 光栅电子海图与矢量电子海图对比

对比项目	光栅电子海图	矢量电子海图
优点	制作工艺简单,成本低	存储量小,显示速度快,精度高,能支持多种智能化功能
缺点	是纸质海图的翻版,不具有智能化	制作工艺复杂,成本高
作用和地位	辅助地位,在没有矢量电子海图的海域作为补充使用	主导地位

(2)标准电子海图

随着电子海图的发展,相关国际组织制定了规范和统一的电子海图的数据格式,随之产生了标准的光栅电子海图和矢量电子海图,即光栅航海图和电子航海图。

①标准化的光栅电子海图——光栅航海图

光栅航海图(Raster Navigational Chart,RNC)是符合国际海道测量组织(IHO)《光栅航海图产品规范》(S-61)的光栅电子海图,是通过国家水道部门或国家水道测量局授权出版的海图经数字扫描而成的,并与显示系统结合提供连续的自动定位功能的电子海图。

RNC 具有以下属性:

a. 由官方纸质海图复制而成;

b. 根据国际标准制作;

c. 内容的可靠性由发行数据的水道测量局负责;

d. 根据数字化分发的官方改正数据进行定期改正。

RNC 通常用于单一海图或海图集的一些标准中。目前,世界上主要的光栅扫描海图产品有英国水道测量局(UKHO)生产的 ARCS 和美国国家海洋和大气管理局(NOAA)生产的 RNC 等。

②标准化矢量电子海图——电子航海图

电子航海图(Electronic Navigation Chart,ENC)是完全符合相关国际标准的、由政府或政府授权的海道测量机构或其他相关政府机构发布的与 ECDIS 一起使用的数据库,是具有标准化内容、结构和格式的矢量电子海图。ENC 包含安全航行所需的所有海图信息,并可包含如航路指南等纸质海图上没有但安全航行所需的补充信息。在世界任何一个国家或地区,通过官方渠道获得的 ENC 都可以在 ECDIS 上正确显示并应用。

ENC 具有以下属性:

a. 内容基于水道测量局的原始数据或官方海图;

b. 根据国际标准进行编码和编制;

c. 基于 WGS84 坐标系;

d. 内容的可靠性由发行数据的水道测量局负责;

e. 由主管水道测量局负责发行;

f. 根据数字化分发的官方改正数据进行定期改正。

ENC 的数据制作标准目前包括 IHO S-57 和 IHO S-63。有的 ENC 没有按照 IHO S-63 进行加密保护,但并不能否定其电子航海图的本质。IMO ECDIS 性能标准中特别说明了 ECDIS 系统可以使用符合 IHO S-63 标准的 ENC 和不符合该标准的 ENC。

(3)标准电子海图与非标准电子海图的比较

综合考虑标准电子海图的定义、特点和相关规定,可以得出标准电子海图的典型特

点,包括:

①海图数据一定来源于官方,如国家政府或政府授权的海道测量机构;

②数据(包括原始数据和改正数据)制作按统一的国际标准进行,这就使得海图的通用性得以保证;

③海图发行单位也为官方。

非标准电子海图可以从是否完全满足以上三点做出判断。目前使用较多的CMAP的数据编码格式为CM93/3,英国船商(Transas)电子海图的数据编码格式为TX97,就不能被认为是标准电子海图。非标准电子海图虽然迄今为止应用程度很高,其精度和更新速度也不一定比标准电子海图差,但其数据非官方、通用性差的明显缺陷必将限制其进一步发展,最终将被标准电子航海图取代。另外,虽然光栅航海图也符合国际标准,但由于其本质上的非智能的缺陷,也必将逐渐失去其应用价值。最终普遍获得应用的必将是电子航海图。

10.2.2 电子海图应用系统

电子海图,无论是矢量电子海图还是光栅电子海图,都只是将海上空间信息按照数据的方式进行组织和存储而形成的数据文件,无法单独使用。电子海图需要与计算机、通导设备和应用系统软件等相结合,实现信息显示、船位标绘、航线设计等导航功能。

电子海图应用系统是指接收并显示电子海图数据,提供一定功能的软件或设备(包括软件和硬件)。电子海图应用系统的种类很多,主要有电子海图系统(ECS)、电子海图显示与信息系统(ECDIS)和光栅海图显示系统(RCDS)。

(1)电子海图系统

ECS,国际标准中的定义为:ECS是在显示屏上电子显示船舶位置、海图数据和电子海图数据库信息的航行信息系统;该系统不能满足国际海事组织关于ECDIS的全部要求,因而也不能满足SOLAS公约第V章关于海图的配备要求。目前,将经检验不符合IMO关于ECDIS相关国际标准的电子海图系统统一归为这一类。

通常,ECS(图10.2-1)由以下几部分组成:

①计算机及其应用软件。计算机硬件包括中央处理器(CPU)、显示器、键盘或控制面板、轨迹球或鼠标、数据存储器、通信接口和与其他导航设备传感器连接的接口等,应用软件包括数据管理与操作、显示、导航、通信等功能模块。

②电子海图数据(电子海图改正数据)。包括光栅和矢量电子海图数据。

③导航传感器。包括GNSS、雷达、罗经、测深仪、计程仪等。

④通信传感器。包括卫星通信、移动通信等。

⑤外部数据接收设备。如VDR、光盘、硬盘等。

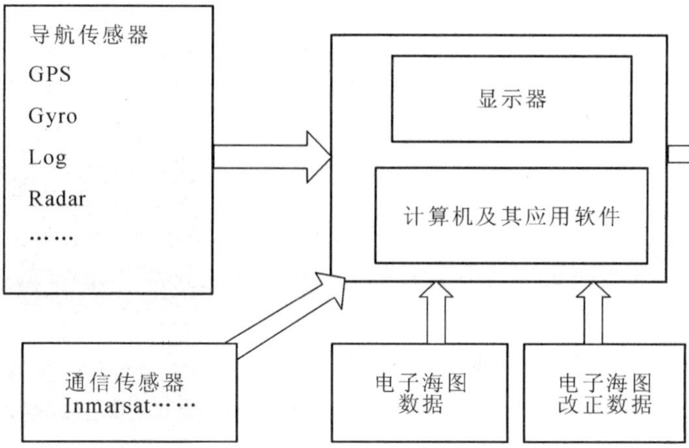

图 10.2-1 电子海图系统组成

中华人民共和国海事局在 2010 年初印发了《国内航行船舶船载电子海图系统(ECS)功能、性能和测试要求(暂行)》,对 ECS 的功能、性能技术要求、相应的试验方法和要求的检验结果进行了规定,具体如下:

①ECS 可作为中国国内航行船舶的主要导航手段。当 ECS 作为主要的导航手段时,为确保 ECS 失效时的航行安全,船舶应有足够的备用配置。

②ECS 分为"A""B""C"三类。"A"类 ECS 可作为国内航行船舶的主要导航手段,也可作为 ECDIS 设备的备用配置,但需符合 MSC. 232(82)附录 6 和 IEC 61174 的要求。"B"类 ECS 可用于未要求配备"A"类 ECS 的国内航行船舶,并可作为其导航手段。"C"类 ECS 适用于辅助导航,用于船位标绘和监视。

ECS 的相关要求略低于 ECDIS,ECDIS 中一些必须具备的功能,在 ECS 中并不强制要求,因此 ECS 的适用范围也受到限制,仅适用于中华人民共和国海事局制定的《国内航行船舶船载电子海图系统和自动识别系统设备管理规定》中的船舶。

(2)电子海图显示与信息系统

ECDIS 是一种完全符合 IMO 关于 ECDIS 的标准和要求的电子海图系统。IMO A. 817(19)决议中给出的 ECDIS 的定义是:一种有足够备用装备,符合经修正的 1974 年 SOLAS 公约第Ⅴ/19 条和第Ⅴ/27 条要求的最新海图的航行信息系统。它可有选择地显示系统电子航海图中的信息以及从航行传感器获得的位置信息,以帮助航海人员进行航线设计和航路监视,并且能够按要求显示其他与航海相关的补充信息。定义中所述的系统电子航海图(System Electronic Navigational Chart,SENC)是由电子航海图内容及其改正数据无损转换为制造商的电子海图显示与信息系统的内部格式而形成的数据库。这个数据库被 ECDIS 直接用来显示电子海图以及完成其他航海功能,并且与最新的纸质海图等效,还可包含航海人员添加的信息和来自其他信息源的信息。

典型的 ECDIS 显示界面如图 10.2-2 所示。

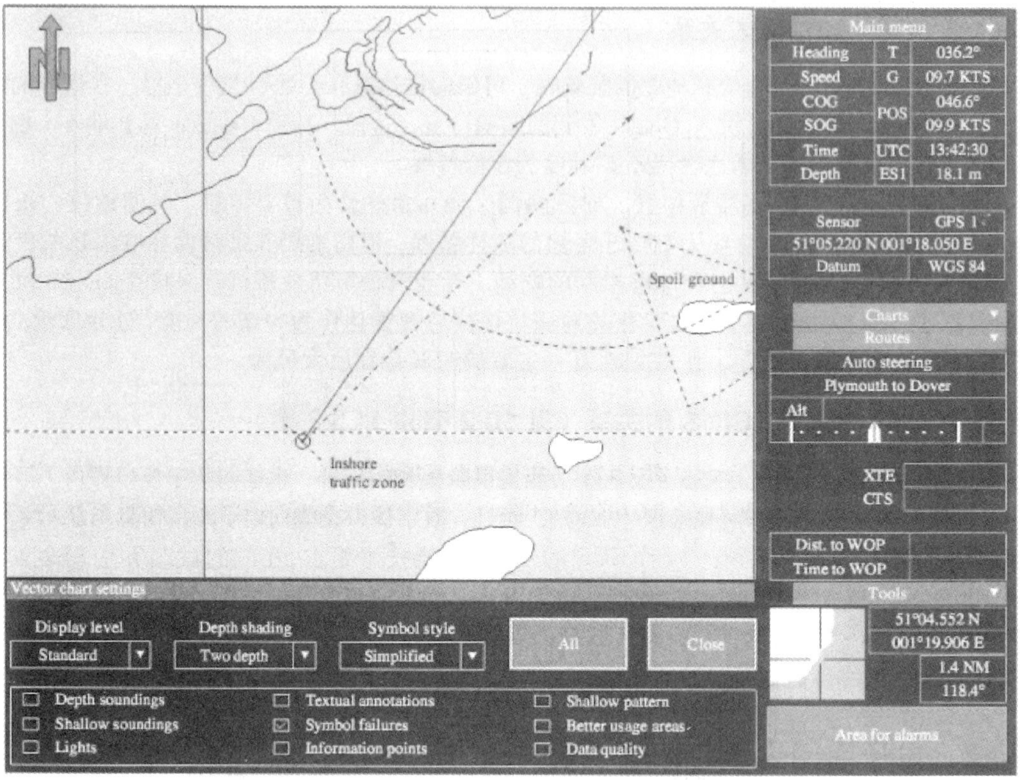

图 10.2-2 典型的 ECDIS 显示界面

ECDIS 专门用来显示官方电子航海图(ENC),ENC 及其官方更新数据是唯一可以合法地用于 ECDIS 上的电子海图数据库。

电子航海图(ENC)可转换显示为系统电子航海图(SENC),在 ECDIS 中对 ENC 进行格式转换,并综合用户更新数据信息和 GPS、陀螺罗经、计程仪、测深仪、AIS、雷达等其他来源信息,形成 SENC,显示转换设备直接读取和显示 SENC。SENC 还包含来自其他信息源的信息,供 ECDIS 显示存取以及完成其他航海功能,它是一种自定义格式文本,不同的生产商定义了不同的 SENC 结构。简言之,SENC 是 ECDIS 运行所需并产生的所有数据信息的总称,它包括 ENC、本船动静态数据、航线、报警、航行记录等,是以生产商自有的、方便其在 ECDIS 运行的数据结构存储。

由此可以看出,ECDIS 的明显特点包括:

①它是一种航行信息系统;

②系统使用的信息包括电子航海图及其更新、导航传感器信息和其他航海有关信息,即系统电子航海图信息;

③SENC 格式为系统制造商确定的格式,内容由 ENC 和改正数据转换而成,与改正

至最新的纸质海图等效，还可能包含由航海人员添加的信息和来自其他信息源的信息；

④如果具有适当备用配置，可以满足 SOLAS 公约相关海图配备要求而取代纸质海图。

ENC、SENC 与 ECDIS 之间的关系如图 10.2-3 所示。从中可以看出没有 ENC 也就不存在 ECDIS。对于 ENC 没有覆盖的水域而言，除了 ECS 外，还可用光栅海图显示系统（RCDS）替代。

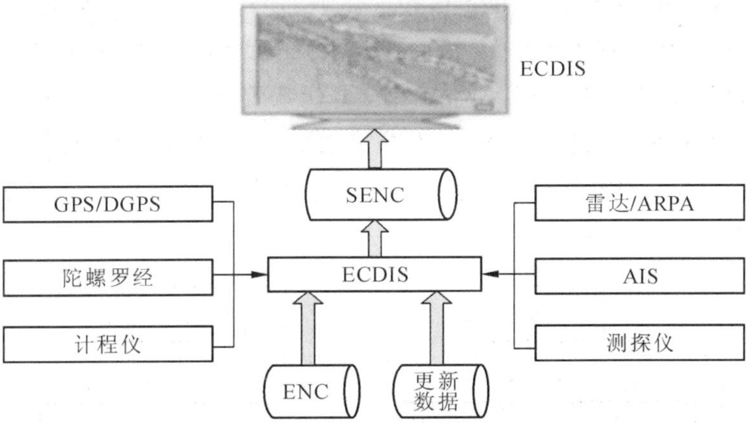

图 10.2-3　ENC、SENC 与 ECDIS 之间的关系

（3）光栅海图显示系统

RCDS 为一种航行信息系统，显示 RNC 信息和来自导航传感器的位置信息以帮助航海人员进行航线设计和航行监控，如有需要，还可显示关于航行的其他信息。与 ECDIS 类似，系统中操作的电子海图数据为系统光栅航海图（System Raster Navigational Chart Database，SRNC），即系统将 RNC 数据转换为系统所用格式的电子海图数据库，并包含用适当方式转换的改正信息。这种工作模式有以下局限性：

①RNC 为有边界海图，这种模式如使用一套纸质海图一样；

②RNC 不能启动如防止搁浅的自动报警功能，但可以由手动加入信息的方式产生某些报警功能；

③不同的 RNC 所采用的海图基准面和投影方式可能不同；

④海图上的特征不能被简化或移除以适合某种特定的航行要求，如雷达信息的叠加等；

⑤RNC 不能随意选择海图显示比例，此做法可能会影响到对下一步航行的计划功能；

⑥RCDS 的海图变向显示可能影响海图资料的读取；

⑦RNC 可能不能够通过查询方式获取海图物标的附加信息；

⑧RNC 不能设置安全等深线或水深点并使其强调性显示；

⑨基于 RNC，不同的颜色可能用于显示类似的海图信息，也可能出现白天和夜间颜色的不同；

⑩RNC 应以其纸质海图的比例尺显示，过分放大或缩小会严重降低 RCDS 的性能。

因为上述局限性，所以 RCDS 不代表电子海图系统的发展方向，纯粹地以 RCDS 模式工作的电子海图系统已经被淘汰。鉴于目前 ENC 还没有完全覆盖所有水域，IMO ECDIS 性能标准中明确提出 ECDIS 在相应水域可以工作在 RCDS 操作模式，即采用 RNC，这种现象被称为“双重燃料”。需要注意的是，当 ECDIS 处于 RCDS 模式时，必须与适当配置的纸质海图一起使用，即不能完全取代纸质海图。

综上所述，数据来源及生产机构、制作方式、制作标准等因素决定了电子海图的数据类型、法律地位；电子海图及其系统的性能要求等因素决定了电子海图系统的模式与法律地位，具体对应关系如图 10.2-4 所示。

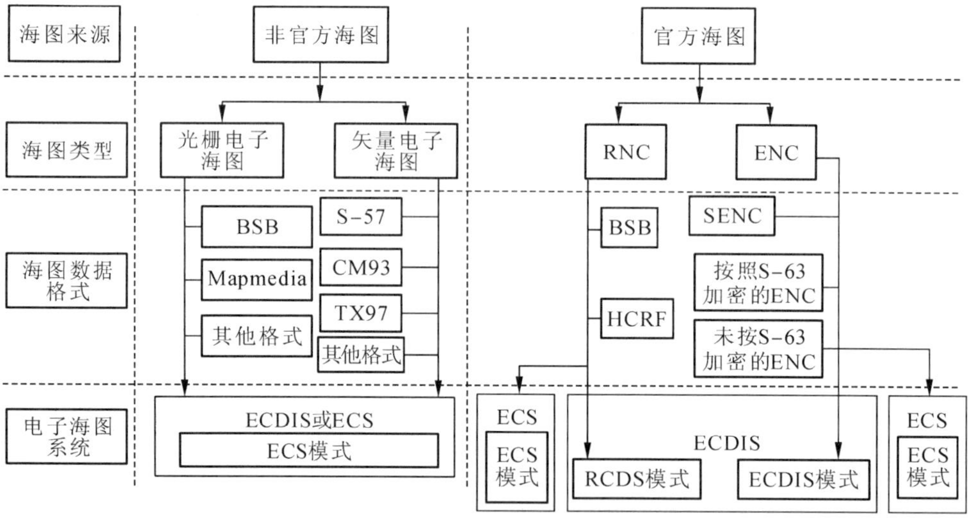

图 10.2-4 电子海图与 ECS、ECDIS 之间的关系

10.2.3 电子海图系统相关标准及取代纸质海图的条件

(1)电子海图系统相关标准

目前，ECDIS 相关国际标准主要有三类。一是 IMO ECDIS 性能标准。二是 IHO 关于 ECDIS 的性能标准，该类标准包括 IHO S-52，即 ECDIS 的海图内容和显示规范；IHO S-57，即数字化水道测量数据传输标准；IHO S-63，即数据保护方案。此外，IHO 也制定了一些关于电子海图其他方面的配套标准。三是 IEC 61174。

①IMO ECDIS 性能标准

IMO 在 1995 年 11 月第 19 届大会正式通过 A. 817(19)号决议"IMO ECDIS 性能标准"(Performance Standard for Electronic Chart and Display System)。此后，MSC 在 1996 年 11 月通过的 MSC. 64(67)决议增加了性能标准附件 6"ECDIS 备用装置要求"。1998 年通过的 MSC. 86(70)决议增加了性能标准附件 7"RCDS 操作模式"。2006 年 12 月通过的 MSC. 232(82)决议对标准进行了较全面的修订，使之成为现行的"IMO ECDIS 性能标准"。IMO ECDIS 性能标准给出了 ECDIS 的定义、适用范围、提供和更新海图信息、操作和功能要求、比例尺、其他航行信息的显示、显示模式和邻近区域的生成、颜色和符号、显示要求、航线设计、航路监控和航程记录、计算和精度、性能试验、故障报警和指示、备用装置、与其他设备连接、电源等内容。根据该标准，如果有适当的备用配置，ECDIS 便可以满足 SOLAS 公约第Ⅴ章第 19 条和 27 条关于海图配置的要求，即可以取代纸质海图，但如果工作在 RCDS 模式，则不能取代纸质海图。该标准有 7 个附件。

附件 1：制定标准时所参照的其他标准，包括 S-52 及其附件、S-57、IEC61174"电子海图显示与信息系统"、IEC945"组成 GMDSS 的船载无线电设备和船用导航设备的一般要求"等。

附件 2：ECDIS 在航线设计和航路监控过程中可显示的海图信息分类(显示基础、标准显示、附加信息)。

附件 3：ECDIS 中所使用的航行要素和参数的术语及其缩写。

附件 4：ECDIS 在航线设计和航路监控过程中应自动检测到的特殊地理区域。

附件 5：ECDIS 的报警及指示的形式和内容。

附件 6：对 ECDIS 备用装置的要求。

附件 7：RCDS 操作模式的相关要求。

MSC. 232(82)决议建议各国政府确保在 2009 年 1 月 1 日及以后安装的 ECDIS 设备符合不低于本决议附件所规定的性能标准，1996 年 1 月 1 日至 2009 年 1 月 1 日期间安装的 ECDIS 设备符合不低于经 MSC. 64(67)决议和 MSC. 86(70)决议修正的 A. 817(19)决议附件所规定的性能标准。

②IHO 关于 ECDIS 的性能标准

IHO 一直致力于有关海图与航海出版物规范、海图符号规格及其显示等方面的标准化工作。目前，IHO 指定的关于 ECDIS 的标准主要包括：

a. IHO S-52

IHO S-52 是 IHO 关于电子海图的内容和 ECDIS 显示方面的标准，该标准最初草案于 1987 年 5 月在摩纳哥召开的第 13 届国际海道测量会议上，提交给 IHO 各成员国的海道测量学专家们。此草案也分发给了各国航运管理部门、航海人员协会和制造商，以广泛征求意见。自此以后，《ECDIS 海图内容与显示规范》(S-52)及其有关的附录已被修改多次，现行版为 2010 年 3 月第 6 版。

该规范包含三个附件和一个附录。

附件 A：IHO ECDIS 表示库。

附件 B：颜色显示初始校准程序。

附件 C：显示标准的维护程序。

附录 D：电子航海图更新指南。

该标准规范了 ECDIS 显示 ENC 信息时的方式，包括显色、符号样式、线型等一系列问题，保证不同厂商生产的 ECDIS 显示海图信息的方式、海图基本功能都是一致的，利于用户识读和使用。

b. IHO S-57

IHO S-57 是 IHO 关于数字化水道测量数据（即电子海图数据）的传输标准，现行版为 2000 年 11 月第 3.1 版。

该标准描述了用于各国航道部门之间的数字化水道测量数据的交换以及向用户、ECDIS 的生产商发布此类数据的标准。该标准是具有法律效力的矢量形式电子航海图的数据交换和传输标准。该标准的内容主要包括三个部分以及两个附件。

第一部分：一般性介绍。

第二部分：理论数据模型。

第三部分：数据结构（电子航海图的数据格式）。

附件 A：IHO 物标目录（物标分类和编码系统）。

附件 B：产品规范（电子航海图产品规范、IHO 物标目录数据字典产品规范）。

该标准规范了物标名称及属性定义，规定了 ENC 的数据内容、数据格式等细节问题，从而保证了 ENC 在 ECDIS 中不用转换就能够正确读取。

c. IHO S-63

IHO S-63 是 IHO 关于数据保护方案的标准，该标准主要用于规范电子海图数据的分发与服务，包括防盗版、防伪造、选择性存取、数据制作者一致性和原始设备制造商（OEM）一致性等条款，是安全结构与操作规程的推荐性标准，使用对象为数据发行机构（如国家水道测量部门）、ECDIS/ECS 设备制造厂商和最终用户。

该标准由 IHO 数据保护方案组编制，并经 IHO 各成员国同意。该标准于 2003 年 10 月发布第 1 版，2008 年 3 月发布第 1.1 版。该标准包括 15 章及附件。

第 1 章为总则，描述数据保护模式结构与管理、标准的结构和使用范围、标准内容的一致性要求等。

第 2～9 章为安全防护结构及操作规程，包括数据生产者、买主和最终用户的责任、防护模式的构成、防护项目的创建、加密算法与编码格式。防护项目包括数据生产者、买主和最终用户的许可、数据单元许可、数据验证、数据防伪签证、ENC 数据单元和海图改正文件的加密、数据压缩安全等。

第 10～15 章为用户操作规程，包括模式管理、数据服务管理、生产者和买主的操作要求、作业流程图及专用术语定义。附件为数据服务验证程序、生产信息申请程序。

附件 1 为测试说明与测试数据信息。

附件 2 为加拿大水道测量局的 IHO SSVI 软件内核信息。

d. 其他

除上述标准外，IHO 还制定了其他与电子海图数据或应用系统有关的标准：

S-58《ENC 有效性检验推荐标准》：ENC 生产中质量控制的参考标准，现行版为 2011 年 2 月第 4.2.0 版。

S-60《WGS-84 坐标变换用户手册》：介绍了各坐标系转换到 WGS-84 坐标系的修正值和公式，现行版为 2003 年 7 月第 3 版，在 2008 年 8 月作出修正。

S-61《光栅航海图产品规范》：RNC 制作的主要标准，现行版为 1999 年 1 月第 1 版。

S-62《ENC 生产商代码》：给出了全球官方的 ENC 生产商，现行版为 2009 年 12 月第 2.5 版。

S-64《IHO ECDIS 测量数据集》：用于 ECDIS 测试，现行版为 2008 年 12 月第 1.1 版。

S-65《ENC 生产指导》：用于 ENC 生产，现行版为 2009 年 10 月第 1.2 版。

S-66《电子海图及配件要求》：介绍了关于电子海图的基本知识和配备要求，现行版为 2010 年 1 月第 1.0.0 版。

S-100《通用海道测量数据模型》：是 IHO 颁布的新一代海上空间地理信息国际标准，弥补了传统 S-57 数字海道测量数据传输标准的缺陷，支持更加广泛的海上数据、产品和用户，其数据结构不限定编码格式，现行版为 2018 年 12 月发布 4.0.0 版。

③IEC 61174

IEC 发布的 IEC 61174《海上导航和无线电通信设备及系统 电子海图显示和信息系统 工作和性能要求、测试方法和要求的测试结果》，现行版为 2015 年发布的第 4.0 版。

该标准描述了 ECDIS 的性能测试方法和要求的测试结果。任何厂家生产的 ECDIS 系统必须按该标准经严格测试并达到标准要求的结果，才能被官方认可投入市场。因此，通过该标准的测试是 ECDIS 合法地成为船用设备的基础。符合该标准的 ECDIS 得到了型式认可(Type-Approved)后，才可合法地成为船用设备。

综上所述，为了使 ECDIS 的功能满足 IMO ECDIS 性能标准 MSC. 232(82)的要求，所使用的海图信息由官方水道测量部门提供的符合 IHO S-57 标准的经过改正后最新的信息，ECDIS 中电子海图的具体内容、显示方式、颜色和符号的使用等要符合 IHO S-52 规范，电子海图的信息保护标准符合 IHO S-63 规范，ECDIS 的硬件设备要通过 IEC 61174 的性能测试，其关系如图 10.2-5 所示。

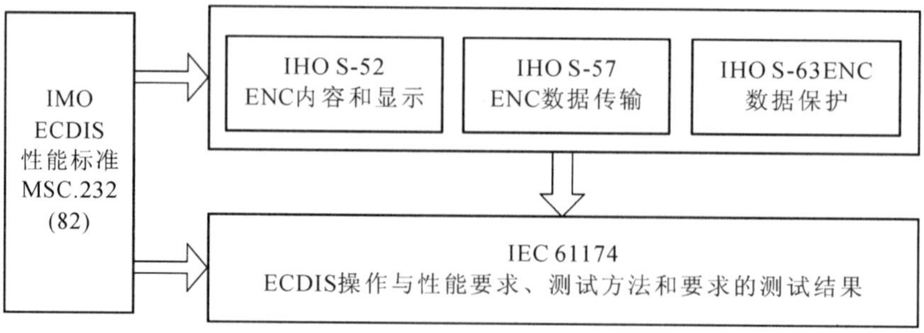

图 10.2-5　ECDIS 相关标准和规范间的关系

(2)电子海图取代纸质海图的条件

ECDIS 取代纸质海图判断流程如图 10.2-6 所示。

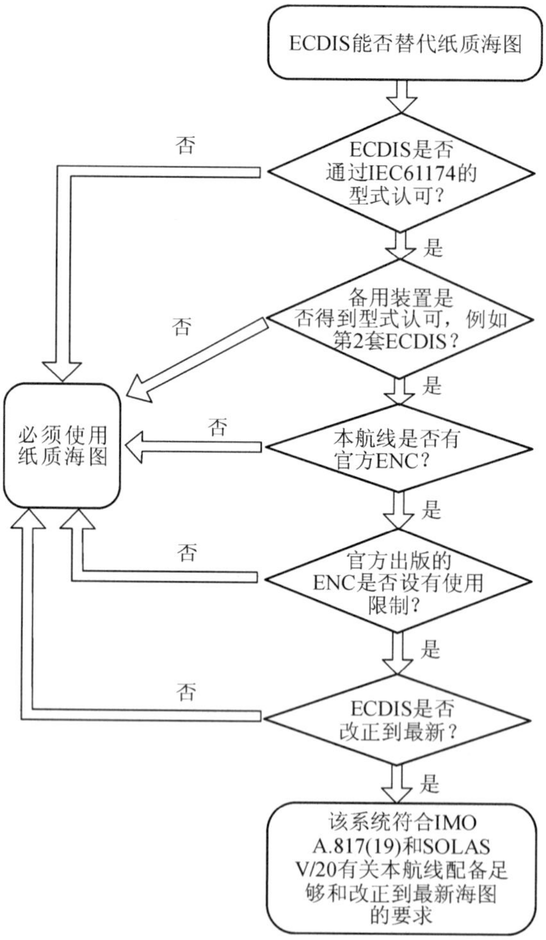

图 10.2-6　电子海图取代纸质海图判断流程

如果 ECDIS 满足以下条件,可认为符合 SOLAS 公约第Ⅴ章配备方面相关要求,即可取代传统纸质海图。

①ECDIS 需符合 IEC 61174 标准，并通过有关机构的型式认证；

②ECDIS 需使用改正至最新的官方 ENC（官方水道测量部门提供的符合 IHO S-57 标准，具体内容、显示方式，以及颜色和符号的使用要符合 IHO S-52 规范）；

③配备适当的备用装置。

10.2.4 ECDIS 的组成及功能

ECDIS 由硬件和软件两大部分组成。

（1）ECDIS 系统硬件构成

ECDIS 实质上是一个具有高性能的内、外部接口符合 IHO S-52 规范要求的船用计算机系统，其系统的组成结构如图 10.2-7 所示。系统的中心是高速中央处理器和大容量的内部和外部存储器。外部存储器存储容量应保证能够容纳整个 ENC、ENC 更新数据和 SENC。

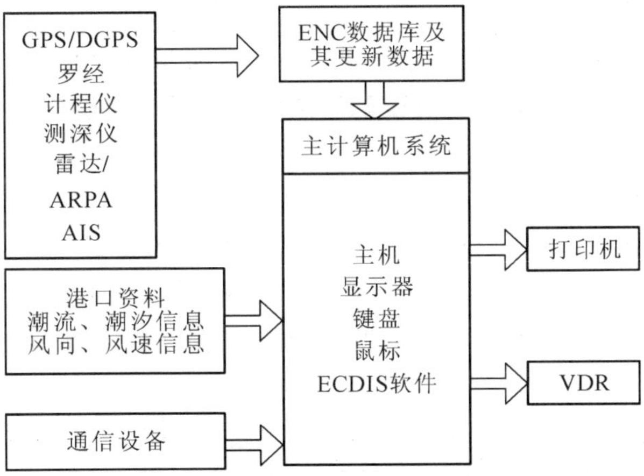

图 10.2-7　ECDIS 系统组成结构

中央处理器、内存和显存容量应保证显示一幅电子海图所需时间不超过 5 s。当然，由于计算机硬件技术的迅速发展，加上对 SENC 的合理设计，目前各厂商都实现了在 1 s 内完成一幅电子海图的显示。

图形显示器用于显示电子海图，其尺寸、颜色和分辨率应符合 IHO S-52 的最低要求，即有效画面最小尺寸为 350 mm×270 mm，不少于 64 种颜色，像素尺寸小于0.3 mm。在进行航路监视时显示海图的有效尺寸至少为 270 mm×270 mm（此为 IMO ECDIS 性能标准的要求）。

文本显示器用于显示航行警告、航路指南、航标表等航海信息，其尺寸应小于 14 in（1 in≈0.0254 m），支持 24×80 字符显示。事实上，当前的 ECDIS 大多采用在图形显示器上以开窗方式显示相关的文本信息。

内部接口应包括图形卡、语音卡、硬盘和光盘控制卡等。以光盘或软盘为载体的ENC及其改正数据，以及用于测试ECDIS性能的测试数据集可通过内部接口直接录入硬盘，船舶驾驶员在电子海图上所进行的一些手工标绘、注记，以及电子海图的手动改正数据的输入等可通过键盘和鼠标实现。同喇叭相连接的声卡，用以实现语音报警。

利用打印机可实现电子海图和航行状态的硬拷贝，以便事后分析。VDR按照国际海事组织的要求记录航行数据。

外部接口一般是含有CPU的智能接口，保证从外部传感器（包括GPS、罗经、雷达、AIS、计程仪、测深仪、风速风向仪、自动舵等设备）接收信息，并按照一定的调度策略向主机发送信息。

通过船用通信设备不仅可以自动接收ENC的改正数据，实现电子海图的自动改正，还可接收如气象预报数据等其他信息。

（2）ECDIS系统软件组成

ECDIS软件是ECDIS系统的核心，该软件包括具有以下基本功能的7个模块。

①海图信息处理软件

该模块包含由ENC向SENC转换、电子海图自动和手动改正、海图符号库的管理、航海咨询信息的管理、电子海图库的管理、海图要素分类及编码机制的管理、用户数据的管理等功能。

②电子海图显示模块

该模块包含电子海图合成（给定显示区域、比例尺和投影方式，搜索合适的海图数据，并进行投影和裁剪计算，生成图形文件）、电子海图显示（根据图形文件调用符号库，在屏幕上绘制海图）、电子海图上要素的搜索、航海信息的显示等功能模块组成。

③计划航线设计模块

该模块由绘制和修改计划航线工具、计划航线有效性检查、经验（推荐）航线库的管理、航行计划列表的生成（每段航线的距离、航速、航向、航行时间等）等功能模块组成。

④传感器接口模块

该模块包括与外部设备（如GPS、雷达/ARPA、AIS、罗经、计程仪、测深仪、风速风向仪、Loran-C、卫星船站、自动舵等）的接口模块，以及读取传感器信息的调度和综合处理模块。

⑤航线监控模块

该模块是计算船舶偏离计划航线的距离、检测航行前方的危险物和浅水域、危险指示和报警等功能模块。

⑥航行记录模块

该模块用于记录船舶航行过程中所使用的海图的详细信息及航行要素，实现类似“黑匣子”功能。

⑦航海问题的求解软件

该模块可实现船位推算、恒向线和大圆航线法计算、距离和方位计算、陆标定位计算、大地问题正反解计算、不同大地坐标系之间的换算、船舶避碰要素（CPA、TCPA）计算等。

（3）ECDIS 的功能

基于 ECDIS 软件系统功能模块，ECDIS 作为航行系统具有以下功能：

①海图显示

依据 S-52 显示海图的内容，以“真北向上”或“航向向上”等方式显示海图；以“相对运动”或“绝对运动”方式显示海图；随机改变电子海图的比例尺（缩放显示及漫游）；分层显示海图信息（隐去本船在特定航行条件下不需要的信息）。

②海图作业

在电子海图上进行计划航线设计（依照推荐航线进行手动设计或进行大圆航线计算）；以灵活的方式计算任意两点间的距离和方位（如利用电子方位线、可变距标圈等方式）；标绘船位、航迹和时间。

③海图改正

能够接受由官方 ENC 制作部分提供的正式改正数据以及由航海人员从纸质航海通告或无线电航行警告中提取的改正数据，实现 ENC 的自动和手动改正。

④定位及导航

能够同计程仪、陀螺罗经、GPS、Loran-C、测深仪、气象仪等设备连接，接收来自这些传感器的信息，并进行综合处理求得最佳船位；能够进行各种陆标定位计算。

⑤雷达信息处理

ECDIS 可将雷达图像和 ARPA 信息叠加显示在电子海图上，标明本船、本船周围的静态目标、本船周围的动态目标三者之间的位置关系。航海人员可据此判断碰撞态势，做出避碰决策。ECDIS 还能在电子海图上检测该避碰决策可行与否。

⑥航路监视

在船舶航行过程中，ECDIS 能够自动计算船位偏离计划航线的距离，必要时给出指示和报警，实现航迹保持。ECDIS 还能够自动检测到航行前方的暗礁、禁航区、浅滩等，实现避礁、防浅。

⑦航海信息咨询

ECDIS 可以获取电子海图上要素的详细描述信息以及整个航线上的航行条件信息，如潮汐、海流、气象等信息。

⑧航行记录

ECDIS 能够自动记录前 12 h 内所使用过的 ENC 单元及其来源、版本、日期及改正历史，以及每一分钟的船位、航速、航向等信息。一旦船舶发生事故，这些信息足以再现当时的航行情况。记录的信息不允许被操控和改变。也就是说，ECDIS 应具备类似“黑匣子”的功能。

10.2.5 ECDIS 的数据模型与数据基准面

(1)ECDIS 数据模型

实际的水域环境比较复杂，很难用海图描述完整，针对水道测量学相关实体，S-57 标准采用专业的简化模型模拟实际环境。S-57 标准以特征对象对不同实体的特征进行分类，以空间对象对不同实体的空间形状和位置进行分类，再将特征对象和空间对象加以组合，构造某一实体的理论数据模型。

一个对象即为一个可识别的信息集，可包含多种属性和与其他对象的关联信息。其中，特征对象包含除实体的形状和位置信息以外的描述性属性，空间对象则必须包含实体的形状和位置信息，也可包含一些描述性属性。特征对象由它与一个或多个空间对象的关系定位，但也可不参照空间对象而存在；空间对象则必须参照一个特征对象。二者通过编码组成了建立 S-57 物标数据的要素基础。

①空间对象

空间对象用于描述实体的空间位置。它由点(孤立节点、连接节点)、边界和面(闭合的边界)的坐标及其相互关系构成。S-57 原则上可用矢量、栅格或矩阵类型描述空间位置属性，即空间对象可以是矢量、光栅或矩阵类型。不过，目前 S-57 只用矢量类型表示空间对象，对光栅类型和矩阵类型并未作具体定义。

S-57 采用了二维平面观察法来简化模型。矢量类空间对象可是零维、一维或二维，分别对应节点、边和面；节点又分为孤立节点和连接节点，这三个维数可以表示为物标的属性。

矢量类空间对象间关系：孤立节点包括在面中，面以边为界，边以连接节点为端点，相邻的面以边为连接。

上述关系可用于描述如下四个拓扑级：

a. 无拓扑

一组孤立节点和边。其中，边不以节点为参数，特征对象不能共用空间对象。点表示被编码成孤立节点，线表示被编码成依次连接的边序列，面表示被编码成边的闭合环。

b. 链节点

一组点和边。其中，每条边必须以连接节点为其始点和终点(可以是同一点)，但其始点和终点不属于同一边。链接点可以共用矢量对象。点表示被编码成孤立节点或连接节点，线表示被编码成边和连接节点序列，面表示被编码成从同一连接节点起始和终止的边的闭合环。点、线、面均不允许重叠。

c. 平面图

一组节点和边。其中，边与边不能在连接节点交叉，只能在连接节点处邻接。可以共用矢量对象，但有如下限制，即邻接的两条边须共用连接节点，邻接的两个面须共用边界。点、线、面均不允许重叠。

d. 完全拓扑

一组节点、边和面、一个具有特定表面的平面图。整体可以分割为若干互相独立的面。孤立节点可以参照包含它的面，边则必须参照其左侧和右侧的面。点表示被编码成孤立节点或连接节点，线表示被编码成边和连接节点序列，面表示被编码成界面。点、线、面均不允许重叠。

图 10.2-8 为一个线状空间向量的示例，从图中可见，点 1 和点 11 为连接节点，点 2～点 10 为该线向量的中间节点。由于空间几何不重复，它属于平面图和完全拓扑。该图表示由起始节点 1 和终结节点 11 为两个端点，点 2～点 10 为中间顺序节点的线状空间物标。实际应用中，连接节点可以是带有标志性特征的特殊点，也可以是两个区域边界的交叉点。在这个点上可定义点状对象，如航标、陆标等，而整个线边界可以定义线类对象，如等深线、海岸线等，还可以作为面状空间的组成部分。

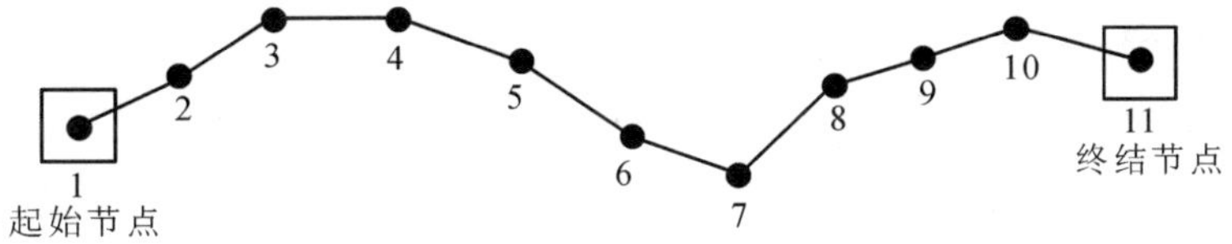

图 10.2-8　线状空间向量示例

②物标类目

S-57 标准的基本原理是通过数据模型来描述客观世界实体，这些实体是客观世界实际存在的，或具有存在的(如一个信标)或规定存在的(如锚地)。在数据模型中，假定客观世界实体可划分为有限的一些类别，如灯标、沉船、建筑物区等，则将有限的客观实体划分为相应的类别并进行适当的描述，就构成了 S-57 物标目录。

这些实体类型在物标目录中被称为特征物标类。特征物标类的一个实例可以归结为一个特征物标，如一个特定的灯标、沉船和建筑物区，可以赋予它一系列属性，并为这些属性赋值来精确地描述。特征物标用于描述实体的种类、性质和特征等属性信息。一个特定的客观世界实体通过描述适当的特征类、属性和属性值来编码。为了便于实体非位置描述信息的有效交换，S-57 定义了四类特征物标。

a. 地理类

地理类含有实体的制图表示信息，共有 160 种，如锚位、立标、浮标、顶标、灯、泊位、桥梁、岸线、运河、潮流数据、沉船等。

b. 元类

元类含有海图上其他对象的公有信息，包括数据精度、数据编辑比例尺、覆盖范围、数据水平基准面、水平基准面变换参数、航海出版物信息、航海标志系统、产品信息、数据质量、水深基准面、测量可靠性、数据度量单位、数据垂直基准面，共 13 种。

c. 组合类

组合类含有其他物标间的关系信息，包括聚合、关联、上/下。

d. 制图类

制图类含有实体的制图表示信息，包括制图区、制图线、制图符号、向位圈、文本，共 5 种。

③物标属性

S-57 的物标在标准中有详细的定义来表达某物标的数据构成。类目定义中给出了物标类目的名称、六位字符的缩写编码、数值型的代码、具有的属性、说明型定义、在国际海图 1(INT1)中的参照以及附注说明。

S-57 附录 A——IHO 物标类目为上述 181 个特征物标的每一个特征对象都定义了一组属性集，属性集中包括三个属性子集：属性 A 为物标的基本属性，定义物标的个体特征；属性 B 为物标的辅助属性，提供数据的用途；属性 C 为物标的其他属性，提供物标的管理信息和描述数据。

S-57 在附录 A 中共有 191 种物标属性，其数值类型有枚举型(从下拉列表中选择 1 个属性值)、列表型(从下拉列表选择 1 个或多个属性值)、浮点数、整数、编码字符串(ASCH 字符)、任意格式的文本。

制图时，实际环境中的实体对应一种特征物标，赋予它一系列属性并为这些属性赋值来精确地描述。如一红色左侧标实体编码为特征物标类，侧面浮标，属性为侧面标志类，属性值是 1(表示侧面标)；属性为颜色，属性值是 3(表示红色)。

S-57 标准对各种物标类使用的属性进行了完整的定义，如桥梁类型和障碍物类型的属性定义，前者属于列表属性，可以多值，即一座桥梁，可以是若干种类型桥梁的组合，后者则属于枚举属性，一个障碍物，只能是其中的某一个类型。

需要注意的是，实际的物标，如一个航标，它可能是由标体、顶标、灯标、雷达反射器等多个物标组成的(ECDIS 中称为复合物标)，这些物标共用一个空间，综合表达一个完整的航标。

由此可知，一个物标类代表一个信息种类，每个种类带有各自的属性，对各个属性赋予了具体数值，就确定了一个特殊的物标个体。

(2)ECDIS 数据基准面

ECDIS 性能标准规定，为了使不同来源的位置信息汇合到一个数据库(地区性的)，只能采用一个水平基准面。根据 IHO 技术决议 B. 11，这个基准面应为 WGS-84，这也是全球定位系统(GPS)适用的基准面，各国水道测量部门应在生产 ENC 数据时将当地基准面转换为 WGS-84。因此，有必要进一步了解电子海图数据基准面的相关内容。

①水平基准面

a. 地球

为了在地球表面上确定一个准确的位置，我们必须知道地球本身的形状和大小。但是，地球不是一个完美的球体，更像是一个在轴附近扁平的椭球体。因而，为了实用化，经常用椭球体的形状来描述地球的形状。人们以假想的平均静止的海水面形成的"大地体"为参照，计算出近似的椭球体。地球椭球体有长半轴 a 和短半轴 b 之分，长半轴即赤道半径，短半轴即极半径。$f[f=(a-b)/a]$为椭球体的扁率，表示椭球体的扁平程度。由此可见，地球椭球体的形状和大小取决于 a、b、f。因此，三者被称为地球椭球体的三要素。

我们把形状的大小与大地体相近并且两者之间的相对位置确定的旋转椭球体称为参考椭球。参考椭球面是测量计算的基准面。世界各国都根据本国的地面测量成果选择一种符合本国要求的参考椭球，因而参考椭球有许多个。这样确定的参考椭球在一般情况下和各国领域内的局部大地水准面最为接近，对该国的常规测绘工作较为方便。然而，当我们将各国的测量成果联系起来进行国际合作时，参考椭球的不同又带来了不便，因此，从全球着眼，必须寻求一个和整个大地体最为接近的参考椭球，称为总地球椭球。

b. 大地水准面

地球上的任意一点都同时受到两个力——地球自转的离心力和地心引力的作用，它们的合力称为重力，重力的方向即为铅垂线方向。

处于静止状态的水面(如平静的湖泊水面)即表示一个水准面。水准面必然处处与重力方向(即铅垂线方向)垂直，否则水就要流动，处于运动状态。在地球引力起作用的空间范围内，通过任何高度的点都有一个水准面。

总体上来说，海水面是地球上最广大的天然水准面。设想把平均海水面扩展，延伸到大陆下面，形成一个包围整个地球的曲面，则称这个水准面为大地水准面，它所包围的形体称为大地体。大地水准面的形状和大地体的大小接近地球自然表面的形状和大小，并且它的位置是比较稳定的，因此，我们选取大地水准面作为测量作业的基准面，与其相垂直的铅垂线则是作业的基准线。

c. 当地基准面

基准面是利用特定椭球体对特定地区地表面的逼近，因此每个国家或地区均有各自的基准面。我们通常所说的北京 54 坐标系、西安 80 坐标系实际上指的是我国的两个大地基准面。

从 1953 年起，我国参照苏联的克拉索夫基斯(Krassovsky)椭球体建立了北京 54 坐标系，1978 年采用国际大地测量协会推荐的 1975 地球椭球体建立了西安 80 坐标系，

2008 年又建立了原点位于地球质量中心的 2000 国家大地坐标系。北京 54 坐标系与西安 80 坐标系、2000 国家大地坐标系之间的转换可查阅国家测绘局公布的对照表。

2000 国家大地坐标系是全球地心坐标系在中国的具体体现，其原点为包括海洋和大气的整个地球的质量中心。Z 轴指向 BIH1984.0 定义的协议极地方向(BIH 国际时间局)，X 轴指向 BIH1984.0 定义的零子午面与协议赤道的交点，Y 轴按右手坐标系确定。2000 国家大地坐标系采用的几个主要的地球椭球参数如下：

长半轴 $a=6378137$ m

扁率 $f=1/298.257222101$

自转角速度 $\omega=7.292115\times10^{-5}$ rad/s

短半轴 $b=6356752.31414$ m

2000 国家大地坐标系采用 1985 国家高程基准，是利用青岛大港验潮站 1952—1979 年的观测资料所计算的黄海平均海水面，作为全国高程的统一起算面。1985 国家高程基准与 1956 黄海高程基准换算关系为：

1985 国家高程＝1956 黄海高程－0.029 m

目前，我国所有工程建设控制点高程几乎都是采用 1985 国家高程基准。

②深度基准面

a. 美国海图水深基准面

在太平洋海岸、夏威夷及菲律宾群岛以平均较低低潮面(Mean Lower Low Water)为水深基准面；在大西洋沿岸、墨西哥湾以平均低潮面(Mean Low Water)为水深基准面。

b. 英国海图水深基准面

其以平均大潮低潮为基准面，但在中国、印度海域，则采用印度大潮低潮面为基准面

c. 日本海图水深基准面

其以约最低低潮面(Approximate Level of Lowest Low Water)为海图基准面。高度基准面则除了于海图标题有描述以外，均以平均高潮面(Mean High Water)为高度基准面。

d. 我国海图水深基准面

我国海图水深基准多采用平均海面下的水平面，此系依据潮之调和分解而求取的太阴半日(周)潮，太阳半日(周)潮及日月合成日(周)潮，太阴日(周)潮的半潮差。此种水面在英国称为印度大潮低潮面，约等于最低潮面。我国称其为约最低低潮面。

10.2.6 ECDIS 与雷达、AIS 间的关系

ECDIS 的性能标准允许在 ECDIS 显示器上显示雷达和 ARPA 的信息。实际上，在显示器上有两个层次的组合。

第一个层次是在 ECDIS 上叠加显示雷达和 AIS 跟踪的目标。这似乎类似于在标准的雷达显示器上显示符号/矢量，可以通过一个标准的国际电工委员会(IEC)/美国国家航海电子协会(NMEA)接口来实现。这种显示的优点是能在海图的地理信息背景中分析交通情况，这在沿海海域特别有用，可显示包括浅滩、水下障碍物、通航分道制和航道边界等地理信息。需要注意的是，雷达信息在叠加显示时有优先权，不能被 ECDIS 系统数据遮蔽。

第二个层次是把雷达画面叠加到 ECDIS 显示器上，从而容易识别某些雷达目标(如哪一个目标是浮标，哪一个目标可能是捕鱼船等)。雷达也将检查 ECDIS 上的陆地特征或浮标图案是否与雷达回波影像吻合，这是检查 GNSS、ECDIS、雷达和罗经等所有工作是否正确的最快、最容易的方法。

驾驶员可以通过操作从 ECDIS 上抑制或删除所有雷达和 AIS 跟踪的目标信息。

10.3　VDR 系统

10.3.1　VDR 系统概述

船载航行数据记录仪(Voyage Data Recorder，VDR)俗称船舶黑匣子，是一种专门用于记录和保存船舶航行过程中重要信息参数的智能化记录设备，如图 10.3-1 所示。船载航行数据记录仪的功能相当于飞机上的黑匣子，可以进行数据记录、事故分析和航行试验。船舶黑匣子不仅可以在发生海上事故后及时客观地进行事故原因调查，在船舶航行的过程中，还可通过黑匣子所记录的数据，及时发现事故隐患并进行维修，防患于未然。在船舶发生事故后，黑匣子所记录的数据在分析事故原因时起着不可替代的重要作用。

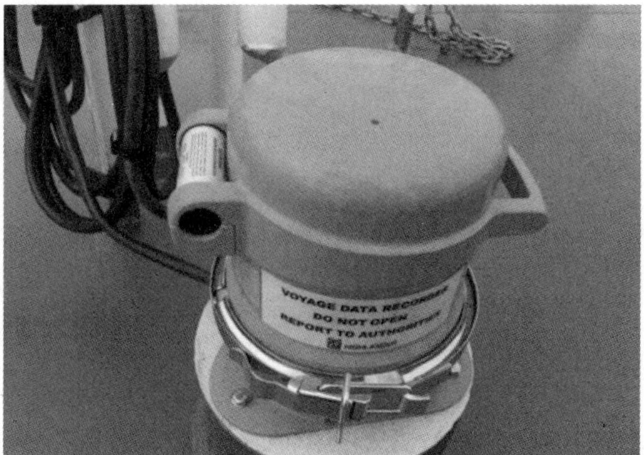

图 10.3-1　船载航行数据记录仪

在1999年国际海事组织(IMO)航行安全分委会第45次会议上,VDR被作为强制装载的仪器设备。根据SOLAS公约第V章的有关规定,航行在国际海域的各类船舶需在规定期限内装备航行数据记录仪。其中,2002年7月1日及以后建造的所有客船必须装备VDR,其他类型船舶不迟于2009年1月1日应装备完毕。这也是国际海事组织继装备AIS系统后的另一重大举措。

为了寻找遇难船只和分析海难事故的原因,仅配备应急无线电示标仪(EPIRB)是远远不够的,必须装备VDR,借助它们进行海难调查,从失事的船舶中分析失事前后的各种状态和数据,找出失事的真正原因,并对这些原因进行归纳总结,不断完善现有的国际公约、规则和规范,从而不断改进现有的船舶设备,不断提高船舶航行的可靠性和安全性,这也是装备VDR的最终目的。

VDR是以一种安全和可恢复的方式保持存储船舶发生事故前后一段时间的船舶位置、动态、物理状况、命令和操纵的信息,并将这些数据信息保存于一个带外保护壳体的存储器内的系统。VDR采用非易失性Flash存储介质,断电后数据可保存至少10年;并采用独特的壳体保护技术,可以保证在船舶失事后数据生存的可能性最大;在经受高温火烧、深海压力、强振动、强冲击后,存储的数据能完好读出并再现,以此作为事故调查、判断事故发生原因的重要依据,也是处理海事纠纷的重要证据。

主管机关和船东应可获得包含在VDR中的信息,该信息用于任何随后的确定事故原因的调查。根据IMO和SOLAS有关决议的规定,VDR必须记录和存储以下15个方面的数据:日期和时间、船位、船速、航向、驾驶台声音、通信声音、雷达数据及选择的图像、深度信号、主报警信号、舵命令和响应、轮机命令和响应、船体开口状况、水密门及防火门状态、加速度及船体应力和风速及风向,且存储时间应大于12小时。

VDR是一个完整的系统,包括数据处理、编码、数据接口以及记录介质,再现设备和专用备用电源等配套设施。

10.3.2 VDR设备及记录的数据类型

(1)VDR设备

VDR设备的硬件主要有两部分:一个位于船舶外面顶部的单独数据存储容器和一个可能固定在船桥内部的数据收集单元(图10.3-2)。回放装置通常位于岸上。

数据存储容器在船舶彻底受损时仍能保持完好,不仅能经受大火,还能浸入超过4000 m的深水中。它由非常厚的钢材构成。这个容器通常应固定在靠近船舶顶部敞开的空间里,其可靠的结构设计很容易由遥控潜水器(ROV),或深海中身着笨重潜水服的潜水员取出。实际上,这不是能容纳大量电子元件的设备,其主要组成部分是足以记录船舶最后12 h工作信息的固态存储器。固态存储器不需要电源来维持记录的数据。容

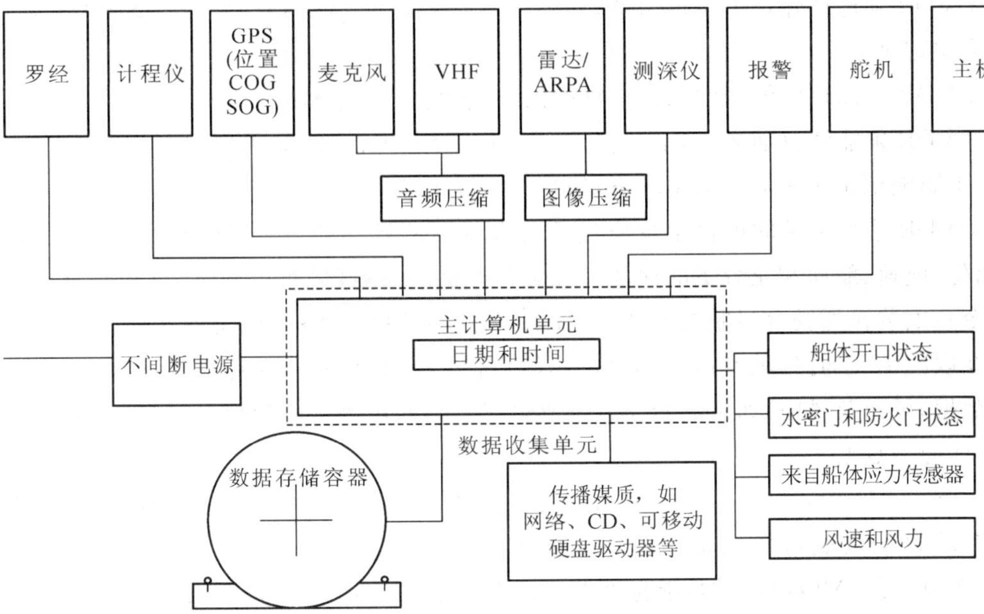

图 10.3-2　VDR 系统的框图

器是完全密封的，为满足要求的性能指标，只有数据线能进入壳体内；为了更易于发现而染上明亮的颜色，且被后向反射材料完全覆盖，并附着一个水下定位信标。

数据收集单元通常是一台标准的个人计算机，但是一般不需要向船员提供普通的控制器及显示器。除了检查系统处在开机的状态和一些产品以简单的闪烁灯光作为功能的指示外，几乎没有什么项目需要驾驶员操作。所有被要求的船桥设备会直接连接到数据收集单元。数据收集单元既能将数据存储在内部，也能向存储容器发送数据。数据压缩技术的应用让用户可以有效地使用系统的存储器。

数据存储容器被要求只保存最后 12 h 的工作情况。这也是 VDR 设备中最昂贵的部分，一旦打开就不能(或完全不能)再次使用。当船桥和船舶基本上还完好无损时，对绝大多数海上事故的调查，打开数据存储容器将造成不必要的风险。事故发生以后，存储在数据收集单元中的数据将在一段很长的时间内(通常大于一周)被保留，并有比打开数据存储容器便宜得多的一流的电子方法来提取数据。提取的方法是供应厂商和买主选择的，但可能需要通过电子网络或标准的计算机存储媒介，如小型磁盘或可移动硬盘驱动器等。

(2)VDR 记录的数据类型

1997 年 11 月 27 日，IMO 第 20 届大会通过了 VDR 的一般性能标准。IMO 在 A.861(20)决议中较为详细地规定了 VDR 技术标准，并讨论了将安装 VDR 这一要求列入 SOLAS 公约第Ⅴ章(航行安全)修正案，该修正案已经生效。IMO A.861(20)决议对上浮型和下沉型 VDR 均适用，其相关技术性能指标如下：

①VDR 须连续保持关于设备状态、输出量以及船舶指令和操作的预先选定指标信息的完整记录。

②VDR 须以色泽鲜明的保护性材料包装,并安装相关设施以便于寻找。

③VDR 须能够自动运行,至少保持 12 小时的数据记录;如果船舶所有人有特殊需要,在不影响记录正常运行的情况下,信息应可以下载。

④VDR 系统记录的项目至少应包括每次行动的日期和时间(参照世界时),导航参数(船位、航速、艏向和龙骨下的深度),机舱和舵机房参数(机舱控制响应、状态指示和舵的指令),安装在驾驶台强制报警状态(船壳开裂报警和水密门、消防门报警),从驾驶台话筒获取的 12 小时驾驶室声音、通信声音,任何无线电通信的声音录音,显示后的雷达图像数据,风速及风向(如果船舶安装风速感应器),回声测深仪数据,船体航行加速度数据,船体应力数据。

1998 年,在 1997 年认可的一般性能标准基础上 IEC 制定了 VDR 性能标准,即 IEC 61996 文件"船载航行数据记录仪性能要求、检验方式及合格的检验结果",这意味着 VDR 必须符合 IMO 决议的性能标准并符合 IEC 制定的相关标准。

10.3.3 VDR 配备要求和安装、管理

(1)VDR 配备要求

根据 SOLAS 公约第Ⅴ章的有关规定,航行在国际海域的各类船舶需在规定期限内装备 VDR。其中,2002 年 7 月 1 日及以后建造的所有客船必须装备 VDR,其他类型船舶不迟于 2009 年 1 月 1 日应装备完毕。

为加强对航行船舶的安全监督和管理,提高船舶及监督人员的安全管理水平,为事故调查获得事故船舶的准确动态数据,以便查明事故原因,判明责任,为规范我国 VDR 的使用管理,为促进我国水上安全管理工作与国际接轨,根据 IMO A. 861(20)决议的有关要求及我国船舶检验法规的有关规定,结合我国水上安全形势及船舶实际状况,中华人民共和国海事局于 2000 年 10 月 18 日制定颁布了《船载航行数据记录仪管理规定(试行)》,并于 2000 年 10 月 31 日起实施。该规定指出,中华人民共和国海事局对 VDR 实施统一监督管理;各直属海事局是对船舶安装和使用 VDR 监督执行的海事主管机关;VDR 的各种数据只能由主管部门提取,任何单位或个人不得对数据再现、变更或删除。此外,该规定还对 VDR 的安装、使用、管理及技术标准等具体问题做了具体的说明。

(2)VDR 安装和管理

VDR 安装必须由主管机关认可的专业安装队伍和人员进行专业化安装。安装调试开通完毕后,应由主管机关或授权的海事主管部门验收并签发船舶 VDR 证书。此外,VDR 在管理中还应注意:

①船舶 VDR 安装使用后，任何人不得随意损坏；未经主管机关许可，任何单位和个人不得随意拆卸、移动位置和改变其用途。

②船舶安装 VDR 后，船上工作人员应对该设备及系统进行保管和维护，可指定专人负责监视其运作情况，并及时将情况记入航海日志，如果发现异常应立即向所在或就近港口的海事主管机关报告。报告内容应包括发现设备异常工作的时间、地点、可能原因、海况、天气情况等，船舶进入第一港口时书面报海事主管机关签证备查。

③船舶发生意外事故之后的 2 小时，船长或指定人员必须将 VDR 的连线脱离装置拉脱，并及时将情况记入航海日志，同时尽一切可能向主管机关报告。确需弃船时，船长必须将 VDR 携带后再离船，并尽快上交就近港口的海事主管机关。

10.3.4　VDR 的功能及在海事取证中应注意的问题

(1)VDR 的功能

VDR 可以记录多种航行信息以作为事故分析、视情维修、航行实验、故障重演、教学模拟等用途的依据。

①事故分析

人们可以根据船舶沉没前所记录的航行速度、航向、过载、俯仰、倾侧、舵面的偏转、浮力、阻力和主/辅机功率等信息，以及船内人员对话和船长与地面的通信联络等，分析事故发生的原因。人们还可以把航行记录器所记录的信息，经处理后送入航海模拟器，重演事故的经过情况，形象地分析事故发生的原因。

②视情维修

某些国家的船舶设备，如主/辅机已采取视情维修制度，即把定期维修改为根据实际需要进行检查与维修。航行记录器所记录数据能为视情维修提供重要的数据和依据，轮机人员可以很方便地进行对照，发现需要解决的问题，或判断其是否处于正常状态。

③航行实验

航行实验是船舶研制和理论研究中一个重要实验手段。航行时重要的数据除一部分靠遥测装置发回到地面外，大部分用航行记录器记载下来，供进一步分析研究。如记录和分析振动数据，不仅对零部件疲劳强度研究十分有用，而且可为船用仪表的设计提供重要依据。

④故障重演

故障重演能将 VDR 中记录的数据通过相关设备(如船舶操纵模拟器、其他模拟软件等)重放，达到模拟故障再现的效果，从而分析故障产生的原因。

⑤教学模拟

教学培训机构可以将 VDR 中的有关数据提取、再现，从而用于对新船员培训、学员的相关教学演示等。

(2)VDR 在海事取证中应注意的问题

①数据的提取

由政府指定的法定事故调查部门才有权对黑匣子设备进行检查，对记录的数据进行提取。任何人在得到黑匣子设备后，必须立刻封存，马上和海事调查部门联系。各级海事调查部门在得到黑匣子设备后，必须对黑匣子设备外观、破损情况进行检查，并做好记录和照片留存，将黑匣子进行封存，妥善保管。在没有得到授权的情况下，任何人不得打开黑匣子设备。

VDR 数据必须由事故调查小组利用 VDR 数据读取设备进行提取，也可以委托 VDR 制造厂家进行，提取出的数据必须进行备份，任何人都不得修改 VDR 数据。

②VDR 实时状态的分析

在提取 VDR 设备中的记录数据后，海事调查官必须亲自或委托有资质的专家对船舶发生事故前后的记录数据进行分析研究，准确描绘出事故当时船舶的实际运动状态，写出 VDR 数据鉴定报告，在有必要的情况下，还可以进行计算机仿真，找出事故发生的原因。在对待 VDR 记录数据上，必须客观公正，不能有“先入为主”的思想；可以利用 VDR 数据对船舶状态和人员的操作进行分析，结合海事调查人员的经验，得出正确结论。此外，任何人都不得篡改 VDR 原始数据，否则必须追究法律责任。

10.3.5 S-VDR 概述

简易型航行数据记录仪(Simplified Voyage Data Recorder，S-VDR)仅用于 2002 年 7 月 1 日之前建造的 3000 GT 以上的国际航行货船。目前在航的一些“老旧”船舶，设备千差万别，为 VDR 提供的信号相当复杂，将这些复杂的信号源转变为标准的数字信号是很困难的。如果完全按照 VDR 的标准，无疑会使上述船舶出现安装调试困难，安装周期加长，甚至要大量地更新设备，从而使设备和安装的成本加大。因此，对于在航的货船来讲，需要一种既能记录基本的、重要的信息，成本又不至于过高的简易型 VDR，也就是 S-VDR。

(1)IMO 对 S-VDR 配备的时间要求

IMO 对 S-VDR 配备的时间要求如下：

对 2002 年 7 月 1 日之前建造的 20000 GT 及以上的货船，应于 2006 年 7 月 1 日之后的第一个计划坞修日配备，但不晚于 2009 年 7 月 1 日；对 2002 年 7 月 1 日之前建造的 3000 GT 及以上但小于 20000 GT 的货船，应于 2007 年 7 月 1 日之后的第一个计划坞修日配备但不晚于 2010 年 7 月 1 日。

(2)S-VDR 和 VDR 的异同

S-VDR 和 VDR 的主要功能相同，因此设备的基本构造差别也不大，其差别主要表现在 VDR 要求采集所有标准上要求的信号，不管是否有标准信号接口；SVDR 则只要求采集那些必需的重要信号，对某些信号，如果没有标准接口，也可以不采集。

S-VDR 与 VDR 在数据采集上的异同见表 10.3-1。

表 10.3-1　S-VDR 与 VDR 在数据采集上的异同

<table>
<tr><th>船舶数据</th><th>数据来源</th><th>VDR 的要求</th><th>S-VDR 的要求</th></tr>
<tr><td>日期和时间</td><td>GPS</td><td>必需</td><td>必需</td></tr>
<tr><td>船位</td><td>GPS</td><td>必需</td><td>必需</td></tr>
<tr><td>航速</td><td>计程仪</td><td>必需</td><td>必需</td></tr>
<tr><td>航向</td><td>电罗经</td><td>必需</td><td>必需</td></tr>
<tr><td>驾驶室声音</td><td>(VDR)麦克风</td><td>必需</td><td>必需</td></tr>
<tr><td>通信声音</td><td>VHF 电台</td><td>必需</td><td>必需</td></tr>
<tr><td>雷达图像</td><td>主雷达</td><td>必需</td><td>有接口时</td></tr>
<tr><td>AIS 数据</td><td>AIS</td><td>不要求</td><td>当无雷达接口时，则必需</td></tr>
<tr><td>水深</td><td>测深仪</td><td>必需</td><td rowspan="7">仅当设备有标准
信号接口时采集</td></tr>
<tr><td>主报警</td><td>驾驶室相关显示设备</td><td>必需</td></tr>
<tr><td>舵操作和响应</td><td>自动舵以及舵角指示器</td><td>必需</td></tr>
<tr><td>主机操作和响应</td><td>主机(以及侧推器)遥控系统</td><td>必需</td></tr>
<tr><td>船体开口(门)状态</td><td>相关设备或传感器</td><td>必需</td></tr>
<tr><td>水密门防火门状态</td><td>相关设备或传感器</td><td>必需</td></tr>
<tr><td>加速度和船体应力</td><td>相关设备或传感器</td><td>必需</td></tr>
<tr><td>风速和风向必需</td><td>风速风向仪</td><td>必需</td></tr>
</table>

10.3.6　船舶安装 VDR 的重要意义

(1) VDR 对于事故分析的作用

人们可根据船舶发生事故前所记录的船舶操作信息和状态信息、雷达图像数据以及船内人员对话和船长与地面的通信联络等分析事故发生的原因，还可以把 VDR 所记录的数据处理后送入航海模拟器，重现失事的经过，形象分析事故发生的原因。尽管 VDR 不像救生衣、灭火器似的具有应急的作用，但对于分析事故的原因、总结事故的教训、防范类似事故的发生仍具有至关重要的作用。

(2) VDR 作为管理手段的优势

VDR 可为航行者和船舶所有人提供改善和管理船舶操作状况方面的信息，即提供改良航线规划、控制船体应力、优化燃料配置的关键性信息。VDR还能为船舶所有人及航行者提供事件的整体记录，有助于协助某些侵权事件的调查。

(3)VDR对于视情维修的重要意义

某些国家已经对船舶和发动机采取视情维修制度，即把定期维修改为根据实际需要进行检查和维修。轮机人员通过将VDR记录的数据与正常的数据相对照，不仅可及时发现问题、解决问题，防患于未然，避免重大事故发生，而且可极大节约不可预料的大额修理费用。

(4)VDR的航行实验功能

航行实验是船舶研制和理论研究中的一个重要研究手段。航行实验中的数据除一部分经过通信装置发回地面外，大部分用航行记录仪记录下来，供进一步分析研究。例如，船舶各部分的颤振情况可先用应变计、加速度计和速度传感器测量并记录在存储器中，然后进行频谱和功率谱分析，以便能对船舶某一部分结构的刚度、外形等是否做一些修改做出决策。又如，记录和分析振动数据，不仅对于零件疲劳强度研究十分有用，而且可为船用仪表的设计提供重要依据。

(5)VDR对于规范船员操作行为的重要意义

VDR具有实时监控、记录功能，能监控船员在日常操作中是否严格按照规章制度进行规范化操作，这无形之中约束了船员的日常行为，提高了工作的效率和操作行为的准确性，对于提高航运公司的管理水平、工作质量、降低成本、避免海难事故的发生等具有不可忽视的重要意义。

(6)VDR的安装对于保险理赔的重要意义

发生海难事故后，不可避免地要进行相关人员的理赔，此工作成为事故发生后分析事故原因之外的最重要的工作。VDR毫无偏差的记录功能可以为保险赔偿提供最有力的证明。这样既保证了司法机关的公正性，又有效保障了保险公司和受害人的合法权益。

(7)VDR对于船岸系统的重要意义

VDR采集、记录的数据可直接为船岸信息系统(或船岸物流系统)所用，这样岸上主管部门可以更加有效合理地指挥、调度和管理海上船舶，海上船只也可以及时了解岸上情况，根据指令做出回应。船载航行数据记录仪极大促进了航海信息化的进程。

(8)VDR对于AIS、ECDIS的重要作用

VDR与AIS、ECDIS的关系既相互独立，又紧密联系。VDR和AIS获得数据需要在ECDIS上显示，同时，AIS、VDR需要记录数据的标准必须一致，所以VDR与AIS之间可以相互证明其采集的数据的准确性。

复习思考题

(1)什么是 GNSS？有什么作用和应用？

(2)请详细阐述 BDS 的单点定位原理。

(3)BDS 测距误差主要有哪几类？请具体阐述。

(4)评判 BDS 观测卫星的几何分布对单点定位精度的影响，常用哪个指标？

(5)什么是差分 BDS 定位？有哪几种差分的方式？各又有什么特点？

(6)试述船载北斗卫星导航仪的主要功能。

(7)试述船载北斗卫星导航仪的一般操作流程。

(8)使用北斗卫星导航仪有什么注意事项？

(9)什么是光栅电子海图？什么又是矢量电子海图？各有什么特点？

(10)什么是标准电子海图？有哪几种？各有什么属性？

(11)标准电子海图和非标准电子海图有何异同？

(12)什么是 ECS？什么又是 ECDIS？国际标准对其各自的定义是什么？

(13)ECDIS 有什么明显特点？能取代纸质海图吗？

(14)ECDIS 有什么主要功能？与雷达、AIS 之间是什么关系？

(15)2000 国家大地坐标系采用什么高程基准面？1985 国家高程基准与 1956 黄海高程基准有什么换算关系？

(16)S—57 标准的基本原理是什么？它定义了哪几类物标？

(17)什么是 VDR？有什么作用？

(18)VDR 设备记录哪些种类数据？

(19)VDR 有什么主要功能？其在海事取证中应注意什么问题？

(20)什么是 S—VDR？其与 VDR 有何异同？

(21)船舶安装 VDR 有什么重要意义？

第11章

船舶导航雷达技术发展趋势

11.1 现代船舶导航雷达面临的挑战

船舶导航雷达是船舶安全航行不可或缺的重要保障设备，但现代船舶导航雷达面临以下挑战。

(1)使用环境日趋恶劣

船舶导航雷达需要在恶劣气象条件下使用，这是因为海上常伴随着多变的海洋气象环境，这给船舶导航雷达探测海面和低空目标带来较大干扰，影响其性能的发挥。另外，近年来船舶交通流大幅度增加，密集程度日益加大，雷达探测难度不断增大。

电磁环境对船舶雷达的工作也带来较大影响。船舶平台是一个相对狭小、设备集中的平台，信息设备之间相互的电磁干扰难以避免，有些船只还有频率和功率管理的要求。另外，雷达探测目标还会受到电磁波传播中多路径的影响以及频率、功率、天线方向性等多种因素影响。

(2)探测对象特征多样

随着世界航运经济迅速发展，主要航道、内河或近岸海域中，水面目标种类大幅度增加，船舶导航雷达面临的探测目标变化多样(目标 RCS 从 1 m^2 到上万平方米)、快慢不一，包括固定目标(海岸、小冰山、养殖箱、海上浮标等)、慢速目标(蛙人、板、各类船舶等)以及高机动目标(快艇等)，增大了雷达检测和处理的难度。

(3)强雨雪、海杂波环境下小目标探测要求高

船舶在进出港及狭水道航行时，水上小目标由于在雷达屏幕上的回波较弱且机动性较强，通常是船舶航行安全重要的威胁和重点关注的避碰对象。尤其是在恶劣海况和复杂气象环境条件下，杂波很强，小目标的回波容易被杂波淹没，导致雷达难以有效检测小

目标的存在。因此，确保雷达在恶劣海况、复杂气象、本船及目标机动等情况下的目标检测及杂波抑制能力是决定船舶导航雷达性能的关键因素。

(4)长时间高强度的连续使用

国际航运业的快速发展使船舶远洋运输需求不断增加，近岸航行强度也越来越大。船舶出航时，雷达需长时间连续开机。高强度的使用，要求雷达具有高的可用性，这对船舶导航雷达的可靠性、维修性和测试性提出了较高的要求。

11.2　国内外船舶导航雷达发展现状

目前，国内外船舶导航雷达主要呈现多频段、多体制、多功能化、多结构并存等特点。

(1)多频段配合使用

目前，船舶导航雷达主要还是厘米波雷达，工作频率主要为 X、S 频段。S 频段雷达射频信号在雨雾中的衰减小，海杂波平均后向散射系数低，因此在恶劣气候与高海况情况下人们倾向于使用它；X 频段雷达具有天线尺寸小、方位分辨力好，更适合船只在彼此靠近的情况下进行避碰时使用，目前成为应用最为广泛的船载雷达频段。S 频段在雨雾中衰减少，海面反射小，适合在恶劣气候和海情下探测目标(据有关资料，在相同功率的条件下，大雨中 S 频段比 X 频段探测性能好 30%～60%)。通常，中型以上船装有双频段雷达，X 和 S 频段配合使用满足不同应用场景。小型船舶由于空间限制，一般只安装 X 频段雷达。

当前市场上高端船舶导航雷达产品往往配置成 X、S 双频段，如美国诺斯罗普·格鲁曼公司的 Bridge-Master 雷达、凯文休斯公司的 SharpEye 系列雷达、丹麦 Terma A/S 公司的 Scanter 雷达、日本古野电气株式会社的 FURUNO 雷达(图 11.2-1)以及 JRC 公司的 JMA 系列雷达等，均大量装配货轮及大型邮轮。

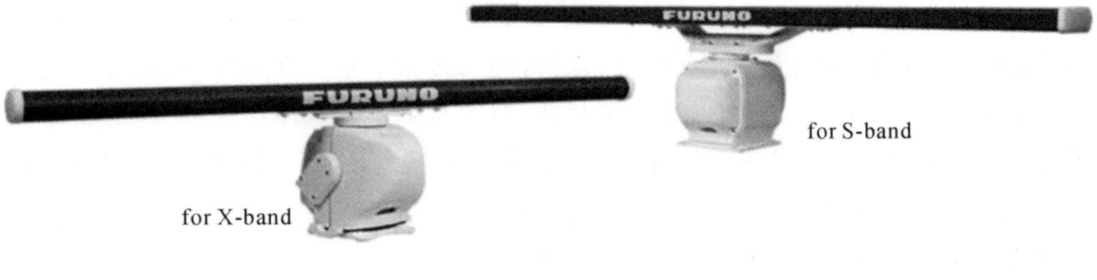

图 11.2-1　FURUNO X 频段雷达和 S 频段雷达天线

至于毫米波雷达，虽然其天线尺寸更为小巧，分辨率更高，但也存在大雾、雨雪时衰减大的缺点，所以更适合用于江河、湖泊或者近海岸等航道狭小、船舶密集的水道导航。

(2)非相参与相参体制并存

根据雷达测距原理,导航雷达分为脉冲与连续波体制;根据发射机形式,分为磁控管与固态发射机;根据是否基于雷达发射脉冲之间的初始相位具有确定性来使用多普勒效应,分为非相参脉冲体制和相参脉冲体制。目前,船舶导航雷达还是以磁控管非相参脉冲体制为主,并逐渐使用固态相参脉冲体制和连续波体制。

当前磁控管非相参脉冲体制雷达技术已较成熟,可靠性较高,但存在工作电压高、稳定性较差、发射脉宽精度受限、无法兼顾作用距离及距离分辨力、磁控管维护受限等问题。

连续波体制雷达发射的连续波信号可以是单一频率的或多频率的,或者频率是经过调制的。单频连续波雷达能对目标测速,但不能测距。多频连续波雷达能测距,并且能够分辨出固定目标和活动目标。调频连续波雷达(图 11.2-2)能测量目标的距离和速度,但只适用于单个目标。连续波雷达的发射和接收系统之间隔离比较困难,应用受到限制,以前在航海中很少用,但因其具有峰值功率低、距离分辨率高、低截获概率、无距离模糊、探测盲区短、设备相对简单等技术优点,近年来在航海领域也有所应用。

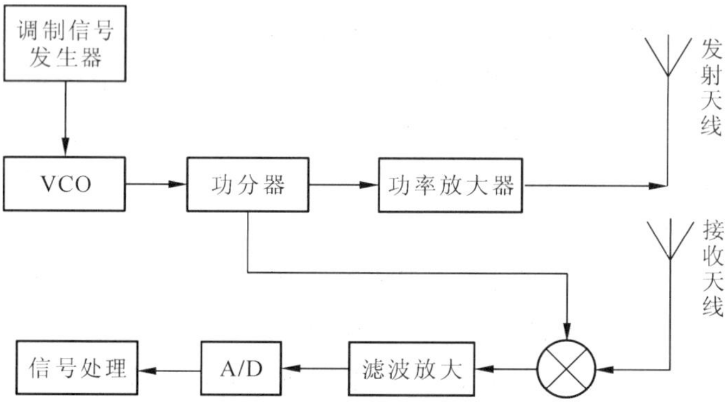

图 11.2-2 调频连续波雷达系统组成框图

固态雷达若采用全相参脉冲体制,可有效提升信号处理和数据处理能力,从而极大提升设备整体探测性能。固态相参脉冲体制雷达的具体信号处理流程为:雷达天线波束在某一位置驻留,驻留期间发射一串相参脉冲;对于每串相参脉冲而言,相参处理在每一个距离波门内形成一组多普勒滤波器,产生距离-多普勒图,进而对距离-多普勒单元进行检测,产生一组目标报告。

固态相参脉冲体制雷达结构简单,普遍采用可编程器件以及信号处理专用芯片,集成度高,元器件和电路板的数量少,整机可靠性强。在国外,凯文休斯公司于 2006 年推出了第一部 S 频段固态发射机脉冲多普勒雷达 SharpEye,该雷达采用固态发射、频率分集、相参收发、脉冲压缩、数字信号处理、干扰抑制和低压工作等一系列新技术,具有高系统可靠性,在强杂波下小目标的探测能力等重要性能优异。继 S 频段 SharpEye 在民用航海雷达获得成功后，2008 年凯文休斯公司又推出了 X 频段的 SharpEye，该雷达凭借适中的天线尺寸及较高的分辨能力一举占有了民用固态雷达市场大部分份额。图 11.2-3 是 X 频段 SharpEye 固态脉冲雷达与传统磁控管体制船舶导航雷达在 5 级海况下对 10 m^2 反射体探测能力的对比，可以看到，采用脉冲压缩技术和频率分集技术后雷达在高海况下对小目标的探测距离有了明显提升。2011 年，日本 JRC 公司也推出了其 S 频段固态脉冲导航雷达产品 JMA-9172-SA。同年，挪威 NAVICO 公司推出了其新一代的固态发射连续波雷达产品 Broadband4G。2013 年，日本古野电气株式会社也推出了配备 S 频段固态收发信机的 FAR-3000 雷达，随后又针对小型船舶推出了更为经济便捷的 X 波段固态脉冲压缩体制小型化 DRS-NTX 系列产品。2016 年，挪威 SIMRAD 公司相继推出了 HALO 系列固态脉冲压缩雷达产品。在国内，中国船舶集团有限公司、中电电气集团有限公司、中国航天科工集团有限公司等集团的下属科研院所以及多家民营公司均开展了固态脉冲压缩导航雷达的技术研究，个别产品开始在相关领域应用。中国船舶集团有限公司第七二四研究所研制的 XFR1123 型固态脉冲压缩导航雷达于 2017 年率先取得了 CCS 型式认可，并在海洋、海事等多领域得到应用。表 11.2-1为国内外典型固态脉冲压缩雷达相关技术指标对比情况。

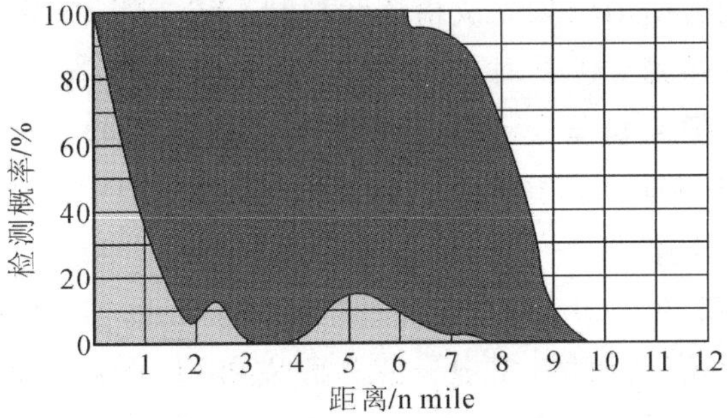

图 11.2-3　5 级海况 X 频段 SharpEye 固态脉冲雷达与传统磁控管体制雷达对 10 m^2 反射体探测能力对比

表 11.2-1　国内外固态脉冲压缩雷达技术指标对照

对比项目	X 波段 SharpEye	JMA-9172-SA	FAR-3000	XFR1123
发射频率/MHz	9220～9480	3040～3060	3043～3073z	9370～9450
峰值功率/W	170	250	250	100/200
脉冲宽度/μs	0.1～66	0.14～18.3	0.1～18.3	0.06～80
发射重频 VHz	1250～2000	640～2280	600～2400	1500～2500
信号带宽/MHz	20	8	8	24

以上所提一系列新体制固态雷达在民用航海雷达的出现，不仅归功于相关国际组织的推动，还归功于微波功率半导体、数字信号处理芯片等技术、工艺的成熟和广泛应用。

固态雷达在工作原理上与磁控管雷达的区别，使其较磁控管雷达有明显的性能优势。固态功放使用直流低压供电，降低了人员触电风险，且设备可靠性更高；可靠性远高于磁控管，寿命达到 50000 h，产品全寿命周期成本低；纯低压发射，安全性高；带外辐射低，对其他设备影响小，电磁兼容性好；发射机瞬时启停，不需要任何预热时间；采用脉冲压缩信号，可降低射频峰值功率 100 倍以上；提高距离分辨率的同时，作用距离更远；实现相参信号处理，目标检测能力更强；工作带宽更宽，可实现频率分集抑制海杂波。固态雷达还可以免去磁控管固有的开机预热时间，实现开机即用。而传统的磁控发射机在可靠性与使用寿命方面都较差，发射机的输出信号频谱较宽、频率不稳定。

由于上述优势，采用固态功放实现船舶导航雷达设计已得到广泛应用；但现有固态体制雷达存在距离盲区，在近距离处无法实现有效探测，并且其发射功率有限，无法触发海中远端的信标源，使得其使用也存在一定的局限性。

(3)功能多样化

近年来，先进的雷达技术让国内外船舶导航雷达都具有了 ARPA 功能，能够实现船舶导航避碰，同时具有完成 AIS 目标融合、海图叠加显示、专家系统融入、多雷达组网等功能。德国研制的 Atlas 9600M 雷达为全集成多功能系统，既可以提供完整的雷达、ARPA 和导航显示功能，适用于独立或指挥和控制系统应用，还具有航线计划编制、辅助引航、跟踪控制、扇区筛选、电子海图实时叠加显示等功能。英国凯文休斯公司的 KH2007 型雷达，能够把来自雷达、声呐、导航与光电传感器多个信息源的数据融合显示。JMA-9900 系列雷达集成了雷达 ARPA 功能和 AIS、ECDIS 等信息。

(4)多种结构形式并存

目前，船舶导航雷达有三单元和二单元两种结构形式。三单元雷达维修方便，可实现多雷达不同单元间的信息切换(实现天线与收发机间、收发机与显控终端之间的硬切换)，由于其有波导损耗，探测作用距离较二单元雷达近。二单元雷达的适装性强，可实现多雷达天线收发单元与显示终端间的硬切换，无波导损耗，探测作用距离较三单元雷达远。三单元与二单元雷达都可实现多部雷达组网，通过网络实现显控终端间的信息交换。

(5)性能指标增长

当今最先进的船舶导航雷达同 20 世纪 40 年代初的雷达相比，导航功能及一般性能水平都有较大提高：对中型船舶的最大作用距离由 8～10 n mile 提高到视距，最小作用距离由 70～100 m 提高到几米(连续波体制雷达)，天线转数由 7～9 r/min 提高到 48 r/min，距离分辨力由 50～90 m 提高到 9.1 m(脉冲宽度为 0.05 μs)，方位分辨力由 1.2°～2°提高到 0.65°(天线水平口径宽 3.6 m)，测距精度由量程的 1%～3%提高到量程的 0.25%(此时精度为 9.1 m)，方位精度由 1.2°～1.5°提高到±0.5°，最小/最大标称量程由 1.5 n mile/24 n mile 提高到 0.125 n mile/120 n mile。可靠性提高到每年几乎免维修。典型固态船舶雷达技术指标见表 11.2-2。

表 11.2-2　固态航海雷达技术指标

雷达	工作频段	雷达体制	峰值功率/W	天线长度/m	水平波束宽度/°	垂直波束宽度/°	天线转速/(r/min)	处理能力/批
SharpEye	S	固态脉冲	170	3.7	1.9	26	24,45	100
SharpEye	X	固态脉冲	170	1.3, 1.9, 2.5	1.8(1.3 m), 1.25(1.9 m), 0.95(2.5 m)	25	24,45	100
JMA-9172-SA	S	固态脉冲	250	3.66	1.9	25	24,45	100
BR24	X	固态连续波	0.1	0.488	5.2	25	24	—

11.3　船舶导航雷达发展趋势

11.3.1　固态收发机、脉冲压缩等技术普遍应用

船舶导航雷达在进一步发展中，其性能指标的重大进展必然依赖雷达信号制式等的技术变革。

(1)由单一的磁控管非相参脉冲体制向相参脉冲体制、调频连续波、脉冲压缩体制等发展并逐渐演化为多体制融合。

固态相参体制雷达引入民用航海雷达有多个因素，其中最主要的因素就是基于磁控管体制雷达不能满足在强海杂波和降雨杂波下工作的用户需求，这时在显示屏上小型船只和浮标变得很难看见，这就会对生命造成威胁。因而，2004 年 IMO 鼓励使用固态相参体制雷达来提高在严重海杂波条件下对目标的探测能力，固态相参体制雷达逐渐替代非相参磁控管体制雷达走上历史舞台已成为必然。不过，固态相参体制雷达仍存在近距离盲区，以及发射功率有限，导致无法触发海中远端的信标源等缺点，其应用仍存在一定的局限性。此外，尽管动目标探测体制、谐波雷达体制、无源探测体制、激光体制等新体制在未来都有可能成为船舶导航雷达的选用对象，但各有优缺点，单独使用任何一种体制都有缺陷。因此，未来融合多种体制优点的复合体制雷达必将得到深入研究和应用。

(2)采用脉冲压缩技术以有效提高强杂波下小目标的发现能力。

脉冲压缩技术与固态发射技术是密不可分的。固态功放的发射功率虽然很难达到千瓦级的水平，但可通过宽脉冲发射来提高平均功率，以保证足够的最大作用距离。宽的点频脉冲会减低信号带宽，使雷达距离分辨率变差。为解决这一矛盾，脉冲压缩技术通过在接收端加入脉冲压缩网络来获得窄脉冲，以提高距离分辨率。脉冲压缩技术要求

发射脉冲应具备非线性的相位谱，即脉冲时宽与频谱宽度乘积远大于1。民用船舶导航雷达多采用线性频率调制的长脉冲。接收端的脉冲压缩网络需具备与发射信号"相位共轭匹配"的相频特性，即相位色散绝对值相同而符号相反，以消除输入回波信号的相位色散。

(3)采用连续波技术避免传统船用脉冲雷达盲区，且其发射功率低，可减轻船员身体遭受的辐射危害。

连续波雷达发射的信号可以是单频连续波或者调频连续波，调频方式也有多种，常见的有三角波、锯齿波、编码调制或者噪声调频等。其中，单频连续波雷达仅可用于测速，无法测距，而调频连续波雷达既可测距又可测速。

调频连续波雷达在扫频周期内发射频率变化的连续波，被物体反射后的回波与发射信号有一定的频率差，通过测量频率差可以获得目标与雷达之间的距离信息，差频信号频率较低，单位一般为kHz，因此硬件处理相对简单、适合数据采集并进行数字信号处理。另外，调频连续波雷达还有一大特点——理论上不存在脉冲雷达所存在的测距盲区，并且发射信号的平均功率等于峰值功率，因此只需要小功率的器件，从而降低了被截获、干扰的概率。

当前，尽管调频连续波雷达具有测距量程较短、收发隔离难等缺点，但因其几乎不存在盲区，且具有功率低，对船员身体辐射危害小以及尺寸小、重量轻、成本低等优点，未来在船舶导航雷达市场上必有一席之地。

(4)利用直接数字合成技术产生发射波形，采用频率分集、频率捷变、杂波图等技术抑制杂波干扰。

固态收发机需要具有出色的无杂散动态性能的敏捷低相位噪声频率源。早期的频率合成技术采用直接频率合成的方法，它利用混频、倍频、分频的方法由参考源频率经过加、减、乘、除运算，直接组合出所需要的频率，其优点是捷变速度快、相位噪声低，但由于结构复杂、价格昂贵，在此之后出现了间接频率合成的方法。这种方法主要是将相位反馈理论和锁相环技术运用于频率合成领域，即PLL频率合成技术。这种技术克服了直接式频率合成的许多缺点，特别是它易于集成化，使得收发机体积更小、相位噪声更低、杂散抑制输出频率更高，但它的频率切换时间相对较长。近年来，随着数字信号理论和超大规模集成电路的发展，在频率合成领域出现了技术性的革命，那就是直接数字频率合成技术(Direct Digital Synthesis，DDS)。这是一种频率合成的新方法，虽然该方法频率转换时间短、频率分辨率高、输出相位连续、控制灵活方便，但存在频率上限较低且杂散较大的缺点，不过抖动注入技术、ROM幅度表压缩等改善DDS杂散技术的出现，使其应用范围有所扩大。

(5)利用多普勒处理机制，雷达在探测目标位置的同时获得目标速度，可有效区分杂波和目标，提高小目标探测能力。

强对流天气或有大面积云雨团会对导航雷达的正常工作带来极大影响。传统磁控管雷达主要通过 STC、FTC、CFAR 等手段进行杂波抑制处理，但也衰减了目标回波，且强杂波难以完全消除，而将多普勒效应应用在雷达上会极大地增强雷达在杂波背景下检测出小幅度运动目标的能力。

当雷达与目标之间存在相对径向速度或径向距离变化率时，雷达发射的信号被具有径向速度的目标反射，则目标回波信号的载频相对于雷达发射载频发生了偏移，即产生了多普勒效应。雷达信号的往返距离是天线与目标间距离的两倍，多普勒频移 f_d 可表述为 $f_d=-2V/\lambda$，其中 V 为雷达与目标间相对径向速度，λ 为雷达载波波长。利用多普勒处理机制，雷达通过在感兴趣的多普勒频带外抑制杂波而对感兴趣的多普勒频带内的目标进行分辨和增强，从而起到抑制杂波，突出运动目标的效果。

(6)数据处理将继续朝多处理机并行处理方向发展，并采用局域网实现各处理器间信息的快速交换。

近年来，雷达技术日益面临小型化、低功耗、多功能化和高精度化的要求，导致对雷达信号处理系统的要求逐步提高。传统的单核数字信号处理已不能满足现代船舶导航雷达的技术要求，特别是单脉冲体制雷达的技术要求。通过将数字信号并行处理技术及局域网信息交换技术引入船舶导航雷达系统，不仅可实现更加精确的目标探测和识别，同时可以实现对复杂环境的适应，提高系统的抗干扰性能。

(7)机内自检功能加强，广泛采用可更换标准组件，以提高系统的平均无故障时间，提高设备可靠性，缩短平均修理时间，提高故障检测率。

随着现代电子技术的迅猛发展，现代船舶导航雷达已经具有了越来越多的功能和较高的性能，但雷达系统复杂程度的提高也对雷达的可靠性提出了更高的要求。对于船舶导航雷达而言，在设计时除了利用各种措施保证雷达系统在工作时各个环节的高可靠性外，还必须保证系统有良好的可维护性。船舶导航雷达除了可利用普通的测试仪表方便地进行人工测试外，还必须具备自检功能，必须为用户提供各种检测和维护手段，这样才能保证对雷达系统进行良好的检测、诊断和故障隔离。未来船舶导航雷达技术必将更注重加强雷达的机内自检能力，广泛采用可更换标准组件，以提高系统的平均无故障时间，提高设备可靠性，缩短平均修理时间，提高故障检测率，保障系统更安全、可靠地运行。

11.3.2　系统设计日益通用化、模块化、多功能化

一方面，船舶导航雷达随着计算机技术的发展以及核心处理芯片能力的提升，其系统硬件的集成度大幅提高，可重构的软件化雷达与通用化、模块化的设计思想是其必然

的发展方向。采用通用化、模块化发展的思路，船舶导航雷达具有灵活性好、扩展性强、集成度高的特点。按照功能属性可将船舶导航雷达分为若干模块，各模块具有通用的标准接口，可以相互顺畅连接；另外，它可使设计工作简化和灵活，减少重复设计的工作量，缩短生产周期，降低制造成本，方便雷达维修和升级。另一方面，随着船舶航行环境日趋复杂，船舶导航雷达急需运用多种辅助手段来加强其在复杂海况下的导航、避碰以及目标探测与识别能力，以更好地保障船舶安全航行。当前，得益于三维可视化和虚拟现实技术的迅速发展，三维电子海图的应用已成为可能；此外，各种先进的光电探测技术也不断地在船舶上得到应用，增强了雷达的探测性能和环境适应性。未来船舶导航雷达通过增加三维显示，引入三维电子海图以及 AIS 信息、光电探测信息与回波进行叠加显示，从多角度、多传感器获取目标信息并直观、三维可视化呈现，将进一步增强雷达辅助决策判断的能力，扩展其功能，更好地满足船舶导航避碰的需求。因此，未来船舶导航雷达必然呈现出通用化、模块化、多功能化的发展趋势。

11.3.3 智能化雷达不断发展

近年来，网络技术的提升促进了大数据技术及其应用的发展，计算处理芯片和模块技术的发展促进了计算机运算能力的提升，统计数学的进步及相关算法使得基于机器学习和深度学习技术不断提升。在此背景下，以大数据技术和机器学习、深度学习为特征的新一代人工智能技术正快速发展，并进入广泛的应用阶段，信息系统设备也迈进了智能化时代。船舶导航雷达作为水上安全信息感知的重要设备，应用智能化技术进行发展是其必然趋势。

智能化雷达，即采用人工智能技术的雷达系统。智能化雷达通过对环境的感知、数据挖掘、机器学习、逻辑推理、知识积累、策略优化等，实现对环境变化的自主感知与学习适应，包括对自然环境和电磁环境变化的学习适应、对探测目标和探测任务变化的多样化兼容、对其他雷达和信息用户变化的体系协同、对探测资源和自身状态变化的灵活管控、对操纵员使用方式变化的积极匹配等，使雷达性能显著提升。智能化雷达技术从功能维度来说包括雷达智能天线、智能发射、智能接收、智能处理、智能资源调度、智能协同组网、智能故障诊断、智能人机交互等技术。智能化雷达系统架构主要有基于波形波束智能生成的智能收发、基于环境信息挖掘和应用的智能信息处理、基于任务和资源智能管理的资源调度，以及智能输入手段的智能化人机交互，并增加了数据库，支持历史信息应用和机器学习能力。智能化雷达系统的典型架构如图 11.3-1 所示。

智能化雷达的智能化有 5 个层次：

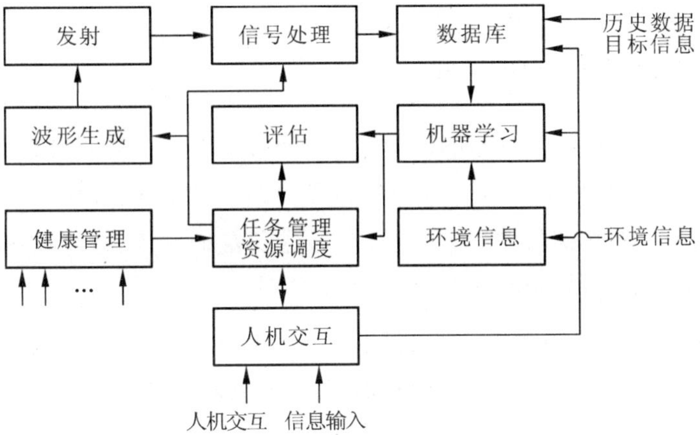

图 11.3-1　智能化雷达的典型架构

(1)智能化架构层

智能化架构层指具有环境及目标感知—智能处理—推理预测—策略生成—效能评估—波形及处理控制—环境及目标感知的闭环链路。在智能化雷达架构中，配置了数据库，引入了杂波和电磁环境信息、目标态势、目标威胁信息以及历史信息等，通过推理预测生成探测波形及适配处理控制参数。智能化雷达信息不再是单向流，而是有信息反馈回路，便于总体和各分系统的反馈控制。

(2)智能化处理层

智能化处理层基于实时数据和历史数据相结合，综合运用环境数据(杂波和电磁环境)、波形数据、目标数据等，实现雷达信息处理的智能化。

(3)智能化控制层

智能化控制层应用大数据处理技术，综合任务数据、态势数据、雷达状态数据、环境数据、雷达对环境的响应数据等进行基于感知处理层的评估反馈，形成探测策略和探测模式；通过综合效能评估，确认任务资源的适宜性，并评估任务执行和资源应用效能，驱动雷达智能化控制管理。

(4)智能化交互层

智能化交互层通过多种智能输入手段的应用，实现人机交互的智能化，提高控制命令的发送速度和准确性，减少操作失误，如语音输入、手势识别输入、视线输入、智能头盔等方式，减轻操作人员的工作强度。通过终端数据的采集和分析利用，生成操作控制预案，减少人员干预，实现人机交互的智能化，操作变得方便快捷，实现无人或少人操作。

(5)智能化学习层

智能化学习层基于大数据处理和数据库应用、数据挖掘技术，使雷达具备智能化学习能力。智能化雷达应该具备知识自学习、模式自优化、能力自提升、交互自适应、状态自管理等学习提升能力。

11.3.4 量子雷达技术有所应用

20 世纪 90 年代以来,量子调控技术的巨大进展使人类可以对微观粒子系统进行精确操纵,借助量子叠加态和量子纠缠效应等独特物理现象进行信息获取、处理和传输的量子信息技术应运而生并蓬勃发展,可以在确保信息安全、提高运算速度、提升测量精度和灵敏度等方面突破传统技术的瓶颈。

量子雷达(Quantum Radar,QR)是将量子信息技术引入雷达探测领域,将雷达信息调制维度由电磁场宏观的空、时、频等特征推广至可以表征"微观粒子相关关系"的量子态特征,对传统雷达探测的信息维度进行扩充,提升雷达的综合性能,突破经典雷达在探测、测量和成像等方面的技术瓶颈,并获得比同等条件下经典雷达更优越的性能。

量子雷达与传统雷达相比,具备三大优势:高灵敏度、高维度信息和高检测概率。

①高灵敏度

量子雷达探测中的信息载体为单个量子,发射端信号的产生、调制和接收端的信号检测、处理和累积的对象均为单个量子,因此整个接收系统具有极高的灵敏度。相比经典雷达的热噪声功率,量子接收机的噪声基底能够降低若干个数量级,理论上量子雷达探测的作用距离可以提升数倍甚至数十倍。

②高维度信息

从信息论角度分析,量子雷达通过对高维信息的操作,可以获取更多的信息,通过高阶信息调制,可以在不影响积累增益的前提下,进一步压低噪声基底,从而提升对远距离小目标检测的能力;从信号分析角度分析,通过对信号进行量子高阶微观调制,获得传统信号分析方法难以准确提取信号中调制的信息,从而提升雷达在电磁干扰环境下的抗干扰能力,具有广阔的应用前景。

③高检测概率

以量子照射雷达为例进行量子二元检测性能评估。量子雷达发射纠缠光子对中的一个光子探测目标,另一个光子保留在接收机中。如果目标不存在,接收机只能检测到热噪声或者背景噪声光子;如果信号光子被目标反射回来,通过纠缠关联测量可以提取出目标信息。

鉴于量子雷达技术的优点,未来随着量子技术的进一步成熟,量子技术在船舶导航雷达方面必将有所应用和发展。

当前,世界正大步迈进人工智能时代,随着人工智能技术的日益成熟,自主航行船舶在航运业中的应用也将日益普及,根据 IMO 最新发布的《自主船舶试验指南》,到 2030

年，具备 L_3 级自主航行能力的船舶将占据全球船队规模的 15%，并随技术迭代在 2040 年进入指数级增长态势。在这场划时代的变革中，作为船舶“感知神经中枢”的雷达系统，其作用将更为重要，各种新技术的不断涌现以及与其他传感设备的融合应用，必将使雷达进一步从单一探测工具向多维智能感知平台演进，构建全新一代航海全息感知体系，重塑人工智能时代航海保障新范式，达到智慧航运新高度。

复习思考题

(1)现代船舶导航雷达面临什么样的挑战？

(2)国内外船舶导航雷达发展特点是什么？

(3)试述船舶导航雷达的主要发展趋势。

参考文献

[1] 王世远. 船用导航雷达[M]. 大连:大连海事大学出版社,2014.

[2] 王世远. 航海雷达与 ARPA[M]. 大连:大连海事大学出版社,1998.

[3] BOLE A,WALL A,NORRIS A. RADAR and ARPA manual[M]. London:Butterworth-Heinemann,2014.

[4] 刘彤. 航海仪器(下册:船舶导航雷达)[M]. 2 版. 大连:大连海事大学出版社,2016.

[5] NORRIS A. RADAR and AIS[M]. London:The Nautical Institute,2008.

[6] 张世良,黄跃华. 船舶雷达与 ARPA[M]. 北京:对外经济贸易大学,2012.

[7] 张吉平. 电子海图显示与信息系统[M]. 大连:大连海事大学出版社,2014.

[8] 祝建国,翁建军. 雷达观测与标绘[M]. 武汉:武汉理工大学出版社,2010.

[9] BHATTA N P,GEETHA P M. RADAR and its applications[J]. International Journal of Circuit Theory and Applications,2016,9(28):1-9.

[10] 杨华明,卞美琴,刘亚帅. 船舶雷达系统智能化发展研究[J]. 雷达与对抗,2022,42(3):1-5,65.

[11] LIN B,HUAN C H. Comparision between ARPA RADAR and AIS characteristics for vessel traffic services[J]. Journal of Marine Science and Technology,2006,14(3):182-189.

[12] 丁友峰,黄孝鹏,陆小虎,等. 固态脉压新体制导航雷达关键技术及应用[J]. 舰船科学技术,2021,43(5):134-137.

[13] 潘恒康. 船用导航雷达数据处理技术研究[D]. 哈尔滨:哈尔滨工业大学,2017.

[14] 张杨,曾浩,察豪,等. 国外航海雷达现状及发展趋势[J]. 电讯技术,2013,53(12):1649-1653.

[15] 张翼周. 新体制民用航海雷达的应用和发展[J]. 电讯技术,2014,54(6):857-862.

[16] 杨晓,尹勇,廉静静. 新体制固态航海雷达及其应用[J]. 航海技术,2013(2):37-38.

[17] 常会振. 船舶导航雷达发展趋势的研究[J]. 中国水运,2013,13(1):6-7.

[18] 胡佳幸. 基于多特征参数的导航雷达目标快速检测技术研究[D]. 哈尔滨:哈尔滨工程大学,2020.

[19] 彭祥龙. 船用导航雷达的技术发展及最新应用[J]. 电讯技术,2013,53(9):1247-1252.

[20] 刘文明. 船用导航雷达技术现状与发展展望(上篇)[J]. 海事技术,2020(12):35-40.

[21] 刘文明. 船用导航雷达技术现状与发展展望(下篇)[J]. 海事技术,2021(1):26-33.